|제 2 판|

김교수의

증권투자 스쿨

SECURITIES INVESTMENT SCHOOL

김 주 일

탑북스

제2판 머리말

2017년 8월에 1판을 발간한 이후, 5년 만에 본 교재 2판을 내게 되었다. 투자와 관련되어 변경된 규정을 반영하였으며, 가능한 최신의 현황과 통계수치를 반영하고자 하였다. 아울러 일부 오탈자를 수정하였다. 2판 수정작업에 함께해준 사랑하는 제자들에게 감사의 마음을 전한다.

2022년 7월
수원 광교 연구실에서
저자 김주일

머리말

우리나라 금융시장은 1997년 IMF 외환위기와 2008년 미국발 서브프라임 모기지 사태, 2010년 이후 지속된 유럽발 금융위기로 많은 변화를 가져왔다. 제도적인 변화로는 외국인에 대한 주식시장 전면 개방과, 채권에 대한 시가평가가 이루어졌다. 또한 지속적인 저금리정책에 의한 시장이자율의 지속적인 하락으로 은행의 예·적금 금융상품에 대한 메리트가 없어지고, 채권에 대한 이자율이 낮아져 이자소득이 줄어들었다. 이에 따라 연기금을 포함한 기관투자자들은 자산운용 수익률을 제고하기 위하여 전통적 자산운용 형태인 주식과 채권에 대한 투자뿐만 아니라 대체투자 비중을 단계적으로 늘려가고 있다. 또한 이러한 금융시장의 변화에 맞추어 많은 국내 기관투자자들은 효율적인 자산배분과 함께 과학적인 포트폴리오 구축에 더욱 많은 신경을 쓰고 있다.

저자는 이러한 금융시장의 변화에 맞추어 투자론과 관련된 내용을 담고자 노력했다. 본서를 발간하는데 있어서 가장 중점을 둔 분야가 투자론에 걸맞은 이론과 함께 최신의 내용을 기술하는 것이었다. 특히 유가증권시장은 우리나라 금융시장에 맞게 최신의 제도적인 내용과 함께 실제 사례를 접목하였다. 기본적 분석과 기술적 분석, 파생상품 투자에 관한 내용도 우리나라 금융시장에서 증권투자 관련 업무에 종사하고 있는 펀드매니저나 애널리스트들이 주로 사용하는 기법과 지표를 사용하고자 하였다. 아울러 우리나라 대표적 기관투자자인 국민연금의 자산운용사례를 기술함으로써 투자론을 배우는 학생들 뿐만 아니나, 개인투자자와 기관투자자들이 실제 자산운용을 하는데 있어서 도움이 되는 방향으로 기술하고자 하였다.

본서는 다음과 같이 크게 15장으로 구성하였다. 제1장은 증권투자의 기본을 기술하였고, 제2장은 유가증권시장, 제3장은 포트폴리오의 기대수익과 위험, 제4장은 효율적 분산투자, 제5장은 자본자산가격결정모형(CAPM), 제6장은 단일지표모형, 제7장은 차익거래가격결정모형(APM), 제8장은 증권시장의 효율성, 제9장은 거시경제분석과 산업분석, 제10장은 기본적 분석, 제11장은 기술적 분석, 제12장은 채권투자, 제13장은 파생상품 투자, 제14장은 투자성과 평가, 제15장은 연기금의 자산운용사례에 대하여 기술하였다.

본서는 다음과 같은 점을 고려하여 저술하였다. 첫째, 투자론을 이해하고자 하는 대학생뿐만 아니라 일반인들도 이해하기 쉽도록 기술하였다. 둘째, 투자론과 관련된 기초이론을 기술함으로써 투자에 관한 폭넓은 이해를 할 수 있도록 중점을 두었다. 셋째, 사립학교교직원연금공단에서 투자관련 업무를 실제로 수행한 저자를 통한 교재편집과 현재 금융 업무에 종사하고 있는 실무자를 통한 본서의 검정을 통하여 최근의 자료를 제공하고자 노력하였다. 넷째, 대부분의 교재에서 취급하지 않은 우리나라 기관투자자의 자산운용사례를 기술함으로써 투자와 관련된 업무를 수행하는 개인이나 기관투자자들이 활용할 수 있도록 노력하였다. 마지막으로 대학에서 경영학 관련 교과목들의 교재 또는 부교재로 사용할 수 있도록 기술하였다.

본서가 출간되기까지에는 많은 분들의 도움이 있었다. 먼저 본 교재 출간을 흔쾌히 동의해 주신 도서출판 탑북스의 김광식 사장님과 정헌명 상무님께 감사드린다. 표지디자인 선택과 교정에 많은 도움을 주신 이신정 주간님과 본 교재 전반에 관하여 조언해 주신 블랙록자산운용(주)의 최만연 대표이사님과 SK증권의 이창용 상무님, 이베스트투자증권의 김동석 상무님께 감사드린다. 그리고 한결같이 나의 곁에서 용기와 희망을 주고 있는 사랑하는 나의 아내 이옥연님과 늘 응원을 해주는 큰아들 강호, 둘째 수빈, 막내 진호에게도 따뜻한 감사의 인사를 전한다. 끝으로 출간을 앞두고 부끄러움과 아쉬움이 앞선다. 저자의 노력에도 불구하고 나타날지 모르는 부족하고 미비한 점들은 전적으로 저자의 부족함 때문이므로 앞으로 보완과 수정이 필요한 내용들은 겸허한 마음으로 적극적으로 받아 드릴 것이다.

2017년 7월

수원 광교 연구실에서

저자 김주일

차 례

제1장 증권투자의 기본

제2장 유가증권시장

제3장 포트폴리오 기대수익과 위험

제4장 효율적 분산투자

제5장 자본자산가격결정모형(CAPM)

제6장 단일지표모형

제7장 차익거래가격결정모형(APM)

제8장 증권시장의 효율성

제9장 거시경제분석과 산업분석

제10장 기본적 분석

제11장 기술적 분석

제12장 채권투자

제15장 연기금의 자산운용 사례(국민연금을 중심으로)

제 1 장

증권투자의 기본

자료를 많이 읽고 또 읽고 그리고 생각하라! (Warren Edward Buffett, 버크셔 해서웨이 회장)

제1장 증권투자의 기본

제1절 증권투자의 의의

증권투자란 금융자산인 주식이나 채권 등을 유가증권 시장을 통하여 매매를 하는 것을 의미한다. 주식에 투자하는 사람은 매매를 통하여 매매차익(capital gain)을 얻을 수 있으며, 보유지분에 따라 배당을 받을 권리가 있다. 채권에 투자한 사람은 매매를 통하여 매매차익(capital gain)을 얻을 수 있으며, 채권 발행시에 결정한 이자를 정기적으로 지급받을 권리가 있다. 투자는 부동산투자, 신규사업이나 기존사업에의 투자, 금융자산 투자 등 국내투자뿐만 아니라 해외자산에의 투자 등 매우 광범위한 의미로 사용되고 있으나, 본 교재에서는 주식, 채권, 파생상품 등 재무적 투자와 관련된 금융자산에 한하여 학습하고자 한다.

제2절 투자와 투기

투자(investment)란 적당한 위험과 함께 이에 상응하는 이득을 얻기 위하여 유가증권 시장에 참여하여 시간을 투입하거나, 자본을 제공하는 것을 말한다. 반면에 투기(speculation)는 실수요자 입장이 아닌 시장참여자로서 위험의 크기와는 관계없이 커다란 이득을 얻기 위하여 행동하는 것을 의미한다.

일정 기간 동안의 실물자본의 증가분을 투자 혹은 자본형성이라 한다. 이 가운데에서 기존 자본의 감가상각을 포함한 것을 총자본 형성이라 하며, 감가상각을 포함하지 않은 것을 순투자 또는 순자본 형성이라 한다. 실물자본이란 고정자

본인 기계설비 및 구축물과 유동자본인 원자재나 재고품으로 구성되어 있다. 따라서 그 증가분인 투자도 설비투자 · 건설투자 · 재고투자로 구분할 수 있다. 그리고 투자는 그 주체에 따라서 일반기업에 의한 사적 투자와 정부나 지방 공공단체에 의한 공공 투자로 나뉜다.

투자(investment)는 반대급부로서의 이익을 얻는 것을 주목적으로 하는 점에서 투기와 구별되는데, 현실적으로 투기와 투자를 구별하는 것은 쉽지가 않다. 투기거래에서는 유가증권 가격의 하락을 예상하는 쪽이 매도측(seller), 가격의 상승을 예상하는 쪽이 매수측(buyer)이 되므로, 매매차익을 노리는 점에서는 일반 금융자산에 대한 매매와 유사하다. 그러나 투기는 유가증권 자체의 매수 · 매도에 목적이 있는 것이 아니라, 위험을 감수하면서 유가증권 가격변동을 예상하고 매매를 함으로서 이득을 취하고자 한다.

제3절 증권투자 의사결정 과정

투자자가 유가증권 시장을 통하여 증권투자에 관한 의사결정과정을 하는 일련의 과정은 일반적으로 다음과 같은 5단계를 걸쳐 이루어진다.

1. 제1단계 : 투자정책의 수립

증권투자과정의 첫 단계는 투자자의 투자목표와 투자금액을 결정하는 투자정책의 수립이다. 일반적으로 높은 수익을 달성하고자 하려면 그와 대응하여 높은 위험을 감수하여야 하므로 투자정책을 수립할 때에는 목표로 하는 기대수익과 허용위험을 동시에 고려하여야 한다. 투자자가 투자할 수 있는 유가증권의 범위는 자신의 투자목표, 투자가능한 여유자금의 성격과 한도금액, 이자소득이나 배당소득에 대한 투자자의 세금부담 상황 등에 의하여 결정된다. 예를 들어, 60세에 정년퇴직하여 오로지 퇴직금만으로 노후생활을 해야 하는 투자자라면, 수익률이 다소 낮더라도 안전한 은행의 금융상품에 투자하는 것이 바람직 할 것이다. 그러나 수십억 원대의 자산을 보유하고 있는 기업가라면 은행 예금과 채권 등 상대적으로 안전한 금융자산은 물론 위험자산인 주식과 부동산에도 자산의 일부를 배분하여 투자할 수 있을 것이다. 또한 유가증권 시장을 통한 직접투자가 아닌 자산운용회사에 대한 간접투자의 경우에도 상대적으로 높은 수익을 얻고자 하는 투자자라면 보다 높은 위험을 부담하면서 주식형 펀드에 투자를 하고, 낮은 수익으로 만족할 수 있는 투자자라면 위험부담이 상대적으로 낮은 채권형 펀드에 투자를 하면 된다.

2. 제2단계 : 유가증권에 대한 분석

증권투자에 대한 의사과정의 둘째 단계에서는 다양한 유가증권을 대상으로 개별 증권의 가치를 분석하여 투자의 매력도를 결정하는 증권분석을 수행한다. 유가증권을 분석하는 방법에는 일반적으로 기본적 분석과 기술적 분석이 있다.

기술적 분석은 특정 주식에 대한 과거 주가변화로부터 일정한 규칙성을 갖는 패턴을 찾고, 이 패턴을 이용하여 미래 주식가격을 예측한다.

기본적 분석에서는 특정 채권이나 주식에 대한 내재가치를 구하고 이를 현재의 가격과 비교함으로써, 현재가치가 내재가치보다 작으면 과소평가되었다고 판단하고 현재가치가 내재가치보다 크면 과대평가되었다는 판단을 하면서 분석하는 방법이다. 내재가치는 미래에 발생하는 현금흐름의 현재가치로 측정할 수 있으며, 회사의 미래수익성, 위험, 성장성 등의 현금흐름과 이를 할인하는 할인율로 산출을 한다. 따라서 기본적 분석에서는 회사의 성장성과 수익성 및 위험수준을 예측하기 위하여 기업분석, 산업분석, 거시경제 분석이 필요하다.

3. 제3단계 : 유가증권에 대한 포트폴리오 구성

투자하고자 하는 유가증권에 대한 포트폴리오 구성단계는 기본적 분석과 기술적 분석을 통해 다양한 증권 중에서 투자의 가치가 있는 특정 유가증권을 선택하고, 각 증권에 대한 투자비중을 정하는 과정을 의미한다.

포트폴리오란 개별 유가증권의 집합을 의미하는데, 넓은 의미로 포트폴리오 구성을 자산배분이라 하며 은행예금, 주식, 채권, 부동산 등의 자산군에 투자자금을 배분하는 것을 뜻한다. 좁은 의미의 포트폴리오 구성은 개별 자산군 중에서 특정

증권을 투자대상으로 선택하는 증권선택을 말한다. 포트폴리오를 구성하는 방법은 하향식과 상향식으로 구분되는데, 하향식에서는 자산배분–증권선택의 순서를 따르고 상향식은 증권선택–자산배분의 절차를 따른다. 어느 방법이 더 우월하다고는 할 수 없지만, 상향식의 경우 특정 종목과 업종, 자산군에 투자자금이 편중될 가능성이 높다.

포트폴리오 구성과 관련하여 금융시장에 대한 상황예측이 중요한데, 이는 주식에 대한 투자수익률이 회사채나 국·공채에 대한 투자수익률보다 보다 더 높을 것인가를 예측하는 것이다. 또 다른 고려사항은 분산투자로서, 이는 일정한 제약조건하에서 투자위험을 최소화하도록 포트폴리오를 구성하는 것을 의미한다.

4. 제4단계 : 유가증권에 대한 포트폴리오 변경

유가증권에 대한 포트폴리오 변경은 정기적 또는 주기적으로 투자정책의 수립, 유가증권분석 실시, 유가증권에 대한 포트폴리오 구성 등 세 단계를 반복하여 포트폴리오의 구성내용을 변경하는 것을 말한다. 금융시장 변화로 투자자의 투자목표를 변경할 필요성이 있거나 모델 포트폴리오에 포함된 개별 증권의 투자가치가 당초 예상과는 다를 때 모델 포트폴리오 구성내용을 변경한다. 이 단계에서는 모델 포트폴리오에 포함할 신규 종목에 대한 기본적 분석 및 기술적 분석이 선행되어야 한다.

5. 제5단계 : 유가증권 투자성과 평가

유가증권 투자에 대한 성과평가는 투자자가 당초 설정한 투자목표를 기준으로 얼마만큼 달성했는지를 각종 지표를 가지고 평가하는 것이다.

투자성과의 평가에 있어 목표수익률과 실현된 수익률의 비교는 물론이고 위험수준의 변화까지 고려하여야 한다. 주식의 경우에는 종합주가지수 수익률과의 비교를 포함한 기준수익률과 비교를 할 수 있으며, 채권의 경우에도 채권지수나 예금금리와의 비교를 통하여 평가할 수 있다.

워렌 버핏(Warren Buffett)

- 출생 : 1930년 8월 30일 (미국 네브래스카 주 오마하)
- 가족 : 배우자 아스트리드 멘크스, 아들 하워드 버핏, 피터 버핏,
  딸 수잔 앨리스
- 학력 : 네브래스카 대학교 학사, 컬럼비아대학교 경영대학원 경제학 석사
- 수상 : 2011년 미국 대통령 자유메달 시상식 자유훈장
- 경력 : 워싱턴 포스트 이사, 1965년~ 버크셔 해서웨이 회장

제 2 장
유가증권시장

지식이 문제를 해결하고 돈을 만든다. 그리고 금융지식이 없는 돈은 곧 사라질 것이다.(Robert Toru Kiyosaki, 미국 경제학자)

제2장 유가증권시장

제1절 증권시장의 의의

1. 증권시장 일반

금융시장은 자금을 수요자에게 공급해주는 방식에 따라 공급자와 수요자간의 직접 금융방식인 자본시장과 간접 금융방식인 은행대출 등에 의한 대부시장으로 구분할 수 있고, 자본시장은 선물·옵션과 같은 파생상품시장을 포함하지만 일반적으로는 증권시장이 자본시장을 대표한다. 즉, 증권시장은 자금의 수요자인 기업이나 정부 등이 필요로 하는 자금을 금융기관이 아닌 투자자, 즉 자금의 공급자로부터 주식, 채권, 워런트 등과 같은 증권을 매개로 하여 직접 금융방식으로 조달하고, 이미 발행된 증권이 투자자 상호간에 유통되는 시장을 말한다. 구체적으로 증권시장에서의 자금의 수급은 증권을 매개로 하여 이루어지게 되는데, 자금의 수요자는 자금의 공급자에게 주식·채권 등을 발행하여 교부함으로써 자금을 제공받고, 자금의 공급자는 투자의 대가로 배당 또는 이자 등을 지급받게 된다. 자금의 수요자로부터 1차적으로 증권을 교부받고 자금을 제공한 투자자는 필요한 경우 증권을 다른 사람에게 양도함으로써 투자한 자금을 회수할 수 있어야 하는데, 이를 위해서는 다수의 투자자들 간에 2차적으로 유가증권의 매매거래가 이루어지는 시장이 필요하다. 따라서 자금의 수요자가 증권을 발행하여 자금의 공급자로부터 자금을 조달하는 시장과, 다수의 투자자들 사이에서 이미 발행된 증권의 매매거래가 이루어지는 시장이 합하여 증권시장을 이루게 된다.

2. 증권의 개념 및 종류

증권시장에서 매매거래의 대상이 되는 것은 증권이다. 어떤 금융상품이 증권이냐 아니냐 하는 것은 중요한 의미를 갖는데, 그 이유는 증권에 해당되는 경우에는 증권시장에서 매매거래의 대상이 될 뿐만 아니라 자본시장과 금융투자업에 관한 법률(이하 '자본시장법')과 관련규정의 적용을 받게 되기 때문이다. 유의할 점은 민법 및 상법상 유가증권의 개념과 구분할 필요가 있다는 것이다. 유가증권이란 "재산적 권리가 표창된 증서로서 권리의 행사에 증서의 점유를 요하는 것"을 말하는데,[1] 경제적 기능에 따라 어음·수표 등과 같은 화폐증권, 선하증권·창고증권 등과 같은 상품증권, 주식·채권 등과 같은 자본증권 등으로 분류할 수 있다. 반면에 증권시장에서 발행·유통되는 증권은 상법상 유가증권 중 자본증권에 속하지만 자본시장법에 규정된 것에 한한다. 자본시장법령에서 증권으로 정의하고 있는 것은 다음과 같고 발행인은 내외국인을 모두 포함한다.

① **채무증권** : 국채·지방채·특수채·회사채 등 채권, 기업어음 그 밖에 유사한 것으로 지급청구권이 표시된 것

② **지분증권** : 주권(주식), 신주인수권증권·증서, 법정설립 법인의 출자증권, 합자회사·유한회사·조합 등의 출자지분, 그 밖에 유사한 것으로 지급청구권이 표시된 것

③ **수익증권** : 금전신탁계약에 의한 신탁업자 발행 수익증권, 투자신탁계약에 의한 집합투자업자 발행 수익증권, 그 밖에 유사한 것으로 신탁의 수익권이 표시된 것

④ **투자계약증권** : 투자자와 타인간 공동사업에 금전 등을 투자하고 주로 타인이 수행한 공동사업 결과에 따른 손익을 귀속받는 계약상 권리가 표시된 것

⑤ **파생결합증권** : 기초자산의 가격·이자율 등의 변동과 연계하여 정해진 조건 등에 따라 지급하거나 회수하는 금전 등이 결정되는 권리가 표시된 것으로 주식워런트증권, 주가연계증권 등 해당

⑥ **증권예탁증권(DR)** : 지분증권 등 다른 증권을 예탁받고 그 발행국이 아닌 국가에서 발행한 것으로 그 예탁증권의 권리가 표시된 것

---

1) 곽윤직, 채권총론(민법강의 Ⅲ), 박영사(2003), 222쪽.

제2절 증권시장의 구조 및 경제적 기능

1. 증권시장의 구조

앞에서 본 바와 같이 증권시장은 기업이나 정부 등 기관이 발행하는 증권이 최초로 투자자에게 매각되는 시장, 즉 발행시장과 이미 발행된 증권이 투자자들 사이에서 매매되는 시장, 즉 유통시장의 구조로 이루어져 있다. 발행시장과 유통시장은 상호의존적이고 보완적인 관계를 가지고 있다. 즉, 증권이 유통시장에서 원활하게 매매거래되어야 발행시장에서 증권이 활발하게 발행될 수 있고, 발행시장에서 증권의 공급이 원활하게 이루어져야 유통시장에서 매매거래가 활발하게 이루어질 수 있는 것이다.

1) 발행시장

발행시장에서의 자금의 수요자, 즉 발행주체는 기업이나 정부 등 기관이고 자금의 공급자인 개인투자자 또는 기관투자자가 발행주체에 의하여 발행되는 주식·채권 등 증권을 매입함으로써 자금이 투자자로부터 증권의 발행주체로 이전되는 일련의 과정이 발행시장에서 이루어진다. 이렇게 증권이 발행되어 최초로 투자자에게 매각되는 시장이기 때문에 1차시장이라고도 한다. 이러한 발행시장을 통하여 기업이나 정부 등 발행주체는 직접금융의 방법으로 투자자로부터 기업경영·사업투자자금이나 국가예산 등을 조달하고, 투자자는 수익성 높은 증권에 자금을 투자하여 이익을 얻거나 기업경영에 참여할 수 있다. 발행시장에서의 증권 발행형태는 매각대상으로 불특정 다수 투자자들을 모집할 것이냐 아니냐에 따라 공모발행과 사모발행, 발행에 따른 위험부담과 사무절차를 누가 담당하느냐에 따라 직접발행과 간접발행으로 나눌 수 있다. 유통시장인 한국거래소의 유가증권·코스닥시장에 상장하기 위한 증권의 발행은 보통 다수(50인 이상)의 일반대중을 상대로 널리 투자자를 모집하는 공모발행이고, 발행사무 및 위험을 증권회사 등 금융투자업자와 같은 전문적인 인수인으로 하여금 담당하게 하는 간접발행의 형태로 이루어진다.

2) 유통시장

유통시장은 발행시장을 통하여 발행된 증권이 투자자들 상호간에 매매거래되는 시장으로서 2차시장이라고도 한다. 발행시장에서 주식 · 채권 등 증권을 취득한 투자자는 유통시장을 통하여 이를 매각함으로써 투자자금을 회수하고, 자금의 투자대상을 찾는 투자자들은 유통시장에서 이미 발행된 증권 중 수익성이 높을 것으로 기대되는 증권에 투자할 수 있다. 일반적으로 유통시장이라고 할 때는 거래소시장만을 의미하는 경우가 많은데, 엄밀히 말하면 유통시장은 거래소시장과 장외시장으로 구분된다. 거래소시장은 우리나라의 경우 한국거래소가 개설하는 유가증권시장과 코스닥시장을 말하는 것으로, 일정한 장소에서 정해진 시간에 계속적으로 상장증권의 주문이 집중되어 경쟁매매원칙 등 일정한 기준과 규정에 따라 조직적 · 정형적으로 매매거래가 이루어지는 시장을 말한다. 2013년 7월에 개설된 코넥스시장은 성장가능성은 크지만 기존의 유가증권 · 코스닥시장에 상장하기에는 규모 등이 작은 창업 초반기 중소 · 벤처기업의 주식을 전문적으로 거래하는 장내시장이다. 중소 · 벤처기업에게는 획기적인 자금조달 창구로 기능하고, 투자자에게는 성장가능성 있는 기업에 투자할 수 있는 기회가 확대되며, 국가 경제적으로는 창조경제의 밑거름이 됨과 동시에 자본시장의 기반을 확충하는 역할도 할 것으로 기대된다. 반면에, 장외시장은 거래소시장 밖에서 거래 당사자 간에 상대매매의 방법으로 다양한 증권의 매매거래가 이루어지는 비조직적 시장인데, 주로 증권회사 창구에서 매매거래가 이루어지므로 점두시장(over-the-counter market)으로도 불려 왔고 현재는 금융투자협회가 운영하는 K-OTC시장이 여기에 해당된다. 유의할 점은 최근에 정보통신기술의 발달과 함께 전세계적으로 사이버 거래소시장(cyber exchange)형태의 대체거래시스템(ATS, Alternative Trading System)이 출현하면서 장외시장이 전통적인 거래소시장의 전단계적 · 보완적 시장에서 상호경쟁적 시장으로 급속히 변모하고 있다는 사실이다. 우리나라도 이러한 추세를 반영하여 최근에 자본시장법을 개정하여 종전 한국거래소의 독점적 지위를 폐지하고 복수거래소체제를 인정함으로써 ATS를 제도권내 시장으로 수용하였다.

2. 증권시장의 경제적 기능

이러한 유통시장은 다음과 같은 중요한 경제적 기능을 갖는다. 첫째, 발행된 증권의 시장성과 유통성을 높여 투자자들의 투자를 촉진시킴으로써 발행시장에서의 장기자본조달을 원활하게 한다. 둘째, 시장성과 유통성이 높으면 적정가격으로 즉시 현금화가 가능해 증권의 담보력을 높여 줌으로써 증권을 담보로 한 차입을 용이하게 한다. 셋째, 다수의 투자자가 참여하는 자유경쟁시장이므로 유통시장에서 증권이 공정하고 적정한 가격을 형성할 수 있도록 장을 제공한다. 넷째, 유통시장에서 형성되는 가격은 발행시장에서 발행될 증권의 가격을 결정하는 기능을 한다. 유통시장이 이러한 기능을 제대로 수행하기 위해서는 거래대상이 되는 증권의 발행물량이 많아야 하고 발행된 증권이 다수의 투자자에게 분산소유되어야 하며, 증권의 매매·유통에 제약이 없어야 한다.

제3절 증권시장의 역사

1. 세계 증권시장[2)]

세계 주요국가의 증권 발행에 대한 역사를 살펴보면 다음과 같다. 증권제도가 제일 먼저 형성된 나라는 영국이다. 주식회사의 기원은 우리나라 최초의 주식회사인 한성은행(신한은행과 합병된 조흥은행)의 설립시기 보다 약 300여 년이나 먼저 설립된 1602년 영국의 동인도회사를 들 수 있다. 그러나 이때는 주식이 공모되지 않았으므로 소유자가 적어 별로 매매가 되지는 않았다. 그 후 17세기경 영란은행이 발행한 공채를 매개로 하여 증권거래가 시작된 이래 점차 비공식적인 증권시장이 발전하였다. 산업혁명을 성공적으로 완수한 영국은 공업·무역·해운업 등의 발달로 세계의 기업이라는 지위를 확보하였고, 해외시장을 거의 독점하는 상황이었다. 이에 맞추어 1862년 주식회사법이 제정됨에 따라 많은 주식회사가 설립되고 주식

2) 증권거래소, 주요국의 주식시장제도(2002) 중 '제3장 미국' 및 '제4장 영국' 참조.

발행이 본격화되었으며 주식시장도 발전하였다. 드디어 1802년 550명의 증권업자가 공채, 영란은행의 주식, 외국증권 등의 매매를 위하여 런던증권거래소를 설립하였다.

한편 미국의 증권거래는 대략 18세기 후반 필라델피아 · 뉴욕 · 보스턴을 중심으로 시작되었으며, 증권시장의 개설시기가 영국과 큰 차이가 나지 않는다. 미국 최초의 증권은 1790년에 발행된 7,500만 달러의 국채로 알려지고 있다. 이 국채는 초대 재무장관인 해밀턴이 제안하여 전시 중에 전비조달을 위해 발행된 주정부 발행채권을 연방정부 발행채권으로 전환하기 위해 발행된 교부공채들이었다. 1791년에는 제1합중국은행이 설립됨에 따라 1천만달러의 주식이 발행되었고 이를 계기로 은행이나 보험회사가 점차 설립되었으며, 증권거래도 국채를 중심으로 차츰 활발하게 거래되기 시작하였다. 이들의 거래가 활발해짐에 따라 1792년 5월에 뉴욕 증권브로커들에 의해 최초로 협정을 맺고 그 해 겨울 톤티커피하우스에서 증권거래를 시작하였고, 이 협정이 오늘날 뉴욕증권거래소 규약의 효시가 되었다. 당시 증권거래는 그 양이 매우 적고 매매행위도 비조직적이었기 때문에 월가 68번지의 플라타너스나무 밑에서 이루어 졌으며, 최초의 조직적인 거래는 1792년 5월 24명의 중개업자들이 코리스호텔에 모여 "향후 각 가격의 1/4퍼센트 이상의 수수료를 받고 주문을 받아 매매를 하며, 이 결의의 참가자에게는 호혜를 베푼다."는 결의를 하고 날씨가 좋은 날에는 길거리에서, 나쁜 날에는 가까운 톤티커피하우스에서 업무를 처리함으로써 이루어졌다. 그러나 이후 미국경제의 급속한 발전으로 많은 은행과 보험, 기업체들이 설립되어 주식공급이 추가됨으로써 투자자가 늘어나고 많은 사람들이 주식거래중개업에 종사함에 따라 1792년의 "플라타너스나무 아래에서의 합의"만으로는 거래의 책임소재를 분명히 하기에는 적합하지 못해 조직적인 증권거래에 필요한 중간기구의 필요성이 커지기 시작하였다. 당시 미국은 자본축적이 거의 이루어지지 않았으나 서부개척이 시작되면서 교통기관의 부설을 위하여 주식회사 설립에 착수하게 되었다. 거래소는 그와 거의 때를 같이하여 1810년대에 필라델피아를 비롯한 동부도시에 설립되었고 1817년에 28명의 증권브로커를 회원으로 하는 뉴욕증권거래위원회(New York Stock Exchange)[3]가 설립되었다. 1820년 이후 서부개척운동에 의한 개발이 본격화되면서부터 철도주식을 비롯한 주식거래

3) 1863년에 뉴욕증권거래소로 명칭이 변경되었다.

가 왕성하게 되었고, 점두에서는 직접 투자자를 상대로 하여 증권매매를 하였다. 또한 철도주식을 중심으로 한 증권투기가 과열되자 1836년 뉴욕증권거래소와 경쟁하는 옥외시장이 노상에서 생성되었고 이것이 장외시장의 기원이며 지금의 아메리카증권거래소의 전신이 되었다.

2. 우리나라 증권시장[4)]

1) 일제시대

1908년경부터 서울에 등장하기 시작한 주식현물점의 수가 증가하게 되자 그 도매상인 유가증권 현물문옥이 생겨났으며, 이들은 1911년 20여개 점으로 구성된 유가증권 현물문옥 조합을 결성하였다. 동 조합은 법률상 임의단체로서 비록 그 운영이 단기간의 투기거래에 그쳤다고는 하나 공인된 조직적 시장의 전초적 역할을 하였다는 점에서 그 의의를 찾을 수 있을 것이다. 현물문옥 조합은 일부 조합원의 결제 불이행 사태로 결성 후 얼마 안 되어 해산되고 1919년에 재결성되었다가 1920년 5월 주식회사 경성주식현물거래시장이 설립되면서 또 다시 해산되었다. 경성주식현물거래시장은 당시 공식적으로 허가된 최초의 주식거래시장으로서 우리나라 사람 9명을 포함한 26명의 발기로 설립되고 일본의 인기 투기주식과 국내주식 등 30여개 종목을 대상으로 27명의 중매인이 참여하여 8월부터 거래를 시작하였다. 당초 발기인들은 증권거래소의 설립을 요구하였으나, 당국에서는 거래소를 설치할 수 있는 근거법령이 없다는 이유로 우선 시장령(증권시장에 관한 명령)에 따라 현물거래시장이라는 이름으로 이를 허가하였던 것이다. 이후 일제말기에 조선증권거래소로 바뀐 후 그 조직은 공공의 특수법인으로 하여 그 임원은 정부가 임명하도록 하였으며, 거래소의 개설은 조선증권거래소에 한한다고 하여 단일거래소주의를 채택하였다. 또한 증권거래소가 시장개설업무 이외에 발행시장의 업무도 담당하도록 하였으며 거래방법에 있어서는 투기성이 강한 단기청산거래는 폐지하고 수급조정에 필요한 한도 내에서 장기청산거래는 허용하였다. 이와 함께 당시 자유업이던 증권업을 단속할 목적으로 1943년 9월에는 조선유가증권업 취체령을 제정함으로써

4) 한국거래소, 한국거래소 55년사(2011) 중 '제1편 한국경제 속에서 본 자본시장' 참조.

증권업은 당국의 면허를 받아야 할 수 있게 되었다. 이와 같은 증권시장의 개편으로 증권거래소의 조직이 변경되고 매매제도는 정비되었으나, 전시하의 통제와 배당제한 등 자본활동의 제한으로 증권시장의 자율적인 운영은 어려웠고, 오직 전시통제하의 경제정책 달성을 위한 기관으로 기능하게 되었으며, 그 거래소는 종전이 임박한 1945년 8월 13일부터 매매거래가 중단되고 1946년 1월 16일 미군정 당국에 의하여 해산되었다.

2) 장외시장 형성(해방 직후)

해방후 미군정당국에 의하여 증권거래소 자체가 해산됨으로써 증권을 소지한 사람들의 환금의 길이 막히게 되었다. 그러자 해방전 증권업계에 종사하던 인사들을 중심으로 증권시장을 재건하고자 하는 움직임이 일어나게 되었다. 이러한 어려운 여건 하에서도 과거 증권업계에 종사하던 사람들을 중심으로 일본인들이 소유하였던 독점기업주식이나 일부 국내기업주식이 구 증권거래소 건물주변에서 소량이었지만 거래가 되기도 하였다. 이후 증권시장개설에 관심을 가진 인사들의 계속된 노력으로 1947년 증권구락부가 결성되고 뒤이어 1949년에는 대한증권이 설립되었다. 대한증권이 영업을 시작함으로써 그동안 개인간에 이루어지던 주식거래가 증권회사를 통하여 매매되기 시작하였는데 주로 경성방직 · 조선무진 · 조선철도 · 조선생명보험 · 조선국자 · 동아일보 등의 주식이 매매되었으며, 1951년경부터는 지가증권[5]과 건국국채도 매매되기 시작하였다. 1953년 6 · 25동란이 종식되고 증권거래가 증가하게 되자 증권업계에서는 영업활동을 위한 상설시장이 필요함을 절감하게 되었다. 그러나 증권시장의 개설에는 건물의 확보, 자금마련 등 여러 가지 어려움이 쌓여 있었으므로 이러한 문제를 해결하고 효과적인 활동을 계속하기 위하여 먼저 증권업자들의 협의체를 조직하기로 하였다. 이에 따라 당시 5개 증권회사의 대표자들이 모여 1953년 11월 25일 사단법인 대한증권업협회를 설립하였으며, 그 후 증권회사의 설립이 계속 증가하여 동 협회의 회원수는 1954년에는 16개사, 1955년에는 31개사로 급증하게 되었다. 대한증권업협회는 설립 이후 증권거래소의 설립을 추진하는 한편 우선 거래질서를 정비해 나가기로 하였다. 이는 당시의 증권거래가 각 증권회사마다 개별적으로 이루어지고, 그 시세도 각 증권회사별로

---

5) 1949년 6월 농지개혁법에 따라 정부에서 매수한 토지의 보상금으로 지주에게 발행한 증권을 말한다.

발표되고 있어 투자에 혼란을 야기할 뿐 아니라 유통에 지장을 초래하였기 때문이었다. 이에 따라 1954년 8월 1일부터는 매일 오전 각 회원사에서 한 사람씩 그 협회 사무실에 모여 당일 매매할 시세를 결정하였으며, 이러한 회합이 1개월 정도 계속되자 자연스럽게 이곳에서 직접 매매가 이루어지게 되었다. 매매건수가 늘어남에 따라 간혹 위약사례도 발생하게 되어 그 협회는 회원사로부터 증권매매에 대한 권리를 위임받아 매매회합을 관리함으로써 거래의 안전을 도모하였으며, 나아가 거래관행을 제도화하기로 하고 대한증권업협회 매매규약을 제정하였다. 동 규약은 1955년 3월 3일 재무부장관의 승인을 받아 시행됨으로써 매일 1회의 증권매매회합이 그 협회의 주관 하에 실시되었으며, 이와 같은 매매는 같은 해 11월 10일부터 1일 2회씩으로 확대되어 증권거래소시장이 개설될 때까지 계속되었다. 이 시기의 주식거래는 그 실적이 저조하였으나, 채권거래는 활발하여 지가증권과 건국국채의 매매가 전체거래량의 90% 이상을 차지하였다.

3) 증권거래소 설립(1950년대~1960년대 초반)

해방 후 우리나라에 증권거래소를 설립하려는 움직임은 과거 일제하에서 증권업에 종사한 바 있던 인사들이 증권구락부라는 모임을 갖기 시작한 때부터 있었으나 제반 여건이 성숙되지 않아 실현되지 못하여 왔다. 이러한 증권거래소의 설립노력은 1953년에 증권업협회가 설립되고 정부에서 경제발전에 필요한 자금조달을 위하여 증권시장이 필요하다는 것을 인식하게 되면서 구체적으로 추진되기 시작하였다. 1954년 3월 재무부장관은 증권거래소 설립추진위원회를 조직하기 위하여 증권업협회에 직원의 파견을 요청하였고, 그 협회는 11개사의 회원사로부터 증권거래소 설립추진위원을 선출하여 정부와 증권거래소 설립에 관한 제반업무를 협의하도록 일임하였다. 이들은 먼저 구 조선증권거래소 건물과 대지를 장차 개설될 증권시장으로 확보하기로 하였으며, 이에 필요한 소요자금은 증권금융회사를 설립하여 조달하기로 하였다. 이와 함께 정부는 증권거래소 설립의 법적근거가 되는 증권거래법을 제정하기 위하여 1955년에 그 법안을 국회에 제출하였다. 그러나 그 법안에 대한 심의가 지연되어 회기 중 통과전망이 어두워짐에 따라 정부 측 관계자와 증권거래소 설립추진위원을 비롯한 증권회사 대표들은 1955년 12월 1일 간담회를 개최하여, 증권거래법이 제정되어 있지 않은 상태에서라도 우선 구 조선증권거래소령에 의하여 증권거래소를 설립하기로 결정하였다. 이 밖에도 설립시의 자본금은 최저 3억환으로 하고, 조직형태는 가능한 한 주식회사의 제도로 하기로 하는 등 증권거래소 설립에 관한 기본적인 사항에 합의하였다. 이에 따라 같은 해 12월 3일 재무부차관을 위원장으로 하는 9인의 위원이 임명됨으로써 정식으로 대한증권거래소 설립위원회가 조직되었다. 대한증권거래소 설립위원회가 자본금을 3억환으로 하는 영단제 대한증권거래소의 정관을 정하고 이에 따라 증권단, 금융단, 보험단이 각각 1억환씩 출자하고, 1956년 2월 11일 설립등기를 거쳐 같은 해 2월 29일 재무부장관으로부터 증권시장의 개설허가를 받음으로써 증권시장 개설에 필요한 제반 법적절차를 완료하였다. 이 당시 증권거래소의 설립근거로서 일제강점기에 제정된 조선증권거래소령을 적용할 수 있는지의 여부가 논란의 대상이 되었으나, 법제실(현 법제처)의 유권해석결과 그 유효성이 인정되어 설립이 가능하게 되었으며, 이에 따라 대한증권거래소의 조직형태는 민간출자에 의하여 설립되었지만 최고 의결기관인 출자자총회가 존재하지 않는 특수법인 형태로 임원의 임면을 비롯하여 제 규정의 제정과 개정 · 폐지, 업무 및 재산의 보고와 검사 등 증권거래소의 운영과 시장관리가 모두 정부의 관리 · 감독을 받게 되었다. 또한 증권시장의 개장이 임박해짐에 따라 증권업협회는 증권시장에 상장할 주식과 채권을 정하여 이를 증권거래소 이사장에게 추천한 후, 그동안 협회에서 이루어지던 증권매매회합을 1년 6개월 만에 종결하고 시장관리에 관한 일체의 사항을 증권거래소로 이관하였다. 1956년 3월 3일 대한증권거래소는 개소식을 거행하고 매매거래를 시작함으로써 증권업협회를 주축으로 한 증권관계인 및 정부당국이 오랫동안 추진하여 온 증권시장이 개설되어 내자조달을 통한 국민경제발전에 기여할 수 있게 되었다. 개장일에 상장된 종목은 대한증권거래소 출자증권, 한국연합증권금융, 조흥은행, 저축은행, 상업은행, 흥업은행(구 한일은행, 현 우리은행에 통합), 경성방직, 경성전기, 남선전기, 조선운수, 대한해운공사, 대한조선공사 등 12개사 주식과 건국국채 마호 · 바호 · 사호 등 3종목의 채권이었으며, 당시 증권회사의 수는 49사였다. 매매거래방법은 구 조선증권거래소령에 의한 청산거래와 실물거래가 그대로 시행되었는바, 청산거래의 결제기한은 1개월로 하였고, 실물거래는 당일결제거래(실물 1부)와 15일한 특약일결제거래(실물 2부)로 구분 · 운용하였다. 1956년 개장된 이래 수년간 국채거래 위주의 양상을 보이던 증권시장은 1961년 5 · 16혁명 이후 일시적으로 거래가 부진한 상태를 보이다가 같은 해 10월 시중은행의 고율의 배당방침을 계기로 주식거래가 급증하면서 주식거래 위주의 시장으로 전환되었는데, 이는 당시 혁명정부가 경제개발계획을 추진함에 있어 증권시장을 내자조달의 중추적 기구로 육성하기 위하여 투자분위기를 조성하고 주식공급을 확대하는 등 여러 가지 정책적 노력을 한 결과였다. 그러한 노력의 일환으로 정부는 먼저 건국 이래 증권관계인의 숙원이었던 증권거래법을 제정·공포하였을 뿐만 아니라 주식회사제도를 확고히 규정한 신 상법을 제정하였으며, 그동안 실효를 거두지 못하였던 자산재평가법을 폐지하고 재산재평가특별조치법을 제정·실시하는 등 증권시장과 관련된 제도상의 미비점을 보완함으로써 투자환경개선을 통한 주식투자수요의 증대를 유도하였다. 1956년 근거법령 등의 미비로 구 조선증권거래소령에 의하여 설립된 영단제 대한증권거래소는 새로 제정된 증권거래법이 시행됨으로써 1962년 4월 1일 주식회사 대한증권거래소로 개편·발족하게 되었고, 증권거래법에 그 조직을 주식회사제로 규정하고 있어 그 체제는 영리기업조직인 주식회사이지만, 법인의 성격에 있어서는 특별법에 의한 특수법인으로 하여 투자자보호를 위한 공익성을 확립하도록 하였다.

4) 증권거래소 주식회사 전환(1960년대~70년대 전반)

1963년 4월 증권거래법이 개정됨에 따라 주식회사제 대한증권거래소는 같은 해 5월 3일부터 공영제 한국증권거래소로 그 조직이 개편되어 발족하게 되었다. 개편된 증권거래소의 법인성격은 특별법에 의하여 설립된 법인으로서 그 자본금의 일부를 정부가 출자할 수 있도록 되어 있어 명실상부한 공영제로서의 면모를 갖출 수 있도록 하였다. 법령의 적용에 있어서도 기업조직이었던 주식회사제 대한증권거래소가 상법준용하의 조직이었던 데에 비하여 공영제 한국증권거래소는 증권거래법 또는 같은 법에 의한 명령에 특별한 규정이 있는 것을 제외하고는 민법 중 사단법인에 관한 규정을 준용하되, 증권거래소의 출자증권 및 계산에 관하여는 상법 중 주식 및 계산에 관한 규정을 준용하도록 하였다. 아울러 종래의 주주총회는 출자자총회로 되고, 출자자총회의 의결사항은 재무부장관의 승인을 요하도록 하였으며, 재무부장관은 증권거래소의 공정한 관리를 위하여 출자자의 의결권을 각령이 정하는 바에 따라 제한할 수 있도록 하였다. 우리의 증권시장이 1960년대 후반까지만 하여도 기발행증권의 매매가 이루어지는 유통시장 중심이었고, 발행시장은 매우 부진한 상태에 있어 기업의 자금조달창구라는 자본시장으로서의 역할을 제대로 발휘

하지 못하고 있었기 때문에 정부는 1960년대 후반부터 증권시장 육성을 주요 정책 과제로 설정하고, 1969년을 자본시장육성의 해로 정하는 한편 증권시장 육성을 위한 각종 법률의 제정, 제도의 개선, 체제의 정비 등 다각적인 육성시책을 추진하기 시작하였다. 1968년말에는 「자본시장육성에관한법률」을 제정하고, 한국투자개발공사를 설립함으로써 발행시장체제를 구축하였고, 1969년 2월에는 청산거래제도를 폐지하고 보통거래제도를 채택하여 유통시장체제를 강화하였다. 또한 1969년 8월에는 증권투자신탁제도를 도입하였으며, 1971년 6월에는 보통거래제도를 개선함으로써 증권시장의 고질적인 병폐였던 과당투기와 책동전[6]을 근본적으로 배제시켰고, 1972년에는 8·3조치를 취하여 사금융시장을 정비하고, 동년 말에는 「기업공개촉진법」을 제정하여 우량증권의 공급기반을 확충하는 한편 세제개편을 통하여 공개법인 및 그 주주에 대한 우대조치를 하는 등 증권시장이 장기 산업자금 조달시장으로 구조적 전환을 할 수 있는 제도적 장치를 마련하였다.

5) 여의도 시대(1970년대 후반)

1979년 7월 2일 증권거래소는 여의도에 새로운 건물을 신축하고 이전을 하게 되었는데, 이로써 우리나라의 증권시장은 명동 증권거래소 시대의 막을 내리고 여의도 증권거래소 시대를 맞이하게 되었다. 명동 증권거래소 건물은 일제강점기인 1922년에 세워져 경성주식현물거래시장시대와 조선거래소 및 조선증권거래소 시대를 거쳐, 1956년 영단제 대한증권거래소가 설립된 이후에도 주식회사제 대한증권거래소 및 공영제 한국증권거래소 시대를 거치면서 1979년 6월 30일까지 57년간 숱한 역경과 고난을 겪어 왔는데, 이러한 우리나라 증권시장의 산 역사의 장을 마감하게 되었다. 여의도이전 이후 명동건물은 제일투자금융에 매각되었고 그 회사의 부실로 다시 매각되어 소유주가 바뀌면서 잡다한 업소들이 입주하여 내·외관이 손상되는 수난을 겪어왔었다. 그러던 중 그 건물은 2005년 6월18일 문화재청에 의하여 우리나라의 첫 번째 근대문화재로 등록이 예고되는 영광을 얻기도 하였으나 현 소유주인 부동산 개발업자의 반대로 근대문화재등록은 취소되고, 많은 시민단체의 반대에도 불구하고 철거되었다. 한편, 여의도 증권거래소 건물은 그 규모의 방대함에 있어서나 현대적 시설에 있어서 세계적인 수준으로 건축되었으며 매매처리능력도 크게 향

6) 일본의 사수전에서 유래된 용어로 몇몇 소수의 투기꾼들이 자금력으로 증권가격을 조작, 지배해서 엄청난 이익을 얻고자 하는 시세조종의 원조에 해당하는 불공정거래를 말한다.

상되었다. 특히 시장 내의 3벽면에는 대형전자시세게시판을 설치하고, 매매가 이루어지는 즉시 시세가 게시되는 온라인시스템을 가동시킴으로써 증권업무전산화시대의 새 장을 열게 되었다. 또한 증권거래소의 여의도이전 이후 증권회사들을 포함한 많은 증권관계기관도 여의도로 이전되어 여의도에 새로운 증권타운을 형성하게 하였다. 이에 따라 증권거래소의 여의도이전은 단순한 건물의 이전만이 아닌 증권산업 중심권의 이동을 초래하였고, 1980년대 우리 증권시장이 맞이하게 될 국제화 시대에 발맞춰 증권시장의 양적・질적 성장의 전기를 마련하는 등 증권시장이 기업자금 조달의 장으로서 또한 국민들의 건전한 투자의 장으로서 그 본연의 역할을 다하고 계속 비약적인 발전을 이루어 가는 데 크게 기여하게 되었다.

6) 증권시장 국제화(1980년대~90년대) : 외국인 투자 자유화 등

정부는 1981년 1월 14일 자본시장을 단계적으로 개방하겠다는 자본시장 국제화 장기계획을 발표하였다. 그 계획의 기본방침은 우리 경제 및 증권시장이 수용할 수 있는 범위내에서 자본자유화를 보다 순조롭게 추진하기 위하여 초기에는 매우 제한적이고 간접적인 방식에 의한 개방을 추진하고, 여건이 성숙됨에 따라 자유화 폭을 점진적으로 확대하면서 직접적인 증권투자를 허용한다는 것이었다. 따라서 처음에는 외자유입에 중점을 두고 자유화 정책을 추진해 나아가다가 점차 외자유출입의 자유화로 진전시켜 나아가는 4단계로 나누어 추진하기로 하였고, 그 단계별 내용은 다음과 같았다.

(1) 제1단계 : 수용태세 정비단계(1981~1984)

우리나라 자본시장은 규모나 경험 면에서 볼 때 선진자본시장에 비해 아직 낙후되어있어, 급격한 국제화를 추진할 경우에 초래되는 부작용을 고려하여 1981년부터 1984년까지를 수용태세정비기간으로 설정하였다. 이 기간 중의 주요계획사항으로는 국제투자신탁을 제한적으로 허용하고, 국내외증권기관의 사무소를 상호교류하며, 증권회사 및 유관기관의 수용태세 정비를 위한 전문 인력을 양성하는데 있었다.

(2) 제2단계 : 외국인 직접투자의 제한적 허용(1980년대 중반)

1985년 이후부터는 국제수지 흑자기조가 안정적으로 유지되지 않은 상황을 고려하여 국제투자신탁제한을 점진적으로 완화하고, 외국인의 직접증권투자를 제한적으로 허용하도록 하였다.

(3) 제3단계 : 외국인 본격 투자 허용 및 국내증권의 해외발행 추진(1980년대 후반)

1980년대 후반에는 우리 경제가 경제협력개발기구(OECD) 가입수준에 이를 것을 전제로 하여 외국인 직접증권투자의 본격허용, 국내증권의 해외발행 및 상장, 국내외 증권기관의 현지영업점포 상호진출허용 등을 추진하도록 하였다.

(4) 제4단계 : 완전자유화에 의한 자본유출(1990년대)

1990년대 전반에 이르러서는 내국인의 해외증권투자허용, 외국증권의 국내발행 및 상장을 추진하여 자본시장의 완전자유화를 이루도록 하였다. 우리나라 증권시장의 국제화에 있어서 가장 중요한 변화 중 하나는 외국인 투자자에 대한 국내 증권시장 개방이다. 1990년대 초반부터 추진되어 온 외국인에 대한 국내 증권시장 개방은 그 대상과 범위가 단계적으로 확대되어 1990년대 후반에 들어서 사실상 완전히 개방됨으로써, 2000년대 외국인투자의 활성화에 크게 기여하게 되었다. 주식부문에 있어서 1992년 1월, 상장법인중 일반법인에 대해서는 총 10%, 공공법인에 대해서는 총 8%를 한도로 외국인이 국내 상장주식을 직접 취득할 수 있도록 하였다. 정부는 자본시장 국제화 계획에 따라 당초 2000년경 외국인 보유한도의 완전철폐를 추진하려 했으나, 1997년말의 IMF외환위기 발생으로 인해 금융시장의 개방 및 자유화가 조기 추진되게 되어 외국인에 대한 국내증권시장 개방도 가속화되었다. 외환위기 직후인 1997년 12월에는 일반법인 55%, 공공법인 25%로 투자

표 2-1. 외국인 주식투자 한도 확대 추이

(단위 : %)

시행일	유가증권시장 상장법인				코스닥시장 상장법인	
	일반법인		공공법인			
	1인한도	전체한도	1인한도	전체한도	1인한도	전체한도
1992. 1	3	10	1	8	-	-
1994.12	3	12	1	8	-	-
1995. 7	3	15	1	10	-	-
1996. 4	4	18	1	12	-	-
1996.10	5	20	1	15	-	-
1997. 5	6	23	1	18	-	-
1997.11	7	26	1	21	-	-
1997.12	50	55	1	25	5	15
1998. 4	50	55	1	25	50	55
1998. 5	100	100	3	30	100	100
2000.11	100	100	3	40	100	100

한도를 대폭 확대하였고, 협회등록법인(현 코스닥시장 상장법인)에 대해서도 총 15%까지 허용하였다. 1998년 5월에는 상장법인중 일반법인과 협회등록법인에 대하여 투자한도를 완전히 폐지하였고, 같은 해 7월에는 비상장·비등록주식에 대해서도 외국인의 제한없는 투자를 허용하였다.

7) 증권시장 국제화(2000년 이후) : 외국주 상장 등

증권거래소는 1996년 및 2000년에 각각 규정개정을 통해 외국주식 예탁증서와 외국주권에 대한 신규상장 심사요건을 마련함으로써 해외기업의 국내증시 상장의 길을 열어 놓았다. 정부는 기업공개, 공시 및 기업지배구조 등에 관한 증권관련법규의 개정과 제도개선을 통하여 거래소를 중심으로 한 외국기업의 국내증시 상장유치 노력을 강화해 나가기로 하였고, 거래소는 2005년 12월에 외국기업에 대한 1차 상장허용 등 상장규정 개정을 통하여 외국주 상장유치를 위한 실질적인 제도적 기반을 마련하였다. 특히 통합거래소 출범 이후 국제화 과제중 중요한 비중을 해외기업의 국내증권시장 상장에 두고 전략지역을 중심으로 외국기업상장유치를 적극 추진하고 있다. 2006년경 북경에 사무소 설치를 통하여 상장유치 중국기업의 발굴과 더불어 외국기업에 대한 정보제공 및 마케팅 활동 등을 통하여 적극적으로 외국기업 상장유치 활동을 추진해 오고 있다. 그 결과 2021년말 현재 홍콩, 미국, 케이맨제도, 일본, 싱가포르 등으로부터 외국기업 총 23개사가 한국거래소에 상장되어 있다.

8) 코스닥시장 성장(1990년대 후반~2000년대)

IMF외환위기 이후 불어 닥쳤던 일시적인 고금리현상이 퇴조하고 연 10% 미만의 저금리시대가 도래하면서 투자자들도 새로운 대체 투자시장으로 등장한 코스닥시장[7]에 속속 참여하는 등 중소기업 및 벤처기업들과 함께 투자자들의 관심이 높아지면서 코스닥시장은 비약적인 성장을 거듭하였다. 코스닥시장의 성장규모를 살펴보면 1998년말에서 1999년말까지 1년 동안 등록회사수가 331에서 453개로 36.8%가 증가했고, 등록주식수도 11억 6,711만주에서 40억8,987만주로 250.42%가 증

7) 정부는 1996년 증권업협회가 운영하던 장외시장관리실(상대 매매방식)을 대신하여 미국 나스닥시장과 같은 자동화된 경쟁매매시스템을 갖춘 코스닥증권(주)을 설립하였고 거기에서 운영되는 협회중개시장을 말한다.

가했으며, 등록자본금은 5조 4,078억원에서 13조 615억원으로 141.53%가 증가했을 뿐 아니라, 시가총액은 한 해 동안에 7조 8,922억원에서 무려 98조 7,043억원으로 1,050.65%가 증가하는 경이적인 증가세를 기록하였다. 1999년 코스닥은 급속한 활황세를 타고 등록법인수, 자본금, 시가총액면에서 괄목할만한 성장세를 보였다. 등록법인수는 1999년말 증권거래소 상장기업수의 63%에 이르렀고 2000년에 들어서도 등록이 줄을 이었다. 신규등록과 유상증자에 따른 자본금의 증가로 상장자본금 또한 1998년말 증권거래소대비 9.8%에서 1999년말 16.7%로 성장하였다. 이처럼 코스닥시장은 중소·벤처기업은 물론 기관투자자나 일반투자자들의 적극적 참여를 이끌어 내며 성장을 거듭하였다. 특히 1999년에는 일평균 거래금액이 4월 644억원에서 5월 1,503억원, 6월 2,322억원, 10월 4,121억원으로 증가함에 따라 당시의 코스닥 전산시스템 용량 역시 6월에 4배, 8월에 4배, 2000년에 다시 2배로 늘렸다. 또한 1999년 7월에는 코스닥지수가 2000을 돌파하였고 2000년 2월에는 거래대금이 증권거래소 시장을 추월[8]하기도 하였다. 미국의 나스닥이 1990년대 미국의 경제를 번영으로 이끌어 낸 것처럼 코스닥은 2000년대 우리 경제에 활력을 가져왔다. 중소·벤처기업들이 코스닥시장을 통해 자금을 조달한 실적을 보면 1997년에 2,162억원에 불과하던 것이 1998년부터 급격히 증가하여 2000년에는 7조 7,407억원을 기록하게 되었다. 이후 시장의 침체와 함께 그 규모가 감소하였으나 시장개설 이후 2005년까지 코스닥시장은 중소·벤처기업들에게 총 27조 2천 2백여억원의 산업자금을 공급하였다.

9) 통합거래소 출범(2005년 이후)

2000년 11월 정부가 증권거래소와 선물거래소를 포함한 전반적인 시장체제 개편방안을 마련할 계획임을 발표함으로써 증권·선물시장의 구조개혁의 거대한 첫 걸음을 내딛었다. 2001년 유관기관과 학계 공동으로 테스크포스를 구성하여 논의를 시작하였으나, 9.11테러에 따른 경제여건 악화로 논의가 일시 중단되기도 하였다. 다시 2002년 6월부터는 민간전문가로 구성된 금융발전심의위원회 증권분과위를 중심으로 개편방안 수립을 위한 본격적인 논의에 착수하였고, 이듬해 2003년 3월 참여정부 출범 이후 그간의 논의결과를 기초로 정부의 개편시안을 "새 정부 경제운용방향"에 포함하여

8) 2000년 2월 8일 : 코스닥시장 거래대금 4조 8,780억원, 증권거래소 거래대금 3조 5,740억원이었다.

발표하고, 유관기관 등 이해당사자간 협의를 위한 절차를 진행하였다. 정부는 2003년 5월 마침내 이해당사자간 협의결과를 토대로 한국증권거래소의 유가증권시장, 한국증권업협회가 개설한 협회중개시장(코스닥시장) 및 한국선물거래소의 선물시장 등 3개 시장의 단일운영주체로 통합거래소를 설립하되, 통합거래소의 본사는 부산에 설치키로 하는 내용의 "증권·선물시장 개편 기본방안"을 확정·발표하기에 이르렀다. 증권·선물시장 개편방안이 제기된 배경은 세계증권시장의 구조적 환경변화에 따른 경쟁의 심화에 대응하여 우리 증권·선물시장의 효율성을 제고할 필요성이 크게 대두되었기 때문이다. 당시 세계 증권시장은 규제완화와 기관화, 증권화 및 자본자유화의 진전에 따라 증권거래의 국제화가 급격히 진행되고, 정보통신기술의 급격한 발전에 의한 대체거래시스템(ATS) 및 전자거래네트워크(ECN)의 등장으로 전통적인 증권시장이 잠식되는 등 시장간·국가간 경쟁이 격화되는 양상을 보이고 있었다. 또한 국가간 자본이동의 가속화와 신상품에 대한 욕구의 증대로 선진기술 및 다양한 상품이 있는 시장으로 자본이 집중되는 현상이 심화됨에 따라 투자자 등 시장수요자의 영향력이 증대되어 과거 지역적으로 독점적 이익을 향유하고 있던 증권산업의 글로벌경쟁화가 급속히 진행되고 있었다. 이에 각국의 증권시장은 존립을 위한 경쟁우위의 확보 차원에서 주식회사로의 전환과 현물시장간 또는 현·선물시장간 통합 등 스스로를 효율화하려는 노력을 치열하게 전개하였다. 당시 뉴욕증권거래소를 포함한 세계 10대 거래소가 이미 주식회사로 전환하였고, 미국의 나스닥과 아메리칸 증권거래소(AMEX)간의 통합 등 현물거래소간 통합을 비롯하여 스위스, 독일, 벨기에, 프랑스 등 유럽 국가와 싱가폴, 홍콩, 말레이시아, 일본 등 아시아 국가에서도 거래소간 통합이 활발히 이루어지고 있었다. 이러한 증권시장의 환경변화에 대응하여 우리 증권·선물시장의 효율성을 제고하기 위하여 시장간 연계성을 강화하고, 시장별로 분산되어 있는 거래지원기능을 통합함으로써 거래비용을 절감하는 한편, 이용자의 편의를 제고하려는 필요에서 거래소간 통합을 추진하게 되었다. 증권선물거래소 설립위원회는 통합거래소 운영의 핵심이 되는 정관 등 내부규정을 제정하고 정부의 승인을 얻어, 2005년 1월 19일 창립총회를 개최하여 통합거래소 출범 1기를 이끌어 나갈 경영진을 구성하였다. 마침내 정부가 합병 및 거래소 설립을 승인함으로써 통합거래소인 한국증권선물거래소가 2005년 1월 27일 출범하게 되었다.

제4절 증권관련기관 소개

1. 한국거래소

1) 통합거래소의 발전

거래소시장은 한국거래소가 개설한 유가증권시장과 코스닥시장을 말하는 것으로, 일정한 장소에서 정해진 시간에 계속적으로 상장유가증권의 주문이 집중되어 경쟁매매원칙 등 일정한 매매거래제도에 따라 조직적·정형적으로 매매거래가 이루어지는 시장이다. 즉, 증권의 매매거래 및 선물거래에 있어서 공정한 가격의 형성 및 안정과 원활한 유통을 위하여 법(구 한국증권선물거래소법)에 의하여 거래소를 설립한 것이다. 앞에서 본 바와 같이 종전의 한국증권거래소, 코스닥증권시장, 한국선물거래소, 코스닥위원회가 합병하여 2005년 1월 27일 한국증권선물거래소로 출범하였고 2009년 2월 한국거래소로 개명하여 2022년 1월 16일 기준 상장기업수 2,484사(코스피 823사, 코스닥 1,530사, 코넥스 131사), 시가총액 약 2,592조원(코스피 2,165조원, 코스닥 422조원, 코넥스 5조원)에 이르는 비약적인 성장을 지속하고 있고, 상장 상품도 주식·채권외에 SPAC, 수익증권, 뮤추얼펀드, REITs, ELW, ETF, ELS 등의 증권과, KOSPI200주가지수 선물·옵션, 주식선물, 3년 국채선물, 미국달러선물, 금선물, 돈육선물 등의 파생상품과, 금, 석유, 탄소배출권 등 일반상품에 이르기까지 다양하여 투자자의 신규상품 수요에 부응하고 효율적인 위험관리 수단을 제공하고 있다.

한편, 앞에서 본바와 같이 2013년 7월 정부의 중소기업 진흥을 위한 창조경제 정책에 부응하여 한국거래소는 코넥스시장을 개설하였다. 즉, 성장가능성은 크지만 유가증권·코스닥시장에 상장하기에는 규모 등이 작은 창업 초반기 중소·벤처기업의 주식을 전문적으로 거래하는 시장이다.

2) 업무 및 조직

한국거래소의 조직은 [그림 2-1]과 같으며, 한국거래소의 업무는 다음과 같다

(거래소 정관 제2조). 즉, ① 유가증권시장·코스닥시장·코넥스시장 및 파생상품시장의 개설·운영에 관한 업무, ② 증권 및 장내파생상품의 매매에 관한 업무, ③ 증권의 매매거래 및 장내파생상품거래에 따른 청산 및 결제에 관한 업무, ④ 장외파생상품거래의 확인, 청산 및 결제에 관한 업무, ⑤ 증권의 상장에 관한 업무, ⑥ 장내파생상품 매매의 유형 및 품목의 결정에 관한 업무, ⑦ 상장법인의 신고·공시에

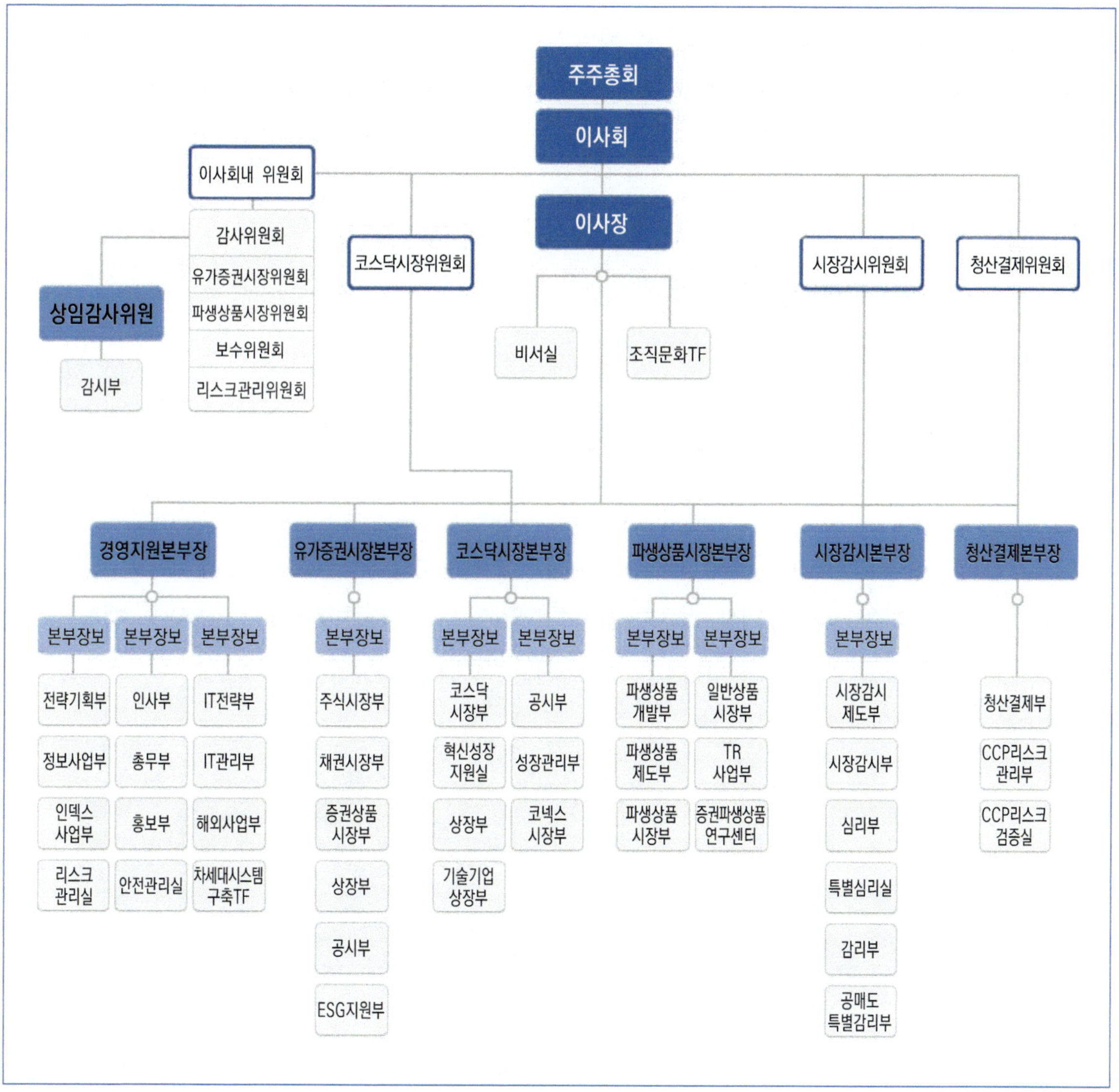

[그림 2-1] 한국거래소의 조직도[9]

9) 한국거래소 홈페이지.

관한 업무, ⑧ 시장감시, 이상거래의 심리 및 회원에 대한 감리에 관한 업무, ⑨ 증권의 경매업무, ⑩ 유가증권시장·코스닥시장·코넥스시장 및 파생상품시장 등에서의 매매거래와 관련된 분쟁의 자율조정에 관한 업무, ⑪ 시장정보의 제공 및 판매에 관한 업무, ⑫ 각종 지수의 개발, 산출 및 판매에 관한 업무, ⑬ 시장과 관련된 전산시스템의 개발 및 운영에 관한 업무, ⑭ 부동산 및 전산장비 임대업무, ⑮ 외국 거래소(그 지주회사 포함) 및 증권·파생상품관련 기관과의 제휴·연계·협력 등에 관한 업무, ⑯ 외국 거래소 및 증권·파생상품관련 기관 등에 대한 시스템수출·업무자문 등에 관한 업무, ⑰ 석유제품현물전자상거래의 도입 및 운영에 관한 업무, ⑱ 법령에 따라 부여된 업무 또는 상기 업무에 수반되는 부대업무이다.

3) 거래소시장의 매매제도[10]

증권시장은 2000년 5월 이전에는 전장과 후장(09:00~12:00, 13:00~15:00)으로 운영하였는데 점심 휴식시간에 발생한 정보도 즉시 시장가격에 반영되도록 하여 장중 가격발견 기능의 효율성을 제고하고 보다 많은 거래 기회를 요구하는 투자자의 수요를 반영하기 위하여 현재의 단일장(09:00~15:30) 체제로 전환하였다. 시장은 정규시장과 시간외시장으로 구분되고 시간외시장에서는 주식, DR, ETF 거래만 가능하며, 시장관리상 필요한 경우 거래시간을 임시 변경할 수 있어 연초 개장일, 대학수학능력시험일 등에는 거래시간을 변경하여 운영하고 있다.

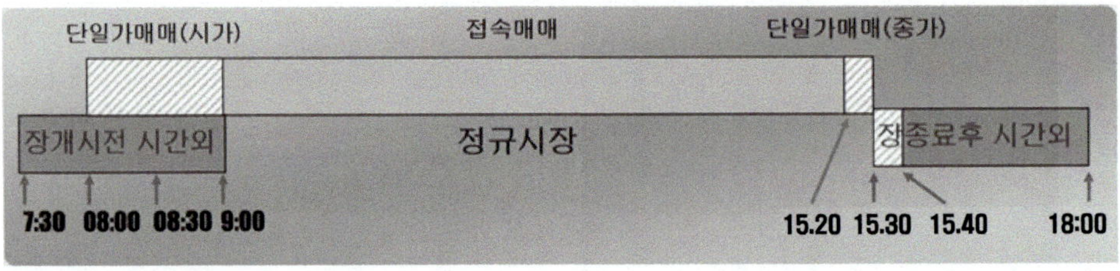

[그림 2-2] 증권시장 개장시간

10) 한국거래소, 주식시장 매매제도의 이해(2013) 참조.

(1) 계좌설정 및 주문의 수탁

증권사가 투자자인 위탁자로부터 매매거래의 위탁을 받아(수탁하여) 처리하기 위해서는 사전에 위탁자와 매매거래계좌를 설정하여야 한다. 증권사와 위탁자간 '매매거래계좌설정약정서'에 의하여 매매거래계좌 설정계약을 체결하고 증권사는 위탁자로부터 성명, 주민등록번호, 주소 등 기본 신상에 관한 사항을 확인 받아 기록 · 유지하며, 자본시장법상 고객파악의 의무 및 적합성의 원칙(know your customer rule)에 따라 위탁자의 투자성향을 파악하여 투자를 권유해야 한다. 증권사는 다음 3가지 방법으로 투자자 주문을 수탁하여 처리하고 있다.

첫째, 문서에 의한 수탁이 있다. 이 경우 위탁자가 직접 증권사를 방문하여 위탁주문의 내용을 직접 기재하고 기명날인 또는 서명한 주문표에 따라 처리한다.

둘째, 전화 · 팩스 등에 의한 수탁이 있다. 이 경우 주문접수자(증권사 임직원)가 위탁자 본인임을 확인한 후 주문표를 작성하여 기명날인 · 서명하여 처리하고, 녹음 등의 방법을 이용하여 주문내용을 입증할 수 있는 자료를 보관한다.

셋째, 전자통신방법에 의한 수탁이 있다. 이 경우 사전에 증권사와 전자통신방법에 의한 주문계약을 체결한 후 인터넷, 증권사 전용망, 상업적 통신망 등을 이용하여 직접 주문을 제출한다. 전자통신방법에 의한 예를 보면, Home Trading System (HTS)의 경우 개인투자자의 주문제출, 매매확인, 자산관리 등의 과정을 모두 전산적으로 처리할 수 있도록 개발한 투자전용 프로그램이고, Direct Market Access(DMA)의 경우 기관투자자 및 외국인투자자 등이 증권사에 전용망을 연결하여 직접 주문을 제출하는 수탁의 한 방법으로 증권사를 경유하여 거래소에 호가를 제출하게 된다.

(2) 위탁증거금 및 위탁수수료

위탁증거금은 증권사가 투자자의 주문을 접수하면서 결제이행을 담보로 징수하는 금전을 말한다. 위탁증거금은 자율사항이므로 증권사는 '위탁증거금징수기준'을 수립하여 공정하고 객관적인 방법으로 증거금을 적용한다. 실제로 매수의 경우 위탁금액의 40%, 매도의 경우 매도증권 전량을 증거금으로 징수하고, 기관투자자 등 신용이 높은 전문투자자는 증거금을 징수하지 않는다. 다만, 시장관리를 위해 다음의 경우에는 의무적으로 증거금을 100% 징수한다.

① 거래소 시장감시규정에 의한 투자경고종목 및 투자위험종목에 대한 매수주문

② 미수동결계좌의 경우 일정 기간 동안의 매수/매도주문[11]

---

11) 과도한 투기거래에 의한 미수 발생건수가 급증함에 따라 시장의 결제안정성을 제고하

③ 상장주식수가 5만주 미만인 종목에 대한 매도주문 등

이러한 위탁증거금으로 현금을 대신하여 증권을 사용할 수 있는데 이것을 대용증권이라고 하고 거래소가 환금성 등을 고려하여 상장주권(관리종목 및 정리매매종목은 제외), DR, ETF, 상장채권, 집합투자기구가 발행한 수익증권, 주택저당채권유동화회사가 발행한 수익증권 등을 대용증권으로 지정하고 있다. 한편, 위탁수수료는 증권사가 매매의 위탁을 받아 매매거래가 성립되면 결제시 투자자로부터 위탁서비스에 대한 대가로 받는 수수료를 말한다. 1997년 9월 1일 이후 증권사간 차별화를 유도하고 효율적인 경쟁을 통한 가격인하를 도모하기 위해 수수료 징수기준을 자율화하였지만 증권사는 '위탁수수료징수기준'을 수립하여 공정하고 객관적인 방법으로 징수하여야 한다. 또한 그 기준이 제정 또는 변경되는 경우 5거래일 이내에 거래소에 통보해야 한다.

(3) 매매수량단위

매매수량단위는 투자자가 매수·매도 주문을 제출하는데 적용되는 최저수량단위를 말한다. 매매수량단위가 작을수록 투자자의 편의를 제고하는 측면이 있으나, 저가주의 경우에는 소량의 거래가 수시로 이루어짐으로써 적정 투자규모 관리가 곤란하고, 주문건수 증대에 따른 주문전달 및 매매체결 지연 등으로 원활한 매매거래가 제약되어 투자자의 불편을 초래할 수 있다. 따라서, 거래소는 투자자의 편의와 매매체결 효율성을 감안하여 적정 매매수량단위를 정하고 있는데 현재 주식의 매매수량단위는 유가증권시장[12] 및 코스닥시장 1주, 코넥스시장은 100주 단위로 운영하고 있다. 종전에는 유가증권시장의 매매수량단위를 10주로 운영하되, 유가증권시장의 경우 당일 기준가격(신규상장종목 등의 경우에는 평가가격)이 50,000원 이상인 종목은 매매수량단위를 1주로 완화하여 적용하고, 10주 미만의 주식(단주)을 처분하거나 신규로 취득하고자 할 때는 시간외시장을 이용하거나 증권사에서 제공하는 '단주매매(장외거래)' 서비스를 이용할 수 있었다.

고 투기거래를 억제하기 위해 투자자 제재장치로서 미수동결계좌제도를 '07년 5월에 도입하였다. 그 내용을 보면, 미수가 발생한 위탁자에 대해서 매수대금 미납 위탁자의 경우 30일간, 매도증권 미납 위탁자의 경우 90일간 주문 접수시 위탁증거금을 100% 징수하도록 하는 것이다. 미수가 발생한 위탁자 정보는 금융투자협회(신용정보집중기관)를 통해 공유되어 모든 증권사에 적용하도록 하고 있다.

12) 한국거래소 선진화 전략의 일환으로 투자자의 거래 편의 및 활성화를 위해 유가증권시장의 단주매매를 2014년 6월 2일부터 허용하였다.

(4) 투자자의 주문(호가)

투자자가 거래소시장에서의 매매체결을 회원에게 주문하면 회원은 거래소시스템에 호가를 제출함으로써 매매체결이 이루어지므로 주문은 호가와 동일한 의미로 볼 수 있다. 주문(호가)의 종류를 보면, 지정가주문(호가)은 투자자가 지정한 가격 또는 그 가격보다 유리한 가격으로만 매매체결을 시키는 주문으로 가장 일반적인 주문방법이고 투자자가 원하지 않는 가격으로는 체결이 안 되는 장점이 있는 반면, 원하는 가격이 형성되지 않을 경우 체결이 안 되는 단점이 있다. 시장가주문(호가)은 현 시점에서 가장 유리한 가격조건으로 즉시 매매체결을 시키는 주문을 말하고 투자자가 원하는 시점에 즉시 체결되는 장점이 있지만, 유동성이 부족한 종목 등의 경우에는 극단의 가격으로 체결될 위험이 있는 것이 단점이다. 한편, 조건부지정가주문(호가)은 정규 매매거래시간 중에는 지정가주문으로 원하는 가격에 매매거래에 참여하지만, 매매체결이 안된 경우 종가결정시에 시장가주문으로 자동 전환되어 체결가능성이 높아진다. 이 밖에도 최유리지정가주문(호가), 최우선지정가주문(호가), 목표가주문(호가) 등이 있다.

(5) 호가가격단위

호가가격단위는 증권시장의 원활한 매매거래 수행을 위해 거래소에 제출하는 호가의 가격표시의 최소단위를 말하는데, 시장의 안정성, 가격발견 효율성 등을 고려하여 세분화되어 있어 유가증권시장의 경우 7단계이고 코스닥시장의 경우 5단계이다.

표 2-2. 시장별 호가가격단위

구 분		유가증권	코스닥
	1,000원 미만	1원	1원
1,000원 이상	5,000원 미만	5원	5원
5,000원 이상	10,000원 미만	10원	10원
10,000원 이상	50,000원 미만	50원	50원
50,000원 이상	100,000원 미만	100원	100원
100,000원 이상	500,000원 미만	500원	100원
500,000원 이상		1,000원	100원

(6) 가격제한폭

유가증권시장, 코스닥시장 및 코넥스시장에서는 주식, DR, ETF, 수익증권의 공정한 가격형성을 도모하고 급격한 시세변동에 따른 투자자의 피해방지 등 공정한 거래질서 확립을 위해 하루 동안 가격이 변동할 수 있는 폭을 기준가격 대비 상하 30%(단, 코넥스시장 15%)로 제한하고 있다. 가격제한폭제도에 따라 당일에 변동 가능한 가격범위인 상한가와 하한가의 가격은 기준가격[13]에 상하 30% 범위 이내에서 가장 가까운 호가가격단위에 해당하는 가격으로 정한다. 예를 들어, 기준가격이 5,000원인 종목의 상한가는 6,500원(기준가격 대비 30%)이고 하한가는 3,500원인 반면, 기준가격이 11,200원인 종목의 상한가는 14,550원(기준가격 대비 29.91%)이고 하한가는 7,840원(기준가격대비 30%)으로 결정된다. 왜냐하면, 가격이 10,000원을 상회하는 경우 호가가격단위가 50원이기 때문이다. 이러한 가격제한폭은 2015년 6월 15일부터 종전의 15%에서 30%로 확대[14]된 것인데, 가격급변으로 인한 투자자 피해를 방지하기 위해 가격안정화장치로서 동적·정적 변동성완화장치(VI)[15]를 도입하였다.

한편, 본질적으로 가격변동의 폭이 큰 정리매매종목, 주식워런트증권(ELW), 신주인수권증서, 신주인수권증권의 경우에는 균형가격의 신속한 발견을 위하여 가격제한폭제도를 적용하지 않는다.

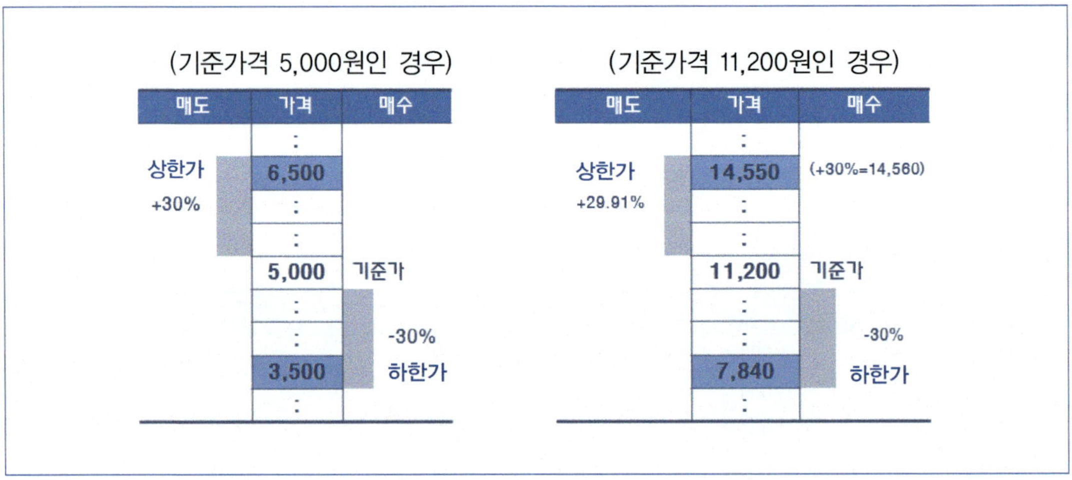

[그림 2-3] 가격제한폭 사례

13) 일중 가격제한폭, 대용증권, 매매수량단위 등의 기준이 되는 가격을 말하고, 일반적인 경우 전일종가이고 유무상증자, 주식배당, 주식분할, 액면병합 등의 경우 이론가격, 이론가격 산출이 어려운 신규상장, 자본감소 등의 경우 일정한 호가범위 내에서 시장의 수급에 의해 형성된 최초 균형가격(시가)으로 한다.

14) 한국거래소, 증권·파생상품시장 가격제한폭 확대 시행(2015.5.19. 보도자료) 참조.

15) 동적 VI(Volatility Interruption)는 2014년 9월 1일, 정적 VI는 2015년 6월 15일부터 각각 시행되었다. 이러한 변동성완화장치의 개요는 뒤에서 상술한다.

변동성완화장치(VI) 개요

개별종목의 일시적인 주가급변을 완화하기 위해 도입한 동적 VI의 개요는 아래와 같다.[16]

<table>
<tr><th>구분</th><th>주요 내용</th></tr>
<tr><td>1. 도입 유형</td><td>▸ 동적 장치(Dynamic Price Range)
* 호가제출시점의 직전 체결가격과 잠정 체결가격을 비교</td></tr>
<tr><td>2. 적용 대상 증권</td><td>▸ 주식, 외국주식예탁증권(DR), ETF
* 채권, ELW, 신주인수권증서 · 증권 미적용</td></tr>
<tr><td>3. 시간대별 적용방법</td><td>▸ 시가단일가매매시간 : 미적용
▸ 접속 및 종가단일가매매시간/시간외매매시간 : 적용</td></tr>
<tr><td>4. 참조가격 및 가격범위</td><td>▸ 참조가격(Reference Price): 호가제출당시 직전 체결가격
▸ 발동가격(Thresholds) : 참조가격±(참조가격×발동가격율)
<table>
<tr><th colspan="2">구 분</th><th rowspan="2">접속매매시간
(09:00~15:20)</th><th rowspan="2">종가단일가
매매시간
(15:20~15:30)</th><th rowspan="2">시간외시간
(16:00~18:00)</th></tr>
<tr><th>주식</th><th>ETF</th></tr>
<tr><td>KOSPI200
구성종목</td><td>KOSPI200/100/50,
KRX100, 인버스, 채권</td><td>3%</td><td>2%</td><td>3%</td></tr>
<tr><td>유가일반
코스닥종목</td><td>레버리지, 섹터 · 해외지수, 상품 등 기타지수</td><td>6%</td><td>4%</td><td>6%</td></tr>
</table></td></tr>
<tr><td>5. VI발동기준</td><td>▸ 잠정체결가격이 발동가격에 도달할 경우 단일가매매로 전환
▸ 발동횟수의 제한 없음</td></tr>
<tr><td>6. VI 발동시 매매체결방법</td><td>▸ 발동시 2분간 단일가매매 호가접수 및 체결(가격 · 시간우선)</td></tr>
<tr><td>7. VI 발동시 투자자 정보제공</td><td>▸ 해당종목, 참조가격, 발동가격 · 시점 및 단일가매매시간 공표</td></tr>
</table>

다음으로 정적 VI는 동적 VI 보다 큰 폭의 가격변동을 완화하기 위해 도입한 것으로 동적 VI 보다 가격범위를 넓게 설정하여 직전 단일가격을 기준으로 10% 이상 가격이 급변하는 경우 2분간 냉각기간을 부여함으로써 특정 단일호가 또는 여러 호가로 인한 누적적이고 보다 장기간의 가격변동을 완화할 수 있는 장치이다.[17] 적용대상증권, 발동기준, 하루 중 발동횟수, 발동시 매매체결방법, 발동시 투자자 정보제공 등은 동적 VI와 동일하다. 다만, 시간대별 적용방법은 시가단일가매매 · 장중접속매매 · 종가단일가매매에는 적용되는 반면, 장종료후 시간외매매에는 적용되지 않는다.

16) 한국거래소, 시간외시장 개편 및 종목별 변동성 완화장치(VI) 등 시행(2014.8.26. 보도자료) 참조.
17) 한국거래소, 증권 · 파생상품시장 가격제한폭 확대 시행(2015.5.19. 보도자료) 참조.

(7) 매매체결 방식 및 원칙

매매체결의 방식은 수요 · 공급의 경쟁관계에 따라 경쟁매매, 상대매매 및 경매매로 구분된다. 먼저, 경쟁매매는 둘 이상의 매도자와 둘 이상의 매수자간 경합으로 매매거래가 성립되는 방식을 말하고, 투자자의 주문에 의해 가격이 형성되는 주문주도형(Order-Driven) 시장과 업자(Dealer)가 제시한 호가에 의해 가격이 형성되는 호가주도형(Quote-Driven) 시장으로 나누어 볼 수 있다. 다음으로, 상대매매는 매도자와 매수자간 상호 합의된 가격으로 매매거래가 성립되는 방식을 말하는데 이러한 방식으로는 시장가격이 형성되지 않는다. 끝으로 경매매는 하나의 매도(매수)자에 둘 이상의 매수(매도)자가 입찰하여 매매거래가 성립되는 방식을 말한다. 거래소시장의 매매체결방식을 보면 경쟁매매를 원칙으로 하는 주문주도형 시장이라고 할 수 있고, 단일가격에 의한 개별경쟁매매(Periodic Call Auction)와 복수가격에 의한 개별경쟁매매(Continuous Auction, 통칭 접속매매)의 두 가지 방식을 사용하고 있다. 다만, 시장에 유동성을 공급하기 위하여 유동성공급자(Liquidity Provider)에 의한 호가주도형 시장기능을 일부 수용하고 있고, 특수한 매매거래 수요충족을 위해 상대매매 방식도 일부 수용하고 있다. 거래소시장에서의 경쟁매매체결은 가격 및 시간 우선의 원칙이 적용된다. 먼저, 가격우선의 원칙이 적용되어 매수호가의 경우 가격이 높은 호가가 낮은 호가보다 우선하여 체결되고, 매도호가의 경우 가격이 낮은 호가가 높은 호가보다 우선하여 체결된다. 또한, 시장가호가는 지정가호가에 우선하되, 매도(매수)시장가호가와 하한가(상한가)의 매도(매수)지정가호가는 가격우선순위가 동일한 것으로 간주하게 된다. 다음으로 시간우선의 원칙이 적용되어 가격이 동일한 호가간 또는 시장가호가간에는 먼저 접수된 호가가 그 후에 접수된 호가에 우선하여 체결된다. 다만, 예외적으로 시간우선의 원칙이 적용되지 않는 경우가 있다. 구체적인 예를 보면, 시가 및 종가 결정시 또는 매매거래정지 후 재개시 대량의 호가가 한꺼번에 쏟아지고 가격이 급변하는 경향이 있음에 따라 해당 시점에는 효율적 균형가격 발견을 위해 시간우선을 배제하고 가격우선의 원칙에 따라 단일가격으로 동시에 체결시키는 단일가매매 방식을 적용하게 된다. 단일가 매매방식의 체결방법은 [그림 2-4]와 같이 호가접수시간에 접수된 매수 · 매도호가를 가장 많이 체결시킬 수 있는 합치가격을 결정한 후 우선순위에 따라 합치가격에 미달하는 매도호가와 합치가격을 초과하는 매수호가의 전 수량을 먼저 체결하고, 남은 수량과 합치가격의 상대방 호가를 체결하여 합치가격의 남은 매도호가 또는 매수호가간에 체결하게 된다.

매 도	가 격	매 수
	11,350	○ 1.000①
○	11,300	○ 300②
○	11,250	○ 200② ○ 300③
○ ○ 300 ④100	11,200	○ 100④
③300 ○	11,150	○
②500○ ①200 ○	11,100	○ ○
①500 ○	11,050	○ ○ ○
①300 ○	11,000	○ ○

[그림 2-4] 단일가매매 체결 사례

단일가매매의 대표적인 예는 시가 종가·결정시 등의 동시호가제도로서 앞에서 본바와 같이 시간우선 원칙이 배제되고 있다. 왜냐하면 우리나라의 가격제한폭 제도로 인해 상·하한가 결정시 그 이상 또는 그 이하의 가격으로는 매매거래가 불가능한 상황인데 시간우선원칙에 따라 우선 접수된 특정 주문만 대량 체결되고 그 이후에 접수된 주문은 1주도 체결되지 않게 될 가능성이 있으므로 이러한 특수 상황에서는 다수의 투자자가 공평하게 체결될 수 있도록 상한가 주문간 또는 하한가주문간 시간우선원칙을 배제하는 것이다. 따라서 동시호가제도에서는 시간우선원칙을 배제하고 일정한 수량씩 배분[18]하도록 하고 있다. 또한 동시호가의 경우 위탁자 우선의 원칙이 적용되어 위탁주문이 자기매매 주문보다 우선하여 체결하게 된다.

다음으로 복수가격에 의한 개별경쟁매매를 보면, 시시각각 발생하는 정보를 시장가격에 신속하게 반영하기 위해 해당 시점의 체결 가능한 매수·매도주문을 실시간으로 체결시키고 둘 이상의 가격을 형성하게 된다. 반면에, 유동성이 낮은 종목의 경우에는 매매거래 가격이 균형가격에서 급격히 이탈할 수 있는 단점이 존재한다.

복수가매매는 정규시장에서 단일가매매가 적용되지 않는 모든 시기에 적용되고, 매매체결방법은 [그림 2-5]와 같이 매도호가와 매수호가의 조건 및 우선순위에 따라 체결하게 되고 호가간에 계속적으로 매매거래가 성립된다.

---

18) 매매수량단위의 100배 → 500배 → 1,000배 → 2,000배 → 잔량의 1/2 → 잔량의 순서로 배분한다.

<table>
<tr><th colspan="2">매도(오른쪽이 빠른 호가)</th><th>가격</th><th colspan="2">매수(왼쪽이 빠른 호가)</th></tr>
<tr><td colspan="2"></td><td>:</td><td colspan="2"></td></tr>
<tr><td colspan="2"></td><td>11,350</td><td colspan="2">① 50주 (가장 높은 매수주문)</td></tr>
<tr><td colspan="2"></td><td>11,300</td><td>② 300주</td><td>③ 500주</td></tr>
<tr><td colspan="2">:</td><td>11,250</td><td colspan="2">:</td></tr>
<tr><td colspan="2">:</td><td>11,200</td><td colspan="2">:</td></tr>
<tr><td>120주 ③</td><td>150주 ②</td><td>11,150</td><td colspan="2"></td></tr>
<tr><td colspan="2">(가장 낮은 매도주문) 50주 ①</td><td>11,100</td><td colspan="2"></td></tr>
<tr><td colspan="2"></td><td>:</td><td colspan="2"></td></tr>
</table>

[그림 2-5] 복수가매매 체결 사례

한편, 투자자의 수요를 고려한 다양하고 특수한 매매형태들로 시간외대량매매·바스켓매매를 비롯한 시간외시장에서의 여러 가지 매매, 경쟁대량매매 등이 있다.

먼저, 시간외대량매매·바스켓매매의 경우 대량의 주문이 정규시장에 유입될 경우 일시적 충격에 의해 가격급변현상이 발생하고 투자자 입장에서는 높은 거래비용(transaction cost)이 발생함을 고려하여 대량주문에 대해서는 상대방간 가격·수량을 합의하여 체결할 수 있도록 별도의 상대매매 체결서비스를 제공하는 것이다. 다만, 코스닥시장의 경우 시간외바스켓매매가 허용되지 않는다. 매매방법을 보면 K-Blox(인터넷망 네트워크)를 통해 사전에 신청한 후 호가를 제출하고, 거래소는 K-Blox에서 접수된 협상내용과 호가내용의 일치 여부를 확인한 후 즉시 체결하여 주게 되는데 체결가격은 당일 가격제한폭 이내에서 당사자간 협상가격이 된다. 여기에는 최소주문수량이 있는데 시간외대량매매의 경우 매매수량단위의 5,000배 또는 1억원 이상이고 시간외바스켓의 경우 5종목 이상으로서 10억원 이상이다.

시간외시장 개요

시간외시장은 정규매매시간 이전이나 이후에 일정한 가격 범위내에서 추가적인 거래기회를 제공하는 시장으로 정규시장의 가격흐름과 단절된 비정규시장을 말하고, 대상종목은 주권, 주식예탁증권(DR), 상장지수펀드(ETF)로 한정되고 매매수량단위는 1주이다. 시간외시장에는 앞에서 본 시간외대량매매·바스켓매매외에 시간외종가매매, 시간외단일가매매 등이 있다.

시간외종가매매는 매도・매수호가간에 시간우선원칙으로 당일종가(장개시전 시간외시장은 전일 종가)로 체결하는 것이고, 시간외단일가매매는 당일종가 기준 ±10% 이내 범위(단, 당일 가격제한폭 이내로 제한)에서 시간・가격우선원칙에 따라 단일가매매방식으로 10분단위마다(1일 15회) 체결하는 것이다.[19]

구 분		매매거래시간	호가접수시간
정규시장		09:00~15:30(6시간 30분)	08:00~15:30(7시간 30분)
시간외시장	장개시전	07:30~09:00(1시간 30분)[1]	07:30~09:00(1시간 30분)
	장개시후	15:40~18:00(2시간 20분)	15:30~18:00(2시간 30분)

주 1) 단, 시간외 종가매매 및 경쟁대량매매는 07:30~08:30(1시간)

끝으로, 경쟁대량매매의 경우 대량주문의 투자전략 노출 우려를 예방하고 거래비용을 절감하도록 하며, 해외에서 급성장하는 다크풀(Dark Pool)에 효과적으로 대응하기 위해 2010년 10월에 도입한 제도이다. 이 매매의 경우 시간외시장이나 정규시장에 투자자가 종목, 수량, 매수・매도구분만을 표시한 경쟁대량매매주문을 제출하게 되고, 거래소는 접수된 경쟁대량매매주문을 일반 주문처럼 시장에 공개하지 않는다. 다만, 해당 종목에 매수・매도측 경쟁대량매매 주문의 존재 여부만 표시한다. 여기에서 주문은 일반 주문과 철저히 구분되어 경쟁대량매매주문으로만 체결이 가능하고, 매수・매도 경쟁대량매매주문이 접수된 경우 해당 주문간 시간우선원칙에 따라 즉시 체결하게 된다. 경쟁대량매매 체결가격은 장개시전 시간외시장 체결의 경우 종일 거래량가중평균가격(VWAP = 총거래대금 / 총거래량)이 되고, 정규시장 중 체결의 경우 체결시점(match point)부터의 거래량가중평균가격이 된다. 또한, 경쟁대량 매매 체결가격은 장종료(15시) 이후에 각 증권사(투자자)에 통보된다.

(8) 매매거래 체결과정

거래소시장에서 증권의 매매거래가 체결되는 과정은 다음과 같은 단계로 이루어진다. 첫째, 계좌개설 및 주문제출 단계로서 투자자가 증권시장에서 매매거래를 하기 위해서는 먼저 증권사에 매매거래계좌를 개설하여야 한다. 이후 투자자는 매매거래계좌를 개설한 증권사를 통하여 주문을 제출하고 증권사는 해당 주문을 접수

19) 2014년 9월 1일부터 종전의 당일종가 기준 ±5%이내 범위 30분단위(1일 5회) 체결을 개선하였다. 한국거래소, 시간외시장 개편 및 종목별 변동성 완화장치(VI) 등 시행(2014.8.26. 보도자료) 참조.

순서에 따라 거래소에 호가로서 제출하게 된다. 둘째, 매매체결 및 체결결과 통보단계로서 회원으로부터 매매거래의 호가를 접수한 거래소는 업무규정에서 정하는 매매체결원칙에 따라 매매거래를 체결하고, 그 결과를 즉시 해당 회원에 통보하게 된다. 회원은 거래소가 통보한 체결결과를 다시 투자자에게 통보하게 된다. 셋째, 결제단계로서 우리 증권시장에서의 결제는 T+2일, 즉 매매거래가 발생한 날로부터 3일째 되는 날(휴장일은 제외)에 이루어지므로 투자자는 체결결과에 따라 결제일에 매수대금 또는 매도증권을 증권사에게 납부하고, 반대로 증권사는 투자자에게 매도대금을 지급하고 매수증권을 계좌에 입고해야 한다. 끝으로, 증권사와 거래소 간에도 체결결과에 대한 결제가 매일 이루어지고 있어 증권사가 결제대금 또는 결제증권을 거래소에 납부하면 거래소가 이를 상대방 증권사에 지급함으로써 최종결제를 완료하게 된다.

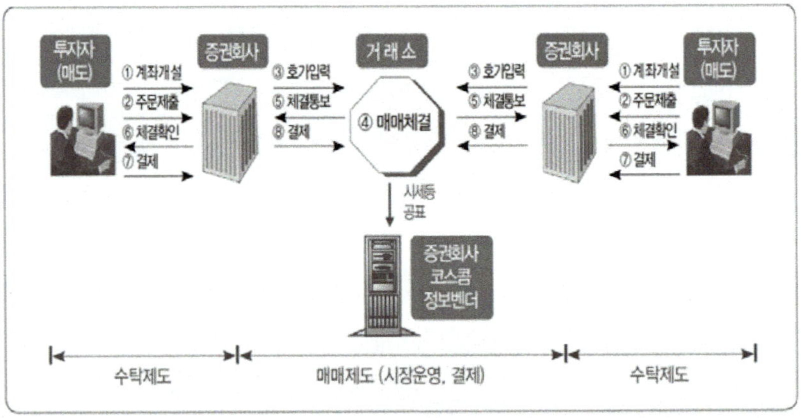

[그림 2-6] 매매거래 체결 흐름도[20]

한편, 거래소시장에서의 매매체결을 위한 전산시스템은 다음과 같이 구성되어 있다.

① **회원시스템** : 증권사가 투자자로부터 접수한 위탁매매 및 자기매매 주문을 처리하기 위한 전산시스템으로서 계좌관리, 주문접수, 호가제출, 예탁관리, 체결내역 통보 등의 업무를 수행

20) 한국거래소, 2013 주식시장 매매제도의 이해(2013), 12쪽.

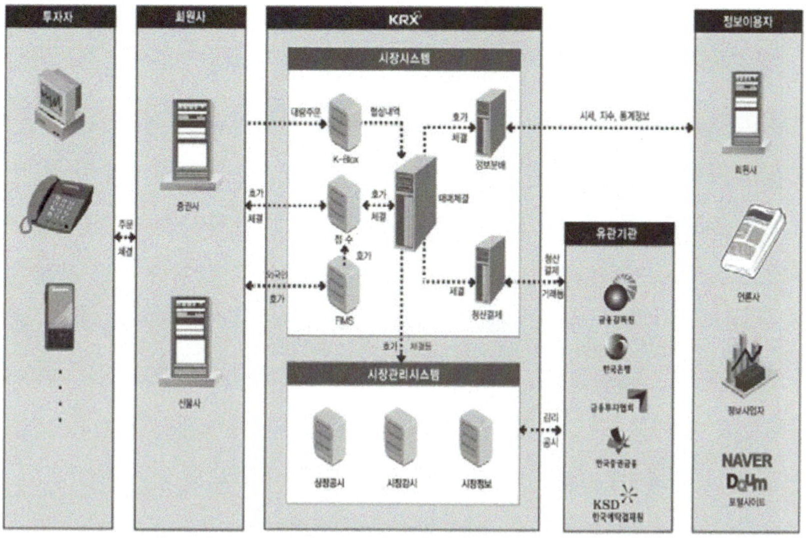

[그림 2-7] 증권시장시스템 구성도[21]

② **거래소(시장)시스템** : 거래소가 운영하는 전산인프라로서 증권사가 제출한 호가의 접수, 매매체결, 체결결과 통보, 결제자료 작성 등의 업무를 처리하며 접속시스템, 매매체결시스템, 청산결제시스템 등으로 구분

③ **정보분배시스템** : 투자참고자료로 활용되는 가격, 호가, 매매동향 등 각종 시장정보를 증권사, 정보벤더 등에 공표/분배하는 시스템

④ **기타 전산시스템**

- **상장공시시스템(KIND)** : 상장기업 현황 및 공시정보 제공(거래소)
- **시장감시시스템** : 시세 및 불공정거래 감시(거래소)
- **외국인투자관리시스템(FIMS)** : 외국인투자한도 관리(금융감독원)
- **예탁결제시스템** : 계좌대체 및 예탁증권 관리(예탁결제원)

(9) 시장관리제도

거래소의 시장관리제도로는 실시간 호가정보 공개, Random End, Circuit Breaker, 개별종목 매매거래정지, 배당락·권리락, 프로그램매매 관리, 공매도 관리 등이 있다. 먼저, 실시간 호가정보를 공개하는 것은 시장참가자에게 투자판단의

---

21) 한국거래소, 2013주식시장 매매제도의 이해(2013), 14쪽.

기초자료를 제공하고 시장 가격발견 기능의 효율성을 제고하기 위해서인데 공개범위를 일정하게 한정하고 있다. 즉, 단일가매매의 경우 예상체결가격 및 수량, 매도·매수별 예상최우선호가의 가격을 포함한 3단계 우선호가의 가격 및 수량을 공개하고, 접속매매의 경우 매도·매수별 최우선호가의 가격을 포함한 10단계 우선호가의 가격, 그 가격대별 호가수량 및 당해 호가수량의 합계수량 기타 투자판단에 필요한 지표를 공개하며 그 밖에 프로그램매매, 투자자별 매매동향, 거래원 정보, 공매도 등을 공개한다. 다음으로 Random End는 단일가매매에 참여한 호가범위를 30초 범위에서 임의로 연장하는 것을 말한다. 이것은 시가 및 종가 등의 단일가매매시 악의적인 허수성 호가 제출에 의한 불공정거래의 개연성을 예방하기 위한 장치로서 종전에는 단일가격 결정 직전에 공표된 예상체결가격과 잠정 체결가격이 큰 괴리[22]를 보이는 경우 시가 또는 종가 결정시점을 연장하여 5분 이내 임의의 시각에 결정하던 것을 제도의 단순화 및 투자자보호 강화를 위해 가격상 큰 괴리가 없더라도 무조건적으로 적용하도록 개선한 것이다.[23]

Circuit Breaker(CB)의 경우 주식시장 등에서 매매거래를 중단하는 것인데, 시황변동에 따라 코스피·코스닥지수가 일시적으로 급락하는 경우 시장참가자의 비이성적인 투매(패닉)가 발생할 수 있으므로, 매매거래를 일시적으로 중단하여 충분한 투자판단시간(냉각기간)을 제공하는 제도이다. 2015년 6월 15일부터 종전의 10% 이상 하락 1분간 지속의 단일기준을 단계적으로 세분화하여 효과적으로 차단할 수 있도록 개선하였다.[24] 즉, 1단계 발동은 코스피·코스닥지수가 전일대비 8% 이상 하락하여 1분간 지속하는 경우이고, 1일 1회에 한하여 발동하며, 장종료 40분전 이후에는 발동하지 않는다. 발동의 효과로 증권시장 모든 종목의 매매거래가 20분간 중단되고, 코스피·코스닥지수 관련 선물·옵션시장 매매거래도 중단된다. 그리고 발동이 해제되면 매매거래중단 후 20분이 경과된 때에 매매거래를 재개하고 재개시 최초의 가격은 재개시점부터 10분간 호가를 접수하여 단일가매매방법으로 결정하며, 이후에는 접속매매방법으로 매매를 체결한다. 다음으로 2단계 발동은 코스피·코스닥지수가 전일대비 15% 이상 하락이면서 1단계 CB 발동시점 대비 1% 이상 추가하락하여 1분간 지속하는 경우이고 발동의 효과는 1단계와 같다. 끝

22) 단일가 결정시점 5분전부터 공표되는 예상체결가격 중 가장 높거나 낮은 가격과 단일가 결정시점의 가격이 ±5% 이상 괴리되고 기준가격인 직전가 대비 1% 이상 등락한 경우.
23) 한국거래소, 증권·파생상품시장 가격제한폭 확대 시행(2015.5.19. 보도자료) 참조.
24) 한국거래소, 증권·파생상품시장 가격제한폭 확대 시행(2015.5.19. 보도자료) 참조.

으로 3단계 발동은 코스피·코스닥지수가 전일대비 20% 이상 하락이면서 2단계 CB 발동시점 대비 1% 이상 추가하락하여 1분간 지속하는 경우이고 발동의 효과는 당일 장종료 조치가 되어 모든 매매가 불가능하게 된다.

한편 개별종목 매매거래정지는 특정 종목에 대한 중요정보 발생으로 정상적인 매매거래가 어려운 경우 등에 있어 선의의 투자자 피해를 방지하기 위해 해당 종목의 매매거래를 일시적으로 정지하는 것이다. 정지사유로는 풍문(어음·수표 부도, 은행거래정지, 영업정지, 파산·해산·회생절차개시 등) 등과 관련하여 거래량이 급변하거나 급변이 예상되어 해당 기업에 조회공시를 요구하는 경우, 매매거래 폭주로 매매계약체결이 60분 이상 지연되는 경우, 기업합병, 분할, 감자 등 중요한 경영정보를 공시한 경우 등이 있다. 정지 이후 매매거래의 재개는 풍문에 의한 조회공시를 요청한 경우에는 조회결과 공시 후 30분 경과시이고, 중요경영정보 공시의 경우에는 공시후 30분 경과시이며, 매매거래폭주에 의한 경우에는 호가상황 및 매매거래상황을 감안하여 재개시기를 결정한다. 그 밖에 관리종목 지정, 투자경고종목 지정, 단기과열종목 지정시에는 1일간 정지 후 재개하고, 상장폐지실질심사, 구주권 제출시에는 해당 기간 동안 매매거래를 정지하였다가 재개하게 된다. 거래소시장에서의 배당락은 상장기업이 당해 사업연도에 대한 이익배당을 한 경우 해당 연도의 배당받을 권리가 소멸되었음을 투자자들에게 알게함으로써 선의의 피해를 방지하기 위한 조치이다.

반면에 권리락은 증자에 따른 신주를 배정한 경우 신주인수권이 소멸되었음을 투자자들에게 알게함으로써 선의의 피해를 방지하기 위한 조치이다. 배당락·권리락의 조치시기는 결제주기(T+2일)를 감안하여 배당·신주배정 주주를 확정하는 기준일(주주명부 폐쇄)의 전일이다. [그림 2-8]은 배당락 조치일의 예시이고, 배당락에 따른 기준가격의 조정은 주식배당의 경우 증가하는 주식수에 따른 희석가치를 반영하기 위해 다음의 산식에 따라 배당락 전·후의 1주당 가치를 일치시키는 방법

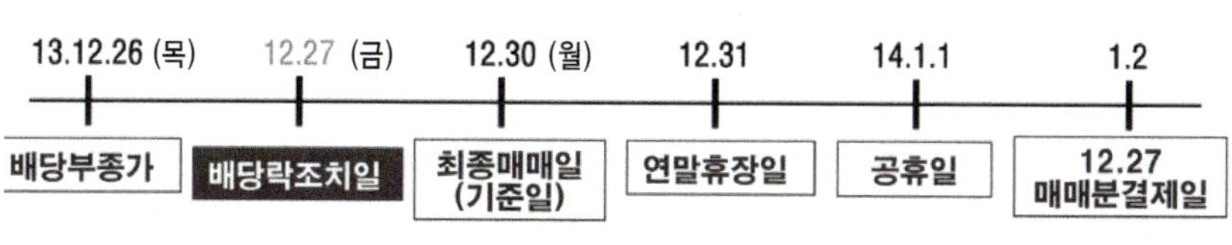

[그림 2-8] 배당락 조치일 예시

으로 한다. 반면에, 현금 배당의 경우 배당락에 의한 가격조정은 없다.[25]

$$주식배당락\ 기준가격 = \frac{배당부종가 \times 배당전\ 주식수}{배당후\ 주식수}$$

권리락에 따른 기준가격의 조정은 주주우선배정 증자의 경우 할인발행에 따른 희석가치를 반영하기 위해 다음의 산식에 따라 권리락 전・후의 1주당 가치를 일치시키는 방법으로 한다.

$$권리락\ 기준가격 = \frac{[권리부종가 \times 증자전주식수] + 신주납입금액}{증자후\ 주식수}$$

한편, 프로그램매매는 시장분석, 투자시점 판단, 주문제출 등의 과정을 사전에 정해진 프로그램으로 자동 처리하는 거래기법을 의미하는데, 코스피200(또는 스타지수) 구성종목의 주식집단과 관련 선물・옵션의 가격차이를 이용하여 이익을 얻을 목적으로 주식집단과 선물 또는 옵션을 연계하여 행하는 지수차익거래와 동일인이 일시에 코스피구성종목 중 15종목(코스닥시장은 스타지수 구성종목 10종목) 이상을 거래하는 비차익거래가 있다. 시장관리상 과도한 프로그램매매에 의한 주가급변 현상을 완화하고, 선의의 투자자 피해를 방지하기 위한 관리제도로서 프로그램매매호가 효력정지제도(Sidecar), 프로그램매매호가 공시제도 등이 있고, 프로그램매매의 투명성을 확보하기 위해 프로그램매매 호가를 프로그램매매로 구분하여 표시(flagging)하고, 증권사는 투자자별 일일지수차익거래잔고 현황을 거래소에 제출하며, 선물・옵션 최종거래일에 종가단일가매매의 호가접수시간 중 프로그램매매 호가를 제출하고자 하는 경우 장종료 15분전까지 거래소에 해당 내역을 사전 보고하도록 하고 있다. 프로그램매매호가의 효력정지제도인 Sidecar의 목적은 시황 급변시 프로그램매매호가의 효력을 일시적으로 제한하여 쏠림현상을 완화하려는 것이다. 그 발동기준으로 선물시장에서 기준종목의 가격이 기준가대비 5% 이상 변동하여 1분간 지속되는 경우이고, 발동의 효력은 매수(상승) 또는 매도(하락) 프로그램매매 호가의 효력을 5분간 정지시키는 것이며, 발동 후 5분이 경과하거나 장종료 40

25) 1998년 7월 이전에는 현금배당에 대해서도 배당락을 적용했으나 실제 배당금 확정이 사업연도 종료후 2~3개월 이후 주총시점인데 미리 전년도 배당금 등을 적용하여 기준가격을 조정할 경우 주가왜곡문제가 발생할 수 있다는 점에서 적용을 배제하게 되었다.

분 전인 경우에 해제하게 된다. 끝으로, 공매도(Short-Selling)란 소유하지 아니한 증권을 매도함으로써 주가 하락시 수익이 발생하는 매매거래 방법을 의미한다. 자본시장법은 공매도를 원칙적으로 금지하지만, 제3자로부터 증권을 차입하여 매도하는 차입공매도(Covered Short Selling)는 예외적으로 허용하고, 현재 증권을 소유하지 않고 있지만 T+2일 결제일에 결제(증권인도)가 가능한 경우에는 공매도로 보지 않으므로 소유 전이라도 미리 매도가 가능하다. 즉, 주식관련사채권 등의 권리행사로 취득할 증권의 매도, 대여 증권 중 반환이 확정된 증권의 매도, 신주배정이 확정된 증권의 매도, 매수계약 체결 후 결제 전 매도 등의 경우가 여기에 해당한다. 공매도의 순기능으로는 다양한 투자기회(차익거래, 헤지거래 등)의 제공, 가격버블 형성의 방지, 유동성 공급을 통한 가격발견기능 제고 등이 있고, 역기능으로는 결제불이행 우려, 시장불안시 주가하락 가속화 및 가격변동성 확대 등이 있다. 거래소는 공매도의 순기능을 수용하면서 역기능을 최소화하기 위해 엄격한 관리제도를 운영하고 있는데, 먼저, 차입 여부의 확인의무로서 증권사는 매도주문 수탁시 해당 주문의 차입공매도 여부를 확인한 후 차입공매도일 경우 차입계약 성립 여부를 문서 등으로 확인하게 하고 있고, 공매도의 사후점검으로 결제일 12시까지 결제수량이 부족한 위탁자의 공매도규정 준수여부를 회원이 확인하도록 하고, 이 규정을 위반한 자에 대해서는 차입공매도시 사전확인을 의무화하도록 하고 있다.

공매도의 가격규제로는 Uptick-Rule이 있어 차입한 증권으로 결제하고자 하는 매도의 경우 직전가격 보다 낮은 가격의 호가를 금지한다. 다만, 가격 상승시에는 직전가로 호가를 제출할 수 있다. 거래소는 시장안정성 유지를 위해 필요한 경우 금융위로부터 승인을 얻어 차입공매도를 제한하는 조치를 할 수 있다.

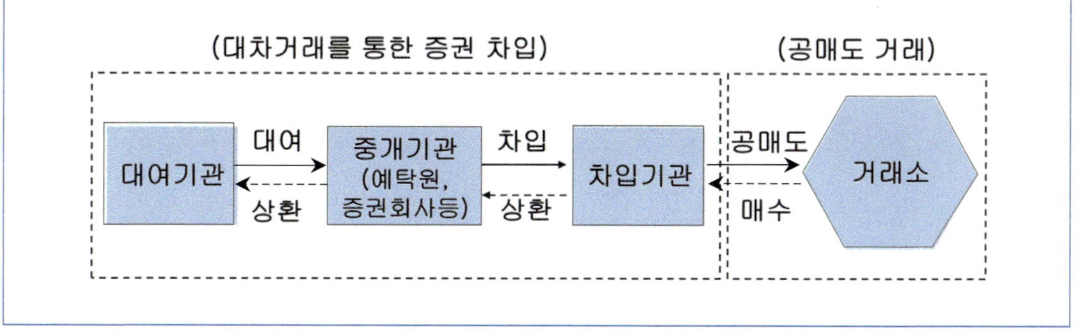

[그림 2-9] 공매도 프로세스

4) 상장 및 공시제도[26)]

상장이란 한국거래소가 정한 규모·이익 등 요건을 충족한 기업이 발행한 주식 등을 거래소시장에서 거래할 수 있는 자격을 부여하는 것을 말한다. 상장은 공모방법에 따라 공모상장과 직상장으로 나눌 수 있다. 공모상장은 상장규정에서 정하고 있는 일정비율(5%[27)] 등) 이상의 주식수를 공모하여 상장하는 것이고, 직상장은 이미 주식이 다수에게 분산되어 있어 공모없이도 요건을 충족하여 상장하는 것을 말한다. 특히, 직상장은 코스닥시장에서 유가증권시장으로 이전하려는 코스닥시장 상장법인을 그 대상으로 하고 있다. 또한, 상장의 효과는 다음과 같다. 즉, 상장은 주식의 유동성과 가격형성의 공정성을 제고하고 기업의 자금조달능력을 증대시키고 투자자에게 자산운용수단을 제공하여 기업의 인지도를 제고하며 종업원의 사기를 진작하는 등의 효과를 거둘 수 있다. 아울러, 상장에 따른 혜택이 다양하다. 먼저 기업에 대한 혜택으로서, 공모를 통해 유상증자를 쉽게 하는 것, 의결권 없는 주식의 발행한도 확대(발행주식총수의 50%까지 발행 가능), 주식배당 가능금액의 확대(비상장법인은 주식배당을 배당가능이익액의 1/2를 넘지 못하는 반면 상장법인은 배당가능이익총액에 상당하는 금액까지 주식배당 가능), 조건부 자본증권(발행당시 정한 사유 발생시 주식으로 전환하는 조건이 붙은 회사채) 허용, 주식관련사채의 발행한도 확대, 주주총회 소집절차의 간소화 등이 있고, 주주에 대한 혜택으로는 주식양도소득에 대한 비과세, 상속·증여 주식의 시가평가 인정, 낮은 증권거래세율 적용 등을 들 수 있다. 거래소시장에 기업이 새롭게 주권 등을 상장하는 절차는 [그림 2-10]과 같다.

한편, 거래소의 공시제도로는 수시공시, 조회공시 및 공정공시가 있다. 먼저, 거래소의 수시공시에는 주요 경영사항(신규투자, 차입, 손익 발생, 최대주주 변경, 부도, 소송 등 투자자의 투자판단에 중요한 영향을 주는 기업의 현재·미래에 대한 주요 경영정보)에 해당하는 사실 또는 이사회 등의 결정이 있는 경우 그 내용을 당일 또는 다음날 이내에 거래소에 신고해야 하는 의무공시가 있고, 의무공시 사항 이외에 회사의 경영·재산 및 투자자의 투자판단에 중대한 영향을 미칠 수 있다고 판단되는 사항의 발생·결정이 있거나, 공시의무사항 외의 신고의무비율에 미달하는 주요경영사항에 대하여 투자자에게 알릴 필요가 있다고 판단하는 경우 사유발생일 다음 날까지 거래소에 신고하도록 하는 자율공시가 있다.

---

26) 한국거래소, 유가증권시장 상장·공시업무해설(2013) 참조.
27) 신규상장시 의무화한 5% 공모요건은 2014년 6월 상장활성화 정책에 따라 폐지되었다.

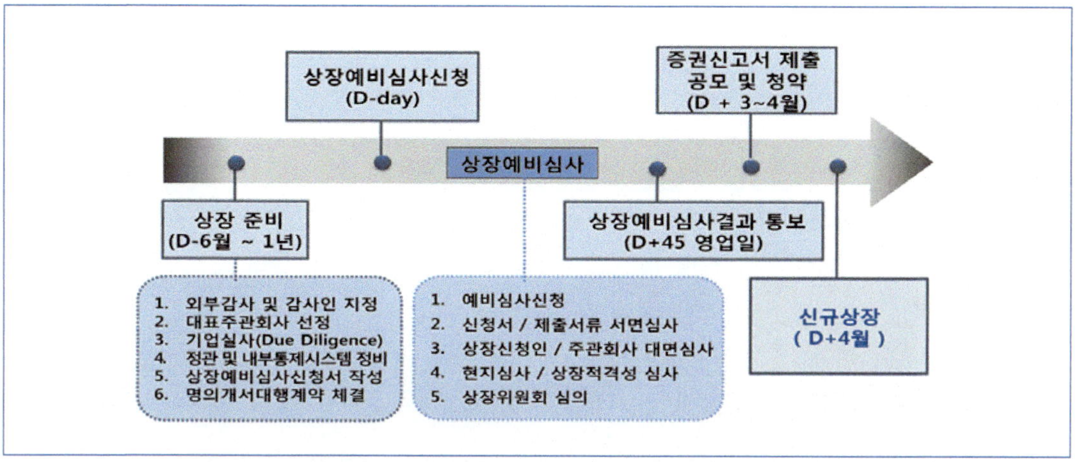

[그림 2-10] 상장기업의 신규상장 절차도[28)]

자율공시제도는 기업의 자율적 판단에 근거하여 공시 여부를 정할 수 있도록 기업재량적 측면을 강화하고자 하는 것이다. 또한, 주요경영사항과 관련한 풍문·보도가 있는 경우 그 사실 여부와 풍문 등이 없더라도 주가·거래량이 급변하는 경우 투자자의 투자판단에 영향을 미칠 수 있는 미공개정보가 있는지의 여부를 거래소가 상장법인에게 확인하여 공시하도록 하는 제도가 조회공시이다. 거래소 공시담당직원이 풍문·보도가 있는 상장법인의 공시책임자·담당자에게 전화, FAX, 전자문서로 조회공시를 요구하면 해당 법인은 “긍정(해당되는 내용을 공시)” 또는 “부인(사실무근, 중요정보 없음)”하는 확정공시를 하거나, “검토 중” 또는 “추진 중”과 같은 미확정공시를 해야 한다. 끝으로, 어떤 상장법인의 공시되지 아니한 중요정보를 그 법인이나 대리인, 임원 등이 기관투자자, 언론 등 특정인에게 선별 제공하고자 하는 경우 미리 모든 시장참가자들이 알 수 있도록 증권시장을 통해 공시하도록 하는 제도가 공정공시이다. 공정공시의 대상이 되는 정보는 기업의 장래사업·경영계획, 실적 예측치 및 잠정치, 수시공시 관련사항 등의 범주로 구분된다. 즉, 장래사업·경영계획으로는 향후 3년 이내 신규사업 추진 등이 있고, 실적 예측치 및 잠정치로는 매출액, 영업손익, 법인세비용차감전계속사업손익, 당기순손익 등에 대한 전망 또는 예측과 사업·반기·분기보고서 등 정기보고서 제출전의 매출액, 영업손익, 당기순손익 등 영업실적의 잠정치가 있으며, 수시공시의 의무사항이지만 그 공시기한이 이르지 아니한 사항이 있다.

---

28) 한국거래소, 2013년 KRX 상장심사 가이드북(2013), 23쪽 참조.

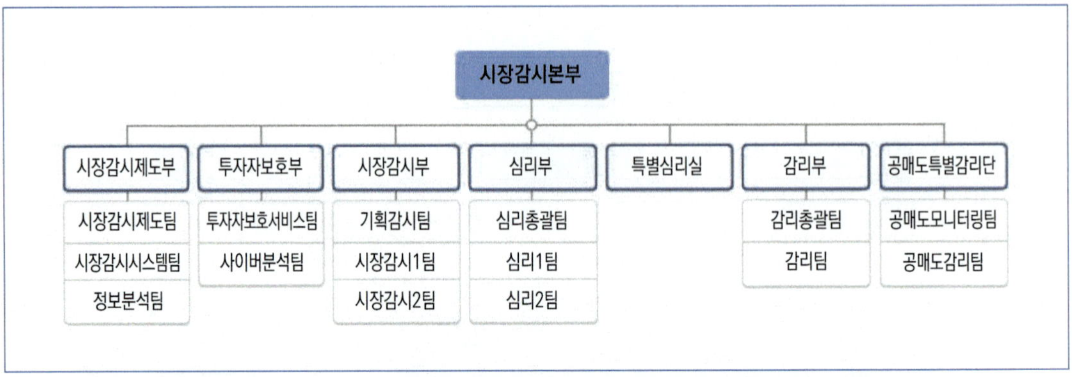

[그림 2-11] 시장감시위원회 조직도

5) 시장감시제도[29)]

시장감시 관련조직은 다음과 같이 법정기구로서 독립적으로 시장감시 관련 업무를 최종결정하는 시장감시위원회와 산하위원회 및 관련부서로 구성되어 있다.

다음으로 시장감시 업무를 보면 이상거래를 적출하고 위법 혐의를 판단하는 시장감시 및 심리와 거래소 업무관련규정 위반 여부를 판단하는 감리가 있고, 그 후속조치로서 조회공시 요청, 시장경보 가동, 예방조치 요구, 금융위 통보, 회원조치 등을 할 수 있는데, 전체적인 업무 처리절차는 [그림 2-12]와 같이 이루어진다.

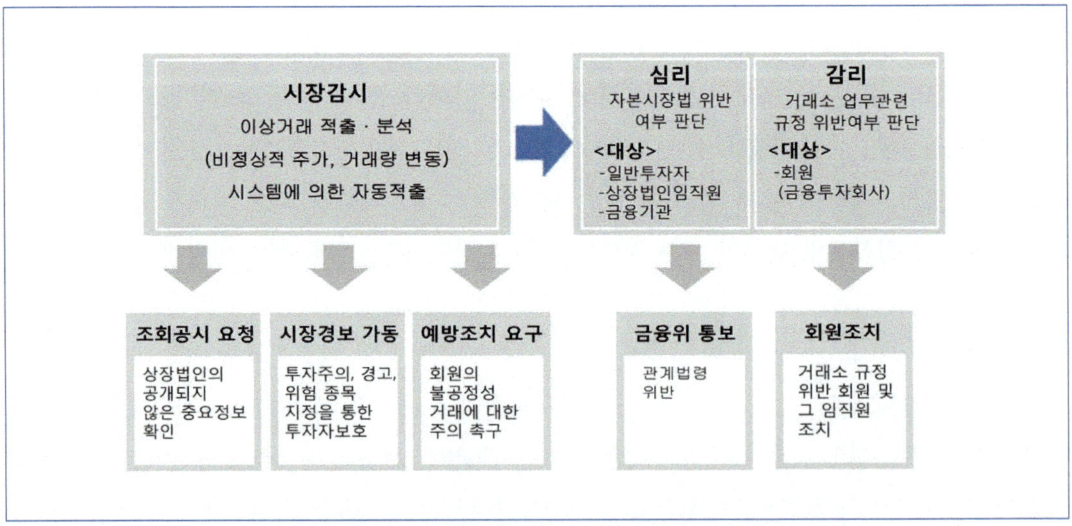

[그림 2-12] 시장감시위원회 업무 흐름도

29) 한국거래소, 한국거래소 2012 지속가능경영보고서, 47~49쪽 참조.

6) 분쟁조정 제도[30)]

한국거래소는 투자자와 증권·선물회사간 분쟁이 발생한 경우 시장감시위원회에 의한 전문적 지식과 숙련된 노하우의 분쟁조정제도를 통하여 투자자들이 무료로 피해구제를 받을 수 있도록 하고 있다. 이 조정제도는 사전구제제도로서, 조정결과에 이의가 있는 경우에는 법적 소송을 통해 최종 해결할 수 있다.

(1) 분쟁조정의 대상, 효력 및 조직

분쟁조정의 대상을 보면, 유가증권시장, 코스닥시장, 파생상품시장 등에서의 매매거래와 관련하여 발생한 권리의무 또는 이해관계에 관한 분쟁을 대상으로 한다. 또한, 분쟁조정의 효력을 보면, 비록 재판상 화해의 효력은 없으나 위원회의 조정안을 당사자가 수락한 경우에는 민법상 화해계약의 효력이 부여된다. 시장감시위원회 산하의 분쟁조정기구로서 법조계, 학계, 증권·선물업계, 소비자단체 등 각 분야의 전문가들로 구성된 분쟁조정심의위원회가 그 위원회에 회부된 사건에 대하여 심의한 후 해당 심의결과에 대하여 시장감시위원회가 최종적인 조정결정을 한다.

(2) 분쟁조정의 처리절차

분쟁조정 처리절차를 보면, 먼저 투자자 등 신청자가 시장감시위원회에 분쟁조정을 신청하면 분쟁조정 담당부서에서 사건에 관계된 증거자료 등을 직접 조사하거나, 당사자에게 사실확인 및 자료제출을 요구하는 사실조사를 실시한다. 사실조사 결과 분쟁의 원만한 해결을 위하여 당사자가 합의하도록 함이 적당하다고 인정되는 경우에는 구두 또는 서면으로 당사자에게 합의를 권고하거나 조정안을 제시하여 합의하게 할 수 있다. 합의권고가 성립되지 않을 경우 조정신청 접수일로부터 30일 이내(사실조사 기간 등 제외)에 위원회에 회부하고, 당사자에게 회부사실, 추가자료 제출여부 및 위원명단을 지체없이 통지하며, 당사자는 명단 수령일로부터 5일 이내에 위원에 대한 기피신청을 할 수 있다. 당사자가 시장감시위원회가 통보한 조정안을 수락하는 경우, 조정안 수령일로부터 15일 이내에 시장감시위원회에 출석하여 조정서 3부를 작성하고 기명날인 또는 서명함으로써 조정이 성립된다. 만약, 일방 당사자가 시장감시위원회에 출석하기 곤란한 사유가 인정되는 때에는 그 기간 내에 기명날인한 수락서를 시장감시위원회에 제출할 수 있으며, 이 경우 상대방이 출석하여 조정

30) 한국거래소 홈페이지 참조.

서를 작성하거나 수락서를 제출함으로써 조정이 성립된 것으로 본다.

한편, 시장감시위원회의 조정 또는 기각 결정이 있는 경우에는 원칙적으로 동일 사건에 대하여 다시 조정을 신청할 수 없다. 다만, 재조정 신청사유에 해당하는 경우에는 조정 또는 기각 결정의 통지 수령일로부터 30일 이내에 당해 사건에 대한 재조정을 신청할 수 있다.

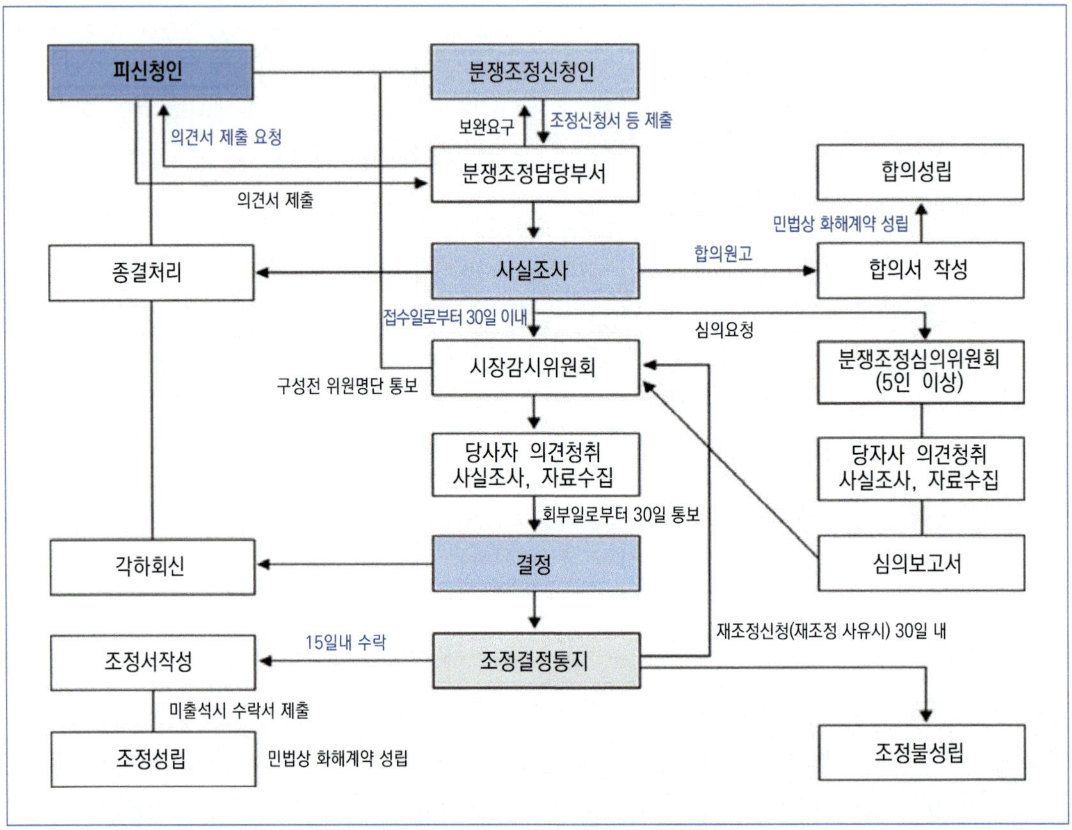

[그림 2-13] 시장감시위원회 분쟁조정 처리절차 흐름도

(3) 소송지원제도

시장감시위원회는 증권·선물회사가 시장감시위원회의 분쟁조정 결정을 정당한 이유없이 수락을 거부한 경우에는 상대방인 투자자를 위하여 소송을 무료로 지원하고 있다. 먼저, 소송지원 대상이 되는 경우는 ① 시장감시위원회에 분쟁조정신청이 접수되어 조정결정이 통보되었는데도 증권·선물회사가 정당한 사유없이 거래소 시장감시위원회의 조정안 수락을 거부한 경우, ② 시장감시위원회의 조정결정이 있기 전 증권·선물회사가 소 등을 제기하여 조정절차가 종료하였지만 조정선례 또는 법원의 판례 등에 비추어 증권·선물회사에 대한 책임인정이 명백한 경우 등이다. 다만, 소송지원의 실익이 없거나 공익목적에 부적절한 경우에는 소송지원 대상에서 제외된다. 다음으로 소송지원이 중단되는 경우를 보면, 신청인이 소송지원 신청시 제출한 자료나 진술 등이 허위로 판명된 경우, 신청인이 소송진행과정에서 재판 불출석, 증거자료제공 거부 등 소송 당사자로서의 의무를 다하지 않는 경우, 1심에서 신청인측이 패소하거나 일부 승소에 불복한 경우 등이다. 또한, 소송지원 비용과 관련하여서는 소송비용 중 변호사선임과 관련된 비용은 원칙적으로 무료이다. 다만, 인지대, 송달료, 증인 신청비용, 감정비용, 공탁금 등은 신청인이 부담하고 신청인이 승소한 경우 지원금액 중 일부를 환수할 수 있다. 끝으로 소송지원 절차를 보면 [그림 2-14]와 같다.

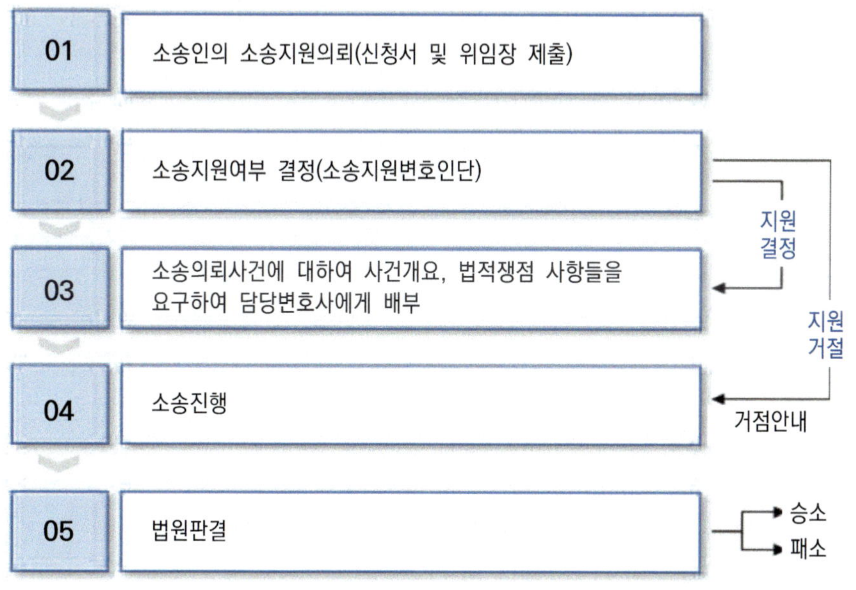

[그림 2-14] 소송지원 절차도

7) 복수거래소 체제로 전환

2013년 5월 자본시장법 개정을 통해 글로벌 추세 및 전자통신의 발달을 고려하여 한국거래소 독점체제를 변경하였다. 즉, 복수거래소를 허용하고 ATS(대체거래시스템)인 다자간매매체결회사 제도를 도입함으로써 우리 증권시장도 바야흐로 무한 경쟁의 시대로 접어들었다. 즉, 종전 거래소 법정설립주의에 따라 한국거래소가 유일한 거래소이었지만 거래소 허가제를 도입하여 금융투자상품, 회원, 최소자기자본요건(1천억원 이상) 등을 구비한 경우 거래소로 허가받을 수 있도록 하였다. 다만, 거래소의 주식회사화(demutualization) 경향 등을 고려하여 주식회사제 거래소만 인정되고 종전 한국거래소는 허가 취득을 의제받도록 하였다. 거래소 허가제를 도입한 배경은 다음과 같다. 대다수의 국가에서 거래소 설립에 대해 유통시장간의 경쟁을 촉진하기 위하여 허가제를 도입하고 있고, ATS에게 거래소와의 공정한 경쟁 및 투자자 보호차원에서 일정한 거래규모 조건을 충족한 경우 거래소 전환의무를 부여하기 위해 허가제를 도입하게 된 것이다. 이러한 거래소 허가제 도입이 ATS 제도와 함께 유통시장에서의 경쟁촉진을 유도함으로써 자본시장의 효율성이 제고될 것으로 기대된다. 거래소 허가제 전환에 따라 시장의 개념도 변경되어 종전 거래소가 개설한 증권・파생상품시장외에는 모두 장외거래로 분류되던 것을 금융투자상품시장 개념을 도입하여 증권 또는 장내파생상품을 매매하는 시장(거래소, ATS, 프리보드 포함)을 통칭하도록 하되 1:1 계약이면서 유통가능성이 없는 장외파생상품 거래는 시장 개념에서 제외하도록 하였다. 또한, 종전 거래소 유사시설 개설금지조항은 무허가 시장개설행위 금지로 변경되어 거래소, ATS, 프리보드, 내부주문집행 등 법령에서 명확히 정하는 시장형태 이외에는 시장개설・운영 행위가 금지되게 되었다.

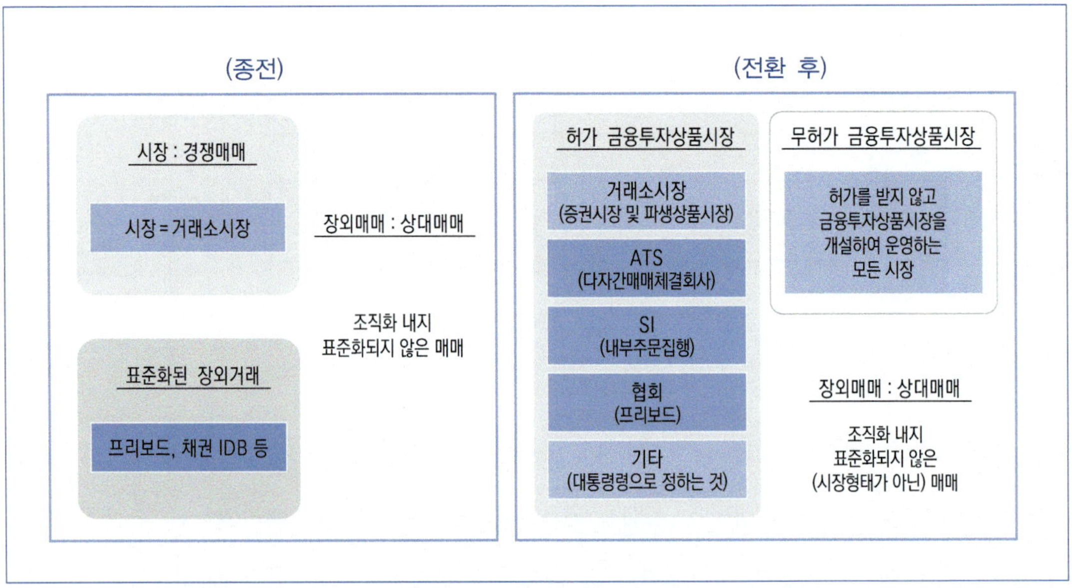

[그림 2-15] 시장의 개념 변화[31)]

ATS제도의 도입배경은 다음과 같다. 1990년대 후반부터 미국과 유럽에서 IT 기술의 발달과 제도적 정비를 통해 ATS 설립이 활발해지고 빠른 매매체결, 낮은 수수료 및 투자자 니즈에 부합하는 제도도입 등으로 ATS의 시장점유율이 지속적으로 증가되었다. 반면 아시아시장은 ATS 설립 및 운영 등에 관한 규제장벽으로 ATS의 발달이 저조하여 일본의 경우 증권사가 운영하는 사설거래시스템(PTS)이 있으나 그 실적이 매우 미미한 상황이었다. 다만, 2010년 7월에 개시한 Chi-X Japan은 Nikkei225의 2.74%(거래대금, '11.10)를 차지하였고 홍콩 및 싱가폴 등에 미국이나 유럽에서 성공을 거둔 글로벌 금융기업들이 진출하였거나 진출을 모색하고 있는 상황이므로 우리나라도 투자편의 제고와 거래시장간 경쟁 촉진을 통한 자본시장의 효율성 제고를 위해 ATS를 도입하게 된 것이다. 종전 법률상 전자적 방법으로 다수의 자를 각 당사자로 하여 상장주권의 매매중개업무를 하는 전자증권중개회사(ECN) 설립이 가능하여 실제로 2001년 12월 ECN이 영업을 개시하였으나 가격발견기능이 없고 거래시간이 거래소시장시간 이후인 야간이었기 때문에 수익성 악화로 2005년 5월에 문을 닫았다. 한편, ATS의 시장감시·청산업무에 대하여는 전문적인 노하우 및 기존 인프라를 활용함으로써 사회적 비용을 최소화하기 위하여 거래소가 수행할 수 있도록 하였다. 특히 거래소와 ATS간 연계 불공정거래 등을 감시하기 위해서는 한 기관, 즉 거래소내 시장감시위원회에서 시장감시를 수행하게 함으로써 효율적인 업무수행이 가능하게 되었다. 다만, 경쟁관계에 있는 거래소가 ATS의 시장감시 및 청산업무를 수행함에 따른 이해상충문제를 해소하기 위하여 거래소 허가요건에 이해상충방지장치를 마련할 것을 요구하고 시장감시위원회의 인적 구성에 공공성을 강화하여 금융위 추천 시장감시위원회 위원 수를 2인에서 3인으로 늘렸다. ATS 도입으로 동일종목이 2개 이상의 금융투자상품시장에서 거래됨에 따라 투자자를 보호하기 위해 시장매매(집중)의무를 대신하여 금융투자업자에게 최선집행의무를 부과하여 금융투자업자가 고객에게 가장 유리하게 주문을 집행할 의무를 부담시킴으로써 투자자보호가 자연스럽게 제고되도록 하였다.

31) 구기성, 자본시장과 금융투자업에 관한 법률 일부개정법률안(정부 제출) 검토보고서 국회 정무위원회(2012.9).

2. 금융투자협회

1) 통합협회의 출범

2008년부터 자본시장법 개정으로 기능별 규율체제가 도입되고 금융투자업 상호간 겸영이 허용됨에 따라 종전 금융기관별 자율규제[32] 체제를 재검토하게 되었다. 즉, 금융투자업 상호간에 겸영이 허용됨에 따라 전업주의를 전제로 하던 복수 자율규제기관 체제의 필요성이 감소하였고, 동시에 금융감독기관의 공적규제가 기능별 체제로 됨에 따라 자율규제도 금융기능별로 수행할 필요가 생겼으며, 종전 체제를 유지할 경우 동일한 금융기능(예 ; 매매업)에 대한 자율규제 기능을 증권업협회, 자산운용협회 및 선물협회가 중복적으로 수행하여 불필요한 부담이 발생하는 문제점을 해소하고자 각 협회를 통합한 금융투자협회를 설립하게 된 것이다.

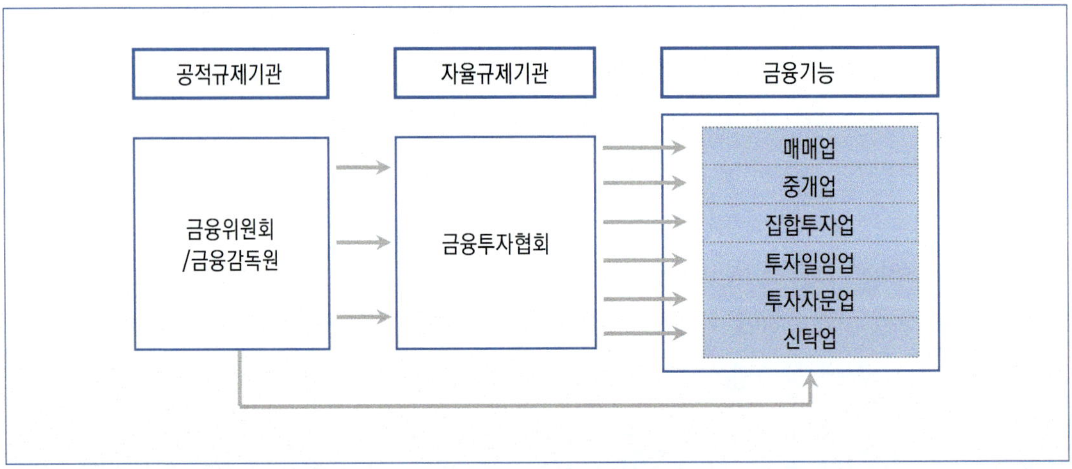

[그림 2-16] 통합 후 기능별 자율규제 체제[33]

---

32) 증권사 등 협회 회원의 영업질서 유지, 영업관련 분쟁의 자율조정, 전문인력 운용관리 등을 말하고 한국거래소에 의한 시장참가자에 대한 자율규제(시장감시, 상장, 공시 등)와는 구분된다.

33) 재정경제부, 「자본시장과 금융투자업에 관한 법률 제정(안)」 입법예고시행(2006. 6.19. 보도자료), 붙임3. 「자본시장과 금융투자업에 관한 법률제정안」 설명자료, 70쪽.

2) 금융투자협회의 목적 및 조직

금융투자협회는 회원 상호간의 업무질서 유지 및 공정한 거래를 확립하고 투자자를 보호하며 금융투자업의 건전한 발전에 기여함을 목적으로 한다. 금융투자협회 조직은 회원총회, 이사회 및 자율규제위원회로 구분하여 볼 수 있다. 먼저, 회원총회는 금융투자협회의 최고의사결정기구로서 이사회에 위임되지 않은 중요한 사항에 대하여 과반수 출석 및 1/2 찬성으로 심의·의결한다. 회원은 금융투자업 인가·등록 여부에 따라 정회원, 준회원으로 구분되고, 기타 금융투자업 관련 업무수행자는 특별회원으로 구분된다. 정회원은 금융투자인가업자(투자매매업, 투자중개업, 집합투자업, 신탁업)로서 총회 의결권·발언권을 가지고 회비납부, 투자자보호, 규정준수 등의 의무를 가진다. 준회원은 금융투자등록업자(투자일임, 투자자문업) 및 겸영금융투자업자이고 총회 발언권만을 가진다. 특별회원에는 일반사무관리회사, 집합투자기구평가회사, 채권평가회사, 상장회사협의회, 코스닥협회, 예탁결제원 등이 있고 해당 회원과 관련된 사항에 대해서만 총회 발언권을 가진다. 다음으로, 이사회는 회장, 부회장(비상근 2인, 상근 1인), 자율규제위원장, 회원이사(4인이내, 비상근 부회장 2인 포함), 공익이사(6인이내) 등 총 13인 이내로 구성되고, 사업계획·예산, 회원 가입·전환, 회비납부 금액·기준, 회원의 의결권, 업무규정 등의 제·개정 사항 등을 심의·의결한다. 끝으로, 자율규제위원회는 자율규제위원장 1인과 위원 6인(금융전문가 3인, 법률전문가 1인, 회계·재무전문가 1인, 회원이사가 아닌 정회원의 대표이사 1인)으로 구성되고, 소관업무로서 회원간 영업질서 유지 및 투자자보호를 위한 자율규제 업무, 분쟁의 자율조정 업무[34] 등을 수행한다. 금융투자협회의 부서 조직은 자본시장법령에 따라 [그림 2-17]과 같이 증권·파생상품·집합투자본부 등으로 구분·운영되고 있다.

34) 산하에 회원의 영업행위와 관련된 분쟁의 자율조정을 위한 전문조직으로 분쟁조정위원회를 두고 있다.

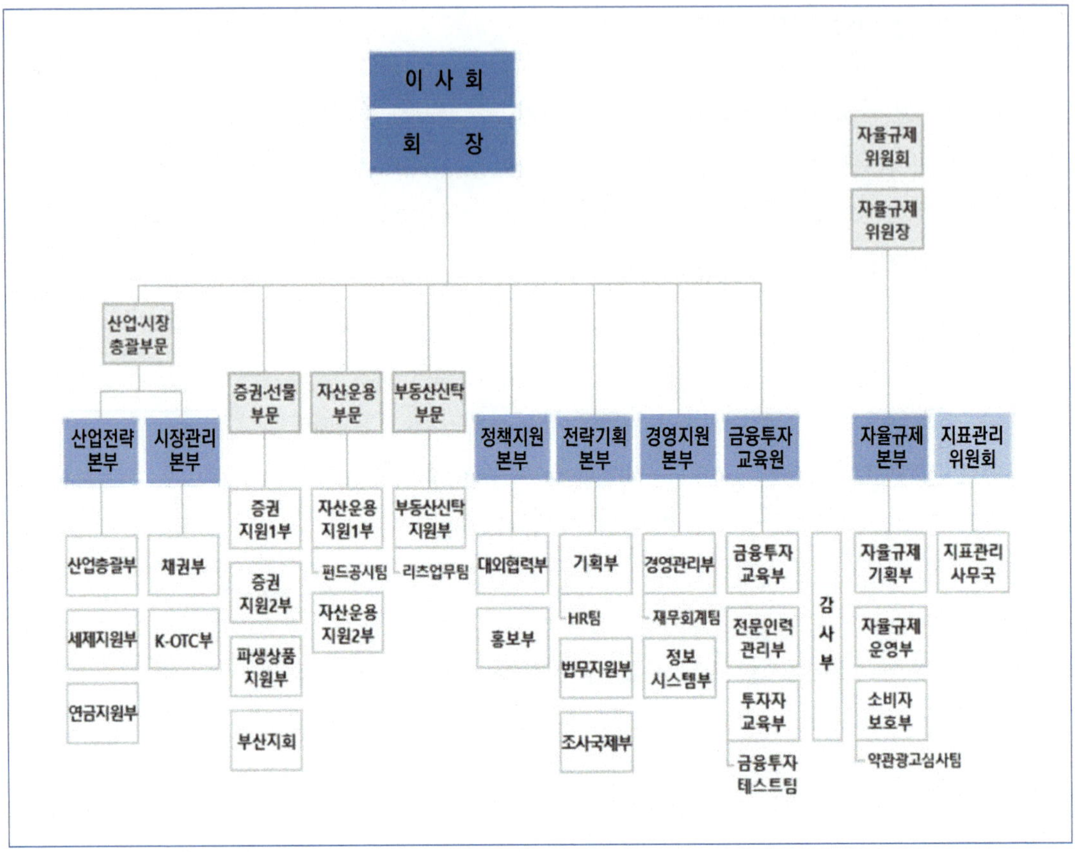

[그림 2-17] 금융투자협회의 조직도[35)]

3) 금융투자협회의 업무

금융투자협회는 회원 상호간의 업무질서 유지 및 공정한 거래를 확립하고 투자자를 보호하며 금융투자업의 건전한 발전을 위하여 다음과 같은 업무를 수행하고 있다. 첫째, 회원 서비스 및 금융투자업 발전을 지원하는 업무를 수행한다. 즉, 금융투자업 발전 지원(정책건의·제도개선 등), 법무·회계·세무 등 회원의 업무지원 및 공동이익 증진, 장기투자문화 캠페인 등 업계 공동홍보 및 사회공헌 활동, 증권사 해외 업무 및 진출 지원, 금융투자업 관련제도의 조사·연구, 자본시장 관련 통계정보 제공 및 금융투자업 관련 정기간행물 발간 등이 여기에 속한다. 둘째, 업무질서 유지 및 투자자보호(자율규제) 업무를 수행한다. 즉, 회원간의 건전한 영업질서 유지 및 투자자 보호에 관한 업무, 회원의 영업행위와 관련된 분쟁의 자율조정,

35) 금융투자협회 홈페이지.

금융투자업자의 약관 검토 및 투자광고의 자율심의, 증권사의 내부통제시스템 선진화 지원, 금융감독원장으로부터 위탁받은 검사 및 회원 조사 등이 여기에 속한다. 셋째, 교육 및 전문인력 관리업무를 수행한다. 즉, 증권사 임직원의 직무관련 교육 및 교육시설 운영, 금융투자업 직무종사자의 등록·관리, 금융투자전문인력 자격시험 운영 및 관리, 대국민 금융투자교육 및 관련 단체운영 지원 등이 여기에 속한다. 넷째, 장외시장 관리(채권 및 비상장주권 등) 업무를 수행한다. 즉, 채권장외시장 관리(수익률·채권지수 발표 및 장외거래 호가집중), 채권거래전용시스템(Free Bond) 및 소액채권 판매정보집중시스템(채권몰) 운영, 비상장주권 장외매매시장인 K-OTC(구 프리보드) 시장 개설 및 운영, 증권사의 장외파생상품 관련 업무지원 등이 여기에 속한다.

4) K-OTC(Korea Over-The-Counter) 시장

(1) 출범배경

금융위원회와 금융투자협회는 비상장주식을 보다 투명하고 원활하게 거래할 수 있는 인프라로서 종전의 프리보드의 역할을 재정립 하는 내용의 「프리보드 개편방안」을 마련하고, 2014년 8월부터 K-OTC시장을 출범하였다.[36] 이러한 개편을 추진한 배경은 프리보드는 2005년 7월부터 중소기업의 직접금융 활성화를 위해 운영되어 왔으나, 2013년 7월 중소기업 전용 주식시장인 코넥스시장이 한국거래소에 개설되면서 그 역할이 모호해진 상황임에 따라 국내 여건변화 및 해외사례 등을 감안하여 프리보드의 기능에 대한 전면적인 개편방안을 강구할 필요성이 커졌기 때문이다. 개편방안의 내용을 요약하면, 프리보드를 제1부와 제2부 시장으로 구분 운영함으로써 원칙적으로 모든 비상장주식의 거래가 가능한 인프라로 개편하여 제1부는 사업보고서를 제출하거나 협회가 정한 공시의무 등을 준수하는 비상장법인의 주식을 거래하고 제2부는 공시 여부와 관계없이 원칙적으로 모든 비상장법인의 주식을 거래하는 단순 거래플랫폼으로 운영하는 것이다.

---

36) 금융위원회·금융투자협회 프리보드(비상장주식거래시스템) 개편방안(2014.1.14. 보도자료)에 따라 프리보드를 K-OTC시장으로 확대개편하고 56개사를 신규편입하는 등 중소기업 주식부터 대기업 주식까지 100여개가 넘는 장외 비상장종목이 거래되고 있다(한국금융투자협회, K-OTC시장에 총 56개사 신규지정, 2014.8.20. 보도자료 참조).

표 2-3. 프리보드 개편방안(요약)[37]

	〈 종전(프리보드) 〉	〈 개선(K-OTC) 〉	
구조	· **단일의 소속부** - 협회 등록법인의 주식거래	· **복수의 소속부** - **제1부** : 사업보고서 제출법인 및 협회 등록법인의 주식거래 - **제2부** : 여타 비상장법인의 주식거래	
진입	· 거래에 필요한 **최소한의 형식적 요건** 심사 · **감사의견**(적정 · 한정)	1부	· **매출액, 자본잠식여부** 등 **재무 요건**도 심사
		2부	· 거래에 필요한 **최소한의 형식적 요건** 심사
공시	· 반기공시는 **권고사항** · 주요 경영사항에 대한 **수시 및 조회공시**	1부	· **반기공시** 의무화 · **조회공시** 및 **투자유의사항 안내** 강화 · **사업보고서 제출법인**은 별도 **공시의무 면제**
		2부	· 별도 공시의무 없음
매매방식	· **상대매매 방식** (가격 일치시 시스템 통해 거래체결)	1부	· 현행과 동일
		2부	· **상대매매 방식** (증권사 중개를 통해 가격, 수량 조율)

(2) 기능

K-OTC의 기능을 보면 종전의 프리보드와 크게 다르지 않다고 본다. 즉, 첫째, 벤처기업 등 대다수 비상장 혁신형 기업의 자본시장을 이용한 장기 · 안정적 자금 조달을 지원하는 것이다. 둘째, 비상장기업의 발행주식에 대한 환금성을 부여하고, K-OTC 중심의 거래집중을 통한 거래의 편의성과 가격의 공정성을 제고하며, 기존 장외주식거래를 통해 발생할 수 있었던 불공정거래나 사기행위로부터 투자자를 보호하는 것이다. 셋째, 고위험 · 고수익을 원하는 투자자에게는 아이디어와 기술력이 있는 유망기업이 발행한 주식을 상장 이전의 단계에서 투자할 수 있는 새로운 투자기회를 제공하는 것이다. 넷째, 성장단계에 있는 벤처기업에 투자한 초기투자자금 회수 및 재투자 촉진을 통한 벤처자금의 선순환을 유도하는 것이다.

다만, 한국거래소내에 개설된 코넥스시장과 차별화된 기능을 수행하기 위해 중소 · 벤처기업의 직접금융 활성화에 중점을 두던 프리보드 시장운영방식을 개선하여 중소기업을 포함한 모든 비상장법인의 주식을 투명하고 원활하게 거래할 수 있는 실질적인 장을 제공하는데 중점을 둔 K-OTC 시장으로 개편을 추진했던 것이다.

---

37) 금융위원회 · 금융투자협회, 앞의 보도자료 별첨 8쪽.

(3) 시장 개요

K-OTC 시장의 소속부, 진입요건, 해제요건, 공시, 매매제도 등 개요는 다음과 같다.

K-OTC시장 개요[38)]

구분	내 용
소속부	· **등록기업부** : 기업의 신청에 의하여 등록
	· **지정기업부** : 기업의 신청없이 협회가 직접 지정
진입요건	· 통일규격증권, 명의개서대행계약 체결, 주식양도 제한 없을 것
	· 감사의견이 적정일 것
	· 자본전액잠식상태가 아닐 것, 매출액이 5억원 이상일 것
	· 지정기업부 추가요건 : 사업보고서 제출, 모집·매출실적 있을 것
해제요건	· 최종부도, 피흡수합병, 해산
	· 사업보고서 미제출, 반기보고서 5년간 2회 미제출
	· 감사의견 거절, 부적정, 2년 연속 한정
	· 자본전액잠식, 매출액 2년 연속 5억원 미만
	· 등록법인의 불성실공시 2년간 6회, 분산요건 미달 (소액주주수 50인 미만 or 소액주주 지분율 1% 미만)
공시	**〈등록법인〉** · 정기공시(연 2회), 수시공시(16개 항목), 조회공시
	〈지정법인〉 · 공시를 하지 않음. 다만, 사업보고서 제출법인이므로 금감원 DART에 정기공시(연 4회), 수시공시(주요사항보고서)
매매제도	· 상대매매방식 · 위탁증거금율 : 100%
	· 매매시간 : 09시~15시 · 매매결제 : T+2일 결제
	· 기준가격 - 매매개시일 : 주당순자산가치 - 매매개시일 이후 : 직전일의 거래량가중평균가격
	· 가격제한폭 : ±30%. 단, 매매개시일의 경우에는 기준가 대비 30~500% 범위 내에서 거래
유의사항 고지	· 시장특성 및 투자위험성 등을 투자자에게 사전고지
부정거래 예방	· 부정거래 예방조치 제도 도입

38) 금융투자협회, K-OTC시장 출범 및 기념행사 개최(2014.8.25. 보도자료) 3쪽 참조.

(4) 특징

K-OTC의 특징을 보면 다음과 같다. 첫째, 비상장 대기업, 중견기업 주식이 새롭게 시장에 편입하여 투자자에게 새로운 투자기회를 마련하였다. 즉, 장외에서 활발히 거래되고 있는 비상장 대기업, 중견기업 등 공모실적이 있는 사업보고서 제출대상 비상장법인의 발행주식이 해당 기업의 신청 없이도 K-OTC 시장에서 거래되도록 하여(비신청 지정제도 도입) 고위험·고수익을 추구하는 투자자가 성장가능성이 있는 비상장기업에 대해 투자할 수 있도록 하였다.

둘째, 비상장주식 투자의 편의성 및 결제안정성을 중시하고 있다. 즉 투자자는 K-OTC시장을 통하여 비상장주식을 편리하게 거래할 수 있으며, 호가정보와 시세정보가 투명하게 공개되고, 매매체결시 결제가 안전하게 이루어지도록 하고 있다.

셋째, 투자자의 자기책임이 강조되는 시장이다. 즉, 규제를 최소화함에 따라 투자자의 기업내용과 투자위험성 등에 대한 충분한 검토에 바탕을 둔 철저한 자기 판단과 책임이 중요하게 된다. 다만, 금융투자협회가 운영·감시함으로써 어느 정도의 공신력은 갖춘 시장이라고 할 수 있다.

5) K-OTCBB(Korea Over-The-Counter Bulletin Board)[39]

K-OTCBB는 비상장주식의 매매거래를 지원하기 위해 금융투자협회가 개설·운영하는 장외주식 호가게시판을 말한다. 출범배경을 보면 비상장기업 주식거래의 활성화를 위해 '14.1월 정부와 합동으로' 협회장외주식시장 개편방안'을 발표하고, '14.8월 K-OTC 출범에 이어 '15.4월 상장시장이나 K-OTC시장에서 거래되지 않는 모든 비상장주식의 호가를 게시하여 투자자의 주식거래 편의를 제고하고자 K-OTCBB를 개설한 것이다.

39) 금융투자협회, 금투협, 4.27(월) 비상장주식 호가게시 플랫폼 K-OTCBB 개설(2015. 4. 23. 보도자료) 참조.

K-OTCBB 개요

K-OTCBB는 유통가능한 모든 비상장주식의 호가·체결내역을 게시하는 플랫폼으로 투자매매·중개업 인가를 받은 증권사의 중개로, 금융투자협회 홈페이지(www.k-otcbb.or.kr)를 통해 거래정보를 투명하게 공개하게 된다. K-OTCBB의 대상 종목은 아래와 같은 주식유통에 필요한 최소한의 요건을 갖춘 모든 비상장법인 주식이다.

① 통일규격증권을 발행할 것
② 명의개서대행계약이 체결되어 있을 것
③ 정관상 주식양도에 제한 없을 것

K-OTCBB의 운영일은 토요일, 공휴일, 근로자의 날, 연말의 1일 등을 제외한 날이고 호가 가능시간은 09:00~15:00까지로 호가를 즉시 게시한다. 호가는 증거금 100%가 유지된 상태에서는 지속적으로 유효하고 동시호가 및 시간외시장은 없다. 당일 체결내역은 익일 게시되고, 투자자의 자격제한은 없으며, 매매증거금을 100% 징수하여 매수시 매수대금 전액, 매도시 주식 전부를 증거금으로 징수함으로써 허수 매물을 차단하고 있다.

매매방법은 투자자가 참여증권사에 주문(호가)을 제출하면 해당 증권사는 K-OTCBB에 호가를 게시하는 방식으로 하고, 매매체결 및 결제는 증권사 중개를 통한 수량·가격 등 거래조건 협의를 통해 1:1 상대매매방식으로 하며, 비상장주식 체결내역은 익일 K-OTCBB에 게시된다.

2021년말 현재 K-OTCBB에 참여한 증권사는 9개사(대신증권, 리딩투자증권, 상상인증권, 신한금융투자, 유진투자증권, 코리아에셋증권, 키움증권, 현대차증권, NH투자증권)이다.

6) 분쟁조정 제도

거래소의 분쟁조정제도와 마찬가지로 금융투자협회의 경우에도 회원의 영업행위와 관련한 분쟁에 대하여 소송에 따른 비용과 시간의 문제점을 해결하고 당사자 간의 원만하고 신속한 분쟁해결을 유도함으로써 시장참가자들의 편의를 제공하기 위한 제도이다. 분쟁조정의 효력도 거래소의 경우처럼 당사자가 분쟁조정위원회의 조정안을 수락한 경우 민법상 화해계약의 효력을 갖게 된다. 분쟁조정절차는 신청인이 금융투자협회에 신청서를 제출함으로써 시작되고 다음과 같은 순서로 진행된다.

① 분쟁조정신청 접수·통지 → ② 사실조사 → ③ 합의권고 → ④ 회부전 처리 → ⑤ 위원회 회부 → ⑥ 심의 → ⑦ 각하/조정결정 → ⑧ 조정안 통지 → ⑨ 조정의 성립 → ⑩ 재조정신청

(1) 분쟁조정신청 접수·통지

신청인이 금융투자협회에 분쟁조정신청서를 제출할 때 신청인 본인이 직접 신청함이 원칙이나 원하는 경우 대리인도 신청이 가능하며 직접방문 또는 우편으로도 신청이 가능하다. 신청서류로는 분쟁조정신청서, 관련증거서류 또는 자료, 신청인 신분증이고 대리인이 신청하는 경우 위임장(신청인의 인감도장 날인), 신청인 인감증명서 및 대리인의 신분증이 추가된다.

(2) 합의권고

금융투자협회 분쟁조정부서에서 분쟁의 원만한 해결을 위하여 당사자가 합의하도록 함이 상당하다고 인정되는 경우 구두 또는 서면으로 합의를 권고한다.

(3) 회부전 처리

분쟁조정신청 취하서가 접수되거나 수사기관의 수사진행, 법원에의 제소, 신청내용의 허위사실 등 일정한 사유가 있는 경우 위원회에 회부하지 않고 종결처리 할 수 있다. 종결처리 사유를 구체적으로 다음과 같다.

① 수사기관이 수사 중 이거나 법원에 제소된 경우
② 법원 또는 다른 분쟁조정기관에 조정신청을 한 경우
③ 직접적인 이해관계가 없는 자가 조정신청을 하는 경우
④ 동일한 내용으로 다시 신청되었거나 조정신청서상 신청인의 명의와 실제 신청인이 상이한 경우
⑤ 금융투자협회의 사실조사를 정당한 사유없이 거부하거나 사실조사 등을 통하여 신청서의 중요내용이 허위임이 드러난 경우
⑥ 조정신청의 내용이 관련법령, 판례 또는 조정선례 등에 비추어 명백하게 받아들일 수 없다고 인정되는 경우
⑦ 조정신청의 내용이 분쟁조정의 대상으로서 적합하지 아니하다고 인정되는 경우

⑧ 당사자 주장 또는 제출자료 등을 통한 사실조사로써 명백히 사실관계를 확정하기 곤란한 경우
⑨ 신청인이 조정의 신청을 취하하는 경우

(4) 위원회 회부

당사자간에 합의가 성립하지 않은 경우 금융투자협회는 조정신청서 접수일로부터 30일 이내에 분쟁조정위원회에 사건을 회부하고 위원회는 회부된 날로부터 30일 이내에 심의하여 조정 또는 각하결정함을 원칙으로 한다. 다만, 부득이한 경우 15일 이내에서 기한을 연장할 수 있다.

한편, 위원회 위원이 당사자의 대리인이거나 친족관계 등 이해관계가 있는 경우 위원회에서 제척되며 신청인은 위원명단을 통지받은 후 7일 이내에 특정위원에 대한 기피신청서를 금융투자협회에 제출할 수 있다.

(5) 조정의 성립

당사자가 조정결정통지를 받은 날로부터 20일 이내에 기명날인한 수락서를 출석 또는 작성하여 금융투자협회에 제출함으로써 성립하며 민법상 화해계약의 효력을 갖게 된다. 회원인 당사자는 조정이 성립한 날로부터 20일 이내에 조정에 따른 후속조치를 취하고 그 처리결과를 지체없이 금융투자협회에 제출하여야 한다.

(6) 재조정신청

분쟁조정신청의 당사자는 조정의 결과에 중대한 영향을 미치는 새로운 사실이 나타난 경우 조정결정 또는 각하결정을 통지받은 날로부터 30일 이내에 금융투자협회에 재조정을 신청할 수 있다.

3. 한국예탁결제원

1) 예탁결제원의 역할 및 업무

한국예탁결제원은 금융투자상품에 대한 예탁 및 결제기관으로서 증권의 발행 및 유통과 금융거래의 효율성을 높이고, 국민경제적인 측면에서는 사회적 물류비용을

절감시키는 자본시장의 인프라 역할을 한다. 따라서 이러한 역할을 수행하기 위해 필요한 업무를 수행하는데 먼저, 고유업무로서 증권 등의 집중예탁 및 계좌간 대체, 증권인도와 대금지급(결제), 외국예탁결제기관과의 예탁, 계좌간 대체, 증권인도와 대금지급 업무가 있고, 부수업무로서 보호예수, 증권 등의 담보관리, 집합투자재산의 취득·처분 등에 관한 지시처리 업무가 있으며, 겸영업무로서 명의개서 대행업무, 증권대차, 증권대차의 중개, 법률에서 예탁결제원이 운영할 수 있도록 한 업무, 금융위로부터 승인받은 업무가 있다.

2) 예탁결제원의 연혁

예탁결제원은 1974년 12월 주식회사(자본금 5천만원, 구 증권거래소의 100% 자회사)인 한국증권대체결제(주)로 설립되어 증권거래법에 따라 재무부장관의 업무허가를 받았다. 그 후 1994년 4월 증권거래법 개정을 통해 법인의 법적 형태를 주식회사에서 증권거래법상 특수법인[40]인 증권예탁원으로 전환하였다. 그 이후 2005년 1월 증권예탁결제원으로 변경되었다가 2009년 2월 현재와 같이 한국예탁결제원이 되었다.

3) 예탁 및 계좌간 대체 업무

예탁은 증권회사, 기관투자자 등으로부터 대체성 있는 증권을 집중 예탁받아 혼합보관[41]하고 관리하는 것을 말한다. 계좌간 대체는 증권의 양도, 질권설정 등 권리이전의 사유발생시 실물증권을 인도하는 대신 예탁자계좌부상 대체기재의 방법으로 처리하는 것을 말하고 계좌간 대체는 증권교부와 동일한 효력을 가지며 소유권이 이전하는 권리변동적 효력이 발생한다.

---

40) 특수법인으로 전환한 이유는 당시 허가주의, 소규모 자본금(50억원), 편중된 소유구조로 인해 중앙예탁결제기관으로서의 위상이 취약함에 따라 중앙예탁결제기관의 기능을 활성화하고, 공공성을 강화하기 위해서였다.

41) 법적으로는 혼장임치에 해당되고 예탁자 및 고객은 공유지분에 해당하는 예탁증권의 반환을 청구할 수 있으며, 예탁결제원은 동종·동량의 증권을 반환하면 된다.

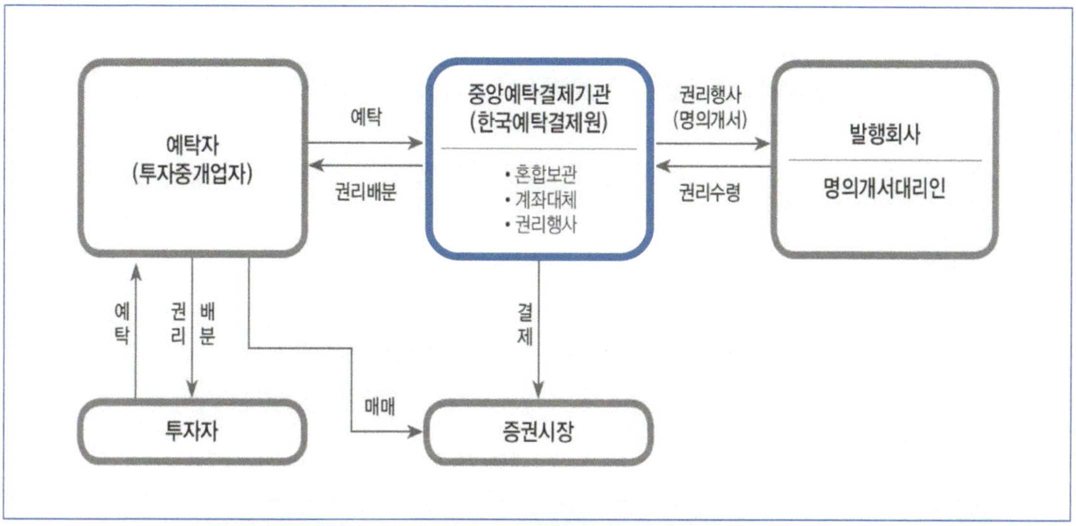

[그림 2-18] 한국예탁결제원의 업무 흐름도42)

4) 결제(증권인도 및 대금지급) 업무

결제는 증권거래에 따른 채권·채무를 확정하고 이를 증권의 인도와 대금의 지급으로써 종결하는 가치교환 행위를 말한다. 즉, 청산과정을 통하여 확정된 증권과 대금을 매도자와 매수자간에 상호 동시교환하여 거래를 종결하는 절차인 것이다. 시장별 결제업무 운영구조는 장내시장결제와 장외시장결제로 구분되고, 전자는 유가증권·코스닥시장 및 국채전문유통시장 등에서 매매거래에 따른 증권인도와 대금지급을 통하여 결제하는 것이고, 후자는 기관결제, 프리보드결제, 채권 OTC거래 등을 말한다. 한편, 거래소시장에서의 결제업무 프로세스를 보면 [그림 2-19]와 같다.

42) 한국예탁결제원, 한국예탁결제원 업무안내(2012), 38쪽.

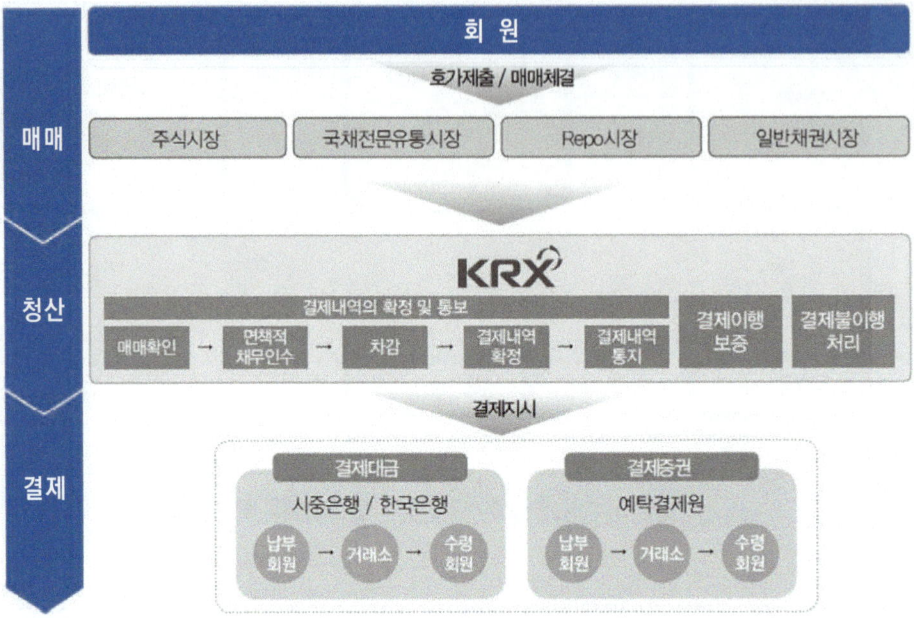

[그림 2-19] 거래소시장 매매 · 청산 · 결제업무 흐름도[43)]

5) 보호예수 업무[44)]

보호예수(separate safekeeping)제도란 보호예수의뢰인(보호예수계약 당사자)과 예탁결제원간의 보호예수계약에 따라 유가증권을 보호예수의뢰인별로 분리하여 보관하고 반환시에도 의뢰인이 의뢰한 동일 증권 등을 반환하는 증권 등의 특수한 보관형태를 말하고 강제성 여부에 따라 일반보호예수 및 의무보호예수로 나눌 수 있다. 일반보호예수는 보호예수의뢰인과 예탁결제원간의 자유로운 계약(보호예수계약)에 의한 보호예수로 보호예수의 사유, 보호예수기간 등에 제한이 없으므로 보호예수의뢰인은 언제든지 보호예수된 증권을 자유롭게 반환할 수 있다. 반면에 의무보호예수는 주가급락으로 인한 시장불안이나 소액투자자 피해방지, 경영권 안정도모와 같은 일정한 정책적 목적달성을 위해 관련규정에 따라 특정한 사유(주로 유가증권시장이나 코스닥시장의 상장)의 발생 시 특정인(주로 최대주주 등)은 자신이 보유하는

43) 한국거래소, 주식시장 매매제도의 이해(2013), 120쪽.
44) 한국예탁결제원, 보호예수업무 안내(2010) 참조.

주식을 일정기간 동안 의무적으로 보유하여야 하는 경우를 말한다. 의무보호예수는 또한 증권신고서 제출면제를 목적으로 주식의 전매금지를 확보하기 위해 예탁결제원에 증권 등을 일정기간 동안 의무적으로 예치하는 것을 포함한다.

표 2-4. 의무보호예수별 관련기관 및 관련규정[45)]

구 분	규 정	사 유
한국거래소	- 유가증권시장 상장규정	- 최대주주 - 부동산투자회사 - 선박투자회사 · 투자회사 - 합병
	- 코스닥시장 상장규정	- 최대주주 - 외국인 양수분 - 초과유상증자분 · 벤처금융 - 합병/주식교환 - 제3자배정 유상증자
금융위원회	- 증권의 발행 및 공시 등에 관한 규정	- 모집관련(전매제한) 보호예수
법 원	- 회생절차에서의 M&A에 관한 준칙	- 회사 회생계획안에 따른 의무보호예수

예탁제도가 완비되고 그 결과 일반보호예수의 존재의의가 희박해진 오늘날의 보호예수제도는 의무보호예수제도를 중심으로 운영되고 있다. 보호예수의 법적 성격은 민법상의 임치계약(「민법」 제693조 이하)으로서 예탁결제원과 보호예수의뢰인 사이의 자유로운 계약(계약자유의 원칙)에 의하여 형성되지만, 의무보호예수제도 하에서는 관련법규(금융위원회 규정 및 거래소 상장규정 등)에 따라 보호예수계약이 강제된다. 의무보호예수제도의 특징은 다음과 같다.

첫째, 계약체결의 강제로서 의무보호예수가 주가의 안정 또는 최대주주 등 특정주주의 주식의 대량매매에 따른 소액주주의 피해를 방지하기 위하여 일정한 유가증권의 유통을 일정기간동안 금지시키기 위한 제도이므로 관련규정에 따라 일정한 사유(의무보호예수 사유)가 발생한 경우 일정한 자는 예탁결제원과 의무적으로 보호예수계약을 체결하여야 한다. 둘째, 계약내용의 규정화로서 의무보호예수 제도하에서는 계약자유의 원칙 내용 중 하나인 '계약내용 결정의 자유'도 일정부분 제한된다. 즉, 각 보호예수 사유별로 보호예수기간이 규정화되어 있어 그 기간동안 반환이 제한되고 예외적으로 반환이 허용되는 사유도 각기 규정화되어 있는 등 보호예수계약의 내용이 의무보호예수 근거규정에 명시되어 있다. 셋째, 감시기능 수행으로

45) 한국예탁결제원, 한국예탁결제원 업무안내(2012), 45쪽.

서, 의무보호예수제도는 최대주주 등 증권 등의 실소유자가 일정기간 주식을 의무적으로 보유하고 그 처분을 제한하기 위한 제도이므로 의무보호예수시 예탁결제원은 그 실소유자 내역도 통보받아 관리함으로써 실소유자의 매매제한이라는 규정의 준수여부를 감시하는 '준법감시 기능'(compliance)과 유사한 기능을 수행하고 있다. 한편, 보호예수 업무처리절차는 [그림 2-20]과 같다.

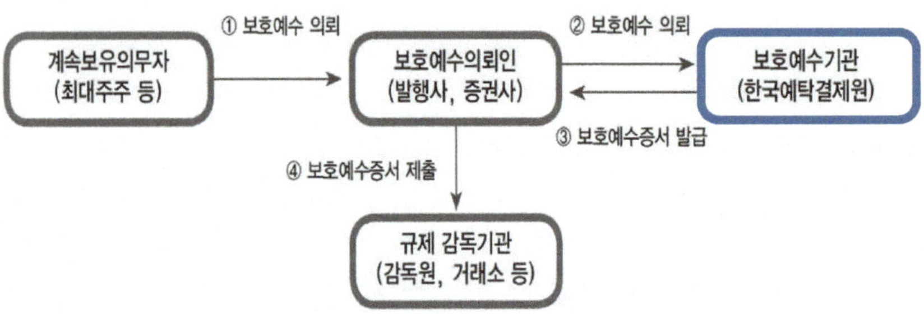

[그림 2-20] 한국예탁결제원의 보호예수업무 흐름도[46)]

표 2-5. 의무보호예수별 대상 및 의무보호예수기관[47)]

대 상		계속보유 의무자	보호예수 의뢰인	의무보호예수기간
최대주주 등 보유분	유가증권시장	▪최대주주등	▪증권회사	▪상장 후 6월간
	코스닥시장			▪코스닥상장 후 1년간[48)] (6월경과시 매월5% 인출 가능)
최대주주등 (제3자배정)	유가증권시장	▪주식인수인	▪증권회사	▪발행일 후 1년(또는 상장일부터 6월)
	코스닥시장			▪코스닥상장 후 1년간 (6월경과시 매월5% 인출 가능)
의제모집분(전매제한)		▪주식인수인	▪발행회사	▪보호예수일로부터 1년간
법원 M&A인가시		▪주식인수인	▪발행회사	▪주식발행일로부터 1년간
초과유상증자분		▪주주,채권자	▪증권회사	▪코스닥상장후 1년간
벤처기업 주식		▪벤처금융 ▪전문투자자	▪증권회사	▪코스닥상장후 1월간
투자회사(MF)주식 선박투자회사 부동산투자회사 주식		▪주식인수인	▪증권회사 ▪발행회사	▪주식발행일로부터 1년간

46) 한국예탁결제원, 한국예탁결제원 업무안내, 45쪽.
47) 한국예탁결제원, 보호예수업무 안내(2010), 31쪽.

대 상		계속보유 의무자	보호예수 의뢰인	의무보호예수기간
합병/주식 교환시	유가증권시장	▪최대주주등	▪증권회사 ▪발행회사	◆지배권 변동 ▪최대주주등: 합병일/주식교환일(6월) ▪제3자배정 인수자: 발행일(1년) (또는 합병기일로부터 6월)
	코스닥시장	▪최대주주등 ▪벤처금융 ▪전문투자자		▣ 최대주주 등 ◆지배권 불변 ▪합병일/주식교환일로부터 1년간 ※ 6월 경과한 후 매월 5% 인출가능 ◆지배권 변동 ▪합병일/주식교환일로부터 2년간 ※ 1년 경과한 후 매월 5% 인출가능 ▣ 벤처금융, 기관투자자 : 합병일/주식교환일로부터 1개월간
영업(자산)양도 & 제3자 배정 (주식스왑 포함)	유가증권시장	▪최대주주등	▪증권회사 ▪발행회사	◆지배권 변동 ▪주식발행일로부터 6월간
	코스닥시장	▪최대주주등 (비상장법인)		◆지배권 불변 ▪주식발행일로부터 1년간 ※ 6월 경과한후 매월 5% 인출가능 ◆지배권 변동 ▪주식발행일로부터 2년간 ※ 1년 경과한 후 매월 5% 인출가능
제3자배정 유상증자		▪주식인수인	▪증권, 발행회사	▪6월(유가증권시장: 상장일부터, 코스닥: 발행일)
외국인 양수분		▪외국인 주주	▪상임대리인	▪취득일로부터 1년간
증권신고서 등 기재		▪주식인수인	▪증권발행회사	▪증권신고서 등의 신고기간

끝으로, 의무보호예수제도의 관련 당사자를 보면, 먼저 예탁결제원은 보호예수의무자와 보호예수계약을 체결하고 보호예수 된 증권 등을 보관·관리하며 보호예수기간의 종료시 증권등을 반환하는 등 의무보호예수제도 중심기관으로서의 역할을 한다. 다음 보호예수의무자는 예탁결제원의 상대방으로서 보호예수계약을 체결하는 자를 말하고 주로 대표주관회사나 상장주선인 또는 발행회사가 보호예수의뢰인으로서 보호예수계약의 일방 당사자의 지위, 즉 임치인 자격으로 보호예수와 관련된 모든 권리·의무의 주체가 된다. 또한, 계속보유의무자는 보호예수증권의 실소유자인 이른바 '보호예수명의인'을 말한다. 이들은 자신의 유가증권을 일정기간

48) 유가증권시장에 비해 과도한 규제로 인해 상장걸림돌이 된다는 지적에 따라 2014년 6월부터 코스닥시장의 일반적인 보호예수기간인 1년을 6개월로 단축하였다. 한국거래소, 기업 상장 활성화를 위한 규제 합리화 추진(2014.6.18. 보도자료) 9쪽 참조.

동안 의무적으로 보유할 의무를 지는 자(계속보유의무자)로서, 보호예수계약의 당사자는 아니지만 보호예수시 예탁결제원은 이들의 내역을 보호예수의뢰인으로부터 통보받아 별도로 관리한다. 보호예수의 사유에 따라 계속보유의무자는 달라지지만 주로 최대주주 및 주식인수인 등이 주식의 실소유자로서 계속보유의무를 진다.

한편, 보호예수 규제감독기관을 보면, 의무보호예수 근거 및 사유별로 달라서 금융위원회, 한국거래소, 법원 등이 의무보호예수 관련 규제·감독기관이 되고 각 근거규정을 통해 보호예수 사유, 보호예수 기간 등을 규제한다.

6) 전자투표 및 전자위임장 업무

전자투표제도는 회사가 전자투표시스템에 주주명부, 주주총회 의안 등을 등록하면, 주주가 주주총회에 직접 참석하지 아니하고 전자적인 방법으로 의결권을 행사하는 것으로서 개최장소 및 개최일이 특정 지역 및 날짜에 집중됨으로 인한 의결권 행사의 어려움을 해소하고자 도입되었고 예탁결제원은 전자투표관리기관으로서 전자투표시스템을 운용하여 회사의 원활한 주주총회 개최와 주주의 적극적인 의결권 행사를 지원하고 있다.

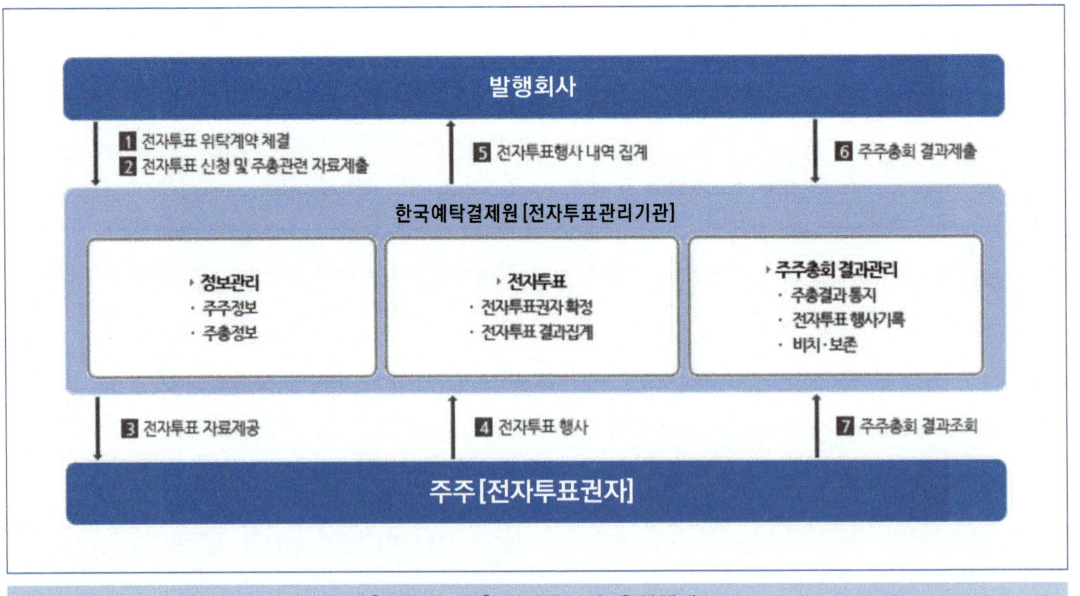

[그림 2-21] 전자투표의 운영체계

한편, 전자위임장제도는 발행회사 등 위임장 권유자가 인터넷홈페이지에 위임장 용지 및 참고서류를 게시하고 주주는 해당 홈페이지에 접속하여 공인전자서명을 통해 전자위임장을 수여하는 것으로서 예탁결제원의 중립적 의결권행사제도인 Shadow voting이 폐지될 예정[49]임에 따라 주주총회의 의결정족수 확보를 위한 대안으로 활용될 수 있다. 예탁결제원은 전자위임장관리기관으로서 발행회사로부터 전자위임장관리 서비스를 위탁받아 처리하고 있다.

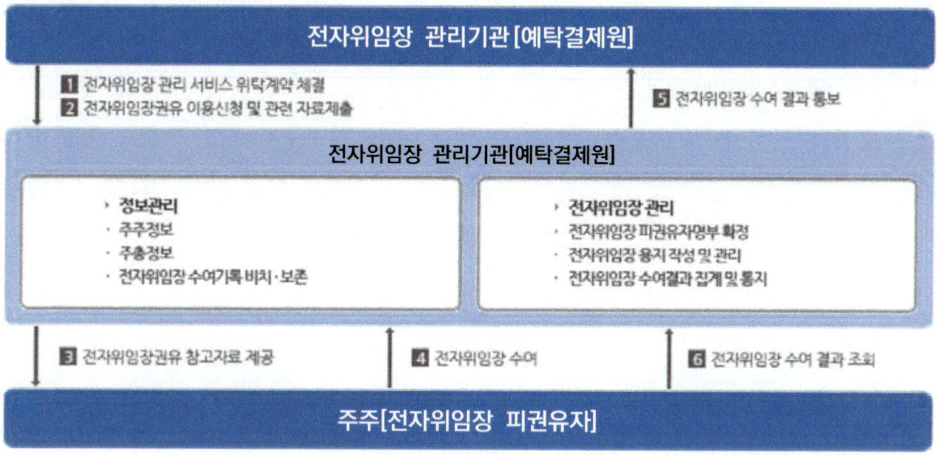

[그림 2-22] 전자위임장 관리시스템 운영절차도

7) 기타 업무

명의개서 대행업무는 발행회사의 위탁계약에 따라 예탁결제원이 증권에 대한 배당, 이자 및 상환금 지급대행업무와 증권의 발행업무를 포함한 명의개서에 관한 일체의 사무를 대행하는 것을 말하고, 그 업무범위는 자본시장법의 업무범위내에서 위탁회사와 명의개서대행회사간 체결한 계약에 의해 이루어지며, ① 명의개서대행, ② 발행대행, ③ 지급대행업무로 구분된다. 다음으로 대차거래 중개업무는 예탁결제원이 대차거래[50] 중개기관으로서 거래체결, 담보관리, 이행보증 등의 서비스를

49) 다만, 전자투표를 도입한 상장기업의 경우 2017.12.31.까지는 예탁결제원의 Shadow voting제도를 활용할 수 있다.

50) 차입자가 담보를 제공하여 증권을 빌리고 일정기간 후에 대여자에게 되갚는 것을 말하고 민법상 소비대차에 해당한다.

제공하는 것을 말한다. 대차거래 참가자로서는 국내 기관투자자, 외국인, 개인투자자 등이 있고 전체 주식대차거래의 80% 이상은 외국인이 차지하고 있다. 끝으로 증권예탁증권 발행 업무는 국내투자자의 편의를 위해 해외기업의 주식(Underlying Shares : 원주)을 기초로 국내에서 증권예탁증권(Depositary Receipts : DR)을 발행하는 것을 말한다. 따라서 DR과 상호 전환이 가능한 원주는 해외 보관기관(Custodian)에 두고 그에 대한 증서를 예탁결제원이 발행하여 거래소시장 등을 통해 거래되도록 한다. 이때 가격은 원주의 해외시장 거래가격과 유사하도록 원주와의 교환비율을 정함으로써 투자자의 편리성을 도모하는 것이 일반적이다. 우리나라에서 발행되는 DR을 KDR(Korean Depository Receipts)로 부르는 것처럼 발행시장에 따라 ADR(미국), GDR(미국 및 유로시장) 등이 있다. DR이 발행된 배경을 보면 설립지국 및 유통국간 법률 상충문제 해결이 용이하고 유동성 프리미엄을 통한 차익실현을 목적으로 하는 투자자를 유치할 수 있을 뿐만 아니라 법률자문 및 상장유지비용이 저렴하기 때문이다.

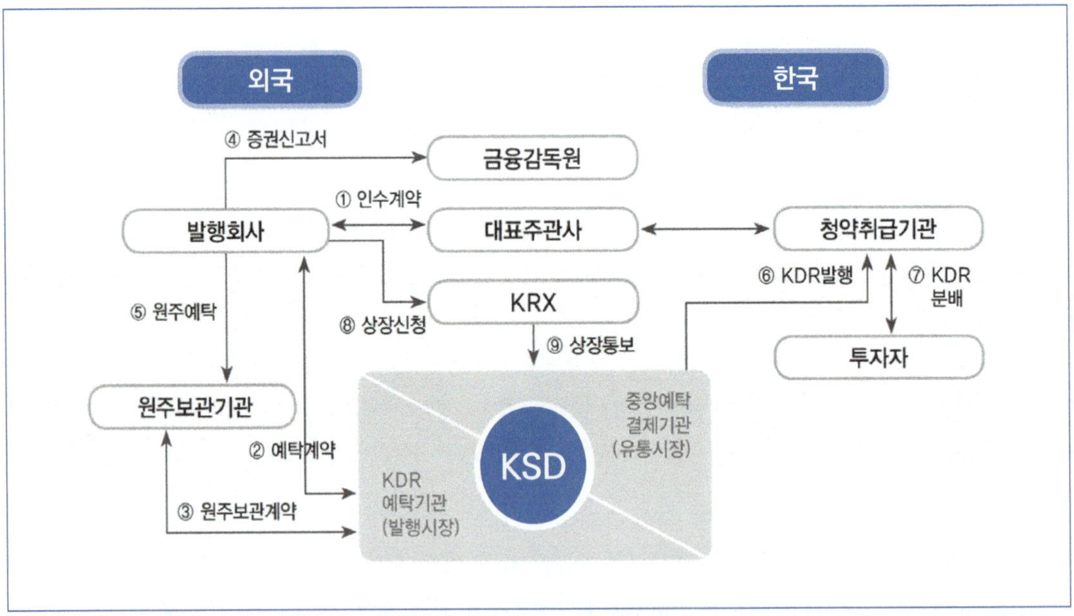

[그림 2-23] KDR 발행 및 상장구조[51]

51) 한국예탁결제원, 한국예탁결제원 업무안내(2012), 97쪽.

4. 한국증권금융[52)]

1) 증권금융의 역할

한국증권금융은 증권시장에 자금을 공급하고 특정업무를 수행하여 자본시장 발전에 기여함으로써 국가경제발전을 지원할 목적으로 자본시장법에 근거하여 금융위원회의 인가를 받아 1955년 10월 설립된 상법상의 주식회사이다.

증권금융의 기능은 증권산업 지원, 투자자예탁금 관리, 우리사주제도 관리, 일반고객상품의 관리 네 부분으로 나눌 수 있다. 첫째, 증권산업 지원으로서 주식·채권 등 증권의 발행·유통·중개 등에 필요한 자금 및 각종 서비스를 금융투자업, 금융투자업 관계기관 등에 전문적으로 제공함으로써 증권시장의 활성화와 효율화에 기여하고 있다. 둘째, 투자자예탁금 관리로서 증권투자자가 주식매수 또는 선물거래 결제 등을 위하여 금융투자업자에 일시적으로 맡겨놓은 투자자예탁금을 당해 회사로부터 전액 재예치받아 별도로 안전하게 보관·관리함으로써 투자자보호 및 증권시장의 안정적 발전에 기여하고 있다. 셋째, 우리사주전담 수탁기관으로서 우리 사주조합원이 취득한 자사주를 예탁 받아 안전하게 보관·관리하고, 우리사주조합의 결성과 운영을 지도·홍보·교육하며, 우리사주 취득에 필요한 자금을 지원함으로써 우리사주제도의 정착과 발전에 기여한다. 넷째, 일반고객상품 개인 또는 법인이 보유하고 있는 주식, 채권, 수익증권, CD 등을 담보로 필요한 자금을 장기저리로 대출함은 물론, 공모/실권주의 청약과 관련하여 높은 금리와 함께 주식의 매매차익까지도 기대할 수 있는 예금상품을 취급하는 등 고객의 재테크에 기여하고 있다.

2) 증권금융의 업무

(1) 증권금융의 고유업무

증권금융은 고유업무로서 금융투자상품의 매매, 인수, 청약 등과 관련하여 증권회사에 자금 또는 증권을 대여하는 업무, 신용거래 자금 또는 증권을 거래소를 통해 대여하는 업무, 증권을 담보로 하는 대출업무, 투자자예탁금 별도예치금의 관리업무, 금융투자업자 등으로부터의 자금의 예수업무, 우리사주 수탁·보관 등 관리

52) 한국증권금융, Korea Securities Finance Corporation PR Brochure 2014(2014) 참조.

업무를 수행한다.

(2) 금융투자업의 겸영업무

증권금융은 자본시장법에 따른 겸영업무로서 투자자예탁금에 한정된 금전신탁업무, 조건부 증권의 매매에 한정된 투자매매업, 환매조건부증권매매 중개업무, 증권의 대여 및 차입 업무를 수행한다.

(3) 금융위원회 승인업무

증권금융은 금융위원회의 승인을 받아 단기어음매매(할인어음) 업무, 대차거래 중개 및 그 이행보증 업무, 결제이행 보증업무, 예금담보부 대출업무, 자산의 보관·관리 및 일반사무관리회사 업무를 수행한다.

3) 투자예탁금 별도예치 제도

투자예탁금 별도예치 제도는 투자자가 금융투자업자에게 맡긴 금전을 제3의 기관에 별도 예치하여 보호하는 제도를 말한다. 우리나라 뿐 아니라 미국, 영국 및 일본 등 주요국에서도 증권회사 도산사례 등을 통해 증권회사의 자산과 고객의 자산이 혼합보관되어 발생하는 문제의 심각성을 인식하고 고객자산의 별도 예치를 법으로 규정하고 있고 우리나라에서는 금융투자업자의 투자위험 및 경영부실 등으로부터 야기될 수 있다. 지급불능 위험을 방지함으로써 자본시장에 대한 신뢰 및 안정성을 유지하기 위해 자본시장법에 의하여 시행하고 있다. 투자예탁금 별도예치 제도는 1978년 2월 처음으로 도입된 후 수차례에 걸쳐 예치비율이 변경되어 왔으며, IMF 경제위기 당시 일부 대형 증권사의 도산과 예탁금 유용사례 발생에 따라 우리나라 정부와 IMF간 합의로 1999년에 현재의 전액 별도예치제도가 시행되었다. 따라서 금융투자업자는 증권 또는 파생상품 거래를 위해 투자자가 맡겨 놓은 투자자예탁금을 영업일 단위로 산정하여 다음 영업일(집합투자자 예수금은 당일)까지 증권금융에 예수금 또는 신탁방식으로 별도예치하여야 한다. 또한, 예치대상은 위탁자예수금의 경우 위탁매매 등에 수반하여 위탁자로부터 받은 현금 및 위탁유가증권에 대한 배당금 등이고, 장내파생상품거래예수금의 경우 장내파생상품 매매거래와 관련하여 위탁자가 예탁한 현금이며, 집합투자증권투자자예수금의 경우 집합투자증권의 모집·매출·매각·환매 등에 수반하여 발생하는 예수금이고, 조건부예수금의 경우 환매조건부

채권매매에 수반하여 발생하는 예수금이다. 한편, 투자자예탁금의 안전성 보장을 위하여 금융투자업자는 증권금융에 예치된 투자자예탁금을 제3자에게 양도하거나 담보로 제공할 수 없으며, 누구라도 이를 상계·압류할 수 없다. 또한 금융투자업자는 투자자의 예탁금 반환요구에 응하기 위한 경우를 제외하고는 투자자예탁금을 임의로 인출할 수 없다. 투자자예탁금의 안전한 운용을 위하여 증권금융은 금융투자업자가 예수금 또는 신탁 방식으로 별도 예치한 투자자예탁금을 자기재산과 구분하여 신의에 따라 성실하게 관리하고, 관계 법령 등에 따라 국공채, CD, 수익증권 매입 및 은행 예치 등 투자자예탁금의 운용 대상 및 한도를 엄격하게 제한하고 있다. 나아가, 투자자예탁금의 예수, 인출, 운용방법 및 결산에 관한 모든 사항을 투명하고 안전한 운영·관리를 위하여 금융투자업자에 의한 자율통제기구로서 별도예치신탁금 운용위원회 및 예탁예수금 운용위원회를 두고 있다.

4) 증권대차거래 중개업무

증권대차거래란 증권을 보유한 자가 일정기간 후 상환을 조건으로 증권을 제3자에 빌려주는 거래를 말한다. 증권대차거래를 통해 대여자는 여유증권을 빌려주는 대신 대여수수료라는 안정적인 수익을 얻고, 차입자는 저렴한 비용으로 차입과 연계된 다양한 투자전략을 통해 새로운 수익원을 창출할 수 있다. 증권금융은 증권대차거래의 중개기관으로서 참가자의 거래 공정성을 보장하고, 대차증권·권리 등의 상환불이행 발생시 이행보증서비스를 통해 거래상대방 위험을 원천적으로 차단한다. 증권금융은 1996년 국내 최초로 증권대차거래이행보증업무를 개시한데 이어 2000년부터 증권대차거래중개업무를 제공해 왔다. 현재 주요 증권사, 은행, 자산운용사, 연기금, 외국기관들을 포함한 약 200여 기관들의 대차거래를 위한 중개업무를 수행하고 있는데, 증권금융은 국내 증권대차시장의 약 40%에 이르는 시장점유율을 확보하고 있다. 증권대차거래의 참가자 및 대상증권을 보면, 법상 참가자격은 기관투자자(법인세법시행령에 따름), 금융감독원장으로부터 외국인투자등록증을 발급받은 외국법인(국내 상임대리인을 통해 참가), 기타 증권금융이 필요하다고 인정하는 자인데 실제 주요 대여자는 은행, 보험사, 금융투자업자(증권사, 자산운용사 등), 연기금, 비거주자 등이고 주요 차입자는 금융투자업자(증권사, 자산운용사 등), 비거주자 등이다. 대상증권으로는 상장주식, 상장채권(신용등급 BBB 미만인 채권/주식관련사채/시가평가가 곤란한 채권 제외), 상장지수펀드증권(ETF), 기타 상장증권이 있다.

5) 우리사주제도

우리사주제도(Employee Stock Ownership Plan)란 기업 및 정부가 각종 정책적 지원을 제공하여 근로자가 자신이 근무하는 회사의 주식을 취득·보유할 수 있도록 하는 제도로서, 종업원지주제도, 근로자 주식소유제도 또는 근로자 주식제도라고도 한다. 우리사주제도의 도입절차는 [그림 2-24]와 같다.

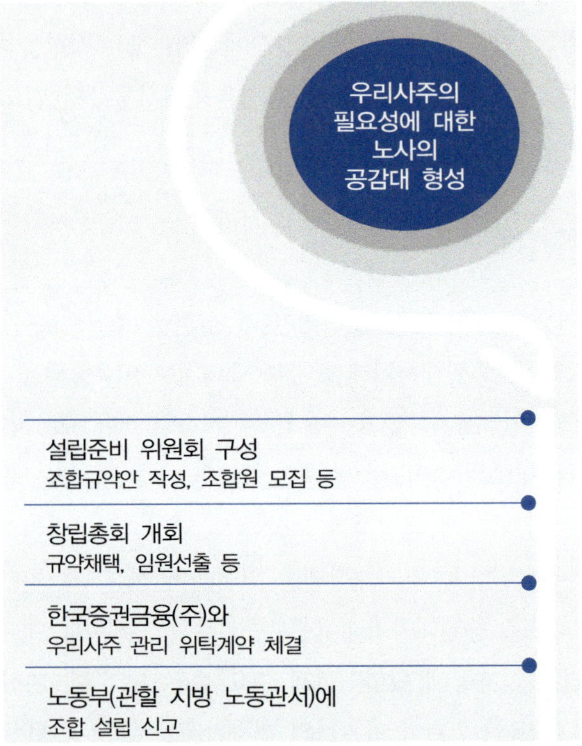

[그림 2-24] 우리사주제도 도입절차[53]

(1) 증권금융의 역할

증권금융은 이러한 우리사주제도와 관련하여 전담수탁기관 및 금융지원의 역할을 하고 있다. 즉, 우리사주조합은 취득한 자사주를 취득 1개월 이내에 수탁기관인 증권금융에 1년 이상 예탁하여야 한다. 또한, 금융지원으로서 증권금융은 우리사주

53) 한국증권금융, 앞의 책, 37쪽.

조합 또는 우리사주조합원의 우리사주 취득에 소요되는 자금을 장기 저리로 대출하고 예탁 중인 우리사주를 담보로 우리사주조합원의 가계자금을 대출해준다.

(2) 우리사주제도의 도입효과

우리사주제도를 도입할 경우 따르는 효과는 다음과 같다. 첫째, 근로자 복지증진 및 경영참여로서 근로자는 보유하고 있는 우리사주의 가치 상승과 우리사주 보유에 따른 배당소득, 각종 세제혜택 등으로 재산형성을 기대할 수 있으며, 내부주주로서 경영투명성을 제고하는데 기여할 수 있다. 둘째, 노사협력 제고 및 기업생산성 향상으로서 기업은 근로자의 주인의식 제고, 노사협력기반 마련과 근로자복지증진을 통하여 기업발전을 모색할 수 있다. 셋째, 기타 효과로서 성숙된 자본주의 실현, 자본소유의 분산, 부의 공평분배 등을 통해 경제정의를 실현하는 한편, 자본주의의 건전한 발전을 도모할 수 있게 해준다.

(3) 우리사주 취득방법

어떤 기업의 우리사주 조합원이 우리사주조합을 통해 우리사주를 취득할 수 있는 방법은 다음과 같다. 첫째, 기업공개, 상장, 유상증자시 주주에 우선하여 자사주를 배정받는 방법이다. 둘째, 대주주 등으로부터 자사주를 양수하는 방법이다. 셋째, 증권시장에서 자사주를 매입하는 방법이다. 넷째, 우리사주매수선택권 행사로 자사주를 취득하는 방법이다. 다섯째, 회사 등으로부터 무상출연을 받아 취득하는 방법이다. 여섯째, 회사 등이 상환하는 조건으로 차입한 자금을 가지고 취득하는 방법이다.

(4) 대상별 세제지원

우리사주조합에 가입한 근로자에 대한 세제지원을 보면, 조합원 출연금 연간 400만 원 소득공제, 배당소득 비과세(액면가액 1,800만 원 한도), 우리사주 취득가액과 시가차액 비과세, 자사주 인출시 소득세 비과세 등이 있다. 한편, 사용자에 대한 세제지원으로는 우리사주조합에 대한 회사 출연금 및 조합운영비 지급시 전액 손비인정, 회사의 조합원에 대한 자사주 취득자금 무상대부시 인정이자에 대한 비과세 적용 등이 있다.

5. 금융위원회 및 금융감독원[54)]

1) 통합 금융감독기구 설립 전 금융감독체계

1998년이전 우리나라의 금융감독은 금융권역별로 은행감독원, 증권감독원, 보험감독원, 신용관리기금 및 재정경제원 등으로 분산되어 은행권역의 경우 일반은행에 대한 감독・검사권은 은행감독원이 보유하였고, 특수은행에 대한 감독・검사권은 재정경제원이 보유하였다. 반면 증권권역의 경우 재정경제원이 인・허가권을, 증권관리위원회와 증권감독원이 증권회사 등에 대한 승인・동의・명령권과 검사권을 각각 보유하였고, 보험권역의 경우 포괄적 감독권을 지닌 재정경제원이 보험감독원에 감독・검사권 일부를 위임하고 보험감독원을 지시・감독하였다. 한편, 1970년대 이후 설립된 비은행금융사의 경우 재정경제원이 포괄적 감독권을 보유하고 은행감독원 및 신용관리기금에 일부 회사에 대한 검사권을 위임하였으며 종합금융사, 신용카드사는 재정경제원이 직접 감독・검사하고 상호신용금고, 신용협동조합, 신용보증기금, 리스사 등은 재정경제원이 감독권을 보유하고 은행감독원 또는 신용관리기금에 검사권을 위임하였다.

2) 통합 금융감독기구의 설립배경과 경위

1998년 금융권역별로 분산되어 있던 금융감독기구를 금융감독위원회・금융감독원으로 통합하였는데 통합 금융감독기구의 추진배경으로는 금융회사 업무의 겸업화 및 다양화, 금융권 또는 금융회사간 감독 차별화에 따른 통일되고 일관성 있는 감독규제의 필요성, 금융 글로벌화에 대한 효과적 대응 필요성, 금융감독의 사각지대 해소, 금융감독의 투명화 및 감독책임의 명확화 등을 들 수 있다.

구 금융감독위원회 및 금융감독원의 설립 경위를 보면, 1997년 1월 금융개혁위원회[55)]가 설치되어 금융감독체계 개편에 관한 제도권의 논의가 본격화되었고, 재정경제부, 금융감독위원회・금융감독원, 한국은행 및 예금보험공사 등으로 이루어진 금융감독체계의 골격을 제시하였으며, 정부는 이를 기초로 금융개혁 법안을 마

54) 금융감독원, 2013년 금융감독제도(2014) 참조.
55) 재계, 금융계, 학계를 대표하는 31명의 위원으로 구성된 대통령 직속기구로서 6개월 동안 각계의 의견을 수렴하고 외국사례를 참조하여 최종 보고서를 발표하였다.

련하였다. 또한 외환위기 발생후 정부와 IMF간에 합의된 LOI(의향서)에 통합금융감독기구 설립이 명시됨에 따라 금융감독기구의 설치 등에관한 법률이 1997. 12. 31. 국회를 통과하여 1998.4.1. 금융감독위원회가 설치되고 1999.1.2. 종전의 은행·증권·보험감독원 및 신용관리기금을 통합하여 금융감독원이 출범하게 되었다.

그 이후 금융정책과 감독집행사항을 명확히 구분하여 금융행정의 책임성을 강화함으로써 금융산업 선진화의 발전기반을 마련하고자 2008.2.29. 「금융감독기구의 설치 등에 관한 법률」을 개정하여 재정경제부의 금융정책기능과 금융감독위원회의 감독정책기능을 통합하여 금융감독위원회를 금융위원회로 개편하게 되어 현재에 이르고 있다.

3) 현행 금융감독체계의 주요내용

(1) 금융위원회

2008년 2월 29일 「금융감독기구의 설치 등에 관한 법률」을 개정하여 재정경제부의 금융정책기능과 금융감독위원회의 감독정책기능을 통합하여 금융감독위원회를 금융위원회로 개편하고, 2008년 3월 3일 금융위원회를 출범시켰다. 그 설립목적을 보면 금융산업의 선진화와 금융시장의 안정도모, 건전한 신용질서와 공정한 금융거래관행 확립 및 예금자 및 투자자 등 금융수요자 보호를 들 수 있다. 또한 금융위원회의 법적 성격은 정부조직으로서 국무총리 소속하의 합의제 행정기관이나 업무·권한 등에 있어서는 다른 정부부처의 업무·권한이 정부조직법 등에 의하여 결정되는 것과는 달리 금융위원회의 설치 등에 관한 법률과 대통령령인 금융위원회와 그 소속기관 직제 및 금융감독 관계법령에 의하여 정해지는 특성이 있다. 이러한 업무·권한은 근본적으로 정부의 행정권에 속하는 사항이나 그 행사방법을 법률로써 따로 정하여 일반적인 행정권과는 다른 방법 및 절차에 의하여 행사하도록 함으로써 그 권한의 행사에 있어서 정부(행정부)로부터 독립성을 갖는 점에 큰 특징이 있다. 금융위원회의 주요 기능을 보면 먼저, 금융 관련 주요 사항에 대한 심의·의결 기능이다. 금융 관련 주요사항에는 금융에 관한 정책 및 제도에 관한 사항과 관련 법령 및 규정의 제·개정 및 폐지에 관한 사항, 금융회사 감독 및 검사·제재에 관한 사항과 관련 법령 및 규정의 제·개정 및 폐지에 관한 사항, 금융회사의 설립, 합병, 전환, 영업 양수·도 및 경영 등의 인·허가에 관한 사항과 관련 법령 및 규정의 제·개정 및 폐지에 관한 사항, 자본시장의 관리·감독 및 감시 등에 관한 사항과 관련 법령 및 규정의 제·개정 및 폐지에 관한 사항, 금융중심지의 조성·발전에 관한 사항과 관련 법령 및 규정의 제·개정 및 폐지에 관한 사항, 금융기관 및 외국환업무취급기관의 건전성 감독에 관한 양자·다자간 협상 및 국제협력에 관한 사항, 외국환업무취급기관의 건전성 감독에 관한 사항, 기타 다른 법령에서 금융위원회의 소관으로 규정된 사항이 있다. 다음으로, 금융감독원에 대한 지도·감독 기능으로서 금융감독원의 정관변경에 대한 승인, 금융감독원의 예산 및 결산 승인, 기타 금융감독원을 지도·감독하기 위하여 필요한 업무를 수행한다. 한편, 금융위원회는 다음의 〈표 2-6〉과 같이 임명된 총 9인으로 구성된다.

표 2-6. 금융위원회의 위원 구성 현황[56)]

구 성 (9인)	임 명	임 기
- 위원장(장관급 정무직 국가공무원)	국무총리의 제청으로 대통령이 임명	3년
- 부위원장(차관급 정무직 국가공무원)	위원장의 제청으로 대통령이 임명	3년
- 기획재정부 차관 - 금융감독원 원장 - 예금보험공사 사장 - 한국은행 부총재	당 연 직	—
- 금융위원회 위원장이 추천하는 금융전문가 2인 (1급 상당 별정직 국가공무원 : 상임) - 상공회의소 회장이 추천하는 경제계대표 1인(비상임)	추천기관의 추천으로 대통령이 임명	3년

주: 위원들은 1차에 한하여 연임 가능

한편, 금융위원회에는 위원회를 보좌하는 공무원 행정조직을 설치하여 1관 3국 2정책관 1기획단(2021년말 기준)으로 되어 있다. 공무원 행정조직의 주요 업무를 보면, 기획조정관은 혁신기획재정, 규제개혁 및 감사업무를 담당하고, 금융정책국은 금융정책의 기획 및 총괄, 금융시장 동향분석 및 관련 정책 수립, 금융산업 구조개선에 관한 정책의 수립을 담당하며, 금융산업국은 은행·보험회사 감독을 담당하고, 금융소비자국은 서민금융회사와 가계금융 등을 담당하며, 자본시장정책관은 금융투자업자·거래소를 포함한 자본시장 감독 및 불공정거래조사 등을 담당한다. 금융위원회의 공무원 행정조직 및 업무 분장은 [그림 2-25]과 같다.

56) 금융감독원, 홈페이지.

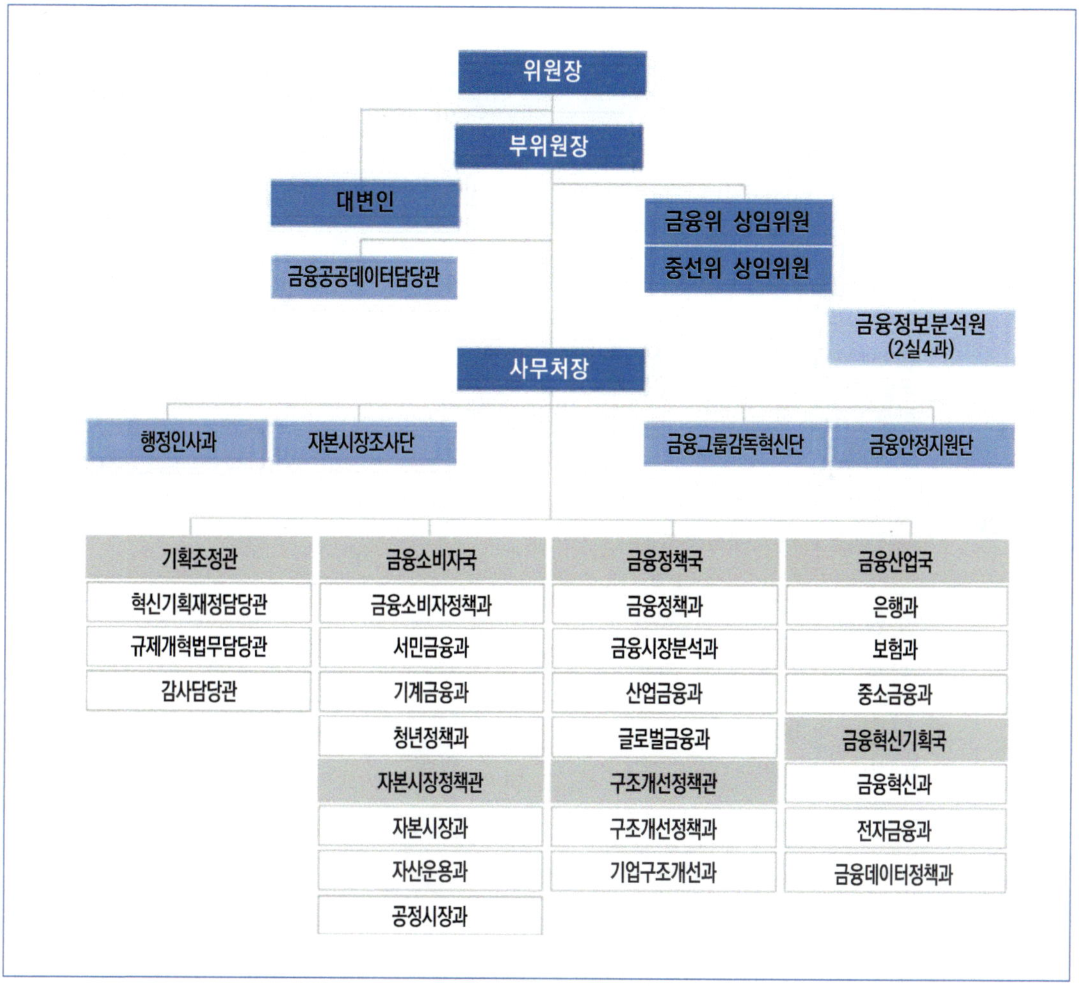

[그림 2-25] 금융위원회의 조직도(2021년 12월 현재)57)

(2) 증권선물위원회

1998년 통합금융감독기구 출범 당시 증권 및 선물거래의 특수성을 감안하여 이에 대한 별도 심의 또는 의결 기구로서 증권선물위원회를 설치하였다. 그 주요 기능을 보면, 자본시장의 불공정거래 조사업무, 기업회계의 기준 및 회계감리에 관한 업무, 금융위원회 소관사무 중 자본시장의 관리·감독 및 감시 등과 관련된 주요사항에 대한 사전심의 업무, 자본시장의 관리·감독 및 감시 등을 위하여 금융위원회로부터 위임받은 업무, 기타 다른 법령에서 증권선물위원회에 부여된 업무를 수행한다. 증권선물위원회는 다음 〈표 2-7〉과 같이 임명된 총 5인으로 구성된다.

57) 금융감독원, 홈페이지.

표 2-7. 증권선물위원회의 위원 구성 현황[58)]

구 성 (5인)	임 명	임 기
• 위원장	금융위원회 부위원장이 겸임	3년
• 위원(4인, 상임위원 1인 포함) - 금융 · 증권 · 파생상품 또는 회계분야에 관한 경험이 있는 2급 이상의 공무원 또는 고위공무원단에 속하는 일반직공무원의 직에 있었던 자 (상임위원은 1급 상당 별정직 국가공무원) - 대학에서 법률학 · 경제학 · 경영학 또는 회계학을 전공한 자로서 대학이나 공인된 연구기관에서 부교수 이상 또는 이에 상당하는 직에 15년 이상 있었던 자 - 기타 금융 · 증권 · 파생상품 또는 회계분야에 관한 학식과 경험이 풍부한 자	금융위원회 위원장의 추천으로 대통령이 임명	3년

주: 위원들은 1차에 한하여 연임 가능

(3) 금융감독원

「금융감독기구의설치등에관한법률」에 따라 은행감독원, 증권감독원, 보험감독원 및 신용관리기금 등 당시 4개 감독기관이 통합되어 1999년 1월 2일 금융감독원이 설립되었고, 설립목적은 금융회사에 대한 검사 · 감독업무 등의 수행을 통하여 건전한 신용질서와 공정한 금융거래관행을 확립하고 예금자 및 투자자 등 금융수요자를 보호함으로써 국민경제의 발전에 기여하는 것이다. 금융감독원의 법적 성격은 무자본특수법인으로서 공법인, 즉 특별법에 근거하여 설립된 행정조직으로서 국가 또는 지방자치단체로부터 독립하여 특정한 공공사무를 담당하는 기관이다.[59)] 금융감독원의 조직은 60개 부서, 11개 지원(부산, 대구, 광주, 대전, 인천, 경남, 제주, 전북, 강원, 충북, 강릉), 7개 해외사무소(뉴욕, 워싱턴, 런던, 프랑크푸르트, 동경, 북경, 하노이)로 구성되어 있다.

58) 금융감독원, 앞의 책, 9쪽.
59) 금융감독원을 정부조직으로 하지 아니하고 독립된 공법인으로 법제화한 것은 금융회사 감독업무에 대해 정부의 간섭을 최소화함으로써, 감독업무가 공정하고 독립적으로 시행될 수 있도록 한 것이다.

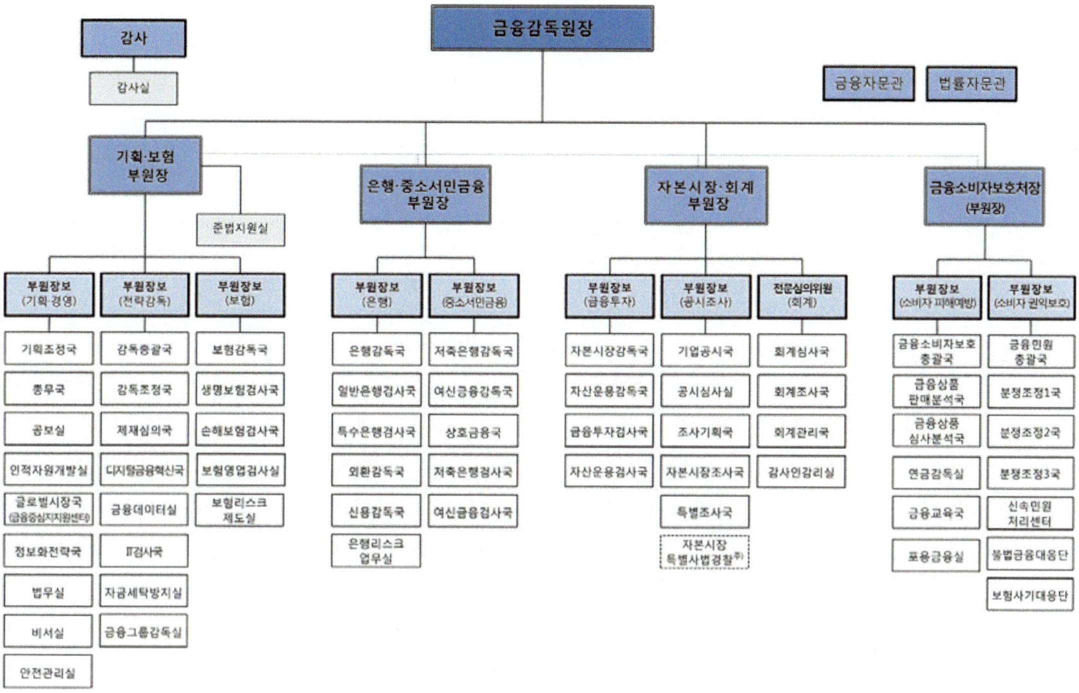

주) 자본시장특별사법경찰은 자본시장 · 회계 담당 부원장 직속으로 배치

[그림 2-26] 금융감독원 조직도[60)]

금융감독원의 예산은 금융위원회의 승인을 얻어야 하고 재원조달은 정부의 출연금, 한국은행의 출연금, 검사대상 금융회사의 출연금 및 분담금, 기타 다른 법령이나 정관에서 정한 수입을 통해 하고 있다. 금융감독원의 주요 업무는 첫째, 금융회사의 업무 및 재산상황에 대한 검사이고, 둘째, 금융회사 검사결과에 따른 관련 법령의 규정에 의한 제재이며, 셋째, 금융위원회 및 소속기관에 대한 업무지원이고, 넷째, 기타 관련 법령에서 금융감독원이 수행하도록 하는 업무이다. 금융감독원의 감독 · 검사대상 금융회사 현황을 보면 총 감독 · 검사대상 금융회사 수는 총 5,983개사(2021년말 기준)이고 각 금융권별로는 금융지주사 10개, 은행 55개, 중소서민금융 3,385개, 보험 60개, 금융투자 2,045개 등이다.

60) 금융감독원, 홈페이지.

표 2-8. 검사대상 금융회사 현황(2021년말 기준)[61)]

구 분	기관수	검사대상기관
금융지주	10	우리금융지주, KB금융지주, 신한금융지주, 하나금융지주, 한국투자금융지주, 메리츠금융지주, BNK금융지주, DGB금융지주, 농협금융지주, JB금융지주
은행부문	55	시중은행(6), 지방은행(6), 인터넷전문은행(2), 특수은행(5), 외국은행 국내지점(36)
중소서민금융 부문	3,385	상호저축은행(79), 저축은행중앙회, 농업협동조합(1,118), 수산업협동조합(90), 산림조합(138), 신용협동조합(879), 신용협동조합중앙회, 농업협동조합중앙회, 수산업협동조합중앙회, 산림조합중앙회, 카드사(8), 할부금융(23), 리스(26), 신기술사업금융(63), 대부업자(P2P연계대부업자 제외 954), 여신금융협회, 한국대부금융협회
보험부문	60	생명보험사(24), 손해보험사(18), 외국손해보험사 국내지점(13), 생명보험협회, 손해보험협회, 화재보험협회, 보험연수원, 보험개발원
금융투자 부문	2,045	증권회사(45), 외국증권회사 국내지점(11), 선물회사(4), 신용평가회사(4), 채권평가회사(4), (전업)집합투자기구평가회사(4), 부동산투자회사(CR REITs 등)(276), 종금사(1), 자금중개·외국환중개회사(9), 자산운용회사(326), 투자자문회사(220), 사모투자전문회사(797), (전업)일반사무관리회사(8), 선박운용회사(5), 선박투자회사(299), 부동산신탁사(14), 한국포스증권, 한국거래소, 한국금융투자협회, 한국예탁결제원, 한국증권금융, 한국상장사협의회, 코스닥협회, 온라인소액투자중개업자(9), 우정사업본부
기타부문	428	소액해외송금업자(28), 전자금융업자(120), 신용정보업자(29), 정보통신진흥협회, 한국자산관리공사, 한국주택금융공사, 부가통신업자(27), 한국신용정보원, 근로복지공단, 혁신금융사업자(45), 지정대리인(11), P2P연계대부업(163)
합 계[1)]	5,983	

주 1) 유통계카드사(2), 보험대리점(31,067), 보험계리업(21), 손해사정업(1,419), 보험중개사(145), 역외투자자문회사(193), 회계법인(164), 사모M&A펀드(3) 등 33,014제외

4) 금융감독기구 및 다른 기관 사이의 관계

(1) 금융위원회와 금융감독원의 관계

금융위원회는 필요한 경우 금융감독원의 업무·재산 및 회계에 관한 사항을 보고하게 하거나 그 업무·재산상황·장부·서류 기타의 물건을 검사할 수 있고, 금융위원회 또는 증권선물위원회는 금융감독원의 업무를 지도·감독하는데 필요한 명령을 할 수 있다. 금융위원회는 증권선물위원회 또는 금융감독원의 처분이 위법하거나 공익 또는 예금자 등 금융수요자의 보호를 위하여 심히 부당하다고 인정되는 경우 그 처분의 전부 또는 일부를 취소하거나 그 집행을 정지시킬 수 있다. 증권선물위원회는 그 위원회의 업무에 관한 금융감독원의 처분이 위법하거나 심히

61) 금융감독원, 연차보고서, 107쪽.

부당하다고 인정되는 경우 그 처분의 전부 또는 일부를 취소하거나 그 집행을 정지시킬 수 있다. 금융감독원장은 금융위원회 또는 증권선물위원회가 요구하는 금융감독 등에 필요한 자료를 제출하여야 하고, 금융감독원장은 금융회사에 대한 검사결과 및 조치사항을 금융위원회에 보고해야 한다.

(2) 금융위원회와 기획재정부의 관계

금융위원회와 기획재정부는 정책수행에 필요하다고 인정하는 경우 상호간에 자료를 요청할 수 있고, 이 경우 요청을 받은 기관은 특별한 사유가 없는 한 요청에 응하여야 한다.

(3) 금융위원회, 금융감독원과 금융통화위원회 및 한국은행의 관계

금융위원회 및 금융통화위원회는 정책수행에 필요하다고 인정하는 경우 상호간에 자료를 요청할 수 있고, 이 경우 요청을 받은 기관은 특별한 사유가 없는 한 요청에 응하여야 한다. 한국은행은 금융통화위원회가 통화신용정책의 수행을 위하여 필요하다고 인정하는 경우에는 금융감독원에 대하여 은행 등 금융회사에 대한 검사를 요구하거나 한국은행 소속직원이 금융감독원의 금융회사 검사에 공동으로 참여할 수 있도록 하여 줄 것을 요구할 수 있고, 금융감독원에 대하여 검사결과의 송부를 요청하거나 검사결과에 대하여 필요한 시정조치를 요구할 수 있다.

(4) 금융감독원과 예금보험공사의 관계

예금보험공사는 업무수행을 위하여 필요하다고 인정하는 경우 금융감독원에 대하여 부보금융회사[62]에 대한 검사를 요청하거나, 예금보험공사 소속직원이 검사에 공동으로 참여할 수 있도록 요청할 수 있으며, 금융감독원은 특별한 사유가 없는 한 이에 응하여야 한다.

---

62) 예금보험공사에 예금보험료를 납부하는 동시에 보험보장을 받는 금융기관을 말하고 은행, 증권사, 보험사, 종합금융사, 상호저축은행이 여기에 속한다.

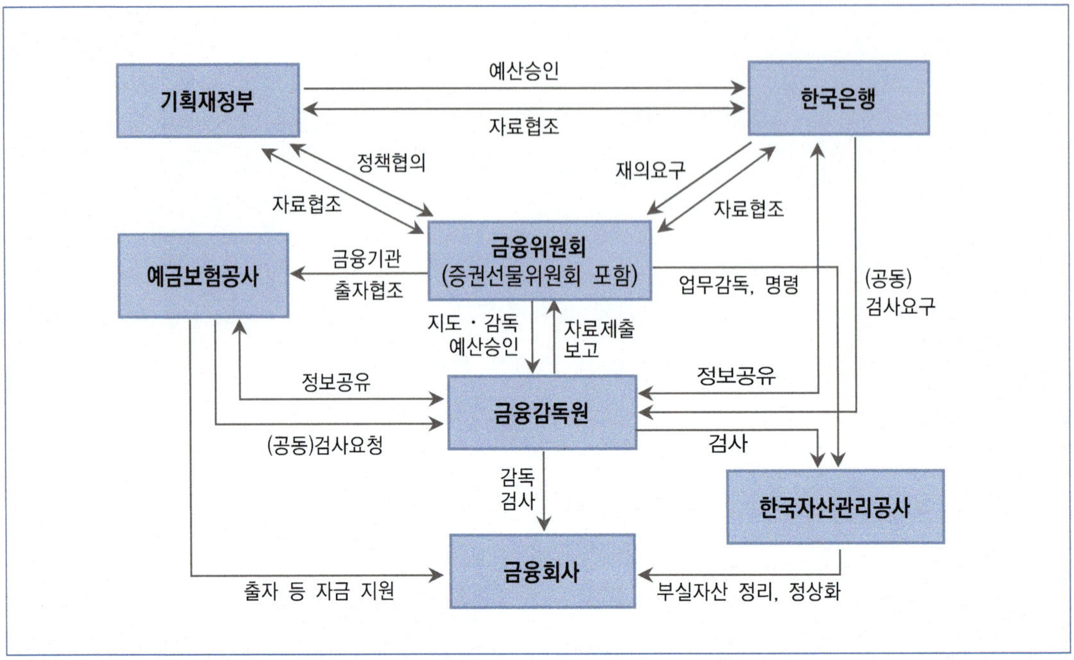

[그림 2-27] 금융감독기구 및 타기관 사이의 관계[63]

벤 버냉키(Ben Shalom Bernanke)

▸미국 연방준비제도이사회 전의장

- 출생 : 1953년 12월 13일 (미 조지아주 오거스타출생)
- 학력 : 1975년 미 하버드대 경제학 학사 (최우등졸업)
  1979년 미 MIT 경제학 박사
- 경력 : 1979년~1985년 미 스탠포드대
  2014년 브루킹연구소 상임연구원

63) 금융감독원, 앞의 책, 15쪽.

제 3 장

포트폴리오 기대수익과 위험

공부와 노력 없이 무에서 유를 얻으려 해서는 안된다.(Jesse Lauriston Livermore, 금융인)

제3장 포트폴리오 기대수익과 위험

제1절 증권투자의 기대수익률과 위험

1. 투자자산 가치의 결정 요인

투자자들은 미래 투자자산의 가치를 극대화시킬 수 있는 최적의 투자의사결정을 기대한다. 투자대상이 되는 증권의 가치는 투자로부터 예상되는 기대수익률과 그 예상수익률에 대한 위험에 의하여 결정된다. 즉,

$$V(\text{증권의 가치}) = f(\text{기대수익률, 위험})$$

따라서 최적의 투자결정을 하기 위해서는 무엇보다도 투자의 기대수익률과 위험을 계량적으로 측정할 필요가 있다. 투자대상이 되는 증권의 기대수익률과 위험에 대한 측정이 가능하다면 수많은 투자대상들 중에서, 예상되는 기대수익률이 동일한 투자대상 가운데 위험이 가장 작은 투자대상을 선택하거나, 혹은 예상되는 위험이 동일한 투자대상 중에서는 기대수익률이 가장 큰 것을 선택함으로써 최적의 투자의사결정을 할 수 있을 것이다.

2. 기대수익률과 위험

기대수익률과 위험을 계량적으로 측정하기 위해서는 미래 투자수익률의 확률분포를 추정해야 한다. 즉, 미래 발생 가능한 몇 가지 상황과 그 상황이 일어날 확률 그리고 각 상황에서의 예상수익률을 추정해야 한다.

다음 〈표 3-1〉에서 보는 바와 같이 삼성전자의 각 상황에 따른 예상수익률의 확률분포에 따른 예상수익률은 경제상황에 따라 각각 25%, 12.5%, -12.5%임을 알 수가 있다.

표 3-1. 경제상황에 따른 삼성전자의 예상수익률

경제상황	호황	정상	불황
확률(%)	20	60	20
내재가치(원)	1,000,000	900,000	700,000
예상수익률(%)	25	12.5	-12.5

단, 삼성전자의 현재주가는 800,000원이다.

이와 같은 방법으로 다음 〈표 3-2〉에 의한 주식 A, B, C의 예상수익률의 확률분포도 추정할 수 있다.

표 3-2. 경제상황에 따른 주식 A, B, C의 예상수익률의 확률분포

경제상황	확률(%)	예상수익률(%)		
		주식 A	주식 B	주식 C
호황	20	25	10	30
정상	60	12.5	20	20
불황	20	-12.5	30	10

금융시장에서 투자대상에 영향을 미치는 각종 거시적 요인과 미시적 요인은 수없이 많다. 따라서 미래수익률에 대한 확률분포는 이러한 요인들을 고려하여 주식가격의 변화와 배당금을 예측하여야 하지만, 이러한 예측방법은 상당히 어렵다. 일반적으로 미래에 기대되는 경제상황에 따른 확률분포와 예상되는 수익률에 따라 다음과 같이 기대수익률을 산출한다.

$$E(R) = \sum_{i=1}^{n} (p_i r_i) \qquad (3\text{-}1)$$

단, $E(R)$: 개별자산의 기대수익률

p_i : 상황 i가 발생할 확률

r_i : 상황 i가 발생할 경우의 수익률

위와 같이 식에 의하여 주식 A, B, C에 대한 기대수익률을 다음과 같이 산출할 수 있다.

$$E(R_A) = (0.25)(0.20) + (0.125)(0.60) + (-0.125)(0.20) = 0.10$$

$$E(R_B) = (0.10)(0.20) + (0.20)(0.60) + (0.30)(0.20) = 0.20$$

$$E(R_C) = (0.30)(0.20) + (0.20)(0.60) + (0.10)(0.20) = 0.20$$

주식 A의 기대수익률은 10%, 주식 B와 C의 기대수익률은 20%로 산출되었다. 그러나 실제 금융시장에서 투자시에는 실현되는 수익률이 기대수익률과 다르게 나타날 가능성이 있다. 따라서 투자대상인 포트폴리오의 성과평가시에는 기대수익률이 실현되지 않을 가능성을 고려해야 한다. 이러한 수익률이 상이하게 나타날 가능성인 미래 불확실한 상황에서의 수익률의 변동성(variability)을 위험(risk)이라 한다. 이러한 변동성을 재무관리와 투자론에서는 분산(variance) 또는 표준편차(standard deviation)로 측정한다.

수익률의 분산 또는 표준편차는 수익률이 나타날 수 있는 여러 가지 값이 기대수익률로부터 얼마나 떨어져 있는가를 나타내는 값으로서 다음과 같이 계산한다.

$$\sigma^2 = E[r_i - E(R)]^2 \qquad (3\text{–}2)$$

$$= \sum_{t=1}^{n} [r_i - E(R)]^2 \cdot p_i \qquad \sigma = \sqrt{\sum_{t=1}^{n} [r_i - E(R)]^2 \cdot p_i}$$

단, σ^2 : 수익률의 분산
σ : 수익률의 표준편차

위와 같이 식에 의하여 주식 A, B, C에 대한 분산 및 표준편차를 계산하면 다음과 같다.

$$\sigma_A^2 = E[r_i - E(R)]^2 = (0.25-0.1)^2(0.2) + (0.125-0.1)^2(0.6) + (-0.125-0.1)^2(0.2) = 0.015$$

$$\therefore \sigma_A = \sqrt{0.015} = 0.1225(12.25\%)$$

$$\sigma_B^2 = E[r_i - E(R)]^2 = (0.1-0.2)^2(0.2) + (0.2-0.2)^2(0.6) + (0.3-0.2)^2(0.2) = 0.004$$

$$\therefore \sigma_B = \sqrt{0.004} = 0.0632(6.32\%)$$

$$\sigma_c^2 = E[r_i - E(R)]^2 = (0.3-0.2)^2(0.2) + (0.2-0.2)^2(0.6) + (-0.1-0.2)^2(0.2) = 0.004$$

$$\therefore \sigma_c = \sqrt{0.004} = 0.0632(6.32\%)$$

이와 같이 주식 A, B, C의 기대수익률과 위험을 산출하면 주식 A의 기대수익률과 표준편차는 10%와 12.25%이고 주식 B와 주식 C는 서로 확률분포는 다르지만 기대수익률과 위험이 20%와 6.32%로서 동일하다는 것을 알 수 있다.

표 3-3. 주식 A, B, C의 기대수익률과 위험

구분	주식 A	주식 B	주식 C
기대수익률	10%	20%	20%
위험(표준편차)	12.25%	6.32%	6.32%

제2절 기대수익률과 위험의 관련성

1. 위험-수익률 보상관계(risk-return tradeoff)

일반투자자들은 위험을 싫어하고 위험을 회피하고자 한다. 만약 투자자들이 위험이 높은 투자대상에 투자할 경우에는 그 위험에 대한 적절한 보상을 요구하기 때문에 위험이 높은 자산(high-risk assets)은 투자자들로 하여금 높은 기대수익률을 요구하게 된다. 따라서 위험이 높은 자산의 기대수익률은 위험수준이 낮은 자산의 기대수익률보다 높게 된다. 예를 들어, 국가가 발행하는 채권인 국고채권은 위험이 전혀 없는 무위험자산(risk-free asset)으로 볼 수 있으며, 상법상 주식회사가 발행하는 회사채는 국고채권보다 위험하며, 회사채보다는 우선주가, 우선주보다는 보통주가 더 위험하다. 따라서 기대수익률은 개별자산의 위험수준과 비례하여 보통주〉우선주〉회사채〉국고채권 순으로 높아지게 된다. 국고채권과 같은 무위험자산에 대한 기대수익률을 무위험이자율(risk-free interest rate)이라고 부른다. 이러한 기대수익률과 위험과의 관계를 위험-수익률 보상관계(risk-return tradeoff)라고 부르며, 다음 식과 같이 나타낼 수 있다.

$$E(R_i) = R_f + \text{위험에 대한 보상율} \quad (3\text{-}3)$$

단, $E(R_i)$: 증권 i에 대한 기대수익률

R_f : 무위험이자율

앞으로 증권투자론을 공부하는 데 이 위험-수익률 보상관계는 가장 기본적인 개념이므로 반복해서 다루게 된다. 위 식에서 보여주는 것과 같이, 모든 증권의 기대수익률은 시간에 대한 보상인 무위험이자율과 그 증권이 갖는 위험에 대한 보상률(risk premium)을 합한 것이다. 위험이 높은 증권일수록 투자자들은 높은 위험보상률을 요구하게 되므로 기대수익률이 높아지게 된다.

다음 [그림 3-1]은 식 (3-3)의 위험-수익률 보상관계를 그림으로 나타낸 것이다.

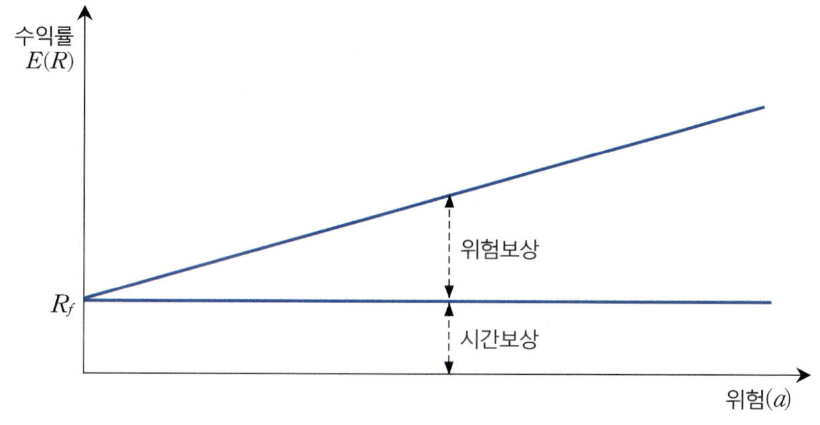

[그림 3-1] 위험-수익률 보상관계

2. 위험-수익률 보상관계의 실증분석 결과

다음 [그림 3-2]는 한국의 주식과 채권(회사채, 국채) 및 정기예금, 인플레이션에 대한 1980년부터 2008년 동안의 평균수익률과 위험을 나타내고 있다. 이 기간 중에 주식의 연평균수익률은 15.68%, 표준편차인 위험은 35.01%로 나타났고, 회사채의 연평균수익률은 12.01%, 위험은 5.83%, 국채의 연평균수익률은 11.70%, 위험은 5.78%, 정기예금의 연평균수익률은 8.71%, 위험은 3.61%, 인플레이션의 연평균수익률은 4.89%, 위험은 2.86%로 나타났다. 이처럼 우리나라의 주요 금융자산들은 금융상품의 성질에 따라 상이한 위험과 수익률에 대한 보상관계를 나타내고 있음을 알 수 있다.

금융상품 중 상대적으로 위험한 자산인 주식은 채권이나 정기예금에 비하여 변동성이 크게 나타나 그만큼 높은 수익률을 요구하게 된다.

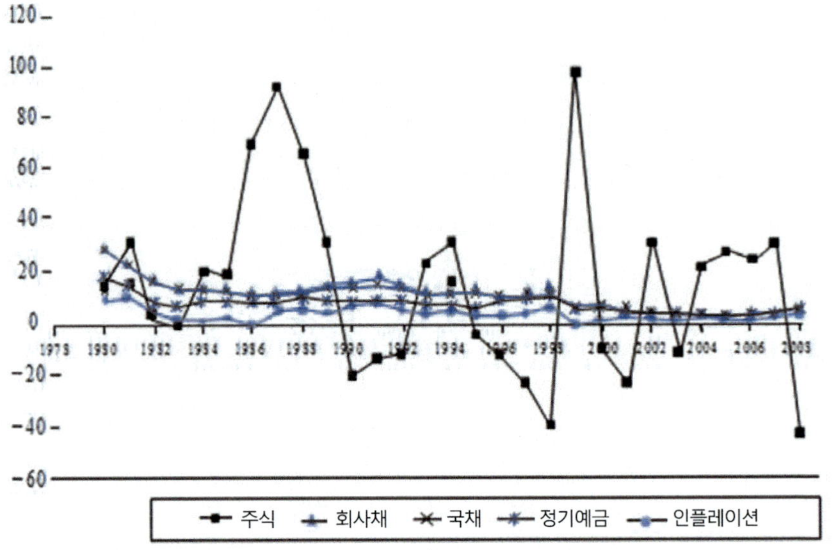

[그림 3-2] 한국의 주요 금융자산에 대한 수익률과 위험(1980~2008)

자료 : 투자론 제5판(장영광), p. 39.

제3절 포트폴리오의 기대수익률

포트폴리오의 기대수익률은 포트폴리오를 구성하는 개별자산들의 기대수익률을 구성비율로 가중평균한 값이다. 아래 식은 n개의 개별자산으로 구성된 포트폴리오의 기대수익률을 나타내었다.

$$E(r_p) = \sum_{i=1}^{n} w_i \,.\, E(r_i) = w_1 E(r_1) + w_2 E(r_2) \cdots w_n E(r_n) \qquad (3\text{–}4)$$

$E(r_p)$= 포트폴리오의 기대수익률

w_i = 개별자산 i의 구성 비율

$E(r_i)$= 개별자산 i의 기대수익률

앞의 식에 의하면 포트폴리오의 기대수익률은 포트폴리오를 구성하는 개별자산의 기대수익률과 구성비율(weights)에 의해서만 결정되며, 개별자산들의 수익률 간의 상관관계는 포트폴리오의 기대수익률에 영향을 미치지 않는다는 것을 알 수 있다.

사례

어떤 투자자가 투자금액의 70%를 주식 a에, 30%를 주식 b에 투자하였을 경우에 주식 a의 기대수익률은 10%이고, 주식 b의 기대수익률은 15%이다. 이 경우에 두 주식 a와 b로 구성된 포트폴리오의 기대수익률은 얼마인가?

해답 : $E(r_p) = w_1 E(r_a) + w_2 E(r_b)$
$=(0.7)(0.1)+(0.3)(0.15)=0.115(11.5\%)$

투자금액의 70%가 주식 a로, 나머지 30%는 주식 b로 구성된 포트폴리오의 기대수익률은 두 주식 A와 B의 기대수익률의 가중평균치인 11.5%가 된다.

제4절 포트폴리오의 위험

1. 포트폴리오의 분산효과

포트폴리오의 기대수익률은 포트폴리오를 구성하는 개별자산들의 기대수익률을 가중평균한 것이나, 포트폴리오의 위험을 측정하는 분산이나 표준편차는 그렇지 않다. 포트폴리오의 위험은 포트폴리오를 구성하는 개별자산들의 위험과 구성비율 뿐만 아니라, 개별자산들의 수익률간의 상관관계에 의해 결정된다. 여기서는 간단한 예를 이용하여, 개별자산들의 수익률간의 상관관계가 포트폴리오의 위험에 어떠한 영향을 미치는가를 살펴본다.

기업 A는 아이스크림을 생산하는 회사이며, 기업 B는 우산을 생산하는 회사라고 가정한다. 주식 A와 주식 B의 미래 예상수익률의 확률분포를 나타낸 것이 〈표 3-4〉이다.

표 3-4. 주식A와 주식B의 기대수익률 확률분포

상황	주식A의 기대수익률	주식B의 기대수익률	확률
가뭄	0.3	-0.1	0.3
정상	0.1	0.1	0.5
장마	-0.1	0.3	0.2

여기서 두 주식은 미래상황에 따라 기대할 수 있는 수익률의 분산도가 매우 크다는 것을 알 수 있다. 그러나 투자금액을 주식 A와 주식 B에 각각 50%씩 분산투자하여 포트폴리오를 구성한다면, 이 포트폴리오의 수익률의 확률분포는 개별주식 A와 B의 그것과는 판이하게 다르다는 것을 〈표 3-5〉가 보여주고 있다.

표 3-5. 포트폴리오 기대수익률의 확률분포

환경	주식A의 기대수익률	주식B의 기대수익률	포트폴리오의 수익률	확률
가뭄	0.3	-0.1	0.1	0.2
정상	0.1	0.1	0.1	0.6
장마	-0.1	0.3	0.1	0.2

위의 〈표 3-5〉에서 개별주식 A와 B의 분산과 두 주식의 결합으로 이루어진 포트폴리오의 분산을 비교해 보면, 두 개별주식의 분산에 비해 포트폴리오의 분산이 급격히 감소하는 것을 알 수 있다. 즉, 개별주식 A와 B에 투자금액의 50%를 각각 투자하였을 때, 이 포트폴리오로부터 기대되는 수익률의 확률분포는 분산이 전혀 없는 완전히 안정적인 형태를 보이고 있다. 미래의 어떤 상황이 발생하더라도, 이 포트폴리오의 수익률은 언제나 10%로 안정적이 된다. 만약 여름철에 가뭄이 오면 우산을 생산하는 기업의 주식인 B는 엄청난 손실을 볼 수 있으나 대신에 아이스크림을 생산하는 주식 A는 초과수익을 얻게 될 것이므로, 이것이 주식 B의 위험을 상쇄시킨다.

그러나 만약 장마가 온다면, 가뭄 때와는 반대로 우산을 생산하는 기업의 주식인 B가 아이스크림을 생산하는 기업의 주식인 A의 위험을 상쇄시킬 것이다. 이와 같이, 주식 A와 주식 B처럼 예상수익률이 서로 정반대로 움직이는 두 개별자산에 각각 투자금액의 50%씩을 투자하는 새로운 포트폴리오는 분산이 0인, 즉 투자위험이 전혀 없는 무위험 포트폴리오가 된다. 위의 예에서와 같이, 두 개별 자산들의 수익률간의 상관관계에서 기인하는 위험감소 효과는 투자자금을 여러 자산에 분산투자할수록 더욱 두드러지게 나타나는데, 이 효과를 분산효과(diversification effect) 또는 포트폴리오 효과(portfolio effect)라고 한다. 우리가 단 한 개의 개별자산에 모든 자금을 투자하지 않고, 여러 개의 상이한 투자자산에 분산투자하는 것은 포트폴리오 효과에 의해 위험을 감소시키기 위해서이다.

2. 포트폴리오의 분산과 표준편차

포트폴리오를 구성하는 두 주식의 구성비율을 각각 w_1와 w_2라 하고, 각 개별주식의 예상수익률의 표준편차를 σ_1과 σ_2라고 하면, 이 포트폴리오의 분산 σ_p^2는 다음과 같은 식으로 나타낼 수 있다.

$$\sigma_p^2 = w_1^2 {\sigma_1}^2 + {w_2}^2 {\sigma_2}^2 + 2w_1 w_2 \sigma_{12} \tag{3-5}$$

$$\sigma_p^2 = w_1^2 {\sigma_1}^2 + {w_2}^2 {\sigma_2}^2 + 2w_1 w_2 \rho_{12} \sigma_1 \sigma_2 \tag{3-6}$$

위의 식 (3-5)와 (3-6)에서 σ_{12}와 ρ_{12}는 각각 두 주식수익률간의 공분산(covariance)과 상관계수(correlation coefficient)를 의미한다. 이들 두 통계량은 포트폴리오를 구성하는 개별 주식들의 수익률이 함께 움직이는 정도를 나타내는 척도로서 사용되고 있으며, 두 통계량의 관계는 다음과 같다.

$$\sigma_{12} = \rho_{12} \sigma_1 \sigma_2 \tag{3-7}$$

포트폴리오의 위험을 나타내는 포트폴리오의 분산은, 식 (3-5)과 (3-6)에서 보여주는 바와 같이, 그 포트폴리오를 구성하는 각 개별자산들의 분산에 의해서만 결정되는 것이 아니라, 각 개별자산 상호간의 공분산이나 상관계수에 의해서도 달라진다. 포트폴리오를 구성하는 개별자산들 간의 공분산이나 상관계수가 마이너스(-) 값을 가질 때는 포트폴리오의 분산 σ_p^2은 작아지게 되며, 반대로 공분산이나 상관계수가 양(+)의 값을 가지면 포트폴리오의 분산 σ_p^2은 커지게 된다.

따라서, 수익률이 동일한 방향으로 변동하는 개별자산들로 포트폴리오를 구성하게 되면, 개별자산들 간의 공분산이나 상관계수가 양(+)의 값을 가지기 때문에 포트폴리오의 분산은 커지게 되며, 포트폴리오의 분산효과는 작아지게 된다. 반대로, 수익률이 서로 반대방향으로 변동하는 개별자산들로 포트폴리오를 구성하게 되면, 개별자산들 간의 공분산이나 상관계수가 음(-)의 값을 가지기 때문에 포트폴리오의 분산은 오히려 작아지게 되며, 포트폴리오의 분산효과는 커지게 된다.

이와 같이, 포트폴리오의 기대수익률은 포트폴리오를 구성하는 개별자산들 간의 공분산이나 상관계수에 의해 전혀 영향을 받지 않는데 반해, 포트폴리오의 분산은 개별자산들 간의 공분산이나 상관계수에 의해 결정된다는 사실은 1982년 마코위츠가 제창한 포트폴리오 선택이론(portfolio selection theory)의 핵심이다.

예제

어떤 투자자가 주식 A과 주식 B에 투자금액의 40%와 60%를 각각 투자한다고 가정하자. 주식 A의 수익률의 표준편차는 0.2이며, 주식 B의 표준편차는 0.4이다. 그리고, 두 주식 수익률 간의 상관계수는 0.6이라고 할 때, 이 포트폴리오의 분산과 표준편차는 얼마인가?

$$\sigma_p^2 = w_1^2{\sigma_1}^2 + {w_2}^2{\sigma_2}^2 + 2w_1w_2\rho_{12}\sigma_1\sigma_2$$

$$= (0.4)^2(0.2)^2 + (0.6)^2(0.4)^2 + 2(0.4)(0.6)(0.6)(0.2)(0.4)$$

$$= 0.08704$$

$$\sigma_p = \sqrt{0.08704} = 0.2956$$

3. 공분산과 상관계수

포트폴리오의 분산은 그 포트폴리오를 구성하는 개별자산들 간의 공분산이나 상관계수에 의해서 달라진다는 것을 알았다. 여기서는 두 개별자산들 간의 공분산과 상관계수를 어떻게 측정하는가를 간단히 살펴본다.

공분산(covariance)은 일반적으로 두 개의 증권의 수익률이 같은 방향 또는 다른 방향으로 움직이는 정도를 계량적으로 나타낼 때 사용하는 통계량이다. 따라서, 포트폴리오를 구성하는 개별자산들의 수익률이 함께 움직이는 정도를 나타낼 때 공분산을 이용할 수 있다. 주식 X와 주식 Y의 수익률의 확률분포가 주어져 있을 경우, 두 주식간의 공분산 σ_{12}는 다음 공식에 의해 계산된다.

$$\sigma_{XY} = E[(r_X - E(R_X)(r_Y - E(R_Y))] \qquad (3\text{–}8)$$

한편 상관계수(correlation coefficient)는 두 개의 증권의 수익률의 변화관계를 나타내는 척도로서 공분산과 함께 자주 사용되고 있다. 두 주식 X와 Y사이의 상관계수는 ρ_{XY}로 표시하며 다음 공식에 의해 계산된다.

$$\rho_{XY} = \frac{\sigma_{XY}}{\sigma_X \cdot \sigma_Y} \tag{3-9}$$

위의 공식으로도 알 수 있는 바와 같이, 상관계수는 공분산을 주식 X와 Y의 표준편차의 곱으로 나눈 값이기 때문에, 공분산을 상대적 척도로 바꾼 것이라고 할 수 있다. 이러한 상관계수는 언제나 +1과 −1 사이의 값만을 갖는다.

만약 주식 X와 Y의 수익률이 완전히 양(+)의 관계를 갖고 변동한다면, 두 주식의 수익률은 (+)의 완전상관을 갖는다고 말하며, 두 주식 사이의 상관계수는 +1이 된다. 반대로, 주식 X와 Y의 수익률이 완전한 음(−)의 관계를 갖고 변동한다면, 두 주식의 수익률은 음(−)의 완전상관을 갖는다고 말하며, 두 주식 사이의 상관계수는 −1이 된다. 또 주식 X와 Y의 수익률이 아무런 관련이 없이 독립적으로 변동한다면, 두 주식 사이의 상관계수는 0이 된다. 두 주식 X와 Y의 수익률 움직임과 상관계수와의 관계를 그림으로 나타내면, 아래 [그림 3-3]과 같다.

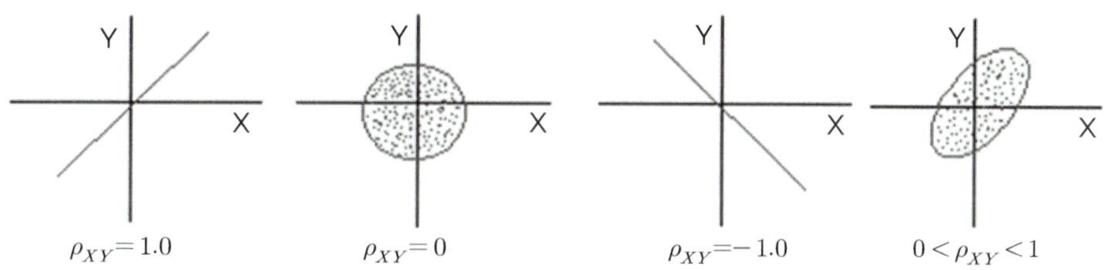

[그림 3-3] 두 변수의 움직임과 상관계수

조지 소로스(George Soros)

▸ 헤지펀드 대가

- 출생 : 1930년 8월 12일 (헝가리)
- 가족 : 배우자 제니퍼 전
- 경력 : 소로스 펀드 매니지먼트 회장
  1979년 오픈 소사이어티 펀드 설립
  1969년 퀀텀 펀드 설립

제 4 장
효율적 분산투자

증권시장에서 일하는 직원의 메모장에는 많은 돈이 숨겨져 있다. 그 돈을 찾아내기만 하면 된다.

(Andre Kostolany, 유럽의 투자자)

제4장 효율적 분산투자

제1절 지배원리(dominance principle)

평균–분산기준(mean–variance criterion)에 의해 개별자산과 포트폴리오를 평가할 경우에 기대수익률과 위험의 두 요인을 고려하게 된다. 투자자산의 가치는 그 투자로부터 기대되는 수익률이 클수록 커지며, 반면에 위험이 클수록 작아진다. 따라서 투자자들은 수많은 투자대상 가운데에서 기대수익률이 높고 위험이 작은 투자대상을 선택하게 된다. 예를 들어 다음과 같은 기대수익률과 표준편차를 갖는 4개의 포트폴리오가 있다고 가정하자.

표 4-1. 포트폴리오의 지배원리

투자대상	기대수익률(%)	표준편차(%)
A	0.2	0.32
B	0.2	0.35
C	0.3	0.42
D	0.4	0.42

위에서 제시한 4개의 포트폴리오 중에서 합리적인 투자자라면, 동일한 위험수준 하에서 기대수익률이 가장 높은 포트폴리오를 선택할 것이며, 기대수익률이 동일하다면 위험이 가장 낮은 포트폴리오를 선택하게 될 것이다. 즉, 포트폴리오 투자대상 A와 B는 동일한 기대수익률을 갖지만, 위험을 의미하는 표준편차가 A가 낮기 때문에 포트폴리오 A가 B를 지배하게 된다. 또한 포트폴리오 C와 D는 동일한 위험을 나타내는 표준편차를 보였지만, D가 C보다 기대수익률이 높기 때문에 D가 포트폴리오 C를 지배하게 된다.

현대 투자론에서는 이것을 지배원리(dominance principle)라고 부른다. 지배원리란 동일한 위험하에서는 기대수익률이 높은 것이, 동일한 기대수익률하에서는 위험이 작은 것이 위험이 높은 투자대상을 지배한다는 것이다. 이 지배원리에 의하여 선택되는 투자대상이 효율적 투자대상(efficient investment)이다. 위의 예에서는 포트폴리오 A와 D가 효율적 투자대상이 된다. 그러나 효율적 투자대상인 A와 D 중에서 어느 것이 좋다고 판단을 내리기는 쉽지가 않다. 개별 투자자가 이들 효율적인 투자대상들 중에서 어떤 투자대상을 최적의 포트폴리오로 선택하느냐 하는 판단은 투자자 자신이 선호하는 위험 수준에 달려있기 때문이다.

제2절 마코위츠의 효율적 투자선(efficient frontier)

유가증권시장에서는 수많은 주식이 존재하기 때문에 이들 위험이 있는 개별 주식으로 구성되는 포트폴리오는 다양하게 구성할 수 있다. 즉, 자산의 구성비(ω)를 달리함에 따라 얼마든지 상이한 모델 포트폴리오를 구성할 수가 있는 것이다. 자산의 기대수익률과 표준편차, 주식수익률간의 상관관계를 알면, 모델 포트폴리오 수학을 사용하여 이론적으로 선택이 가능한 모든 모델 포트폴리오의 기대수익률과 위험을 계산할 수 있다. 어느 유가증권시장에서 거래되는 모든 개별 자산들과 그리고 이들 개별 자산들로 구성된 선택 가능한 모든 포트폴리오의 기대수익률과 위험과의 관계를 그래프로 나타낸 것이 [그림 4-1]이다.

다음 [그림 4-1]에서 곡선 XY상에 나타난 모든 점들과 그 아래 반달 모양을 이루는 부분에 나타난 모든 점들은, 그 각각이 투자 가능한 모든 개별자산이나 포트폴리오를 나타내는 투자기회 집합(opportunity set)을 의미한다.

투자기회 집합에 나타나 있는 수많은 개별자산과 포트폴리오 중에서 효율적인 포트폴리오를 구별하는 문제는 앞에서 설명한 지배원리를 이용하면 간단히 해결될 수 있다. 즉, 동일한 위험수준을 가지는 투자대상 가운데 기대수익률이 가장 높은 투자안을 찾으면, 그 투자안이 해당 위험수준에서 가장 효율적인 투자안이 되는 것이다. 이와 마찬가지로, 동일한 기대수익률을 가지는 투자대상 가운데 위험수준이 가장 낮은 투자안을 선택하면, 그것이 해당 기대수익률에서 가장 효율적인 투자안이 되는 것이다.

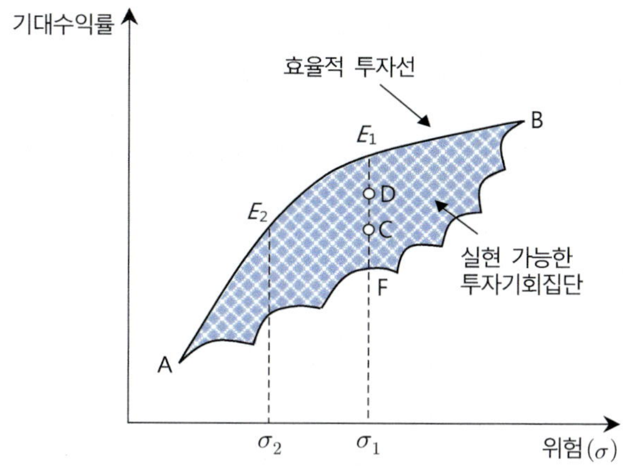

[그림 4-1] 투자 가능한 포트폴리오와 효율적 투자선

예를 들어, [그림 4-1]에서 위험수준이 σ_1인 투자대상은 C와 D를 포함하여 F와 E_1을 잇는 직선상에서 존재하는 수많은 개별자산과 포트폴리오가 모두 이에 해당한다. 이 중에서 효율적인 투자안은 지배원리에 의해 위험수준이 σ_1이면서 기대수익률이 가장 높은 투자안 E_1이 된다. 동일한 논리로, 일정한 위험수준하에서 기대수익률이 가장 높은 투자안을 선택하게 된다면, 이들 투자안은 모두 위의 그림에서 곡선 AB상에 존재하게 될 것이다.

검정 색으로 표시된 곡선 AB상의 모든 포트폴리오는 지배원리에 의해 효율적 투자안을 나타내기 때문에 이를 효율적 투자선 혹은 효율적 프론티어(efficient frontier)라고 부른다. 이 이론은 1952년 마코위츠(Markowitz)가 발표한 논문에서 주장한 것이므로, 이를 마코위츠의 효율적 프론티어라고 한다.

제3절 최적 포트폴리오의 선택(portfolio selection)

효율적 포트폴리오(efficient portfolio)는 효율적 투자선인 곡선 AB 상에 무수히 많다. 이렇게 무수히 많은 효율적 포트폴리오 중에서 어떤 것이 특정 투자자에게 가장 가치있는 최적의 포트폴리오가 될 수 있는가? 투자자들은 이들 중 어떤 포트폴리오를 자신의 최적 포트폴리오로 선택해야 하는가?

마코위츠는 1952년 그의 논문 "Portfolio Selection"에서 개별 투자자의 무차별곡선을 도입하여 각 투자자의 효용을 극대화시키는 최적 포트폴리오의 선택방법을 설명하고 있다. 개별 투자자들의 무차별곡선(indifference curve)을 추정할 수 있다는 가정하에서, 이를 이용한 최적 포트폴리오의 선택방법은 여러 가지 형태로 나타낼 수 있다.

여기서는, 무차별곡선을 이용하지 않고 보다 현실적인 접근법으로, 개별 투자자들이 그들의 효용에 관한 무차별곡선을 추정해 낼 수 없다는 가정하에서 최적의 포트폴리오를 선택하는 방법을 설명하고자 한다.

개별 투자자들이 그들의 무차별곡선을 추정해 낼 수 없을 때 포트폴리오 관리(portfolio management)의 실질적인 목적은, 개별 투자자들이 기꺼이 부담할 수 있는 위험수준하에서 기대수익률을 극대화하는 효율적 포트폴리오를 선택하는 것이다. 즉, 개별 투자자가 그 자신의 위험선호(risk preference)를 알 수 있을 경우, 최적 포트폴리오의 선택방법은 그가 선호하는 위험수준하에서 최대의 기대수익률을 가져다 주는 효율적인 포트폴리오를 선택하는 것이다.

이를 다음 [그림 4-2]에서 제시하고 있는 예를 이용하여 간단히 설명해 보자.

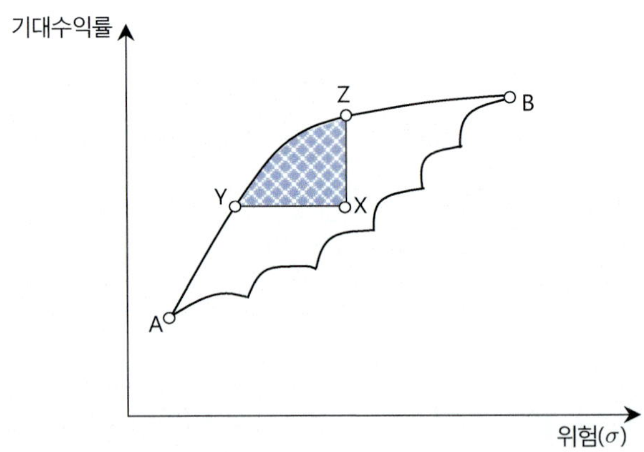

[그림 4-2] 실질적인 최적 포트폴리오 선택 경향

어떤 투자자가 현재 보유하고 있는 포트폴리오가 X점에 위치한다고 가정해 보자. X점은 효율적 프론티어상에 존재하고 있지 않기 때문에 효율적 포트폴리오가 아니므로, 투자자는 자신이 현재 보유하고 있는 포트폴리오 X를 재구성(rebalancing)하여야 한다. 이때, X점보다 효율적인 포트폴리오가 존재하는 영역은 XYZ이다. 투자자가 선택할 수 있는 재구성방향은 Y점이나 Z점의 포트폴리오로 나눌 수 있다.

그러나 대부분의 투자자들은 그들이 선호하는 위험수준을 변경하지 않으려 하기 때문에, 자연히 X점과 동일한 위험수준하에서 최대의 기대수익률을 가져다 주는 효율적 포트폴리오인 Z점을 최적 포트폴리오로 선택하게 된다.

따라서, 개별투자자들의 무차별곡선을 추정해 낼 수 없을 때, 투자자가 선호하는 위험수준하에서 최대의 기대수익률을 가져다 주는 효율적 포트폴리오를 효율적 프론티어 상에서 선택하는 것이 실질적으로 최적 포트폴리오를 선택하는 방법이다.

짐 로저스(Jim Rogers)

▸ 로저스홀딩스 (회장)

- 출생 : 1942년 (미국)
- 학력 : 1964년 예일대학교 학사
  1966년 옥스퍼드대학교대학원 석사
- 경력 : 1969년 퀀텀 펀드 설립

제 5 장

자본자산가격결정모형(CAPM)

금융시장에 도사리고 있는 위험요인은 너무나도 많은 돈이 그것을 다스릴 능력이 없는 사람의 수중에 들어가 있다는 사실이다.

(Andre Kostolany, 유럽의 투자자)

제5장 자본자산가격결정모형(CAPM)

제1절 자본자산가격결정모형(CAPM)의 기본 개념

자본자산가격결정모형(Capital Asset Pricing Model)은 흔히 CAPM으로 불리는데, 현대 금융경제학과 투자론의 핵심이론이다. CAPM은 1952년 마코위츠(Harry Markowitz)에 의해 포트폴리오 선택이론(portfolio selection theory)이 개발된 이후 12년이 지난 1964년부터 샤프(Sharpe), 린트너(Lintner), 그리고 모신(Mossin) 등에 의해 개발되었다. 이 모형은 주식이나 채권 등 자본자산들의 기대수익률과 위험과의 관계를 이론적으로 정립시킨 균형모델로서 커다란 의미를 지니고 있다.

실제로 지난 50여년 동안 현대 자본시장이론과 실무기법의 발전에 자본자산가격결정모형(CAPM)만큼 커다란 공헌을 끼쳤던 이론은 없었다고 해도 과언이 아니다. CAPM은 자본시장이 균형(equilibrium)을 이루고 있는 상태에서 자본자산(capital asset)의 가격이 어떻게 결정되는가를 설명하는 이론적 모형이다. 따라서, CAPM을 보다 체계적으로 이해하기 위해서는 무엇보다도 '자본시장의 균형'과 '자본자산'의 개념을 알아야 한다.

자본자산(capital asset)이란 미래이득에 대한 청구권을 갖는 자산을 의미한다. 현실의 자본시장에서 거래되는 대표적인 자본자산으로는 주식과 채권 등을 들 수 있다. 예를 들어 주식의 경우, 기업이 경영활동으로부터 창출하리라 예상되는 미래의 이익에 대한 청구권을 가지므로 자본자산으로 볼 수 있다.

그리고 자본자산의 균형이란 자본시장에서 거래되는 주식이나 채권 등의 모든 자본자산의 수요와 공급이 일치하도록 시장가격이 형성된 상태를 말한다. 이와 같이,

자본자산에 대한 수요와 공급이 일치하여 더 이상의 초과수요나 초과공급이 존재하지 않도록 자산가격이 형성되어 있을 때, 이를 균형가격(equilibrium price)이라고 한다.

CAPM에 의하면 자본시장이 균형을 이룰 때, 어떤 자산의 기대수익률은 그 자산의 체계적 위험을 나타내는 베타계수(β coefficient)와 선형적 증가함수의 관계를 갖는다. 여기서, 체계적 위험(systematic risk)이란 어떤 자산의 총위험 중에서 자본시장의 전반적인 변동 때문에 발생하는 위험의 부분을 의미한다. 이에 반해, 비체계적 위험(unsystematic risk)은 시장 전체의 변동과 무관하게 기업고유의 요인 때문에 발생하는 위험을 뜻한다. 비체계적 위험이 발생하는 요인으로는 자본시장의 전반적인 경기변동과 무관한 특정 기업고유의 노사문제, 매출액 변동, 소송, 대정부 관계, 기업 이미지 등에 기인하는 위험으로 투자자들이 여러 자산에 자금을 분산투자할 경우 제거할 수 있는 위험이다.

따라서, 체계적 위험과는 달리 비체계적 위험은 여러 종류의 자산에 분산투자함으로써 감소될 수 있기 때문에 분산가능위험(diversifiable risk)이라고 한다. 이러한 체계적 위험과 비체계적 위험의 구체적인 추정방법은 다음의 제4절에서 설명하도록 한다. 그러므로 자본시장이 균형상태를 이룰 때, 체계적 위험이 큰 자산은 보다 큰 기대수익률이 얻어지도록 가격이 결정되어야 한다는 것이 CAPM의 결론이다.

CAPM이 개발된 지 50여년이 지난 오늘날에 와서는, CAPM이 자본자산의 가격을 충분히 설명하지 못한다는 것을 여러 학자들의 실증연구에서 제시하고 있다. 그럼에도 불구하고, CAPM이 지금까지 가장 중요한 가격결정모형으로 인식되고 있는 것은 그 결론이 매우 단순하면서도 충분히 설득력을 갖는다는 점이다. 샤프(Sharpe)는 CAPM을 개발한 공로로 마코위츠와 함께 1990년에 노벨 경제학상을 수상하였다.

제2절 자본자산가격결정모형(CAPM)의 가정

전통적으로 많은 투자이론들은 복잡한 자본시장 현실을 단순화한 몇 가지 가정 하에서 논리적 과정을 통하여 필요한 결론을 이끌어 낸다. 때로는, 다소 비현실적인 가정을 설정하여 이로부터 논리적 결론을 도출한 다음, 가정을 현실에 가깝게 수정하여 나감으로써 보다 현실적인 결론을 얻어내기도 한다.

CAPM도 예외가 아니며 다음의 몇 가지 가정으로부터 도출된 것이다. CAPM을 이해하기 위해서는 이 모형을 도출하기 위해 설정한 가정을 먼저 이해하는 것이 중요하다.

① 증권시장은 완전자본시장(perfect capital market)이다. 증권시장에는 수많은 투자자가 존재하며, 각 투자자는 시장가격에 영향을 줄 수 없는 가격순응자(price-taker)이다. 또한, 거래비용, 소득세, 정보비용 등은 존재하지 않는다.

② 모든 투자자들은 마코위츠(Markowitz)의 이론대로 자본자산의 기대수익률과 표준편차(혹은 분산)에 따라 투자결정을 할 것이며, 위험이 있는 자산에 투자할 때는 마코위츠의 효율적 프론티어(efficient frontier) 상에 존재하는 포트폴리오를 선택한다.

③ 자본시장에서 무위험자산(risk-free asset)이 존재하며, 모든 투자자들은 무위험이자율(risk-free interest rate)로 언제든지 투자자금을 빌리거나 빌려줄 수 있다.

④ 모든 투자자들 미래수익률과 위험에 대하여 동일한 예측을 한다.

⑤ 증권시장은 균형상태이다.

위의 다섯 가지 가정은 현실의 자본시장을 그대로 반영한 것이라고 볼 수 없다. 그러나 위의 가정에 기초하여 하나의 이론적 모형이 얻어지면, 위의 가정을 현실성 있게 수정해 감으로써 이론 역시 현실을 더욱 잘 설명할 수 있게 수정되어 질 수 있을 것이다

제3절 자본시장선(CML)

1. 무위험자산의 존재와 효율적 프론티어

유가증권시장에 무위험자산이 존재하지 않고 위험이 있는 자산(risky assets)들만을 투자대상으로 할 때 각 위험수준하에서 가장 효율적인 포트폴리오의 집합인 효율적 프론티어(efficient frontier)는 [그림 5-1]에서 반달형 곡선인 AMB이다.

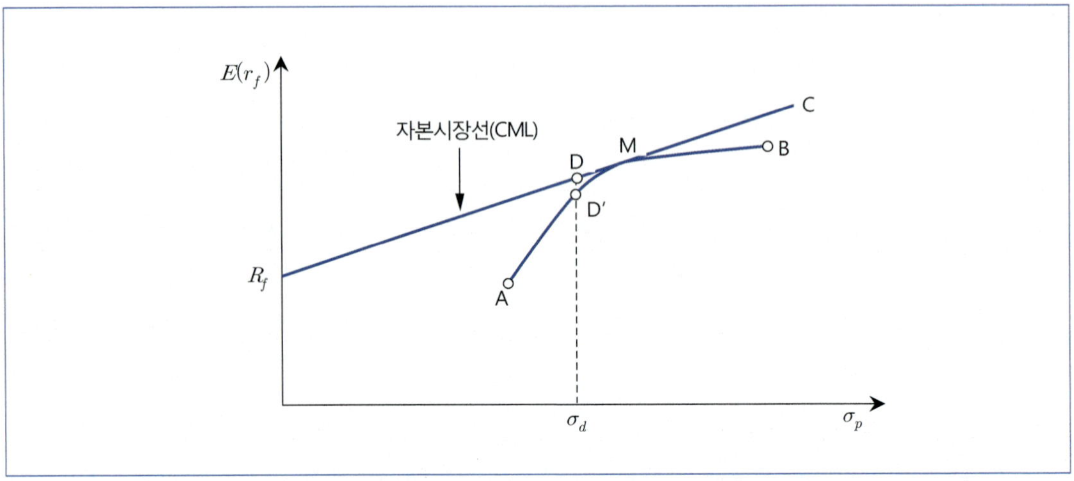

[그림 5-1] 무위험자산과 자본시장선(CML)

그러나 만약 유가증권시장에서 위험자산만이 아니고 무위험자산(risk-free asset)도 거래될 수 있다면, 이 경우 새로운 효율적 프론티어는 무엇이 될 것인가? 여기에 대한 해답을 제시하기 전에 우선 무위험자산에 대해 간단히 살펴보자. 일반적으로, 주식과 회사채, 선물 및 옵션 등의 위험자산과는 달리 위험이 전혀 없는 자산으로는 국채를 들고 있다. 국채는 발행주체인 국가가 지불불이행 상태에 빠지지 않는 한 주식과는 달리 미래수익에 대한 위험이 없다. 즉, 국채는 확정된 수익이 국가에 의해 보장되기 때문에, 미래수익의 불확실성이 존재하지 않으므로 미래수익률의 표준편차가 0이다. 국채가 위험이 전혀 없는 투자대상이 되는 제도적인 이유로는, 국가는 조세징수권을 가지고 있을 뿐만 아니라 화폐의 발행권도 가지고 있기 때문이다.

이러한 무위험자산에 투자하게 되면 위험을 나타내는 표준편차는 0이며, 무위험수익률(risk-free rate)은 R_f라고 가정하자. 무위험수익률이란 현실의 증권시장에서 국채를 매입하였을 때 국가로부터 받는 확정적인 이자율을 의미하며 무위험이자율이라고도 한다. 우리의 투자대상은 주식과 채권 등의 위험자산 뿐만 아니라 국채 등의 무위험자산에까지 확장시키게 되면, 마코위츠의 효율적 프론티어인 AMB는 더 이상 효율적 투자선이 될 수 없다.

[그림 5-1]에서 무위험자산의 수익률이 R_f라고 할 때, 무위험자산 R_f와 마코위츠의 효율적 프론티어와의 접점인 M을 지나는 직선 R_fMC가 새로운 효율적 프론티어가 된다. 왜냐하면 그림에서 보면 직선 R_fMC 상의 포트폴리오들은 마코위

츠의 효율적 프론티어인 AMB 곡선상의 포트폴리오보다 우월하다. 지배원리에 의해, 직선 R_fMC 상의 포트폴리오가 마코위츠의 효율적 프론티어인 AMB 곡선상의 포트폴리오보다 같은 위험수준에서 기대수익률이 더욱 높으며, 같은 수익률에서는 위험이 작기 때문이다.

예를 들어, 직선 R_fMC 상의 포트폴리오인 D와 마코위츠의 효율적 프론티어인 AMB 곡선상의 포트폴리오인 D'을 비교해 보자. 두 포트폴리오 모두 표준편차가 σd로 동일하나, 기대수익률은 R_fMC 직선상의 포트폴리오 D가 AMB 곡선상의 포트폴리오 D'보다 높다.

그러므로 위험이 없는 자산인 무위험자산을 투자대상에 포함시킬 경우에는 마코위츠의 모형에서 설명한 효율적 프론티어 AMB가 더 이상 효율적 투자선이 될 수 없다. 따라서 무위험자산에 대한 투자가 가능할 경우 새로운 효율적 프론티어는 곡선 AMB가 아니라, [그림 5-1]에서처럼 직선 R_fMC가 된다. 직선 R_fMC는 무위험수익률 R_f에서 출발하여 마코위츠의 효율적 투자선 AB와 접하는 점 M을 지나는 직선이다. 이 직선은 무위험자산 R_f와 위험자산들의 포트폴리오인 M을 결합하는 무수한 포트폴리오의 조합을 나타내는 것이다.

2. 자본시장선(CML)과 시장포트폴리오

1) 새로운 효율적 포트폴리오 : 자본시장선

다음 [그림 5-2]에서 도시한 바와 같이, 투자대상을 무위험자산에까지 확장시키게 되면, 마코위츠의 효율적 프론티어 AMB가 더 이상 효율적인 투자선이 될 수 없다. 대신에 무위험자산 R_f와 위험이 있는 자산들의 포트폴리오인 M을 결합한 새로운 포트폴리오의 집합인 직선 R_fMC가 새로운 효율적 프론티어가 된다. 이때 직선 R_fMC를 자본시장선(CML : Capital Market Line)이라고 한다. 그리고 위험이 있는 자산으로 결합된 가장 이상적인 포트폴리오인 M을 시장포트폴리오(market portfolio)라고 한다.

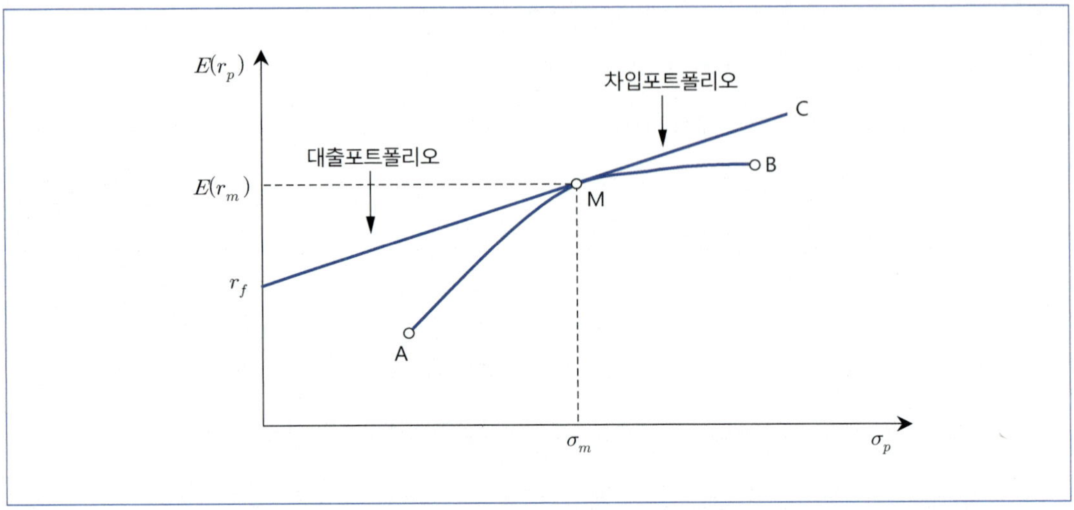

[그림 5-2] 대출포트폴리오와 차입포트폴리오

자본시장선(CML)상에 존재하는 것은 무위험자산과 위험자산들 중에서 가장 이상적인 포트폴리오인 M과의 결합으로 이루어지는 효율적인 포트폴리오들이다. 예를 들어, 투자자금의 일부는 무위험자산인 국채를 매입하는 데 사용하고, 나머지는 위험자산들의 포트폴리오인 M에 투자한다면, 이때의 새로운 포트폴리오는 [그림 5-2]에서 자본시장선의 일부인 직선 R_fM 상의 어느 한 점이 된다. 이 직선 R_fM 상에 있는 포트폴리오는 투자자금의 일부는 국가에 빌려주고(즉, 국채를 매입) 나머지는 위험 있는 자산에 투자하였다고 해서 대출포트폴리오(lending portfolio)라고 정의한다.

이와 반대로, 은행으로부터 R_f의 이자율에 자금을 빌려서 현재 투자자가 가지고 있는 금액과 합하여 위험자산인 시장포트폴리오 M에 투자한다면, 그 때의 포트폴리오는 자본시장선의 일부인 MC선상의 어느 한 점이 된다. 이 MC선상의 포트폴리오를 차입포트폴리오(borrowing portfolio)라고 한다.

이와 같이 자본시장선(CML)은 무위험자산이 존재할 경우 대출포트폴리오와 차입포트폴리오를 모두 포함하는 새로운 효율적 프론티어를 나타낸다. 따라서, 자본시장선은 궁극적으로 무위험자산이 존재할 경우 효율적 포트폴리오의 기대수익률과 표준편차와의 관계를 나타낸 것으로 볼 수 있다. 이러한 자본시장선(CML)의 일반식은 다음 식 (5-1)과 같이 나타낸다.

$$E(R_p) = R_f + \frac{[E(R_m) - R_f]}{\sigma_m} \cdot \sigma_p \tag{5-1}$$

$E(R_p)$ = 포트폴리오의 기대수익률
R_f = 무위험수익률
$E(R_m)$ = 시장포트폴리오의 기대수익률
σ_m = 시장포트폴리오의 표준편차
σ_p = 포트폴리오의 표준편차

예제

A펀드 매니저에 의하여 운용되고 있는 주식형펀드의 표준편차가 25%이다. 시장포트폴리오의 기대수익률이 20%, 표준편차가 30%, 국고채권 수익률이 4%로 매매될 경우에 주식형펀드의 기대수익률은 얼마인가?

• 해답 •

$$E(R_p) = R_f + \frac{[E(R_m) - R_f]}{\sigma_m} \cdot \sigma_p$$

$$= 0.04 + \frac{(0.2 - 0.04)}{0.3} \cdot 0.25 = 0.173(17.3\%)$$

2) 시장포트폴리오(market portfolio)

앞의 [그림 5-2]에서 자본시장선(CML)을 나타내는 직선 R_fMC와 마코위츠의 효율적 프론티어를 표시하는 AMB와의 접점인 포트폴리오 M은 일반적으로 시장포트폴리오라고 부른다. 무위험자산을 투자대상에 포함시킬 때, 시장포트폴리오 M은 마코위츠의 효율적 프론티어상에 있는 포트폴리오 중에서 가장 효율적인 포트폴리오이다. 즉, 마코위츠는 투자대상에 위험자산만을 고려하였으므로, 시장포트폴리오 M은 위험이 있는 투자대상들 가운데에서 가장 이상적인 포트폴리오이다. 그러므로 합리적인 투자자가 위험있는 자산에 투자할 때는 언제나 포트폴리오 M에 투자하게 된다.

이러한 시장포트폴리오 M은 이론적으로 증권시장에 존재하는 모든 위험있는 자산(risky assets)으로 구성된 포트폴리오를 의미한다. 그러나 이론적인 시장포트폴리오와 동일한 포트폴리오는 현실의 금융시장에서는 발견할 수 없다. 이론적인 시장포트폴리오 M의 대용으로서 실제로 많이 이용되고 있는 것은 한국종합주가지수나 S&P 500지수와 같이 대부분의 상장주식을 포함하는 주가지수(market index)이다. 주가지수를 계산할 때 채택하는 표본주식의 수가 비교적 크고 가중방법

(weighting)을 시가총액(주가×발행주식수)으로 할 경우, 주가지수는 시장포트폴리오를 어느 정도 대표한다고 볼 수 있다. 따라서 시장 포트폴리오의 기대수익률과 위험은 주가지수의 기대수익률과 그 수익률의 표준편차로써 측정된다.

제4절 증권시장선(SML)

1. 체계적 위험과 비체계적 위험

투자의 위험은 그 투자로부터 기대되는 미래의 수익률의 표준편차 혹은 분산으로 측정한다. 일반적으로 자산수익률의 표준편차 혹은 분산으로 나타내는 위험을 그 자산의 총위험(total risk)이라고 정의한다. 자산수익률의 표준편차로 측정하는 총위험은 증권시장의 전반적인 불확실성에 기인하는 부분과 그렇지 않은 부분으로 구성된다.

어떤 자산의 총위험 중에서 증권시장의 전체적인 움직임의 불확실성 때문에 발생하는 위험의 부분을 체계적 위험(systematic risk)이라고 부르고, 시장의 전반적인 움직임과는 무관한 기업고유의 요인 때문에 발생하는 위험의 부분을 비체계적 위험(unsystematic risk)이라고 부른다. 비체계적 위험을 가져다주는 기업고유의 요인으로는, 경제 전반의 경기변동과는 무관하게 발생하는 어떤 기업의 노사문제, 매출액 변동, 소송, 대정부관계, 기업 이미지 등을 들 수 있다.

개별기업의 고유한 특성 때문에 발생하는 비체계적 위험은 투자자가 단순히 투자자금을 여러 주식에 분산투자함으로써 제거될 수 있기 때문에 분산가능 위험(diversifiable risk)이라고 한다. 그러나 증권시장 전체의 변동성과 관련하여 발생하는 개별자산의 체계적 위험은 분산투자로서 제거되지 않기 때문에 분산불가능 위험(undiversifiable risk)이라고 한다. 실제로 투자자들이 자신의 포트폴리오를 구성할 때 단순히 구성종목의 수를 증가시켜 주기만 하면, 포트폴리오를 구성하는 주식 상호간에 기업고유 요인들이 상쇄되어 비체계적 위험은 제거되고 체계적 위험만 남게 된다. 이러한 분산투자를 수행할 경우, 투자자들의 포트폴리오는 효율적인 포트폴리오인 시장포트폴리오와 거의 유사한 위험수준을 갖게 된다.

포트폴리오의 분산효과를 우리나라 증권시장에서의 실증분석 결과를 통해 살펴본 것이 아래 [그림 5-3]이다. 송진호(1993)는 한국증권거래소에 상장된 381개 주식의 월간 수익률 자료를 가지고 분산투자를 했을 때, 비체계적 위험이 포트폴리오 구성 종목의 수에 따라 어떻게 변화하는가를 실증적으로 분석하였다. 분석기간은 1988년 1월부터 1992년 12월까지 60개월을 표본으로 선택하였다.

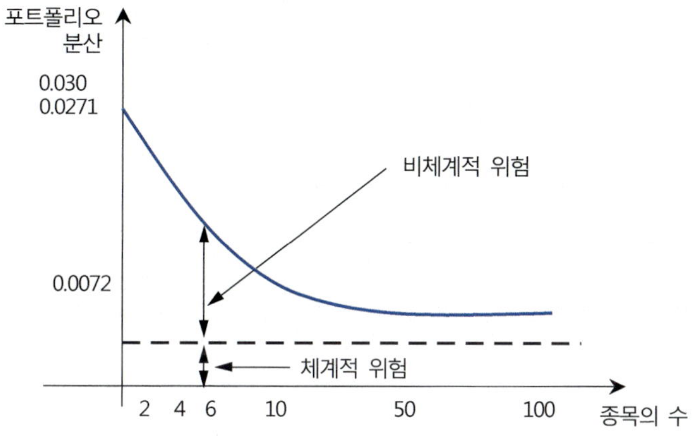

[그림 5-3] 포트폴리오의 분산 효과

위의 그림에서 알 수 있듯이, 무작위로 선택한 1개의 주식에만 투자할 경우, 포트폴리오의 평균분산은 0.0271이었다. 그러나 포트폴리오를 구성하는 종목의 수를 10개로 늘렸을 때는 그 분산이 0.0072로 대폭 감소하였다. 그러나 포트폴리오의 구성종목의 수를 10개 이상으로 더 늘렸을 때는, 즉 20개, 50개, 100개로 증가시켰을 때는 위험 감소의 효과가 점차 완만해진다는 것을 알 수 있다. 이때, 포트폴리오를 구성하는 종목의 수를 아무리 증가시킨다고 해도 줄어들지 않는 위험이 바로 분산 불가능한 체계적 위험이다.

포트폴리오의 분산효과에 대한 이러한 실증분석 결과는 주식투자전략에 중요한 의미를 가진다. 개인투자자이거나 혹은 거대한 자금을 운용하는 펀드매니저이거나 상관없이, 포트폴리오를 구성할 때 대개 10개 종목을 선택하여 분산투자하면 포트폴리오를 구성하는 개별종목들의 기업고유의 특성에서 오는 분산가능한 위험을 완전히 제거할 수 있다는 것이다. 투자자금이 아무리 많다 하더라도 50개 이상의 종목에 분산투자할 필요는 없게 된다. 오히려 구성종목의 수가 너무 많으면, 정보수집 비용 등의 거래비용만 늘어날 뿐이다. 따라서 증권시장에서 투자자들에게 보상해 주어야 할 위험은 분산투자를 하더라도 제거가 불가능한 체계적 위험이다. 비체계적 위험은 투자자들이 아무런 추가비용을 들이지 않고 단순히 여러 자산에 분산투자만을 수행함으로써 제거될 수 있으므로, 증권시장에서 비체계적 위험에 대해서는 보상해 줄 필요가 없게 된다.

그러므로 균형시장에서 결정되는 어떤 자산의 기대수익률은 그 자산의 체계적 위험에 의해 결정된다. 이러한 논리에 의해, 효율적 포트폴리오, 비효율적 포트폴리오와 개별자산을 포함한 모든 자산의 기대수익률과 체계적 위험과의 관계를 나타낸 것이 증권시장선(SML : Security Market Line)이다.

2. 베타계수(βcoefficient)

증권시장선(SML)에서는 일반적으로 체계적 위험의 측정으로서 베타계수(β)를 사용한다. 베타계수는 증권시장 전체의 변동에 대한 개별자산의 수익률의 민감도(sensitivity)를 나타낸다. 즉, 베타계수는 증권시장 전체의 수익률의 변동이 발생했을 때 이에 대해 개별기업 주가수익률이 얼마나 민감하게 반응하는가를 측정하는 계수이다. 예를 들어, 증권시장 전체의 움직임을 나타내는 주가지수의 수익률이 1% 증가하거나 감소할 때에 어떤 주식 A의 수익률은 0.5% 증가하거나 감소한다면, 주식 A의 베타계수는 0.5가 된다. 이에 반해, 주식 B의 수익률은 2% 증가하거나 감소한다면 주식 B의 베타계수는 2가 된다. 주식 A와 주식 B를 비교할 때, 시장 전체의 움직임에 더욱 민감하게 반응하는 것은 주식 B의 수익률이며, 이에 따라 주식 B의 베타계수가 주식 A의 베타계수보다 크게 된다. 만약, 주가지수의 수익률이 1% 증가하거나 감소할 때에 어떤 주식 C의 수익률은 주가지수의 수익률 변동폭과 동일하게 1% 증가하거나 감소한다면, 주식 C의 베타계수는 1이 된다. 이론적으로 시장포트폴리오의 베타계수가 1이므로, 주식 C의 수익률 변동폭은 주가지수의 수익률 변동폭과 동일하게 움직인다. 이처럼, 위의 예에서 주식 C와 같이 어떤 주식의 베타계수가 1이라면, 이 주식의 수익률 변동폭은 시장수익률의 변동폭과 동일하게 움직인다. 주식 A와 같이 베타계수가 1보다 작으면 수익률의 변동폭은 시장수익률 변동폭보다 작게 움직이며, 반대로 주식 B와 같이 베타계수가 1보다 크면 수익률의 변동폭은 시장수익률 변동폭보다 크게 움직인다.

증권시장선(SML)에서 개별자산 혹은 포트폴리오 i의 베타계수는 다음 식 (5-2)

와 같이 개별자산 혹은 포트폴리오 i와 시장포트폴리오 M의 공분산 σ_{iM}을 시장포트폴리오의 분산 σ_{M^2}으로 나눈 값으로 정의된다.

$$\beta_i = \frac{\sigma_{iM}}{\sigma_{M^2}} = \frac{\rho_{iM}\sigma_i\sigma_M}{\sigma_{M^2}} \quad (5-2)$$

혹은, 베타계수는 식 (5-2)의 두 번째 식과 같이 개별자산 혹은 포트폴리오 i와 포트폴리오 M의 상관계수 ρ_{iM}에 의해 정의할 수 있다. 식 (5-2)에서 볼 때, 어떤 자산 i의 베타계수는 어떤 자산 i와 시장포트폴리오 M과의 공분산 σ_{iM}과 상관계수 ρ_{iM} 에 비례함을 알 수 있다. 이것은 어떤 자산 i와 시장포트폴리오 M의 공분산과 상관계수가 증권시장의 전반적인 변동에 대한 자산 i의 민감도를 직접적으로 측정하는 통계량이기 때문이다. 베타계수는 어떤 자산 i와 시장포트폴리오 M의 공분산 σ_{iM}을 시장포트폴리오의 분산 σ_{M^2}으로 나누어 표준화한 것으로 볼 수 있다.

3. 증권시장선(SML)의 주요 내용

앞 절에서 설명한 자본시장선(CML)은 무위험자산을 투자대상으로 포함할 때, 효율적인 포트폴리오들의 기대수익률과 위험(표준편차)과의 관계를 나타내는 모형이다. 이에 반해, 증권시장선(SML)은 자본시장선(CML)이 성립하는 균형상태에서 효율적 포트폴리오뿐만 아니라 비효율적인 포트폴리오나 개별자산을 포함하는 모든 자산의 기대수익률과 체계적 위험과의 관계를 나타낸 모형이다.

증권시장선(SML)에서는 일반적으로 체계적 위험의 측정수단으로 앞에서 설명한 베타계수를 사용한다. 아래 식 (5-3)과 식 (5-4)은 증권시장선(SML)의 일반식을 나타낸 것이다.

$$E(R_i) = R_f + [E(R_m) - R_f]\beta_i \quad (5-3)$$ 또는

$$E(R_i) - R_f = \beta_i[E(R_m) - R_f] \quad (5-4)$$

$E(R_i)$ = 자산i의 기대수익률
R_f = 무위험수익률
$E(R_m)$ = 시장포트폴리오의 기대수익률
β_i = 자산i의 베타계수

앞의 식 (5-3)과 식 (5-4)가 보여주는 바와 같이, 증권시장선(SML)은 시장포트폴리오의 초과수익률 $[E(R_m)-R_f]$이 결정되었을 때, 개별자산(혹은 포트폴리오)의 기대수익률 $E(R_i)$가 개별자산의 체계적 위험을 나타내는 베타계수 β_i에 의해 결정된다는 것을 보여주는 모형이다. 모든 투자대상들이 수요와 공급이 일치하는 균형상태에 있을 때, 그 자산들의 기대수익률과 체계적 위험 β와의 관계는 SML에 의해 정확히 표현된다.

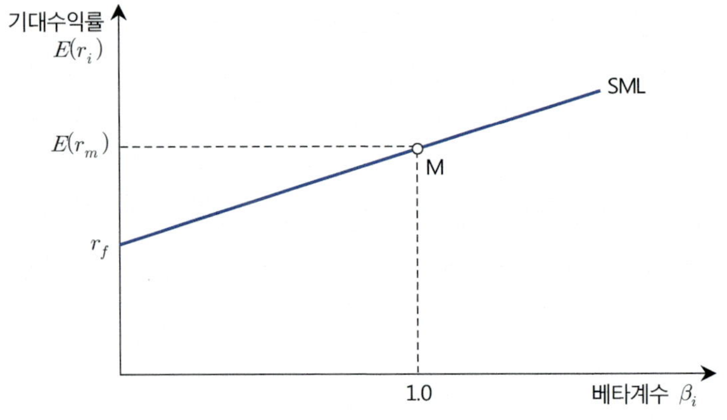

[그림 5-4] 증권시장선(SML)

자본자산가격결정모형(CAPM)은 이론의 체계에서 볼 때 자본시장선(CML)과 증권시장선(SML)을 모두 포함하는 개념이나, 대개의 경우 CAPM이라고 하면 증권시장선(SML)을 의미하는 경우가 많다. 따라서 증권시장선(SML)을 나타내는 위의 두 식 (5-3)과 (5-4)는 CAPM에서 가장 중요한 기본식이라고 볼 수 있다. 위의 [그림 5-4]는 이제까지 설명한 증권시장선(SML)을 그림으로 나타낸 것이다. 위의 그림에서 X축은 어떤 자산 i의 체계적 위험인 β_i를, Y축은 어떤 자산 i의 기대수익률 $E(R_i)$를 나타낸다. 증권시장선을 도시한 위의 그림은, 어떤 자산의 기대수익률 $E(R_i)$이 그것의 체계적 위험인 β_i와 선형관계를 가지고 있음을 잘 보여주고 있다. 즉, 체계적 위험이 큰 자산은 보다 큰 기대수익률을 얻게 되고, 반대로 체계적 위험이 작은 자산은 작은 기대수익률을 보상받게 된다는 CAPM의 결론을 명확히 보여주고 있다. 모든 투자대상들의 수요와 공급이 일치하는 균형상태에서는, 모든 자산의 기대수익률과 체계적 위험

β의 관계는 [그림 5-4]와 같이 SML 상에 있게 된다. 이것은 곧 모든 자산의 가격은 그 자산의 기대수익률이 SML상에 있도록 결정된다는 의미이다. 위의 그림에서 M은 시장포트폴리오를 나타낸다. 시장포트폴리오의 베타계수인 β_m은 1.0이 된다. 왜냐하면, 베타계수를 정의한 앞의 식 (5-2)에서 시장포트폴리오 상호간의 공분산 σ_{mm}은 시장포트폴리오의 분산 σ_{m2}과 동일하기 때문이다. 따라서 시장포트폴리오의 기대수익률은 $E(R_m)$이 된다. 일반적으로 어떤 자산의 베타계수가 1보다 클 때 그것을 공격적 자산(aggressive assets)이라 하고, 반대로 베타계수가 1보다 작은 자산을 방어적 자산(defensive assets)으로 정의한다.

4. 자본시장선과 증권시장선의 비교

증권시장선(SML)으로 표현되는 CAPM은 앞서 논의한 자본시장선(CML)으로부터 도출된 것이다. CML은 자본시장 균형에서의 효율적 포트폴리오들의 기대수익률 $E(R_p)$와 표준편차 σ_p로 측정된 위험의 관계를 규명하고 있다. 이에 반해 SML은 효율적 포트폴리오, 비효율적 포트폴리오, 그리고 개별증권을 포함한 모든 자산의 자본시장 균형에서의 기대수익률 $E(R_i)$와 베타계수 β_i로 측정한 위험의 관계를 규명하고 있다. 따라서 자본시장선상에 존재하지 않는 비효율적인 자산들의 경우에는 자본시장선이 성립되지 않으며 증권시장선만이 성립하게 된다. 그러나 완전 분산투자가 이루어진 시장포트폴리오를 이용하여 만들어진 자본시장선상의 효율적 포트폴리오들의 경우에는 자본시장선과 증권시장선은 동일한 것이다. 자본자산가격결정모형(CAPM)에는 자본시장선(CML)과 증권시장선(SML)을 모두 포함하지만, 투자론에서 CAPM이라 하면 일반적으로 증권시장선(SML)을 지칭하는 경우가 대부분이다. 따라서, CAPM과 SML을 구별하지 않고 동일한 용어로 사용하는 경우가 많다.

5. 증권시장선에 의한 가격결정

증권시장선(SML)은 주식을 포함한 모든 자본자산의 균형가격이 어떻게 결정되는가를 설명해 주는 가격결정 모형이다. SML은 모든 자본자산의 기대수익률과 체계적 위험의 관계는 앞의 제3절에서 설명한 다음 식 (5-5)와 같이 선형관계를 이루고 있음을 의미한다. 즉, 증권시장선은 모든 자산의 기대수익률과 체계적 위험 사이에는 선형관계가 성립하도록 자산가격이 결정될 것이며, 그 가격이 해당 자산의 수요와 공급을 일치시키는 균형가격(equilibrium price)이라는 것이다.

$$E(R_i) = R_f + [E(R_m) - R_f]\beta_i \tag{5-5}$$

따라서 증권시장이 균형상태를 이루게 되면 모든 자산의 기대수익률과 체계적 위험의 관계는 SML상에 존재하게 된다. 자산의 균형가격은 그 자산의 기대수익률과 체계적 위험이 SML상에 위치하도록 결정된다. [그림 5-5]는 이러한 원리를 이용하여 자산의 균형가격이 어떻게 결정되는가를 SML에 의해 설명해 주고 있다.

[그림 5-5]에서 두 자산 O와 U가 증권시장선상에 있지 않고 이를 벗어나 있다고 가정해 보자. 어떤 자산의 기대수익률과 체계적 위험과의 관계가 SML 위에 존재하지 않는다면, 그 자산의 가격은 균형가격이 아니다. 그 자산의 가격은 과대 혹은 과소평가된 것이다. 예를 들어, 자산 U의 경우 증권시장선상에 위치하고 있는 자산 U'보다 유리한 투자대상이다. 왜냐하면 자산 U는 자산 U'과와 동일한 체계적 위험을 갖지만, 더 높은 기대수익률을 얻을 수 있기 때문이다. 따라서 투자자들이 합리적이라면 자산 U를 선호할 것이므로, 그 결과 시장에서 자산 U의 가격이 상승하게 되고 반대로 자산 U의 기대수익률은 하락하게 될 것이다. 이것은 다음의 기대수익률 공식인 식 (5-6)에서 분모인 자산의 현재가격이 상승하게 되면 반대로 기대수익률은 하락하기 때문이다.

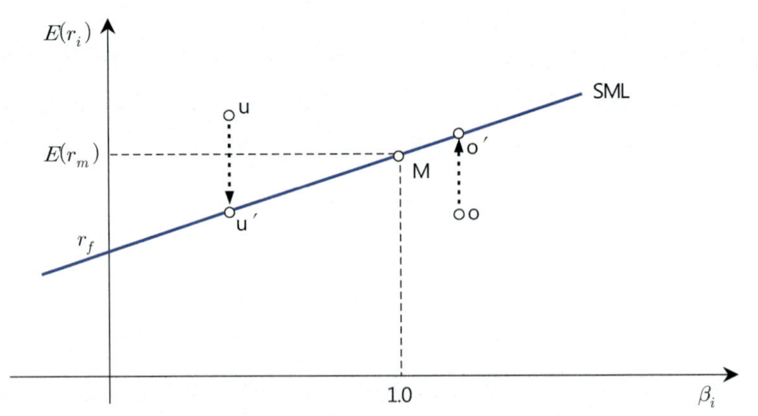

[그림 5-5] SML에 의한 자산의 균형가격 결정

$$기대수익률 = \frac{기대이익}{자산의 현재가격} \tag{5-6}$$

자산 U의 시장가격이 상승하여 U의 기대수익률이 U'의 기대수익률과 동일한 수준으로 하락하게 되어 SML상에 위치하게 될 때, 자산 U에 대한 초과수요는 사라지게 되고 이 점에서 자산 U의 균형가격이 형성된다. 이렇게 볼 때, SML을 벗어나 이보다 높은 곳에 위치하는 자산 U는 과소평가된(underpriced) 자산으로 판별된다. 이와 반대로, 자산 O를 보면 이자산은 동일한 체계적 위험을 가진 자산 O'보다 훨씬 낮은 기대수익률을 보상해 주고 있다. 만약 투자자가 합리적이라면, 자산 O의 매입이나 보유를 회피하게 될 것이다. 그 결과, 자산 O의 시장가격은 하락하게 되며, 식 (5-6)에서 기대수익률은 반대로 점차 상승하게 될 것이다. 자산 O의 기대수익률이 상승하여 자산 O의 위치가 O'와 같이 SML상에 존재하게 될 때 자산 O에 대한 초과공급이 사라지게 되고 O'에서 균형가격이 형성된다. 결과적으로, SML보다 아래쪽에 위치하는 자산 O는 과대평가된(overpriced) 자산으로 판별될 수 있다. 이와 같이, 모든 자산의 수요와 공급이 일치하는 균형상태에서는 어떤 자산의 체계적 위험에 대응하는 기대수익률이 증권시장선상에 위치할 수 있도록 그 자산의 가격이 결정된다. 그러므로 증권시장선은 증권시장에서 모든 자산의 균형가격이 어떻게 결정되는가를 설명해 주는 이론적 모형이다.

예제

현재 유가증권시장에서 거래되고 있는 무위험자산의 수익률이 4%이고 시장포트폴리오의 기대수익률은 20%이다. A펀드에 의하여 운용되고 있는 개별주식 한국의 베타계수가 1.5이고 시장가격에 의한 기대수익률이 15%로 추정될 경우에 증권시장선을 도출하고, 한국의 주식이 과대 혹은 과소평가 되었는지의 여부를 판단하라.

(풀이)

(1) $E(R_i) = R_f + [E(R_m) - R_f]\beta_i = 0.04 + (0.2 - 0.04)1.5 = 0.28(28\%)$

(2) 현재 한국주식의 시장가격에 의한 실제 기대수익률(15%)이 균형상태 하에서의 기대수익률 28%보다 작으므로, 한국주식은 과대 평가되었다고 판단된다. 따라서 한국주식이 향후 하락할 것으로 예상되므로 매도하는 것이 유리하다.

6. 증권시장선에 의한 적정할인율 계산

증권시장이 균형상태를 이룰 때, 모든 자산의 기대수익률과 체계적 위험의 관계는 SML에 의해 나타낼 수 있다. SML은 자본시장선(CML)과는 달리 효율적 포트폴리오뿐만 아니라 비효율적인 포트폴리오와 개별자산 등 모든 자산의 기대수익률과 체계적 위험과의 관계를 나타낸다.

따라서, 증권시장이 균형상태를 이루게 될 때, 어떤 자산의 기대수익률은 그 자산의 베타계수만 알면 증권시장선(SML)을 이용하여 간단히 계산할 수 있다. 증권분석에서 어떤 증권의 내재가치를 계산하기 위해서는 증권투자로부터 발생하는 미래 현금흐름을 현재가치로 계산하여야 한다. 이때 현재가치를 계산하기 위해 사용되는 할인율은 그 증권의 체계적 위험에 상응하는 적절한 할인율이어야 하는데, 이 적정할인율은 곧 그 증권의 기대수익률과 동일한 개념이다. 따라서 증권분석에서 필요한 적정할인율도 SML을 이용하여 추정하게 된다.

사례

A연금기관의 예측에 의하면, 금년도 종합주가지수의 기대수익률은 20% 정도가 적정 수준이며, 현재 무위험수익률인 국고채권의 만기수익률이 4%라고 한다. A 연금기관에서 보유하고 있는 주식 A의 베타계수 0.5이고 주식 B의 베타계수는 2.0으로 추정될 경우에 적정할인율을 산출하라.

[1단계]

무위험이자율인 국고채권의 만기수익률과 시장포트폴리오의 기대수익률인 종합주가지수의 기대수익률을 바탕으로 증권시장선(SML)을 도출한다. 무위험이자율 $R_f = 0.04$이며, 시장포트폴리오의 기대수익률 $E(R_m) = 0.2$이므로, 시장 포트폴리오의 위험 프리미엄 $[E(R_m) - R_f]$는 0.16이다. 따라서 증권시장선(SML)은

$$E(R_i) = R_f + [E(R_m) - R_f]\beta_i = 0.04 + (0.16)\beta_i$$ 이다.

[2단계]

주식 A와 주식 B의 베타계수를 [1단계]에서 추정한 증권시장선에 대입하여, 균형 상태하에서 주식 A와 주식 B의 적정할인율을 계산한다.

주식 A의 기대수익률 $E(R_A) = 0.04 + (0.2 - 0.04)0.5 = 0.12(12\%)$

주식 B의 기대수익률 $E(R_B) = 0.04 + (0.2 - 0.04)2 = 0.36(36\%)$

증권시장이 균형상태를 이루고 있을 때, 모든 자산의 기대수익률과 체계적 위험과의 관계는 증권시장선(SML)상에 존재해야 하므로, 개별주식의 베타위험만 알면 그것의 적정할인율은 위의 예처럼 쉽고 간단하게 계산할 수 있다.

[그림 5-6]은 증권시장선과 주식 A와 주식 B의 기대수익률 및 체계적 위험을 도시한 것이다. 각 주식의 베타계수만 추정되면 시각적으로도 각 주식의 기대수익률을 알 수 있게 된다.

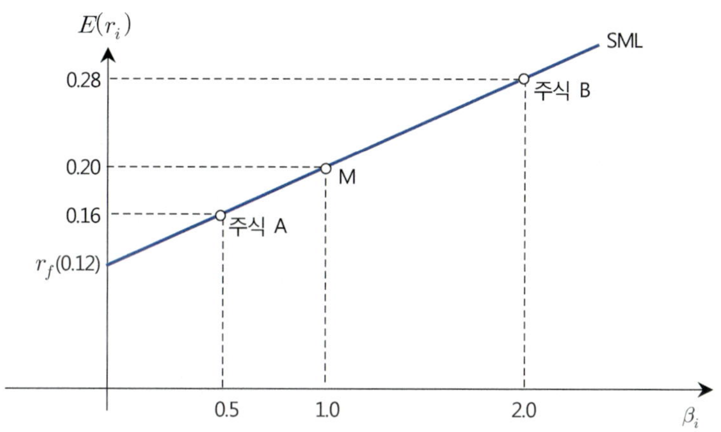

[그림 5-6] SML 상의 개별 주식의 기대수익률과 체계적 위험

주식 B는 베타계수가 2.0으로 시장포트폴리오의 베타 1.0보다 크기 때문에, 공격적인 주식으로 분류될 수 있다. 이에 반해, 주식 A는 베타계수가 0.5로 시장포트폴리오의 베타계수보다 작으므로 방어적인 주식으로 구분해 볼 수 있다. 주식 B의 베타계수가 2.0이라는 것은, 종합주가지수의 수익률이 1% 증가할 때 주식 B의 수익률은 2% 증가하며, 반면에 종합주가지수의 수익률이 1% 하락할 때 주식 B의 수익률은 시장수익률의 하락폭의 2배인 2% 떨어지게 된다. 한편, 주식 A의 수익률 증가 및 하락폭은 시장수익률의 절반인 0.5%에 불과하다. 이와 같이, 주식 B의 수익률 변동이 주식 A의 그것에 비해 시장수익률의 변동에 더욱 민감하게 반응하기 때문에, 주식 B의 체계적 위험이 주식 A의 그것에 비해 훨씬 크다. 즉, 주식 B에 투자한 투자자는 분산투자로 제거될 수 없는 체계적 위험을 주식 A에 투자한 투자자보다 훨씬 많이 부담하게 된다. 따라서 체계적 위험을 더 많이 부담하게 되는 주식 B의 투자자는 증권시장에서 더 많은 기대수익률을 보상받게 되는 것이다.

해리 마코위츠(Harry Max Markowitz)

- 출생 : 1927년 8월 24일 (미국)
- 학력 : 시카고대학교대학원 박사
- 수상 : 1990년 노벨 경제학상
  (포트폴리오 위험 정의 및 통계적 방법으로 표현)
- 경력 : 뉴욕시립대학교 강의
  펜실베이니아주립대학교 강의

제 6 장

단일지표모형

위기는 반복된다.(Warren Edward Buffett, 버크셔 해서웨이 회장)

제6장 단일지표모형

제1절 단일지표모형의 의의

단일지표모형(single index model)은 샤프가 마코위츠 모형의 기술적인 문제점을 해결하고자 만든 모형으로서 n개의 개별주식 종목들 간의 모든 공분산을 고려하는 대신에 특정 개별주식종목과 시장 전체의 움직임을 고려한 단일시장지표의 공분산만을 가지고 만든 단순화된 모형이다. 유가증권시장에서 상장되어 거래되는 주식종목은 무수히 많다. 이러한 경우에 포트폴리오에 편입된 모든 종목을 대상으로 위험을 구하기 위해서는 수많은 개별종목의 분산과 공분산을 구해야 하기 때문에 계산이 방대하다. 또한 개별종목에 대한 투자비율이 수시로 변동되기 때문에 현실적으로 적용하기는 쉽지가 않다. 따라서 이러한 문제점을 보완한 모형이 단일지표모형이며, 시장모형(market model) 또는 단순시장모형(simplified market model)이라 불리운다.

제2절 투자수익률의 원천

단일지표모형에서는 주식투자 수익률은 시장 전체의 공통요인과 개별기업의 특수요인에 의하여 변동된다는 것을 전제로 하고 있다. 시장 전체의 공통요인은 대표적인 시장지수인 종합주가지수로 나타낼 수 있다.

개별주식의 수익률에 영향을 미치는 사건은 크게 미시적 사건과 거시적 사건으로 구분할 수 있는데 미시적 요인이란 특정기업에만 영향을 미치는 요인으로서 노사분규, 조업중단, 신제품 개발, 공장에 대한 화재, 핵심인력의 이동과 같은 사건을 의미한다. 이와 같은 미시적 사건은 포트폴리오의 수익률 전체에 영향을 미치지 않고 특정 개별종목의 수익률에만 영향을 미친다. 반면에 거시적 요인은 경기침체, 인플레이션, 환율변동, 금리변동, 유가변동에 의한 사건으로서 이는 개별종목 뿐만 아니라 시장 전체에 영향을 미쳐 포트폴리오 전체 수익률에 영향을 미치게 된다.

제3절 증권특성선

증권시장에서 거래되는 개별주식 j의 수익률이 하나의 공통요인인 시장수익률과 선형적인 관계를 갖고 있다면 다음과 같은 단일지표모형으로 나타낼 수 있다.

$$R_{jt} = \alpha_j + \beta_j R_{mt} + \epsilon_{jt} \qquad (6-1)$$

단, R_{jt}: t시점에서의 주식j의 수익률(확률변수)
R_{mt} : t시점에서의 시장지표의 수익률(확률변수)
α_j: 회귀계수 절편
β_j : 회귀계수 기울기
ϵ_{jt} : 잔차항(확률변수)

위 식에서 R_j를 R_m에 대한 회귀분석으로 추정하면 다음과 같은 직선식의 절편과 기울기를 구할 수 가있다.

$$R_j = \hat{\alpha}_j + \hat{\beta}_j R_m \qquad (6-2)$$

단, ^는 회귀계수의 추정치

이 회귀분석에서 추정되는 회귀계수들은 개별주식의 수익률과 위험에 관한 여러 가지 특성을 나타내는 식으로 증권특성선(CL : characteristic line)이라 한다. 위 식에서 기울기인 베타계수(β_j)는 시장수익률의 변동성에 대한 주식 j의 수익률의 평균적인 민감도를 의미한다. 즉, 시장수익률에 영향을 미치는 거시적 사건이 발생하였을 경우 개별 종목이 이에 대하여 민감하게 반응하는 정도를 나타낸 것이 베타계수(β_j)인 것이다. 베타계수(β_j)는 시장수익률의 변동(ΔR_m)에 대한 특정 개별

주식수익률의 변동(ΔR_j)의 비율을 표시한 것이다. 만약 어떤 주식의 증권특성선을 도출하였을 때 기울기인 베타가 1이라면 시장수익률 R_m이 10% 증가할 경우에 수익률이 평균적으로 10% 증가한다는 것을 의미한다. 베타계수가 큰 주식일수록 시장수익률의 변동률보다 보다 민감하게 반응한다는 것을 의미하며, 그 만큼 위험이 큰 주식이라는 것을 나타낸다.

제4절 단일지표모형에 의한 포트폴리오 선택

1. 체계적 위험과 비체계적 위험

주식투자의 수익률이 시장전체의 공통요인과 개별종목의 특수요인에 영향을 받을 경우 단일지표모형과 증권특성선을 나타내면 다음과 같다.

$$R_j = \alpha_j + \beta_j R_m + \epsilon_j \tag{6-3}$$

$$E(R_j) = \alpha_j + \beta_j \cdot E(R_m) \tag{6-4}$$

또한 이 모형에서 수익률의 변동을 나타내는 분산의 식은 다음과 같다.

$$\sigma_j^2 = E[R_j - E(R_j)]^2 \tag{6-5}$$

$$\sigma_j^2 = \beta_j^2 \sigma_m^2 + \sigma^2(\epsilon_j) \tag{6-6}$$

단, σ_j^2 : 주식 j수익률의 분산
β_j : 베타계수(시장모형에서 추정되는 기울기)
$\sigma(\epsilon_j)$: 잔차항의 분산

위의 식에서 $\beta_j^2 \sigma_m^2$을 체계적 위험이라 하는데 이 위험은 충분히 분산투자된 포트폴리오의 분산의 변동성을 나타낸다. 즉, 특정 개별종목에 내재되어 있는 총위험 중에서 시장전체와 관련된 위험을 의미하는 것으로 개별종목 수익률에 영향을 미치는 총변동성 중에서 증권특성선상을 따라 움직이는 수익률의 변동성 부분이다. $\sigma^2(\epsilon_j)$는 비체계적 위험으로서 잔차분산이라고 한다. 비체계적 위험인 $\sigma^2(\epsilon_j)$는

시장 전체의 움직임과 관련이 없는 특정종목 j와 관련된 위험으로서 개별종목의 수익률의 변동성 중에서 증권특성선으로부터 편차의 크기로 측정되는 수익률의 변동성 부분이다. 체계적 위험은 금리, 환율, 경기변동, 전쟁 등과 같은 요인으로 발생되는 위험으로 모든 주식에 영향을 미쳐 분산투자를 해도 제거될 수가 없기 때문에 분산불가능 위험 또는 시장위험이라고 한다. 반면에 비체계적 위험은 특정종목에만 영향을 미치는 요인으로서 특정기업의 노사분규, 소송, 경영성과, 신제품 출시 등과 관련된 위험으로서 이러한 위험은 분산투자를 할 경우에 제거되는 위험으로서 기업의 특수위험 또는 분산가능위험이라고 한다.

2. 포트폴리오 분산의 측정

단일지표모형에 의한 분산은 개별주식뿐만 아니라 포트폴리오 경우에도 적용할 수 있으며 다음과 같이 나타낼 수 있다.

$$\sigma_p^2 = \beta_p^2\sigma_m^2 + \sigma^2(\epsilon_p) \tag{6-7}$$

단, σ_p^2 : 포트폴리오 수익률의 분산
β_p : 포트폴리오 베타계수(시장모형에서 추정되는 기울기)
$\sigma(\epsilon_p)$: 포트폴리오 잔차항의 분산

$\beta_p^2\sigma_m^2$는 시장 전체의 요인과 관련된 포트폴리오의 체계적 위험이고 $\sigma^2(\epsilon_p)$는 특정기업과 관련된 비체계적 위험이다. 포트폴리오 베타(β_j)는 주식에 대한 투자비율에 가중평균하여 다음과 구할 수 있다.

$$\beta_p = \sum_{j=1}^{n} w_j\beta_j \tag{6-8}$$

또한 포트폴리오의 잔차분산 $\sigma^2(\epsilon_p)$은 개별주식의 잔차분산에 주식에 대한 투자비율의 자승을 곱하여 다음과 같이 계산한다.

$$\sigma^2(\epsilon_p) = \sum_{j=1}^{n} w_j^2\sigma^2(\epsilon_j) \tag{6-9}$$

포트폴리오의 베타 계산

베타가 2.0인 주식 A에 투자를 80%하고 베타가 1.5인 주식 B에 투자를 20% 할 경우에 포트폴리오의 베타는 얼마인가?

$$\beta_n = w_A\beta_A + w_B\beta_B = (0.8)(2.0) + (0.2)(1.5) = 1.90$$

이와 같은 방식으로 포트폴리오 베타 β_p와 포트폴리오 잔차분산 $\sigma^2(\epsilon_p)$로 측정되는 단일지표 모형에 의한 포트폴리오의 분산 σ_p^2는 다음과 같이 계산할 수 있다.

$$\sigma_p^2 = (\sum_{j=1}^{n} w_j\beta_j)^2 \sigma^{2m} + \sum_{j=1}^{n} w_j^2 \sigma^2(\epsilon_j) \qquad (6\text{–}10)$$

제5절 단일지표모형의 응용

1. 인덱스펀드

인덱스 펀드(Index Fund)는 KOSPI200과 같은 특정지수와 수익률이 동일하거나 유사한 수익률을 달성하는데 목표를 두고 운용하는 펀드이다. 인덱스 펀드는 시장이 효율적일수록 시장대비하여 초과수익률을 달성하기가 어렵다. 그러나 지수를 구성하는 여러 종목에 분산투자함으로써 위험을 줄일 수 있으므로 효율적인 분산투자에 유리하다. 이러한 펀드는 지수를 추적하여 운용함으로써 운용방법이 간단할 뿐만 아니라 운용비용이 저렴하다는 장점이 있다. 또한 금융시장 상황에 따라 주식 편입비율을 자동적으로 조절할 수 있기 때문에 많은 자산운용사에서 설정하여 운용하는 펀드중 하나이다.

인덱스 펀드는 구성하고 있는 포트폴리오의 베타(β)를 1이 되도록 구성을 한다. 베타가 1이란 금융시장의 변동성이 크게 발생하더라도 평균적으로 종합주가지수의 수익률을 추적할 수 있는 수치이기 때문이다. 하지만 포트폴리오의 베타가 1이 되더라도 잔차분산이 크면 평균수익률을 추적하지 못하는 경우도 있기 때문에 잔차분산 $\sigma^2(\epsilon_p)$을 가능하면 최소화 시키는 전략이 필요하다.

2. 상장지수펀드

상장지수펀드는 안정적인 수익률이 장점인 인덱스 펀드에 개별주식의 높은 환금성이 부가된 펀드로서 특정 주가지수와 연동되는 수익률을 달성할 수 있도록 설계된 지수연동형 펀드로서 지수를 구성하는 종목에 대한 직접투자를 대상으로 만들어진 상품이다. 상장지수펀드는 특정주가의 움직임에 따라 운용되는 것으로서 거래소에 상장되어 주식처럼 거래가 된다. 예를 들어 IT업종 상장지수펀드라면 IT업종지수의 구성종목에 연동하도록 종목을 보유하고 운용이 되기 때문에 IT업종 상장지수펀드를 매입한다는 것은 여러 IT종목을 매수한다는 것과 동일하다. 상장지수펀드는 개별종목에 대한 위험을 제거할 수 있고 시장위험만 감수하면 된다. 또한 거래비용이 저렴하고 유동성이 높다는 장점이 있다.

3. 다지표모형

다지표모형은 주식수익률에 영향을 미치는 요인이 하나가 아닌 여러 가지 공통요인에 있다는 가정하에 포트폴리오의 수익률을 설명하는 모형이다. 단일지표모형에서는 주식수익률의 변동요인을 시장 포트폴리오라는 단일요인과의 선형적 관계로 설명한다. 그러나 다지표모형에서는 주식수익률을 시장포트폴리오 뿐만 아니라 물가변동율, 환율변동율, 유가변동율, GDP 등 공통요인의 변화에 따른 민감도의 변동을 설명하는 모형으로 일반적으로 주식 j의 수익률이 k개의 여러 공통요인과의 공분산 관계로 표현한다면 다음과 같이 나타낸다.

$$R_j = \alpha_j + \beta_{j1}F_1 + \beta_{j2}F_2 + \beta_{j3}F_3 + \cdots\cdots + \beta_{jk}F_k + \epsilon \qquad (6\text{-}11)$$

단, F_k : 공통요인 k(k는 요인의 수)
β_{jk} : 주식 j의 k공통요인에 대한 민감도
α_j : 요인 이외의 요소에 의하여 결정되는 수익률
ϵ_j : 잔차항

표 6-1. 펀드 비교표

구분	일반주식형 펀드	인덱스펀드	상장지수펀드(ETF)
의의	여러 개의 주식종목으로 바스켓을 구성하여 운용되는 펀드	특정 주가지수 움직임에 연동되어 운용되는 펀드	특정 지수를 구성하는 종목에 대하여 직접 투자하는 펀드
투자대상	50% 이상 개별종목, 단기 상품	KOSPI200, 상장지수펀드, 파생상품	특정종목과 연계된 지수
수수료	높음	낮음	매매수수료
투자기간	단기	중기, 장기	단기
위험	높음	낮음	중간
신용거래	불가능	불가능	가능

제 7 장
차익거래가격결정모형(APM)

투자 세계에 특별한 법칙은 없다. (James Harris Simons, 르네상스 테크놀로지스 사장)

제7장 차익거래가격결정모형(APM)

제1절 차익거래가격결정모형(APM)의 의의

자본자산가격결정모형(CAPM)은 미래의 불확실한 금융시장에서 자산의 균형가격이 어떻게 형성되는지를 보여주는 이론이다. 그러나 CAPM의 가정이 너무나 엄격하여 현실에 적용하기에는 어려운 점이 많다. 무엇보다 시장포트폴리오는 현실적으로 관찰하기가 쉽지 않아 CAPM에 대한 검증이 어렵다. 또한 CAPM에서는 포트폴리오의 수익률이 시장포트폴리오 수익률이라는 하나의 요인에 의하여 결정된다고 하지만 현실에 있어서 여러 가지 요인에 의하여 결정되기 때문이다.

이러한 문제점을 해결하고자 롤($R. Roll$)과 로쯔($S.A. Ross$)는 자본자산의 가격을 결정하는 다요인모형으로서 차익거래가격결정모형(APM : arbitrage pricing model)을 제시하였다. 차익거래가격결정모형은 차익거래가 더 이상 일어나지 않는 시장의 균형상태하에서 주식가격이 결정된다는 것을 설명하는 모형이다.

차익거래란 금융시장에서 내재가치가 동일한 주식의 가격이 다르게 형성되어 거래되는 경우에 고평가된 주식을 공매(short sales)하고 저평가된 주식을 매입하는 거래를 의미한다. 투자자는 이와 같은 차익거래를 반복함으로써 이익을 극대화할 수 있는 것이다.

차익거래가격결정모형은 다음과 같은 가정을 가지고 있다.

① 증권시장은 완전 자본시장이다.

② 증권시장에 참여하고 있는 모든 투자자들은 기대효용을 극대화하고자 하는 위험회피형이다. 따라서 모든 투자자들은 차익거래를 통하여 이익를 얻고자 지속적으로 차익거래를 한다. 또한 위험을 줄이기 위하여 충분히 분산투자를 하여 체계적 위험만 부담하려고 할 것이다.

③ 증권시장에 참여하고 있는 모든 투자자들은 투자자산의 기대수익률과 위험에 대하여 동질적인 예측을 한다.

④ 모든 자산의 수익률은 여러 가지 요인에 의하여 결정된다.

차익거래는 비체계적 위험없이 체계적 위험만을 고려한 상태에서 충분히 분산투자된 포트폴리오을 구성하고 있어야 한다. 차익거래의 일반적인 방법은 무위험차익거래인데, 이러한 거래는 동일한 위험을 가지고 있는 두 주식의 가격에 차이가 있다면 추가적인 자본조달과 위험이 없이 이익을 얻고자 하는 거래를 의미한다. 그러나 금융시장에서는 차익거래를 통하여 항상 이익을 얻기가 힘들다. 고평가된 주식이 있을 경우에는 매도가 집중되어 주식가격이 하락하고 기대수익률이 상승하며, 반대로 저평가된 주식이 있을 경우에는 매수가 집중되어 주식가격이 상승하고 기대수익률이 하락하기 때문이다. 이러한 주식가격에 대한 조정과정을 거치면서 차익거래를 통한 이익이 제로가 되는 시점에서 차익거래는 중단되고 주식의 가격은 균형상태가 이루어진다.

제2절 단일요인 차익거래가격결정모형(APM)

단일요인 차익거래가격결정모형은 어떤 자산 i의 수익률이 단 하나의 요인에 의하여 결정된다는 모형이다. CAPM의 시장모형은 단일요인 모형의 특수한 형태로 시장 포트폴리오의 수익률은 공통요인이 하나뿐인 모형이다. 일반적으로 단일요인 차익거래가격결정모형은 다음과 같다.

$$R_i = E(R_i) + \beta_i F + \epsilon_1 \qquad (7\text{-}1)$$

단, R_i : 자산i의 실현수익률
$E(R_i)$: 자산i의 기대수익률
F : 공통요인의 변동
β_i : 공통요인에 의한 자산i의 민감도(베타계수)
ϵ_i : 오차항

제3절 다요인 차익거래가격결정모형(APM)

금융시장에서 자산의 수익률에 영향을 미치는 공통요인이 수없이 많다. 만약 자산 i의 수익률에 영향을 미치는 공통요인이 n개인 경우에 단일 차익거래가격결정모형을 확대하면 다음과 같은 다요인 차익거래가격결정모형을 도출할 수 있다.

$$R_i = E(R_i) + \beta_{i1}F_1 + \beta_{i2}F_2 + \cdots\cdots + \beta_{in}F_n + \epsilon_1 \qquad (7-2)$$

단, R_i : 자산 i의 실현수익률
$E(R_i)$: 자산 i의 기대수익률
F_{in} : n번째 공통요인의 변동
β_n : 공통요인 n에 대한 자산 i의 민감도(베타계수)
ϵ_i : 오차항

다요인 차익거래가격결정모형은 여러 가지 복수의 공통요인의 영향을 받아서 자산의 수익률이 변동할 경우에 균형상태 아래에서 자산의 기대수익률이 어떻게 결정되는가를 설명하는 모형이다. 그러므로 이러한 다요인 차익거래가격결정모형을 실증적으로 분석하기 위해서는 먼저 수익률에 변동을 가져 오는 여러 가지 공통요인을 찾아내야 한다. 현재까지 다요인에 의한 차익거래가격결정모형 연구결과 주식수익률에 영향을 미치는 공통요인은 장단기 채권수익률의 차이, 무위험채권과 고위험채권 수익률의 차이, 제조업 생산지수의 변동, 환율의 변동, 인플레이션 등으로 나타났다.

누리엘 루비니(Nouriel Roubini)
▸ 뉴욕대 교수

- 출생 : 1959년 3월 29일 (터키)
- 학력 : 하버드대학교 대학원 국제경제학 박사
- 경력 : 루비니 글로벌 이코노믹스 회장
  미국 뉴욕대학교 스턴스쿨 교수
  국제통화기금(IMF) 학술자문위원회 자문위원

제 8 장

증권시장의 효율성

타인으로부터 우연히 수령한 비밀정보 혹은 다른 사람의 추천을 받고 주식에 투자해서 돈을 벌 수 있는 사람은 거의 없다. 마찬가지로 많은 사람들이 정보에 목말라 하지만, 실제로 그들이 그 정보를 얻는다 해도 그들은 정보를 제대로 사용하지 못한다.

(제스 리버모어, 월스트리트 투자가)

제8장 증권시장의 효율성

제1절 시장효율성(market efficiency)의 기본 개념

자본시장이 효율적이라는 말은 여러 의미에서 사용할 수 있다. 일반적으로, 증권시장의 효율성은 분배, 운영, 정보 등의 세 가지 측면에서의 효율성을 의미하는데, 이들 각각의 효율성이 증권시장의 기능수행에 미치는 효과를 살펴보면 다음과 같다.

1. 분배효율성(allocational efficiency)

분배효율성은 희소 자원으로서의 투자자금이 모든 사람들에게 이득이 될 수 있는 방식으로 생산적 투자에 더 많이 분배될 수 있는 상태를 말한다. 미래의 경영성과가 좋을 것으로 예상되는 기업에는 보다 많은 자금을, 반면에 경영성과가 나쁠 것으로 기대되는 기업에는 적은 자금을 배분되게 할 때 자본시장의 분배효율성이 달성될 수 있다.

예를 들어, 어떤 회사가 수익성이 높은 신기술을 개발하여 미래의 현금흐름이 크게 증가할 것으로 예상된다고 하자. 이 경우 투자자들은 수익성이 낮은 다른 주식들을 팔고 위험에 비해 수익성이 높게 예상되는 이 회사의 주식에 보다 많은 자금을 투자할 것이다. 그 결과 이 회사의 주가는 상승하게 되고, 더 많은 자금이 이 회사로 배분됨으로써 궁극적으로는 우리 경제 전체의 효율성을 증대시키게 된다.

2. 운영효율성(operational efficiency)

투자자들은 증권시장의 여러 기구로부터 거래에 따른 서비스를 제공받아야 하며, 이에 대한 대가로서 거래수수료, 증권거래세 등 거래비용(transaction costs)을 지급하여야 한다. 이러한 거래비용이 가장 저렴할 때, 증권시장의 운영효율성이 달성되었다고 할 수 있다. 운영효율성은 곧 증권시장의 내적 효율성(internal efficiency)을 의미하기도 한다.

3. 정보효율성(informational efficiency)

정보효율성은 증권시장에서 결정된 가격이 이용 가능한 모든 정보를 충분히 반영하고 있는 상태를 말한다. 이 정보효율성은 증권에 관한 정보가 신속하고, 공평하고, 저렴하게 모든 투자자들에게 배분되고 그 정보가 증권가격에 정확하게 반영될 때 달성된다. 증권시장에서 정보효율성이 달성되면, 어떤 투자자가 특정한 정보를 이용하여 비정상적 투자성과를 얻어낼 수 없게 된다. 왜냐하면, 모든 투자자들이 공평하고 즉각적으로 정보를 이용할 수 있으므로, 일부의 투자자만이 특정한 정보를 유리하게 이용할 수 없기 때문이다.

지금까지, 증권시장의 효율성을 분배, 운영, 정보 등의 세 가지 측면에서 살펴보았다. 효율적 자본시장이론에서 의미하는 효율성은 이 세 가지 자본시장의 효율성 가운데 정보의 효율성을 뜻한다. 따라서, 효율적 자본시장이란 증권가격에 영향을 주는 새로운 정보가 발생할 때, 증권가격이 그 정보를 신속하고 정확하게 반영하는 자본시장을 의미한다.

제2절 효율적 시장의 유형

증권시장의 효율성은 시장이 효율적이냐 아니면 비효율적이냐의 구분과 같이 이분법적으로 설명할 수 없는 상대적인 성격을 가진다. 즉, 증권시장의 효율성은 증권 가격이 어떤 종류의 정보를 신속히 반영하고 있느냐에 따라 효율성의 정도를 상대적으로 평가해야 한다.

예를 들어, 올해 초에 발표된 어느 기업의 급격한 이익의 증가나 감소는 이미 그 기업의 현재주가에 반영되어 있을 가능성이 높은데 반해, 이 기업이 은밀히 추진하고 있는 새로운 기술개발에 대한 비밀정보는 아직까지 주가에 반영되지 않았을 것이다.

이와 같이, 현재의 주가가 어떤 종류의 정보를 반영하고 있느냐에 따라서 증권시장의 효율성에 상대적인 차이가 있게 된다. 효율시장이론을 처음으로 주장한 파마(Fama)에 의하면, 효율시장은 증권가격이 어떤 종류의 정보를 반영하고 있느냐에 따라 다음과 같이 세 가지 유형으로 구분될 수 있다.

1. 약형 효율시장(weak form efficient market)

약형 효율시장이란 현재의 주가가 과거의 주가 및 거래량 변동 등과 같은 역사적 정보를 완전히 반영하고 있는 시장을 의미한다. 약형 효율시장은 세 가지 효율시장의 유형 중에서 시장의 정보 효율성이 가장 낮은 자본시장을 의미한다.

2. 준강형 효율시장(semi-strong form efficient market)

준강형 효율시장이란 일반투자자에게 공개되는 모든 정보가 신속하고 정확하게 현재의 주식가격에 반영되는 시장을 뜻한다. 일반투자자에게 공개되는 모든 정보에는 과거의 주가와 거래량 변동에 대한 정보뿐만 아니라, 기업의 재무제표, 신제품 개발 등 일반투자자들에게 이미 알려진 모든 정보를 의미한다. 그러나 준강형 효율시장에서는 외부에 공개되지 않은 기업의 비밀정보는 주가에 반영되지 않는다. 약형 효율시장보다는 더 효율적이나, 다음에 설명할 강형 효율시장보다는 덜 효율적이다.

3. 강형 효율시장(strong form efficient market)

강형 효율시장이란 현재의 주식가격이 기업에 관한 모든 정보, 즉 이미 투자자들에게 공개된 정보뿐만 아니라, 외부에 공개되지 않은 기업의 내부정보(inside information)까지도 신속 정확하게 반영하는 완벽한 효율시장을 의미한다.

위에서 설명한 세 가지 형태의 효율시장은 서로 배타적인 것이 아니며, 단지 관련되는 정보의 범위와 시장효율성의 정도에 있어서만 차이를 갖는다. 세 가지 형태의 효율시장의 특성은 다음 절에서 상세히 설명하도록 한다.

제3절 효율적 시장가설의 유형과 상호 관련성

지금까지 효율시장가설의 세 가지 유형의 특성을 모두 설명하였다. 세 가지 유형의 효율시장가설은 서로 배타적인 것이 아니라, 다음 [그림 8-1]에서 제시되고 있는 바와 같이, 이들 상호간에는 단지 관련되는 정보의 범위와 시장효율성의 정도에 있어서만 차이를 갖는다.

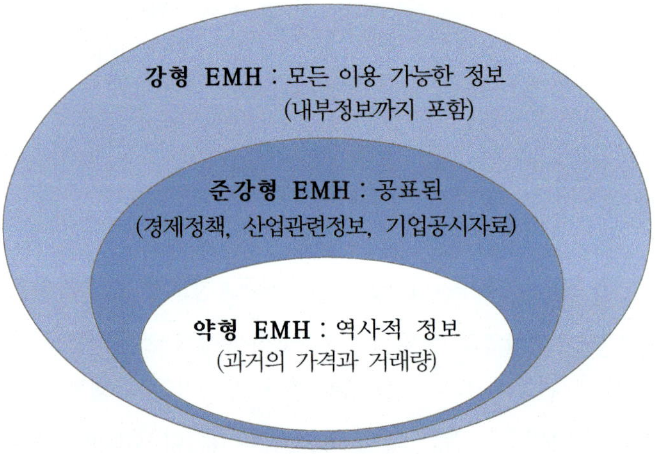

[그림 8-1] 세가지 유형의 EMH와 관련 정보의 범위

강형 효율시장가설에서는 주가가 발표되지 않은 내부정보까지를 포함한 모든 이용 가능한 정보를 반영하므로, 가장 폭넓은 시장효율성 개념이다. 따라서 강형 효율시장가설에는 약형 효율시장가설과 준강형 효율시장가설을 모두 포함하게 된다. 그리고 준강형 효율시장가설에서 주가는 과거의 주가와 거래량에 관한 역사적 정보와 일반에 공개된 모든 정보를 반영하므로, 약형 효율시장가설을 포함하는 개념으로 이해할 수 있다.

제4절 효율적 시장가설의 검정

1. 약형 효율시장가설의 검정

약형 효율시장가설은 과거의 주식가격이나 거래량에 관한 정보를 이용하여 미래의 주가를 예측할 수 없다는 것이다. 약형 효율시장가설이 실제로 증권시장에서 성립하는지를 검정하기 위해서는, 다음 2가지 관점에서 실증분석이 이루어져야 한다.

① 약형 효율시장가설이 성립한다면, 과거의 주식가격의 변화와 미래 주식가격의 변화가 서로 상관관계가 없어야 한다. 따라서 약형 효율시장가설에 대한 검정은 서로 다른 시기의 가격변화들이 상관관계(autocorrelation)를 갖지 않고 무작위적으로 변동하고 있는가를 실증적으로 분석해야 한다.

② 약형 효율시장가설이 성립한다면, 어떤 투자자가 과거의 주가나 거래량 정보로부터 특정한 투자전략을 찾아내서 사용한다 하더라도 다른 투자자들보다 더 나은 투자성과를 얻을 수 없게 된다. 따라서, 과거의 주가변화에 대한 정보를 이용하여 매입, 매도의 신호를 찾아내는 필터기법(filter rule)과 같은 기술적 분석에 의해 우수한 투자성과를 얻을 수 없다는 것을 증명함으로써, 약형 효율시장가설의 성립 여부를 판단할 수도 있다.

Fama(1965)는 첫 번째의 관점에서 미국의 증권시장에서 거래되는 약 30개의 주식을 대상으로 개별주식들의 주가변동이 시계열적으로 상관관계가 있는가를 분석하였다. 그는 분석결과 개별주식들의 과거의 가격변화와 미래의 가격변화는 서로 상관관계가 없다는 실증결과를 보이고 있다. 그리고 Alexander(1964)는 두 번째 관점에서 기술적 분석방법인 필터기법을 이용하여 초과수익을 얻을 수 있는지를 검정하였다. 검정결과, 필터의 크기를 작게 하여 5% 정도로 하였을 때 상당히 높은 초과수익률을 얻을 수 있다는 것을 발견하였다. 그러나 필터의 크기를 작게 하면 거래비용이 많이 소요되므로, 거래비용을 감안하였을 때는 초과수익이 사라지고 시장평균수익률과 비슷한 수준이 되었다. 이러한 연구결과들은 미국의 증권시장이 약형 효율시장이라는 것을 보여 주는 증거라고 할 수 있다. 우리나라 증권시장에 대해서는, 김영국(1987)이 주장한 연의 검정법(run test)으로 우리나라 증권시장이 약형 효율시장이라는 것을 실증적으로 보여주고 있다.

2. 준강형 효율시장가설의 검정

준강형 효율시장가설에 의하면, 새로운 정보가 공개되면 그 즉시 커다란 가격변동이 나타나게 된다. 그러나 정보의 공개 이후에는 유의적인 가격반응은 나타나지 않아야 한다. 왜냐하면, 투자자들은 새로운 정보의 공표시점에서 즉각적으로 정확하게 주가를 조정하게 될 것이므로, 발표 이후에는 더 이상 정보의 효과가 나타나지 않기 때문이다. 그러므로 새로운 정보가 발표된 이후에는 그 정보를 이용하여 남보다 나은 투자성과를 얻을 수 없게 된다. 이러한 준강형 EMH를 검정할 때 일반적으로 사용하는 연구 방법으로는 사건연구(event study)를 들 수 있다. 사건연구는 어떤 사건이나 주요 정보가 공개적으로 발표되는 시점, 즉 공시시점(announcement date)을 중심으로 주식가격이 어떻게 반응하는가를 분석하는 연구방법이다. Fama, Fisher, Jensen, Roll(1969)은 사건연구 방법을 이용하여 준강형 EMH를 검정하였다. 그들은 새로운 정보로서 주식분할을 선택하였다. 그들의 실증분석 결과는 아래 [그림 8-2]에 나타난 바와 같다.

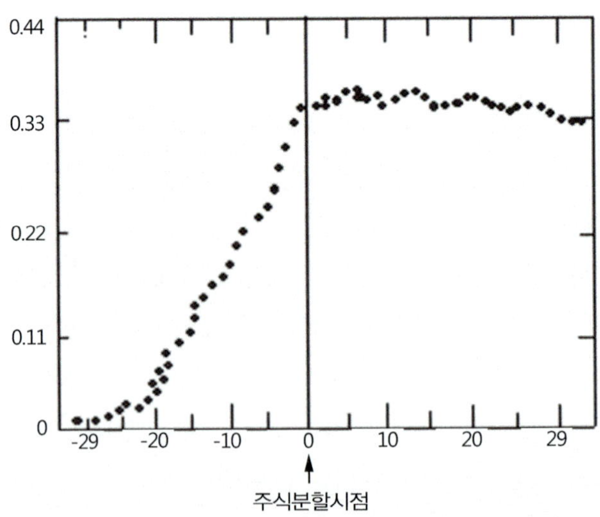

[그림 8-2] 주식분할의 공시효과

그림에서 0시점이 주식분할의 공시시점을 의미한다. 주식분할의 공시 이전에 누적초과수익률(CAR)이 상승하고 있다. 이것은 내부정보(inside information)의 유출이나 혹은 시장의 예측능력(market speculation)에 의해 주식분할에 대한 정보가 발표 이전에 이미 주가에 반영되고 있다는 것을 의미한다. 주식분할에 대한 정보가 시장에 공시되는 시기까지의 약 30개월 동안 누적초과수익률(CAR)이 30%를 넘어서고 있다. 이것은 주식분할에 대한 정보가 주식시장에서 호재로 작용하고 있다는 것을 보여주고 있다. 그러나 주식분할이 시장에 공시된 이후에는 주가변화가 발생하지 않아 누적초과수익률이 거의 일정한 수준에 머무르고 있다. 이것은 주식분할의 정보효과가 이미 공시시점까지 주가에 완전히 반영되었기 때문이다. Fama, Fisher, Jensen, Roll(1969)에 의한 이 연구결과는, 일반에게 공개된 정보는 주가에 즉시 반영된다는 준강형 효율시장가설(EMH)을 지지하는 증거로 해석될 수 있다. 우리나라에서도 통화정책, 무상증자, 특허출원 등에 대한 정보공시가 주가에 미치는 영향을 분석함으로써 우리나라 증권시장의 효율성을 실증적으로 분석한 연구들이 많다. 예를 들어 이재웅, 이철교(1988)는 무상증자를, 정건호, 김성민(1996)은 통화정책을 새로운 정보로 선택하여 준강형 효율시장가설을 검정하였다. 이들의 연구결과에 의하면, 우리나라의 주식시장도 준강형 효율시장임을 시사해 주고 있다.

3. 강형 효율적 시장가설의 검정

강형 효율시장가설이란 현재의 주가가 모든 이용 가능한 정보를 충분히 반영하고 있다는 주장이다. 여기서 모든 이용 가능한 정보는, 과거의 주가와 거래량에 대한 정보와 일반에게 이미 공개된 모든 정보뿐만 아니라, 기업내부자(insider)나 전문투자자들만이 가지고 있는 내부정보(inside information)까지도 포함한다. 따라서, 강형 EMH가 성립한다면, 어떤 종류의 정보를 사용한다 하더라도 시장평균수익률 보다 높은 초과수익은 얻을 수 없게 된다. 강형 EMH를 검정하는 한 가지 방법은 내부정보에 접근할 수 있는 기업의 내부자들의 투자수익을 분석하는 것이다. Jaffe(1974)는 미국의 기업내부자들이 거래한 투자성과를 사건연구 방법에 의해 분석하였다. 그 결과, 내부자들은 시장평균 수익률보다 높은 초과수익을 실현하고 있다는 것을 발견하였다. 이러한 연구결과는, 세계에서 가장 효율적인 미국시장에서조차도 강형 EMH가 성립하지 않는다는 것을 보여주는 것이다. 따라서 강형 효율시장가설은 아직까지는 현실적인 증권시장에서 성립하기 힘든 매우 이상적인 효율시장가설로 생각되고 있다. 또한 이러한 연구결과는, 일반에게 공개되지 않은 기업의 내부정보를 이용한다면 남보다 나은 투자성과를 얻을 수 있다는 것을 시사해 준다. 따라서, 대부분의 선진국에서는 공개되지 않은 기업의 내부정보를 이용하여 거래하는 내부자 거래(insider trading)를 법적으로 엄격히 금지하고 있다.

제5절 효율적 시장하에서의 주식투자

1. 효율시장가설(EMH)과 증권분석

1) 약형 효율시장가설과 기술적 분석

기술적 분석(technical analysis)은 과거 주가의 움직임에서 반복적이고 예측 가능한 패턴을 찾아내어 미래의 주가를 예측하는 투자분석방법이다. 기술적 분석가들은, 주가에 영향을 주는 새로운 정보가 발생하더라도 주가는 이 정보에 대해 서서히 반응하기 때문에 투자자들은 주가의 조정과정에서 나타나는 추세를 이용하여 미래 주가의 변화방향을 예측할 수 있다고 주장한다. 그러나 현재의 주가가 과거의 주가나 거래량 변화에 대한 정보를 완전히 반영하는 약형 효율시장하에서는, 과거 주가나 거래량 변화에서 나타나는 추세를 이용하여 미래의 주가를 예측하려는 기술적 분석은 유용한 투자분석의 방법이라고 볼 수 없다. 따라서 과거의 주가변화 양상을 도표로 나타내어 매입, 매도의 신호를 찾아내려는 다우이론, 주가이동평균선, 필터기법 등은 투자자들에게 결코 시장평균수익률 이상의 초과수익을 가져다 줄 수 없다는 것이다. 즉, 약형 효율시장하에서는 기술적 분석가들이 복잡한 도표분석을 활용하여 채택한 투자전략의 성과가 아무렇게나 무작위로 투자대상을 선정하는 투자전략과 결과적으로 비슷한 수준의 투자수익률을 얻게 될 확률이 매우 높다는 의미이다.

우리나라 증권시장을 포함한 전 세계 대부분의 증권시장이 약형 효율시장의 조건을 충족시키고 있기 때문에 현대 투자론에서 기술적 분석방법이 그 이론적 타당성을 인정받지 못하고 있는 것이다.

2) 준강형 효율시장가설과 기본적 분석

기본적 분석(fundamental analysis)은 주가를 결정하는 기본적 요인(fundamentals)이 존재한다고 믿고, 이 기본적 요인으로부터 주식의 내재가치(intrinsic value)를 평가하여 투자를 결정하는 분석방법이다. 기본적 분석에서 주가를 결정하는 기본적인 요인으로는 일반적으로 국내외 경제상황, 산업특성, 개별기업 요인 등을 들고 있으며, 이들 요인들에 대한 정보는 대부분 이미 일반에게 공개된 정보원천으로부터 입수된다. 만약 준강형 효율시장가설이 성립한다면, 투자자들이 기본적 분석방법을 이용하여 미래의 주가를 예측한다는 것은 불가능하다. 왜냐하면, 기본적 분석에서 고려하는 대부분의 기본요인들은 이미 일반에게 공개된 정보들이기 때문이다. 그러므로 일반투자자나 전문투자자를 막론하고 주가에 영향을 주는 기본적 요인에 대한 정보가 일반에게 공개된 후에 이 정보를 이용하여 남보다 나은 투자를 한다는 것은 준강형 효율시장하에서는 불가능하다. 다시 말하면, 준강형 효율시장 가설이 성립한다면, 투자자들이 기본적 분석을 이용하여 시장평균수익률을 상회하는 초과수익률(excess return)을 얻어낼 수 없게 된다.

우리나라의 증권시장은 미국의 증권시장과 마찬가지로 준강형 효율시장에 접근해 가고 있기 때문에, 일반에게 공개된 정보를 이용하여 투자전략을 결정하는 기본적 분석으로는 다른 사람보다 우월한 투자성과를 지속적으로 실현하기는 매우 어려운 일이다. 준강형 효율시장하에서 일반투자자들의 성과보다 높은 초과수익률을 실현할 수 있는 유일한 방법은, 주가에 중요한 영향을 미칠 수 있는 정보이면서 아직까지 일반투자자들에게 공개되지 않은 내부정보(inside information)를 이용하는 방법뿐이다. 그러나 우리나라를 비롯한 대부분의 국가에서는 공개되지 않은 내부정보를 이용한 내부자들의 주식거래를 법적으로 엄격히 금지하고 있다.

2. 효율시장가설의 역설(paradox)

현실의 증권시장이 준강형 효율시장의 조건을 충족시킨다면, 현재의 주가는 과거의 주가와 거래량에 대한 정보는 물론 기업의 재무적 요인 및 산업, 경제변수에 대한 공개된 모든 정보를 반영한다. 이처럼, 증권시장이 효율적이라면 기술적 분석이나 기본적 분석 등 주가변화에 대한 정보를 분석하여 보다 나은 투자성과를 실현하려는 증권분석이 무슨 의미가 있을까? 여기에는 매우 흥미로운 역설(paradox)이 존재한다. 효율시장가설(EMH)이 성립되기 위해서는, 우선 많은 투자자들이 증권시장은 효율적이라고 믿지 않아야 한다. 투자자들이 남보다 나은 투자성과를 얻기 위해 개별기업의 주가에 영향을 주는 기본적인 요인들에 대한 정보를 신속하고 정확하게 분석하여 투자하는 노력을 지속적으로 수행해야만, 현재의 주가가 일반에게 공개된 모든 정보를 신속히 반영할 수 있게 된다. 만약, 모든 투자자들이 증권시장이 효율적이라고 믿고 이러한 증권분석을 하지 않는다면, 시장의 효율성은 곧 사라지게 될 것이며, 현재의 주가는 주식의 본질적인 내재가치를 정확하게 반영할 수 없게 될 것이다. 이것을 우리는 효율시장가설의 역설이라고 한다. 이와 같이, 효율시장가설은 기술적 분석이나 기본적 분석 방법 그 자체를 부정하는 것이 아니라, 그 분석방법들을 이용하여 많은 사람들이 경쟁적으로 주식을 평가하기 때문에 정보의 영향이 주가에 즉각적으로 반영된다는 주장이다. 그리고, 효율시장가설은 어떤 투자자가 탁월한 분석능력과 오랜 경험으로 다른 투자자들보다 훨씬 우월한 투자성과를 달성하는 경우도 가끔 볼 수 있으나, 이러한 성공을 지속적으로 실현할 가능성은 매우 낮다는 것을 의미한다.

제 9 장
거시경제분석과 산업분석

돈을 절약하고 현명하게 투자할 줄 아는 사람은 일생을 살면서 그만큼 우환이 적은 법이다.(Jim Rogers, 로저스 홀딩스 회장)

제9장 거시경제분석과 산업분석

제1절 거시경제 분석

주가에 영향을 미치는 요인은 매우 다양하다. 이자율의 변동이나 환율의 변동, 경기변동 등의 거시경제 변수에서부터 개별기업의 성장성에 이르기까지 정도의 차이는 있지만 수많은 변수들이 주가에 영향을 미치고 있다. 이 중에서도 이자율의 변동이나 환율의 변동, 경기변동, 국제 원자재가격 등의 거시경제적인 변수들에 대한 분석이 투자 분석에 있어서 중요한 부분이다. 폐쇄적인 경제환경에서의 투자분석은 개별기업과 그것이 속하는 산업분석에만 초점을 두었지만, 오늘날과 같은 개방적인 경제환경하에서는 기업의 경영성과에 영향을 미치고 있는 여러 가지 국내외 경제변수들에 대한 세밀한 분석이 중요하다. 개별기업의 주가변화를 분석하기 위해서는 기업분석과 산업분석이 거시경제 분석과 연계하여 이루어져야 한다.

1. 이자율

이자율은 다른 많은 경제변수들에 영향을 주는 가장 중요한 변수이며, 또한 다른 경제변수들로 부터 많은 영향을 받는다. 이자율은 한 나라의 경제적인 특징을 나타내는 대표적인 경제지표이고 정부가 인위적으로 쉽게 통제할 수 없는 변수이기도 하다. 일반적으로 이자율은 화폐서비스의 가격 또는 신용의 가격으로 정의된다.

이자율은 소비 및 투자, 노동공급 등과 같은 실물부문의 총수요와 총공급 부문에 영향을 미칠 뿐만 아니라 화폐수요와 화폐공급에도 영향을 미친다. 소비, 투자, 노동공급에 영향을 미치는 이자율을 실질이자율이라 하고 화폐의 수요와 공급에 영향을 미치는 이자율을 명목이자율이라 한다.

환율을 비롯하여 주가에 영향을 미치는 거시경제 변수들이 많이 있지만, 그 중에서도 이자율의 동향은 주가에 상당히 중요한 영향을 미친다. 대체로 시장이자율과 주가와의 관계는 이자율이 상승하면 주가가 하락하고, 반대로 이자율이 하락하면 주가가 상승하게 된다. 이자율이 주가에 영향을 미치는 이유를 주식평가모형의 관점에서 이자율과 주가와의 관련성을 설명할 수 있다. 주식평가모형에 따르면 주식의 본질적인 가치는 그 주식에 투자함으로써 미래에 얻을 수 있는 배당이나 자본이득 등의 기대 현금흐름의 현재가치라고 정의한다. 따라서 이자율이 상승하게 되면 미래에 얻을 수 있는 기대 현금흐름의 현재가치가 작아지게 되어 주가는 하락하게 된다. 또한 이자율이 상승하게 되면 외부로부터 자금을 조달하게 되는 기업의 입장에서는 금융비용이 늘어나게 되어 주가가 하락한다. 특히 자본구조에 있어서 부채비율이 높은 기업일수록 이자율 상승에 따라 기업의 수익성은 악화되기 때문에 주가는 하락하게 된다. 그러므로 이자율 상승은 주가에 악재로 작용하지만, 반대로 이자율 하락은 주가에 호재로 작용한다.

2. 환율

환율이란 외국환시세(rate of foreign exchange) 또는 외환시세라고 한다. 일반적으로 통화의 가치는 그 통화가 가지는 구매력에 의하여 표현되는데, 한 나라 통화의 외국에서의 구매력은 외화와 교환됨으로써 실현되기 때문에 한 나라 통화와 외국통화의 교환비율로서의 환율은 한 나라 통화의 대외가치를 나타낸다. 우리나라의 경우는 달러나 엔화와 같은 외화를 원화와 교환할 때의 비율, 즉 외화를 원화로 매매할 때의 가격이라고 할 수 있다.

오늘날 외국과의 대차결제는 외국환에 의하여, 외국환은행이 외국과의 사이에서 지급을 필요로 하는 자에게 외국환어음이나 기타 외화채권을 매매하는 형태로 이루어지고 있다. 따라서 실제적으로는 외국환시세, 즉 환율은 외국환은행이 이러한 외화채권을 매매할 때의 가격으로 기능하고 있다. 환율은 일반상품의 가격형성과정과 같이 원칙적으로는 외화에 대한 수요와 공급의 관계에 따라서 변동한다. 그러나 이것이 늘 대폭으로 변동하면 무역이나 자본의 대차 등 국제거래에 지장이 많아진다. 따라서 IMF(국제통화기금) 협정에서는 각국이 금 또는 달러에 대한 자국통화의 환평가(換平價)를 설정하여, 실제의 환율변동이 일정범위 내(변동폭을 상하 1%로, 그 후

2.25%까지 확대)에서 억제될 수 있는 조치를 취할 것을 가맹국 정부에 의무화하고 있었으나, 1973년 3월 이후 많은 나라가 변동환율제로 이행하였다. 1978년 4월에 출범한 킹스턴체제에서 IMF가 각국에 환율제의 선택재량권을 부여함으로써 변동환율제를 사실상 인정하였다. 한국은 1980년 2월 27일을 기해 변동환율제로 이행하였다. 환율은 분류의 방법에 따라 다음과 같은 종류로 나누어진다.

① **기준환율 · 재정환율(裁定換率)** : 1국 통화의 각국 통화에 대한 환율 중에서 기본이 되는 환율인가 또는 기본적인 환율에서 간접적으로 산정된 환율(cross rate)인가에 따른 분류이다.

② **고정환율 · 굴신(屈伸)환율 · 변동환율** : 환율의 변동이 인정되는 정도에 따른 분류이다.

③ **은행간 환율(시장환율) · 대고객환율** : 거래의 상대방이 은행인가 고객인가에 따른 분류이다.

④ **매출환율 · 매입환율** : 외국환은행의 입장에서 볼 때 매출이냐 매입이냐에 따른 분류이다.

⑤ **전신환환율 · 일람출급(一覽出給)어음환율 · 기한부어음환율** : 은행이 실제로 고객과 거래하는 외국환의 종류에 따른 분류이다.

⑥ **현물환율 · 선물환율** : 외국환의 수도(受渡)시기에 따른 분류이다.

⑦ **외화표시환율(수취계정환율) · 내화표시환율(지급계정환율)** : 환율의 표시방법, 즉 어느 통화를 기준으로 하느냐에 따른 분류 등으로 구분한다.

환율은 쉽게 말하면 우리나라 통화와 외국통화간의 교환비율을 말한다. 오늘의 미국 달러의 환율이 1,070원이라면, 이것은 미국 1달러와 우리나라 원화 1,070원이 동일한 가치로 교환될 수 있다는 의미이다. 두 통화 사이의 환율은 외환시장에서의 수급상황에 따라 결정되지만 실제로는 각국의 이자율, 물가, 국제수지 등 복합적인 요인에 의해 결정된다. 이러한 환율의 동향은 주가변동에 영향을 미친다.

3. 경기예측

1) 주요경제변수

경기를 예측하는데 있어서 먼저 국민소득과 국제수지를 이해하여야 하며, 산업활동과 관련된 지수인 산업생산지수, 생산자출하지수, 생산자 제품재고지수, 제조업 생산능력·가동률지수·평균가동률 등을 알아야 하며, 경제활동인구, 비경제활동인구, 경제활동참가율 등을 이해하여야 한다.

국민소득은 한 나라 안에 있는 가계, 기업, 정부 등의 모든 경제주체가 일정기간 동안에 생산한 재화와 서비스의 가치를 금액으로 평가하여 합산한 것으로 한 나라의 경제수준을 종합적으로 나타내는 지수이다. 국민소득은 생산의 범위 및 평가방법에 따라 국내총생산(GNP), 국민총소득(GNI), 국민순생산(NNP), 국민처분가능소득(NDI), 국민소득(NI), 개인가처분소득 등으로 구분한다. 이러한 지표들은 한 나라의 경제력이나 그 국민의 생활수준을 예측하게 할 뿐만 아니라 국민소득의 생산, 분배, 지출 현황으로부터 얻어지는 경제성장율, 경제구조, 투자율, 저축률, 노동소득분배율 등 각종 분석지표를 통하여 경제현상을 파악하고 경제정책도 수립, 평가하게 된다.

국제수지는 일정기간 동안 한 나라의 거주자와 비거주자 사이에 발생한 상품·서비스, 자본 등의 모든 경제적 거래에 따른 수입과 지출의 차이를 의미하며, 이를 체계적으로 분류하여 정리한 것이 국제수지표이다. 국제수지는 경상수지, 자본수지, 준비자산증감 등 세 가지 항목으로 이루어진다. 경상수지는 상품수지, 서비스수지, 소득수지, 경상이전수지로 나누어진다. 자본수지는 투자수지와 기타자본수지로 나누어진다. 준비자산증감이란 통화당국이 국제수지의 불균형을 직접 보존하거나 또는 외환시장 개입을 통해 국제수지 불균형을 간접적으로 조정하기 위하여 사용할 수 있는 대외자산의 증감을 계상한다. 경상수지가 재화, 서비스 및 소득거래를 대상으로 하는데 비해 자본수지는 정부와 금융기관 및 민간이 해외로부터 차입 등의 방식으로 외화를 도입하거나 이와는 반대로 해외에 신용공여 등의 방식으로 외화를 유출함으로써 발생하는 유·출입차를 나타낸다.

산업활동은 산업생산, 생산자출하, 생산자재고, 제조업 평균가동률과 같은 생산동향과 내수용소비재출하와 도소매판매와 관련된 소비동향이 있다. 또한 기계류 내수 출하와 국내기계수주와 관련된 설비투자가 있으며 건축허가면적, 국내건설수주와 관련된 건설투자가 있다. 아울러 경기종합지수로 선행종합지수, 동행종합지수, 후행종합지수가 있다.

고용은 경제활동인구와 비경제활동인구, 경제활동참가율로 나타낼 수 있다. 경제활동인구란 군인과 재소자를 제외한 만 15세 이상 인구를 생산활동 가능인구라 하며 이 중 일할 수 있는 능력과 취업의사를 동시에 갖춘 사람을 의미한다. 생산활동 가능인구 중 경제활동인구에 포함되지 않은 사람, 즉 일할 능력이 없거나 일하고자 하는 의사가 없는 사람은 비경제활동인구로 분류한다. 한편 생산활동 가능인구에 대한 경제활동인구의 비율을 경제활동참가율이라 한다.

2) 계절조정법

시계열자료는 계절적 변화나 사회적 관습 및 제도에 따라 1년을 주기로 거의 매년 반복적으로 발생하는 단기적인 변동성을 갖는다. 이러한 시기에는 연말연시, 설, 추석 등의 명절이 해당되는데 이 경우에 전년동기대비 증감률, 근로일수 조정법, X-12 ARIMA조정법, Moving Average Method 등과 같은 방법을 통하여 계절조정을 실시해야 한다.

3) 경기지수

경기지수는 경제의 순환적인 동향파악 및 기업의 투자결정에 중요한 지표역할을 수행하는데 경기지수에는 선행지수, 동행지수, 후행지수 등이 있으며, 각 지수는 여러 가지 경기관련 지표를 가중평균하여 구성한다. 한편 추세적인 동향을 제거하고 순환적인 경기상황만을 나타내는 경기동행지표로서 경기순환변동치를 사용하기도 한다.

표 9-1. 경기지표

구 분	지표명
선행지수 (9개)	제조업 재고순환지표, 기계류내수출하지수, 국제원자재가격지수, 수출입물가비율, 코스피지수, 장단기금리차, 구인구직비율, 건설주수액, 소비자기대지수
동행지수 (7개)	공급측면의 광공업생산지수, 도소매업을 제외한 서비스업생산지수, 실질가격 기준 수입액, 비농림어업취업자수, 수요측면의 소매판매액지수, 내수출하지수, 건설기성액
후행지수 (5개)	상용근로자수, 생산자제품재고지수, 도시가계소비지출(실질), 비재수입액(실질), 회사채유통수익률

4) 물가지수

물가지수의 종류에는 소비자물가(CPI), 생산자물가(PPI), GDP 디플레이터(GDP Deflator)가 있다. 소비자물가는 현재 500개 품목의 조사된 가격변동을 가중평균하여 추계하며 기획재정부가 작성을 하는데 조사대상 품목이 최종소비재와 서비스이기 때문에 임금이 차지하는 비중이 상대적으로 높고 경기변동에 크게 민감하지 않는 것으로 나타나고 있다. 생산자물가는 약 900개 품목의 생산자판매가격을 가중평균하여 추계하며 한국은행이 작성하는데 국내시장에서 첫번째 거래단계에서 기업상호간에 거래되는 모든 상품의 가격변동을 측정한다. GDP 디플레이터는 명목 GDP와 실질 GDP간의 비율로서 국민경제 전체의 물가압력을 측정하는 지수로 사용하며, 통화공급 목표를 수립하는데 있어서도 사용하기도 한다.

5) 통화량

모든 실물거래에 있어서 자금거래가 반드시 수반되기 때문에 결제수단인 통화량의 변화는 매우 중요한 변수이며, 통화량의 변화는 단기적으로는 실물부문에, 장기적으로는 물가변화에 영향을 미치게 된다. 우리나라의 경우 1980년대 이후 총통화(M2)가 중심통화로 사용되어 왔으나 1997년대 부터는 MCT(M2+CD+TRUST)와 M2가 병행해서 사용되어 왔으며, IMF체제하에서는 M3도 중요한 지표로 이용되었다. 총통화(M2)는 통화금융기관 장단기 예금의 총합계로 추계되며 플로우(flow)가 아닌 스톡(stock) 개념이다.

MCT는 총통화에 CD 및 신탁계정의 잔고를 합한 것으로서 통화금융기관이 취급하는 유동성 전체를 나타내는 지표이다.

6) 경기예측 방법

경기를 예측하는 방법에는 경기관련 시계열의 움직임을 종합한 경제지표를 분석함으로써 경기전망을 예측하는 방법으로 경기확산지수(DI)와 경기종합지수(CI)가 있다. 또한 기업가를 대상으로 설문조사를 통하여 예측하는 기업실사지수(BSI)가 있다.

경기확산지수(DI : Diffusion Index)는 경기판단 및 예측을 하기 위한 경기변동 측정방법들 중의 하나로 경기국면의 판단 및 예측과 경기전환점을 식별하기 위한 경기자료로서 경기동향지수라고도 한다. 이 지수는 경제의 특정부문에서 발생한 경기동향 요인이 다른 부문으로 점차 확산되어가는 과정을 파악하기 위하여 경제통계 지표간의 상호관계는 고려하지 않고 변화방향만을 종합하여 지수화한 지표이다. 즉, 계절변동과 불규칙변동이 제거된 각 구성지표들 중 증가의 방향으로 움직인 지표수가 전체 지표수에서 차지하는 비율을 백분비로 나타낸 것이다. 예를 들어 20개의 대표계열 중 10개의 지표가 증가하는 방향으로 움직였다면 경기동향지수는 50%로 나타난다. 경기확산지수는 다음과 같이 계산한다.

$$\text{경기확산지수}(DI) = \frac{\text{전월비 상승계열수} + \frac{1}{2} \times \text{보합계열수}}{\text{선정된 총계열수}} \times 100$$

$$\text{누적경기확산지수}(CDI_t) = \text{전기누적경기확산지수}(CDI_{t-1}) + (DI_t - 50)$$

경기확산지수가 기준선인 50을 넘으면 경기가 확장국면에 있다고 판단하고, 50보다 낮게 나타났다면 경기가 수축국면에 있다고 판단한다. 또한 50이면 경기전환점이 되는 시점으로 판단한다. 경기확산지수는 경기종합지수(CI)와는 달리 경기변동의 진폭이나 속도는 측정하지 않고 변화방향만을 측정하는 것으로서 경기의 국면 및 전환점을 파악하는데 유용하게 사용되고 있다. 따라서 경기변동의 단기예측이 가능하다는 장점이 있다. 이 지수도 경기종합지수(Composite Index)에서와 같이 선행, 동행, 후행의 3개 군으로 나누어진다.

경기종합지수(CI : Composite Index)는 현재의 경기동향이나 장래의 경기를 예측하기 위하여 주요 경제지표의 움직임을 가공・종합하여 지수형태로 나타낸 것이다. 생산・투자・소비・고용・금융・무역 등 경제 각 부문의 지표 중에서 경기에 민감하게 반영하는 주요 경제지표를 선정한 후 이 지표들의 전월대비 증감률을 가중평균하여 작성한다. 개별 구성지표의 증감률 크기로 경기변동의 진폭을 알 수 있으므로 경기변동의 방향, 국면 및 전환점은 물론 변동속도까지도 동시에 분석할 수 있어 한국에서는 대표적인 종합경기지표로 널리 활용된다. 지수가 전월에 비하여 증가하면 경기상승을, 감소하면 경기하강을 의미한다. 1983년 3월부터 통계청에서 매달 작성하여 발표하고 있으며, 개별 구성지표의 경기전환점에 대한 일치성 정도에 따라 선행종합지수(leading)・동행종합지수(coincident)・후행종합지수(lagging)로 나눈다. 선행종합지수는 앞으로의 경기동향을 예측하는 지표로서 구인구직비율, 재고순환지표(제조업), 소비자기대지수, 국내기계수주액(선박제외, 실질), 자본재수입액(실질), 건설수주액(실질), 종합주가지수(KOSPI, 월평균), 금융기관유동성(LF, 실질), 장단기금리차, 순상품교역조건 등과 같이 앞으로 일어날 경제활동에 큰 영향을 끼치는 지표의 움직임을 종합하여 작성한다. 동행종합지수는 비농가취업자수, 광공업생산지수, 제조업가동률지수, 건설기성액(불변), 서비스업생산지수(도소매업제외), 도・소매

판매액지수, 내수출하지수, 수입액(실질) 등과 같이 현재의 경기상태를 보여주는 지표로서 국민경제 전체의 경기변동과 거의 동일한 방향으로 움직이는 지표로 구성되며, 후행종합지수는 경기의 변동을 사후에 확인하는 지표로서 상용임시근로자수, 생산자제품재고지수, 소비재수입액(실질), 도시가계소비지출(실질), 회사채유통수익률 5개 지표로 구성된다. 이와 같은 경기종합지수 구성지표는 경제통계의 시계열(time series) 중에서 계절변동과 불규칙변동을 제거한 추세·순환변동치로 작성하는데, 동행종합지수에 대해서는 장기적 추세치를 제거한 동행지수 순환변동치로 현재의 경기국면을 나타낸다. 경기에 민감한 대응성을 보이는 몇 개의 대표계열을 선정하여 이들의 움직임을 종합하여 지수형태로 나타냄으로써 경기국면 파악 및 경기수준 측정에 이용하기 위한 경기지표이다. 측정한 결과 CI의 전월대비 증가율이 양(+)인 경우에는 경기상승을 나타내며, 음(−)인 경우에는 경기하락을 나타내며, 증감률의 크기는 경기변동의 진폭을 반영하므로 경기국면의 변화는 물론 변화속도도 동시에 분석이 가능하다. 우리나라에서는 통계청이 조사하여 발표한다.

기업실사지수(BSI : Business Survey Index)는 기업의 활동 및 경기동향 등에 대한 기업가의 판단, 전망 및 이에 대비한 계획 설문지를 통하여 조사·분석함으로써 전반적인 경기동향을 파악하고자 하는 단기 경기예측수단이다. 조사방법은 기업활동에 대한 변화방향만을 조사하는 방향조사와 매출액 등 영업결과의 실제금액을 조사하는 계수조사의 두 가지 형태가 있다. 계수조사는 실액의 증감률에 의하여 경기변동을 분석하며, 방향조사는 기업의 실사지수에 의하여 다음과 같이 산출한다.

$$\text{기업실사지수}(BSI) = \frac{\text{증가업체수} - \text{감소업체수}}{\text{전체응답자수}} \times 100 + 100$$

기업실사지수는 경기에 대한 기업가들의 판단, 예측, 계획 등이 단기적인 경기변동에 중요한 영향을 미친다는 경험적 사실에 근거하여 설문지를 통해 기업가의 경기동향 판단, 예측 등을 조사하여 지수화한 것이다. 주요 업종의 경기동향과 전망, 그리고 기업 경영의 문제점을 파악하여 기업의 경영계획과 경기대응책을 수립하는 데 필요한 기초자료로 이용된다. 다른 경기관련 자료와 달리 기업가의 주관적이고 심리적인 요소까지 조사할 수 있으므로 경제정책을 입안하는 데도 중요한 자료로 활용된다. 기업경기실사지수는 지수산출 방법에 따라 조사결과를 단순히 합산하여 산출하는 원지수와 기업규모나 산업별 산출액 등을 감안한 가중지수, 개별설문항목을 가중평균하여 편제하는 합성지수로 구분된다. 기업실사지수는 0에서 200

표 9-2. 주요 경기예측 지수

〈 한국은행 BSI 발표지수 〉

구분	2019	2020	2021
제조업	74	82	95
비제조업	78	68	82
전산업	76	75	87

〈 한국경제연구원 BSI 발표지수 〉

구분	2019	2020	2021
전망(A)	90.0	98.9	100.3
실적(B)	90.1	93.4	100.3
차이(B-A)	0.1	-5.5	0.0

〈 한국은행 DPI 발표지수 〉

구분	2019	2020	2021
상품	102.7	101.9	115.3
서비스	105.5	107.3	109.9
총지수	103.7	103.9	113.0

〈 통계청 CI 발표지수 〉

구분	2019	2020	2021
선행종합지수	117.1	123.4	128.1
동행종합지수	113.4	114.0	117,7
후행종합지수	115.1	117.9	122.8

〈 한국은행 CPI 발표지수 〉

구분	2019	2020	2021
식료품/비주류	96.0	101.5	107.9
주류/담배	100.0	99.9	100.4
의류/신발	99.9	100.3	101.7
주택/수도/전기/연료	100.2	100.3	103.4
가정용품/가사서비스	100.2	100.4	104.4
보건	98.7	99.4	99.7

〈 한국은행 CPI 발표지수 〉

구분	2019	2020	2021
교통	103.6	99.5	109.4
통신	101.4	100.8	99.6
주류/담배	100.0	99.9	100.4
오락/문화	99.4	99.9	100.8
의류/신발	99.9	100.3	101.7
교육	101.3	100.0	101.2
주택/수도/전기/연료	100.2	100.3	103.4

사이의 수치를 갖게 되며, 일반적으로 지수가 100 이상이면 경기가 좋아 확장국면으로 인식하고, 100 미만이면 경기가 좋지 않아 수축국면으로 판단한다. 우리나라에서는 한국은행과 전국경제인연합회 등에서 월별로 이를 조사하여 발표하고 있다.

제2절 산업분석

1. 산업분석의 의의

산업분석은 개별기업이 속한 산업의 성과가 그 기업의 성과에 따라 상당한 영향을 미치게 된다는 전제하에서 출발한다. 하지만 산업간의 성장패턴이 다를 경우에는 각 산업에 속한 기업들도 이러한 전체 산업측면에서의 변화에 자유로울 수 없기 때문에 산업분석에서는 특정기업이 아니라 특정산업 전체를 분석을 해야 한다. 산업분석을 위해서는 해당 산업의 수익성, 성장성 등을 포함한 미래 비전, 산업의 경쟁구도 등 산업의 조직적 특성, 생산 및 기술개발 등에서 국제적인 분업관계, 국제경쟁에서 국내산업의 경쟁력 수준, 산업정책의 방향과 해당산업의 중요성 등 다양한 요인들을 분석하여야 한다. 산업분석의 분석의 유용성은 다음과 같이 두 가지 측면에서 살펴볼 수 있다.

첫째, 산업분석을 통하여 얻게 되는 산업 전체의 평균적인 수익성과 성장성은 투자의 산업간 포트폴리오 구성에 활용될 수 있다. 일반적으로 성장성과 수익성이 좋은 산업에 속한 기업들은 대체적으로 투자성과가 양호하게 나타나는 경향이 있기 때문이다.

둘째, 외생변수의 변화가 경제에 미치는 영향을 산업별로 구분하여 분석할 수 있다는 점을 찾을 수 있다. 금리변동이나 환율변동, 유가상승과 같은 경제변수는 개별산업에 따라 다르게 나타나기 때문에 산업의 특성을 잘 파악하는 것은 경제변수의 변화가 기업에 미칠 영향을 예측하는 기초를 제공하는 것이다. 또한 국민경제에서 각 산업들은 서로 연관성을 가지고 발전하는 경향이 있기 때문에 산업별 영향의 파악은 경제 전반에 영향을 가져 오는 거시경제 분석보다 중요할 수도 있다.

2. 산업분석을 위한 업종 분류

산업은 다양한 형태로 분류할 수 있다. 일반적으로 산업의 특성에 따라 1차 산업, 2차 산업, 3차 산업으로 분류하며, 농림어업, 제조업, 서비스업으로 구분하기도 하며, 제조업과 비제조업으로 구분하기도 한다. 또한 산업활동이 경기변동에 민감하게 반응함에 따라 경기민감 산업과 방어적인 산업으로 구분하기도 한다.

정부와 한국거래소는 상장기업을 분류하는데 있어서 경제의 생산단위가 수행하는 경제활동의 특성이나 일반적 양상과 관련된 분류기준 또는 산업정의에 따라 산업을 구분하고 있다.

한국거래소는 글로벌 산출기관인 S&P와 MSCI가 1999년 공동개발한 증시전용 산업분류체계로서 투자분석, 포트폴리오 및 자산관리에 있어 세계적으로 가장 널리 활용되는 산업분류체계인 글로벌산업(GICS)을 도입하여 2010년 7월 1일부터 공표하고 있다.

글로벌산업(GICS)분류체계는 전 세계 산업을 포괄하며 경제섹터(10), 산업군(24), 산업(68), 하위산업(154)의 4단계의 계층구조로 구성되어 있다. 다음의 〈표 9-3〉은 한국거래소가 분류한 우리나라 주식종목의 글로벌산업(GICS) 분류표이다.

표 9-3. 한국거래소의 글로벌산업(GICS) 분류

(단위 : 사, 조원)

경제섹터	산업군	종목수	시가총액	경제섹터	산업군	종목수	시가총액
에너지	에너지	19	42.9	건강관리	건강관리 서비스 및 장비	90	38.4
소재	소재	313	247		제약 및 생명과학	215	205.5
산업재	자본재	345	237.9	금융	은행	12	108.1
	상업전문서비스	36	11.7		다각화된 금융	67	58.6
	운송	40	49		보험	16	43.9
자유소비재	자동차 및 부품	131	150.8				
	내구소비재 및 의류	129	71.7	정보기술	소프트웨어 및 IT서비스	134	61.7
	소비자 서비스	40	195		하드웨어 및 IT장비	255	663.3
					반도체 및 반도체장비	20.3	172.9
	소매	38	22.5	통신서비스	통신서비스	8	27.6
					미디어와 엔터테인먼트	120	210.1
필수소비재	음식료소매	10	14.1	유틸리티	유틸리티	17	23.1
	음식료담배	97	47.3				
	가정 및 개인용품	59	40.8	부동산	부동산	26	10.5

주) 한국거래소 2022. 1. 16 기준

한국표준산업분류는 산업관련 통계자료에서 기본이 되는 것으로서 1963년 유엔의 국제표준산업분류(1963년 3월 1일 제정)에 기초하여 작성된 이후 산업구조의 변화추세와 국제표준산업분류의 개편에 맞추어 지금까지 9차례 개정(2007년 12월 28일)되었다. 현재의 분류표는 2017년 1월 13일부터 시행된 것이다. 분류구조는 대분류(알파벳 문자 사용), 중분류(2자리 숫자 사용), 소분류(3자리 숫자 사용), 세분류(4자리 숫자 사용), 세세분류(5자리 숫자 사용)의 5단계로 구성되어 있다. 다음 표는 대분류에 의한 한국표준산업분류표이다.

표 9-4. 한국표준산업분류표

(단위 : 개)

기호	대분류(산업)	세세분(기업수)	기호	대분류(산업)	세세분(기업수)
A	농업, 임업 및 어업	34	L	부동산업	11
B	광업	11	M	전문, 과학 및 기술서비스업	51
C	제조업	477	N	사업시설관리, 사업지원 및 임대서비스업	32
D	전기, 가스, 증기 및 공기조절 공급업	9	O	공공행정, 국방 및 사회보장행정	25
E	수도, 하수 및 폐기물처리, 원료재생업	19	P	교육 서비스업	33
F	건설업	46	Q	보건업 및 사회복지 서비스업	25
G	도매 및 소매업	184	R	예술, 스포츠 및 여가관련 서비스업	43
H	운수 및 창고업	48	S	협회 및 단체, 수리 및 기타 개인서비스업	41
I	숙박 및 음식점업	29	T	자가소비생산활동	3
J	정보통신업	42	U	국제 및 외국기관	2
K	금융 및 보험	32	계	21	1,197

자료 : 통계청

3. 산업분석 방법

산업분석은 산업구조 변화에 대한 분석과 개별산업에 대한 분석, 사업정책에 대한 분석으로 나눌 수 있다.

산업구조 변화 분석은 경제가 발전함에 따라 산업구조가 어떻게 바뀌어 갈 것인지를 파악함으로써 각 산업의 미래 비전을 분석하는 것이다. 산업구조의 변화를 가져오는 근본원인을 경쟁력 창출요인이라 하는데 이러한 요인을 분석하는 것이 산업을 이해하는데 무엇보다 중요하다. 경쟁력 창출요인은 고부가가치산업 및 제품의 경쟁력에 상대적으로 더욱 중요한 고급요소와 저부가가치산업 및 제품의 경쟁력에 상대적으로 더욱 중요한 단순요소로 구분한다. 고급요소는 인적자원, 기술수준, 국내 수요의 질, 통신 및 항공 등 현대적인 사회간접자본, 유통 및 금융 등 제조업관련 서비스수준 등이 해당되며, 단순요소는 천연자원, 봉급수준, 단순인력, 금리수준과 물적 자본, 토지가격, 도로·항만 등 전통적인 사회간접자본을 의미한다. 또한 산업구조 변화를 이해하기 위해서는 산업과 산업간의 연관관계를 수량적으로 파악하는 산업연관분석을 해야 한다. 이 방법은 한 나라에서 생산되는 모든 재화와 서비스의 산업간 거래관계를 체계적으로 기록한 통계표인 산업연관표를 분석하면 된다. 이러한 산업연관분석은 소비, 지출 및 수출 등 거시적 총량지표와 임금, 환율 및 원자재가격 등 가격변수의 변동이 국민경제에 미치는 파급효과를 분석할 수 있게 해 주며, 또한 전, 후방 산업의 수요와 공급 및 가격의 변화가 개별산업에 영향을 주는 파급효과도 예측할 수 있게 한다. 이 방법은 과거의 산업연관표를 통하여 당해 년도의 경제구조를 분석할 뿐만 아니라 경제예측이나 정책효과 분석도구, 수요예측에 활용하기도 한다.

개별산업에 대한 분석은 해당 산업의 경쟁력과 발전정도를 통하여 산업의 수익성과 성장성을 분석하는 것이다. 이 방법은 산업분석에서 기본적 분석이라 하는데 미래의 수익을 예측하여 산업의 내재가치를 평가하는 방법이다. 기본적 분석을 하기 위해서는 먼저 산업의 과거자료를 연구하여 어떤 요인이 과거의 역사적인 경영성과를 가져왔는지를 분석한 후에 이러한 요인들을 미래에 어떠할 것인지를 예측하여 미래의 수익을 예측한다. 이어서 산업의 적정한 PER수준을 산출하여 실제의 PER와 비교하여 투자결정을 한다, 기본적 분석의 과정은 다음과 같다. 첫째, 산업의 개황을 분석하는 과정으로서 개별산업의 특징, 타산업과의 연관성, 생산방식 및 판매방식, 수요와 공급의 결정요인 등을 파악해야 한다, 둘째, 개별산업에 대한 수요, 공급, 가격에 대한 전망을 실시해야 한다. 셋째, 정부의 주요정책과 주요 이슈, 경영전략을 분석하여야 한다. 넷째, 개별산업의 예상수익액을 산출하여 개별산업의 주당순이익(EPS)을 산출한다. 다섯째, 과거의 산업PER과 전체산업의 PER를 회귀분석하여 상대PER를 구하고 여기에서 전체산업의 PER를 곱하여 산업의 적정PER를 계산한다. 마지막으로 수익예상으로 산출한 산업의 주당순이익과 현재의 주가수준으로 구한 실제의 PER수준, 적정PER수준을 비교하여 최종 투자결정을 내린다.

산업정책분석은 정부의 산업에 대한 정책방향이 각 산업에 미치는 영향을 분석하는 방법이다. 산업정책에는 산업구조정책과 산업조직정책이 있다. 산업구조정책은 유망산업 육성이나 사양산업 합리화 등과 같은 적극적인 산업구조정책과 사양산업 또는 구조불황기업의 보호와 같은 소극적인 산업구조정책으로 구분할 수 있다. 또한 정책범위에 따라 일반적인 정책, 기능별 정책, 지역별 정책으로 구분할 수 있으며, 정책수단에 따라 유인정책, 규제정책, 비전 제시정책 등으로 구분한다. 산업조직정책은 공정거래법을 통한 시장경쟁 촉진, 완전경쟁시장을 지향하는 정태적 효율의 극대화, 기술 및 경영혁신을 지속적으로 유도하고 유효경쟁을 유지하려는 동태적 효율의 극대화를 지향하는 경쟁적 산업조직정책과 과당경쟁 방지, 불황카르텔 허용, 사양산업에 대한 합리화 카르텔 등을 통하여 경쟁제한적 산업조직 정책을 추구하는 전략적 산업조직정책이 있다.

앨런 그리스펀(Greenspan, Alan)

▸ 미국 전 FRB의장

- 출생 : 1926년 3월 6일 (미국 출생)
- 가족 : 1997년 NBC기자 앤드리어 미첼과 결혼
- 학력 : 1948년 뉴욕대 경제학과 졸업
1977년 콜럼비아대학 경제학 박사
하버드, 예일, 펜실베니아대 등 명예박사
- 수상 : 토머스 제퍼슨 상 등 수상
- 경력 : 1954년 타운젠트 그린스펀사 설립
1968년 닉슨 경제자문관
1974년~1977년 대통령 경제자문위 의장
1981년~1983년 사회보장개혁위 의장
1987년 FRB의장 취임, 이후 4연임

제 10 장
기본적 분석

행운이란 우리가 열심히 일하고 성공을 준비하고 있을 때 찾아온다. 아무런 준비 없이, 또 땀 한 방울 흘리지 않은 채 행운이 오기를 기다린다면 그것은 공염불에 불과할 뿐이다.

(John Templeton, 존 템플턴 설립자)

제10장 기본적 분석

제1절 기본적 분석의 의의

기본적 분석이란 기업의 가치에 영향을 미치는 기업의 다양한 내적 요인과 외적 요인에 대한 분석을 통하여 기업의 내재가치(Intrinsic Value)를 구하고, 개별기업에 대한 투자여부를 결정하는 주식분석 방법이다. 기술적 분석이 주로 과거의 주가흐름 분석을 통해 매매타이밍을 결정하는 방법이라면, 기본적 분석은 기업의 내재가치 분석을 통해 저평가된 개별기업을 분석하는 방법이다. 기업가치와 주식 내재가치란 개별기업의 기술력, 시장점유율, 최고경영자의 경영능력 등 기업 내적 요인과 금리, 환율, 정치경제적 환경 등 외적 요인이 복합적으로 작용하여 결정되는 것으로 기본적 분석은 기본적으로 주가는 내재가치를 반영한다는 명제에 근거하는 펀더멘탈 접근방법이다.

기본적 분석의 분석대상은 기업의 가치에 영향을 미치는 모든 요소를 포함하며, 그 범위에 따라 경제분석, 산업분석, 기업분석으로 구분할 수 있다. 경제분석이란 경기변동, GDP성장률, 금리, 물가, 환율 등 대내외적인 거시환경에 대한 분석이며, 산업분석은 기업이 속한 산업의 성장주기, 진입장벽, 가격동향, 원재료 수급동향 등에 대한 분석이다. 기업분석은 해당 기업의 재무상태, 경영성과, 기술경쟁력, 시장점유율, 브랜드인지도 등 계량적, 비계량적 요소에 대한 분석을 의미한다. 즉, 특정기업의 내재가치를 분석하기 위해서는 기업뿐만 아니라 해당기업이 속한 산업분석 및 거시경제요인에 대한 분석이 병행되어야만 적정한 가치를 산정할 수 있다. 일반적으로 경제분석은 증권회사 및 경제연구소의 이코노미스트(Economist)가 담당하며, 기업분석 및 산업분석은 애널리스트(Analyst)가 담당하며, 상호간에 업무협조 체제를 구축하고 있다.

기본적 분석은 접근방법에 있어 크게 거시적 요소를 먼저 분석하고 점차 미시적 요소를 분석하는 Top-down Approach와 미시적 요소에 대한 분석에서 출발하여 점차 거시적 요소로 분석범위를 확대하는 Bottom-up Approach로 구분한다. 일반적으로 경제분석→산업분석→기업분석 순으로 접근하는 Top-down Approach가 기본적 분석의 분석절차로 많이 사용되고 있다.

기본적 분석의 구체적인 방법은 계량화 가능여부에 따라 양적 분석과 질적 분석으로 구분한다. 양적 분석이란 수익비용구조, 시장점유율, 배당률 등 수치로서 계량화할 수 있는 요소에 대한 분석으로 계량적 분석방법이다. 양적 분석의 대표적인 사례는 재무제표에 대한 분석으로 기본적 분석을 함에 있어서 가장 많이 사용되는 방법이다.

질적 분석이란 경영자의 경영능력, 브랜드인지도, 기술경쟁력 등 계량화하기 어려운 요소에 대한 비계량적 분석을 의미한다. 기업의 내재가치는 계량적인 요소뿐만 아니라 비계량적 요소에 의해서도 크게 영향을 받기 때문에 어느 것이 더 중요하다고 말할 수 없다. 따라서 기본적 분석을 실시함에 있어서 양적 분석과 질적 분석을 동시에 실시해야만 보다 적정한 내재가치를 구할 수 있다.

제2절 유가증권의 가치평가

기업들이 기업경영에 필요한 자본을 조달하는 방법에는 크게 두 가지가 있다. 먼저 단기적 조달방식으로 은행을 통한 대출이나 기업어음(CP)이 있다. 또한 장기적 조달방식으로 채권을 발행하거나 주식을 발행하여 자본을 조달한다. 채권은 타인자본이라 하며, 주식은 자기자본이라 하는데 주식에도 보통주와 우선주가 있다. 이러한 자본은 발행자에게는 자본조달이라는 성격을 가지고 있지만 투자자에게는 효율적인 투자대상 유가증권이라는 성격을 가지고 있다. 유가증권의 가치는 기업의 소유주인 주주뿐만 아니라 기관투자자 및 일반투자자, 증권분석가, 경영자 및 재무담당자 등에게 매우 중요한 분야이다. 이러한 유가증권의 가치는 여러 가지 요인에 의하여 변동된다. 유가증권을 보유함으로써 기대되는 수익률과 위험에 영향을 미치며, 시간의 경과에 따라 유가증권의 가치가 변화하고, 그에 따라 유가증권에 대한 투자자의 수요가 변화한다.

1. 채권의 가치평가

회사채의 경우에 발행자의 지급불능위험 때문에 투자자들은 무위험이자율보다 높은 이자율을 요구한다. 투자자들은 발행회사의 신용등급과 위험의 크기에 따라 다른 이자율을 요구한다. 즉, 다른 조건이 동일할 경우에 발행회사의 지급불능위험이 높을수록 채권투자자의 요구수익률은 높아지게 된다. 채권의 가치와 투자자들의 요구수익률간의 관계는 다른 조건이 동일하다면, 요구수익률이 변할 경우 장기채권의 가치는 단기채권의 가치보다 큰 영향을 받는다. 채권이자율과 채권의 가격이 반비례관계를 가지고 있기 때문에 시장이자율이 상승하여 채권의 가치가 하락하고, 투자자가 만기 이전에 보유하고 있던 채권을 매도한다면 채권투자자에게는 손실을 나타낼 수 있다.

일반적으로 만기가 있는 채권은 다음의 식과 같이 채권의 가치를 평가한다.

$$P_0 = \frac{I_1}{(1+k_d)^1} + \frac{I_2}{(1+k_d)^2} + \cdots + \frac{I_{n-1}}{(1+k_d)^{n-1}} + \frac{I_n + F}{(1+k_d)^n} \qquad (10-1)$$

$$P_0 = \sum_{t=1}^{n} \frac{I}{(1+k_d)^t} + \frac{F}{(1+k_d)^n} \qquad (10-2)$$

단, P_0 = 현재시점 $(t=0)$에서의 채권의 가치
k_d = 채권에 대한 투자자들의 요구수익률

한편, 만기가 없는 영구채권의 가치는 다음과 같이 평가한다.

$$P_0 = \sum_{t=1}^{\infty} \frac{I}{(1+k_d)^t} = \frac{I}{k_d} \qquad (10-3)$$

2. 주식의 가치평가

1) 우선주의 가치평가

우선주는 만기가 없는 자기자본이기 때문에 현금흐름은 영구연금으로 인식될 수 있다. 이와 같은 영구연금을 자본화시키면 다음과 같이 가치모형으로 나타낼 수 있다.

$$P_0 = \sum_{t=1}^{\infty} \frac{D_p}{(1+k_p)^t} = \frac{D_p}{k_p} \tag{10-4}$$

단, D_p : 매기간 지급되는 우선주 배당금
k_p : 우선주 주주들의 요구수익률

2) 보통주의 가치평가

보통주의 미래수익은 일반적으로 채권이나 우선주의 수익보다 더 불확실하다. 보통주 배당금은 기업의 이익과 직접적으로 관련이 있고 미래 기업의 이익과 배당금을 정확하게 예측하는 것은 현실적으로 불가능하다. 투자기간이 단일기간인 보통주의 가치평가는 다음과 같이 계산할 수 있다.

$$P_0 = \frac{D_1}{1+k_e} + \frac{P_1}{1+k_e} \tag{10-5}$$

또한 투자기간이 2기간인 경우와 n기간인 경우의 가치평가는 각각 다음과 같이 계산한다.

$$P_0 = \frac{D_1}{(1+k_e)^1} + \frac{D_2}{(1+k_e)^2} + \frac{P_2}{(1+k_e)^2} \tag{10-6}$$

$$P_0 = \frac{D_1}{(1+k_e)^1} + \frac{D_2}{(1+k_e)^2} + \cdots + \frac{D_n}{(1+k_e)} + \frac{P_n}{(1+k_e)^n} \tag{10-7}$$

$$\sum_{t=1}^{n} \frac{D_t}{(1+k_e)^t} + \frac{P_n}{(1+k_e)^n}$$

이와 같은 방법으로 보통주의 배당평가 모형을 다음과 같이 나타낼 수 있다.

$$P_0 = \sum_{t=1}^{n} \frac{D_t}{(1+k_e)^t} + \sum_{t=n+1}^{\infty} \frac{D_t}{(1+k_e)^t} = \sum_{t=1}^{\infty} \frac{D_t}{(1+k_e)^t} \tag{10-8}$$

배당평가모형에서 주식의 가치는 예상되는 미래 배당흐름의 총 현재가치이다. 이 평가모형에서는 미래의 배당이 영원히 지속된다는 현금흐름으로 계산하고 있다. 그러나 이 모형은 계속기업의 경우에는 가능하나 M&A 대상기업이나 청산예정에 있는 기업에 대하여는 평가가 곤란하다. 배당평가모형은 미래배당금에 따라 항상성장모형, 무성장모형, 초고속성장모형으로 나눌 수 있으며, 각각 다음의 식으로 나타낼 수 있다.

〈항상성장모형〉

$$P_0 = \sum_{t=1}^{\infty} \frac{D_0(1+g)^t}{(1+k_e)^t} = \frac{D_1}{k_e - g} \tag{10-9}$$

$$k_e = \frac{D_1}{P_0} + g \tag{10-10}$$

단, D_0: 현재시점의 배당금
k_e: 주주들의 요구수익률
g: 배당성장률

〈무성장모형〉

$$P_0 = \sum_{t=1}^{\infty} \frac{D}{(1+k_e)^t} = \frac{D}{k_e} \tag{10-11}$$

〈초고속성장모형〉

$$P_0 = \sum_{t=1}^{n} \frac{D_0(1+g_1)^t}{(1+k_e)^t} + \frac{P_n}{(1+k_e)^n} \tag{10-12}$$

$$P_0 = \sum_{t=1}^{n} \frac{D_0(1+g_1)^t}{(1+k_e)^t} + \frac{I}{(1+k_e)^n}\left(\frac{D_{n+1}}{k_e - g_2}\right) \tag{10-13}$$

제3절 기업분석

기업에 대한 분석방법 중 정량적 분석의 대표적인 방식은 기업의 재무제표를 이해하고 분석하는 방법이다. 재무제표란 기업의 재무상태, 경영성과, 현금흐름, 이익잉여금의 처분내역을 계량화한 보고서로 기업의 이해관계자들이 해당기업에 대해 올바른 의사결정을 하는데 유용한 정보를 제공할 목적으로 작성한다. 기업의 이해관계자란 주주, 채권자, 임직원, 정부, 고객, 일반대중 등을 말한다. 재무제표에 포함되는 내용은 회사의 재무사항을 사후적으로 보고하기 때문에 향후 실적에 대한 전망과 경영자의 경영능력과 같은 비계량적인 요소는 포함하고 있지 않아서 재무제표 분석만으로 내재가치를 평가하기에는 분명 한계가 존재한다. 그러나 기업의 과거와 현재의 재무사항은 미래에 대한 기업전망을 예측하게 하는 중요한 지표이며, 정성적 분석을 통해 재무제표의 한계를 보완할 수 있다는 점에서 매우 중요하다. 재무제표는 일반적으로 인정된 기업회계원칙에 따라 작성하여야 하며, 이를 위반시에는 공인회계사의 감사의견이 적정의견 이외의 의견(한정의견, 부적정의견, 의견거절)을 받게 되어 이해관계자들로부터 부정적인 평가를 받게 된다. 우리나라에서 일반적으로 인정된 회계원칙은 기업회계기준서로 명문화하고 있다.

K-IFRS에 의한 재무제표란?

① **재무상태표** → 일정시점 현재 기업의 영업활동에 투자되어 있는 경제적 자원인 자산과 이러한 투자를 위하여 조달된 자금의 원천을 부채와 자본으로 표시하여 기업의 재무상태를 나타내는 보고서이다.
② **포괄손익계산서** → 기업의 일정기간의 경영성과를 나타내는 보고서로 경상적이고 반복적으로 발생하는 단기 경영성과 요약치인 당기순이익뿐만 아니라 비경상적, 비반복적으로 발행하는 손익을 포함하며 최종 경영성과를 나타낸다.
③ **현금흐름표** → 일정기간 동안 기업의 현금흐름, 즉 현금의 유입(원천)과 유출(사용)을 나타내는 보고서이며, 영업활동으로 인한 현금흐름, 투자활동으로 인한 현금흐름, 재무활동으로 인한 현금흐름으로 구분하여 나타낸다.
④ **자본변동표** → 자본의 크기와 변동에 관한 정보를 제공하는 재무보고서로서, 자본을 구성하고 있는 자본금, 기타자본구성요소, 이익잉여금(또는 결손금)의 변동에 관한 포괄적인 정보를 나타낸다.
⑤ **주석** → 재무제표를 작성하는데 기준이 되는 중요한 회계정책의 요약 및 기타 보충설명을 의미한다.

재무제표 분석은 일반적으로 비율분석의 방법을 많이 이용하며, 과거비교, 경쟁사비교, 업종평균비교를 통하여 해당기업의 강점과 약점을 분석하는 것을 의미한다. 재무비율 분석은 산출되는 지표의 특성에 따라 크게 수익성, 성장성, 활동성, 안정성으로 구분한다.

1. 수익성비율

수익성 분석이란 투하된 자본을 사용하여 일정기간동안 얼마만큼의 성과를 내었는가를 측정한다. 수익성은 과거대비, 비교기업대비 높을수록 좋으며, 이익의 절대액의 크기보다 단위당 이익을 나타내는 효율성 지표의 성격을 갖는다. 포괄손익계산서에서 산출되는 지표 중에는 해당기업의 주요한 영업활동의 수익성을 나타내는 매출액 영업이익율이 영업외적인 요인의 영향을 받는 매출액순이익율보다 적합한 수익성 지표라고 할 수 있으며, 주요 분석비율에는 다음과 같은 비율이 있다.

$$매출액영업이익률 = \frac{영업이익}{매출액} \times 100$$

$$매출액순이익률 = \frac{당기순이익}{매출액} \times 100$$

$$총자산순이익률(ROA) = \frac{순이익}{총자산} \times 100$$

$$자기자본순이익률(ROE) = \frac{순이익}{자기자본} \times 100$$

2. 성장성비율

성장성 분석이란 기업의 매출액이나 자산규모가 전년대비, 동기대비, 추세대비 얼마나 증가 또는 감소하였는가를 측정하는 것을 의미한다. 기업의 수익성과 함께 기업가치 결정에 가장 많은 영향을 미치는 지표로 높을수록 좋으며, 향후에도 성장이 지속가능한가가 역시 고려되어야 한다.

$$매출액증가률 = (\frac{당기매출액}{전기매출액} - 1) \times 100$$

$$영업이익증가률 = (\frac{당기영업이익}{전기영업이익} - 1) \times 100$$

$$순이익증가률 = (\frac{당기순이익}{전기순이익} - 1) \times 100$$

$$총자산증가률 = (\frac{기말총자산}{기초총자산} - 1) \times 100$$

3. 활동성비율

활동성 분석이란 기업에 투하된 자본을 얼마나 효율적으로 사용하였는가를 측정하는 것으로 일반적으로 높을수록 양호하다. 즉, 활동성은 투하된 자본을 1년에 몇 번 회전하였는가를 나타내는 것으로 회전율이 높다는 것은 그만큼 효율성이 높다는 것을 의미한다. 반대로 활동성비율이 낮다는 것은 결국 투하된 자본을 비효율적으로 사용했다고 판단할 수 있다. 활동성비율은 기업이 속한 산업의 특성에 따라 차이가 있으므로 과거 추세비교와 더불어 동업종 유사기업과의 비교가 요구된다.

$$\text{총자산회전율} = \frac{\text{매출액}}{\text{평균총자산}}$$

$$\text{영업현금흐름비율} = \frac{\text{영업현금흐름}}{\text{평균총자산}} \times 100$$

$$\text{매출채권평균회수기간} = \frac{\text{평균매출채권}}{\text{1일평균매출채권}}$$

$$\text{재고자산회전율} = \frac{\text{매출액}}{\text{평균재고자산}}$$

4. 안정성비율

안정성 분석이란 자본조달을 통해 형성된 기업의 재무구조가 기업활동을 원활히 수행할 수 있도록 안정적으로 구성되어 있는지의 여부를 측정한다. 즉, 자본조달을 효율적으로 하였는지의 여부, 과도한 차입금으로 인한 부도발생 가능성은 없는지 등 재무적위험도를 판단하는 것이다. 이자보상배율이 1이라는 것의 의미는 영업활동으로 벌어들인 이익(영업이익)이 이자비용과 같다는 것으로 이자보상배율이 1 미만인 기업은 벌어들인 이익으로 이자도 못 갚는다는 것을 의미한다. 어떤 기업이 아무리 수익성, 성장성이 좋다 하더라도 재무적 안정성이 낮다면 투자를 피하는 것이 올바른 투자전략일 것이다.

$$유동비율 = \frac{유동자산}{유동부채} \times 100$$

$$당좌비율 = \frac{당좌자산}{유동부채} \times 100$$

$$부채비율 = \frac{타인자본}{자기자본} \times 100$$

$$차입금의존도 = \frac{장단기차입금 + 사채}{총자본} \times 100$$

$$이자보상비율 = \frac{지급이자 + 납세전이익}{지급이자}$$

$$고정장기적합률 = \frac{고정자산 + 투자와 기타자산}{자기자본 + 고정부채}$$

5. 시장가치비율

기본적 분석의 결과로 개별기업의 재무상태와 경영성과 등의 재무정보를 포괄적으로 담고 있는 지표로서, 재무제표와 주가자료를 동시에 고려하여 산출한다. 대표적인 것으로서 *EPS*, *PER*, *PBR*, *PSR*, *PCR*, *EV*/*EBITDA* 등 여러가지가 있으며 일반적으로 기관투자가뿐만 아니라 일반 개인투자가들로 널리 활용하고 있다.

$$EPS(주당이익) = \frac{순이익}{발행주식수}$$

$$PER(주가수익비율) = \frac{주가}{EPS}$$

$$PBR(주가순자산비율) = \frac{주가}{주가순자산}$$

$$BPS(주당장부가치) = \frac{총자산 - 총부채}{발행주식수} = \frac{순자산}{발행주식수}$$

$$PSR(주가매출액비율) = \frac{주가}{주당매출액}$$

$$PCR(주가현금비율) = \frac{주가}{영업활동으로\ 인한\ 현금흐름/발행주식수}$$

$$\frac{EV}{EBITDA} = \frac{기업가치}{영업자산가치} = \frac{시가총액 + 순차입금}{이자, 세금,\ 감가상각비차감전이익}$$

6. 적정주가 산출방법

주식시장에서 적정주가를 산출하는 방법 중에 대표적인 것이 상대가치법과 현금흐름할인법이 있다. 상대가치법은 동업종 유사기업과의 비교를 통해 해당기업의 적정주가를 산정하는 방법으로 산출이 매우 쉽고 간단하며, 유사기업대비 비교가치를 산출할 수 있다는 장점이 있다. 반면에, 적절한 비교대상 기업이 없거나, 주가 등락이 심할 경우 적용이 어려우며 기업의 내재가치보다는 시장의 수급 등에 따른 영향을 많이 받는다는 단점이 있다. 상대가치법 중 PER, EV/EBITDA가 일반적으로 많이 이용되고 있다. 현금흐름할인법(DCF : Discount Cash Flow)은 해당기업의 미래 배당 등 현금흐름을 현재가치로 할인하여 적정주가를 산정하는 방법으로 내재가치를 적절히 반영한다는 장점이 있다. 반면에, 할인율, 영구성장률 등 평가요소 적용에 주관적인 요인이 포함될 수 있다는 단점이 있다. 대표적인 방법으로는 잉여현금흐름(Free Cash Flow) 할인법이 많이 사용되고 있다.

사례

(1) PER 기준

동업종 유사기업 평균 PER : 15.0(배)

A사의 2002년 예상 EPS : 1,000(원)

A사의 적정주가 = 15.0 × 1,000 = 15,000(원)

(2) $\frac{EV}{EBITDA}$ 기준

동업종 유사기업 평균 $\frac{EV}{EBITDA}$: 6.0(배)

B사의 2010년 주식수 : 1,000(주)

$$\frac{B\text{사의 2010년 예상순차입금}}{EBITDA} = \frac{1{,}000{,}000(\text{원})}{500{,}000(\text{원})}$$

$$B\text{사의 적정주가} = \frac{(500{,}000 \times 6.0 - 1{,}000{,}000)}{1{,}000} = 2{,}000(\text{원})$$

7. 증권회사 분석자료 활용

주식에 투자하려는 회사에 대하여 알아보려면 증권회사가 연2회 발간하는 『상장 · 코스닥 기업분석』을 참고하면 회사의 개요나 실적을 알 수 있고 과거의 주가 변화 등을 쉽게 파악할 수 있다.

1) 회사개요 및 재무제표 해설

구분	목록	주요 내용	비고
무엇을 하고 있는 회사인가?	회사개요	사업내용과 분야별 매출 비율, 제품의 종류 등 확인	
결산기	회사개요	결산일자 확인	배당금 지급시기
전환사채 발행	회사개요/ 자본금변동	재무구조 개선 효과 확인	
증자(감자)	회사개요/ 자본금변동	재무구조 충실도 확인	
최근의 사업 개황	회사현황/ 최근연혁	최근의 매출 추이나 신규사업 진출 확인	신문 · 방송 확인
영업이익	재무제표/ 손익계산서	매출액 - 경비(매출원가, 일반관리비, 판매비)	
경상이익	재무제표/ 손익계산서	영업이익 + 영업외수익 - 영업외비용	
당기순이익	재무제표/ 손익계산서	경상이익 + 특별손익(고정자산 매각 손익 등) - 법인세 등의 세금	

2) 투자지표 해설

구분	목록	주요 내용	비고
주가그래프	투자지표	과거 주가와 거래량의 움직임 판단	
주당 순이익 (EPS)	투자지표/ 주당가치지표	1주가 1년 동안 벌어들인 수익력으로 경영자의 경영성과 판단	
주당 순자산 (BPS)	투자지표/ 주당가치지표	기업의 자산충실도가 주가에 반영된 정도를 파악	금융기관이나 광업 등 업종에 대한 주요 투자지표
주당 현금흐름 (CPS)	투자지표/ 주당가치지표	영업활동에 의하여 얻어진 1주당 자금의 양으로 기업의 부채상환, 설비의 확장 및 대체를 위한 자금조달능력을 측정	

구분	목록	주요 내용	비고
주가수익비율 (PER)	투자지표/ 내재가치지표	주가가 순이익의 몇 배인가를 나타내는 것으로 수익성을 중시	업종 내에서 비교 필요
주가매출액비율 (PSR)	투자지표/ 내재가치지표	주가가 주당 매출액의 몇 배인가를 나타내는 수치로 현재의 주가 수준으로 본 매출액 성장 여력의 기대치	벤처 기업의 평가에 유용
주가순자산비율 (PBR)	투자지표/ 내재가치지표	주가와 주당 자산(장부가치)을 비교하는 비율로 주가의 적정성 여부를 판단하는 기준	
주가현금흐름 비율(PCR)	투자지표/ 내재가치지표	주가가 주당 현금흐름의 몇 배인가를 나타내는 지표로 기업의 배당금지급, 부채상환, 설비확장 등을 위한 자금조달 능력을 현재주가와 비교	경기침체, 자금난 심화될 때 기업의 안정성을 측정

☞ 순이익, 매출액, 순자산, 현금흐름 등은 고정된 수치이지만 주가는 시시각각으로 변하기 때문에 주가가 상승하면 PER, PSR, PBR, PCR 등의 비율이 올라가고, 주가가 하락하면 내려가게 된다. 따라서 이러한 지표들을 비교분석하면 기업의 내재가치에 비해 주가의 고평가, 저평가 유무를 파악하여 주가의 상승 및 하락 가능성을 알 수 있다. 즉, PER, PSR, PBR, PCR 등은 그 값이 낮을수록 주가가 저평가되어 있어 상승 가능성이 있다는 것을 의미한다.

구분	목록	주요 내용	비고
베타(β)	투자지표	주식의 변동성을 측정하는 수단으로 업종, 전체시장이 변함에 따라 개별기업의 주가가 변동하는 정도에 대한 상대적 민감도	강세시장 예상시 → 베타계수가 높은 종목들의 편입비중 ↑ 약세시장 예상 → 베타계수가 작은 종목들의 편입비중 ↑
변동성(σ)	투자지표	주별 수정주가 수익률의 표준편차로 평균에서 벗어난 정도	값이 클수록 변동성이 심하므로 위험성이 크다는 것을 의미
EVA	투자지표	= 세후순영업이익 - (평균투하자본×가중평균자본비용) = 평균투하자본 - (투하자본수익률 × 가중평균자본비용) o 종목간, 업종간의 상대적 비교시에 의미	감가상각비 부담이 큰 장치산업 제조업종의 주가 판단에 적합
EV	투자지표	= 시가총액 + 순차입금 = 시가총액 + 이자지급성 장단기차입금 - 현금 및 현금등가물 - 유가증권	
EBITDA	투자지표	= 경상이익 + 금융비용 + 감모 상각비 o 기업의 총자본에 대한 수익 성과 기업가치를 비교하는 투자지표	수치가 낮을수록 기업의 영업력에 비해 시장에서 평가되는 기업가치가 저평가되어 있음을 의미

3) 재무분석 해설

구분	목록	주요 내용	비고
매출액증가율	재무분석/재무비율	기업의 외형적 신장세를 나타내는 주요 지표	당기순이익이 클수록 성장성이 좋은 기업
총자산 증가율	재무분석/재무비율	기업의 전체적인 성장규모를 측정하는 지표	비율이 클수록 좋은기업
자기자본증가율	재무분석/재무비율	기업의 재무적 안정성과 주식가격의 상승 가능성을 구하는 지표	자기자본의 증가율이 클수록 내실 있는 기업
매출액총이익률	재무분석/재무비율	기업이 제품을 판매한 후 총매출액에 제품의 원가를 감한 매출총이익을 비율로 나타낸 지표	수익성 판단의 주요 지표
자기자본순이익률	재무분석/재무비율	회사가 경영을 위한 투자금액에 대해 어느 정도의 비율로 이익이 발생되었는가를 보는 지표	이 비율은 금리수준 이상이 되어야만 영업을 영위하는 의미
금융비용 대 매출비율	재무분석/재무비율	불경기일 때 금리변동에 의한 기업의 저항력을 측정하는 지표	수치가 작을수록 좋은 기업
자기자본 비율	재무분석/재무비율	채권자의 입장에서 원금과 이자에 대한 안전도를 살펴 볼 수 있는 지표	금융비용부담 정도의 간접측정지표로 사용
부채비율	재무분석/재무비율	기업의 장기적 안정도를 보기 위한 보조 지표로서 자본구성의 건전성 여부의 파악에 유용	일반적으로 100% 이하가 이상적인 비율
고정 장기 적합율	재무분석/재무비율	자본의 고정화정도를 측정하는 지표로서 고정자산에 대한 자금조달의 크기를 확인하는 지표	100% 이하가 이상적비율, 장, 단기 부채에 대한 의존정도를 살피는 간접 지표
유동비율	재무분석/재무비율	유동비율은 기업의 단기 채무지급능력을 나타내는 것	일반적으로 200% 이상이 이상적인 비율
총자본 회전율	재무분석/재무비율	총자본이 1년에 몇 번 회전되었나, 즉 얼마나 효율적으로 이용되었는가를 나타내는 지표	이 비율이 높으면 자본이 효율적으로 운용되는 것이고 낮으면 비효율적 투자를 행하고 있다고 판단

4) 신용정보 해설

회사채는 기업이 일반 대중에게 자금을 모집하려고 집단적・대량적으로 발행하는 채권으로 신용평가회사가 다음과 같이 10개 등급으로 평가한다.

구분	평가등급	주요 내용
투자 적격 등급	AAA	원리금 지급확실성이 최고수준으로 투자위험도가 극히 낮으며, 현단계에서 합리적으로 예측 가능한 장래의 어떠한 환경변화에도 영향을 받지 않을 만큼 안정적임
	AA	원리금 지급확실성이 매우 높아 투자위험도가 매우 낮지만 AAA등급에 비해 다소 열등한 요소가 있음
	A	원리금 지급확실성이 높아 투자위험도는 낮은 수준이지만 장래 급격한 환경 변화에 따라 다소 영향을 받을 가능성이 있음.
	BBB	원리금 지급확실성은 인정되지만 장래 환경변화로 지급 확실성이 저하될 가능성이 있음.
투기 등급	BB	원리금 지급 확실성에 당면 문제는 없지만 장래의 안정성 면에서는 투기적 요소가 내포되어 있음.
	B	원리금 지급 확실성이 부족하여 투기적이며, 장래의 안정성에 대해서는 현단계에서 단언할 수 없음.
	CCC	채무불이행이 발생할 가능성을 내포하고 있어 매우 투기적임.
	CC	채무불이행이 발생할 가능성이 높아 상위등급에 비해 불안요소가 더욱 많음
	C	채무불이행이 발생할 가능성이 극히 높고 현단계에서는 장래 회복될 가능성이 없을 것으로 판단됨.
	D	원금 또는 이자가 지급불능 상태에 있음.

☞ AA등급부터 B등급까지는 등급내의 상대적인 우열에 따라 +, − 기호가 부여

기업어음(Commercial Paper: CP)은 자금조달을 목적으로 발행하는 단기의 무담보 단명 어음으로 다음과 같이 6등급으로 평가한다.

구분	평가등급	주요 내용
투자 적격 등급	A1	적기상환능력이 최상이며 상환능력의 안정성 또한 최상임
	A2	적기상환능력이 우수하나 그 안정성은 A1에 비해 다소 열위임
	A3	적기상환능력이 양호하며 그 안정성도 양호하나 A2에 비해 열위임
투기 등급	B	적기상환능력은 적정시되나 단기적 여건변화에 따라 그 안정성이 투기적인 요소가 내포되어 있음
	C	적기상환능력 및 안정성에 투기적인 요소가 큼
	D	상환불능 상태임

☞ A2등급부터 B등급까지는 등급내의 상대적인 우열에 따라 +, − 기호가 부여

KIS 신용평점이란 KIS(한국신용평가정보)에서 개발한 평점모델로서 과거 부도발생기업의 통계적 검증을 통하여 기업의 신용도에 유의적인 안정성, 유동성, 수익성, 성장성, 활동성지표를 선정하여 산출된 평점이다. 보통 평점 80 이상은 우량기업으로 평가하고 70-80은 양호기업, 55-70은 보통기업, 45-55는 열위기업, 45 이하는 불량기업으로 인식한다.

제4절 종목의 선별과 평가

기업의 재무상태를 분석하는 이유는 해당주식의 내재가치인 주식의 진정한 가치를 알고자 하는 것이다. 기업의 가치는 미래의 이익에 기초를 두고 있기 때문에 주식을 선별하기 전에 먼저 그 기업의 미래이익을 예측하는 것이 무엇보다 중요하다. 기업의 미래이익을 예측하는 방법은 그 기업의 재무제표를 통한 각종 지표를 참고로 하여 실시할 수 있다. 일반적으로 배당률이 낮거나 배당이 없는 기업의 경우에는 주가이익비율을 사용할 수 있으며, 비교적 많은 배당을 지급하는 기업에 대하여는 배당수익률(DY)을 사용한다, 그러나 배당을 지속적으로 지급하는 기업이라 하더라도 미래에 계속 배당을 지급할 수 있는지를 예측하기 위해서는 이익을 분석하는 방법을 반드시 실시해야 한다. 왜냐하면, 배당을 지급하기 위해서는 이익을 지속적으로 낼 수 있어야 하기 때문이다. 일반적으로 기업의 가치를 평가하는 방법은 다음과 같은 단계를 거친다.

제1단계 (주식에 대한 과거자료 사용)

↓

제2단계 (시장전반 및 산업에 대한 정보 분석)

↓

제3단계 (재무정보 정보표의 작성)

↓

제4단계 (가치범위의 추정 – 이익과 배당금의 최고치와 최저치 예측)

1. 잉여현금(FCF)모형

잉여현금모형(Free Cash Flow Method)은 미래 현금유입액 중 추가적인 부가가치 창출에 기여할 투자자본의 증가액을 차감한 잉여현금흐름으로 기업의 가치를 평가하는 방법이다. 잉여현금흐름이란 기업 본업활동이 창출해 낸 현금유입액에서 당해연도 중 새로운 사업에 투자하고 남은 것이고, 투하자본에 기여한 자금조달자들이 당해연도 말에 자신의 몫으로 분배받을 수 있는 총자금을 의미한다. 잉여현금흐름 모형은 다음과 같은 식으로 나타낸다.

$$기업의\ 가치 = \sum PV(FCF_t) + 잔여가치$$

단, 잔여가치는 최근 3 ~ 5년간 평균 $FCF_t / WACC$
$WACC$: 가중평균자본비용

잔여가치는 사업의 예측기간이 종료된 후 동 사업으로부터 지속적으로 얻을 수 있는 경제적 부가가치액을 의미한다.

2. 경제적 부가가치(EVA)모형

경제적 부가가치모형은 1980년 후반 미국의 경영 컨설트사인 Stern Stewart사가 LBO(Leveraged Buy Outs)경영을 기초로 하여 개발한 경영관리지표로서 경영자와 주주의 갈등을 해결하고 경영자가 경영활동 전반에 대하여 재인식하는데 기여를 많이 한 모형이며, 다음의 식으로 나타낸다.

$$EVA = NOPLAT - WACC \times IC = (\frac{NOPLAT}{IC} - WACC) \times IC$$

$$= (ROIC - WACC) \times IC = 초과수익률 \times 투하자본$$

단, $NOPLAT$: 세후순영업이익
$WACC$: 가중평균자본비용
IC : 투하자본(Invested capital)
$ROIC$: 투하자본이익률(Return on Invested capital)

NOPLAT(Net Operating Profit Less Adjusted Taxes)는 세후순영업이익으로 기업 본연의 영업활동에서 창출한 영업이익에서 법인세 등의 세금을 차감한 이익이다. WACC(Weighted Average Cost of Capital)는 가중평균자본비용으로 투자자들이 제공한 투하자본에 대한 비용이다. 즉, 외부차입에 의한 타인자본비용 이외에도 주주가 제공한 자기자본비용까지 포함된 총자본비용을 의미한다. 일반적으로 자기자본은 타인자본보다 위험에 대한 프리미엄이 높기 때문에 자기자본비용이 타인자본비용보다 높다. EVA는 주주자본비용의 기회비용적 성격을 명확히 설정할 수 있게 하고, 세후순영업이익에서 자본비용을 차감한 잔여이익은 기업의 최종적인 위험부담자인 주주에게 귀속시킴으로써 기업의 궁극적인 목표인 주주가치의 극대화를 가져오게 된다. 한편, 회계관습과 발생주의 회계원칙의 결과로 산출된 회계이익이 경제적이익을 반영하도록 수정하는 대체적 회계처리방법을 사용하게 된다.

3. 주가배수모형

주가배수모형은 비교 가능한 기업들의 주가배수를 바탕으로 분석대상기업을 평가하는 모형으로서 상대가치모형이라고도 한다. 주가배수모형은 미래 기업의 성장 및 이익예측에 대한 어려움을 시장에서 반영된 주가를 통하여 해결하는 방법으로서 P/E(순이익), P/B(순자산), P/S(매출액), P/FCF(잉여현금흐름) 등의 비율을 사용한다.

1) P/E비율

고든의 안정적 성장모형에 의한 P/E비율은 주식의 가치는 다음 년도에 기대되는 배당을 자기자본과 성장률의 차이로 할인한 값으로 다음과 같이 나타낸다.

$$P_0 = \frac{D_1}{k-g}$$

단, P_0 : 주식의 가치
k : 주주의 요구수익률
D_1 : 내년도의 예상배당액
g : 영구적인 배당성장율

만일 주당순이익이 매년 $g\%$씩 일정하게 성장하고 배당성향이 $(1-b)$라면 예상배당금은 $D_1 = E_0 \times (1-b) \times (1+g)$이 된다. 이를 위 식에 대입하면 다음과 같이 표현할 수 있다.

$$P_0 = \frac{E_0 \times (1-b) \times (1+g)}{k-g}$$ 여기서, 금년도 주당순이익(E_0)으로 나누어주면

$$\frac{P_0}{E_0} = \frac{(1-b) \times (1+g)}{k-g}$$ 또한 $E_1 = E_0(1+g)$이므로 E_1기준으로 표시하면

$$\frac{P_0}{E_1} = \frac{(1-b)}{k-g}$$ 성장율$(g) = b \times ROE$이므로, 이를 다시 표시하면

$$\frac{P_0}{E_1} = \frac{(1-b)}{k-(b \times ROE)}$$

그러므로 P/E는 ① 성장률 g와 양(+)의 관계, 자본비용 k(위험)와는 음(−)의 상관관계가 있다. ② 배당성향(1−b)과 P/E의 관계는 b가 분모와 분자에 모두 포함되어 있으므로 일정하지 않다. 반면에 ROE 〈 k면 배당성향과 양(+), ROE 〉 k이면 배당성향과 음(−)의 관계가 있다.

고도성장기업의 P/E비율은 향후 n년간 매년 주당이익의 일정비율 b를 유보하여 g%씩 성장하고, n년 이후로는 유보율이 b_c로 낮아져서 g_c%로 영구히 성장한다고 가정하여 다음과 같이 주식의 가치를 산출한다.

$$P_0 = \frac{E_0 \times (1-b) \times (1+g) \times \left(1 - \frac{(1+g)^n}{(1+k)^n}\right)}{k-g} + \frac{E_0 \times (1-b_c) \times (1+g)^n \times (1+g)}{(k-g_c)(1+k)^n}$$

2) P/B비율

MV/BV비율은 자기자본의 총 시장가치를 총자본가치로 나누어 준 비율로서 주식 1주를 기준으로 표시한 주가순자산비율(P/B)과 동일한 개념이다. 고든의 모형으로 평가가 가능한 주식의 발행주식 총수가가 N이라면, 안정적 성장기업의 기업가치는 다음과 같이 산출한다.

$$MV = P_0 \times N = \frac{E_0 \times (1-b) \times (1+g)}{k-g} \times N \quad \text{여기서 } ROE = \frac{N \times E_0}{BV} \text{이므로}$$

$$MV = \frac{BV \times ROE \times (1-b) \times (1+g)}{k-g} \qquad \text{이를 } BV\text{로 나누어 주면,}$$

$$\frac{MV}{BV} = \frac{ROE \times (1-b) \times (1+g)}{k-g}$$

만일 여기서 예상순이익을 바탕으로 ROE를 계산하다면

$$\text{즉 } ROE = \frac{N \times E_1}{BV}), \quad \frac{MV}{BV} = \frac{ROE \times (1-b)}{k-g} \text{ 여기서 } g = b \times ROE\text{를 대입하면,}$$

$$\frac{MV}{BV} = \frac{ROE - g}{k-g} = \frac{P}{B} = f(ROE, g, k)$$

그러므로 PBR은 ROE와 양(+)의 관계를 가지며, 위험과는 음(−)의 관계를 가지고 있다. 또한 ROE 〉 자본비용(k)이면, PBR은 1보다 크고 g가 높을수록 커지며

ROE 〈 자본비용(k)이면, PBR은 1보다 작고 g가 높을수록 작아진다.

PER과의 관계는 다음의 식으로 이해할 수 있다.

$$PBR = \frac{순이익}{매출액} \times \frac{매출액}{총자본} \times \frac{총자본}{자기자본} \times (P/E) = ROE \times (P/E)$$

$$= (마진) \times (활동성) \times (자기자본비율의\ 역수) \times (PER)$$

즉, PBR은 PER에 기업의 마진, 활동성, 부채비율이 추가로 반영된 지표로서 자산가치에 대한 평가뿐만 아니라 수익가치에 대한 포괄적인 정보가 반영된다는 점에서도 PBR이용의 유용성이 높다.

PBR과 유사한 개념?

$$\text{Tobin's Q} = \frac{MV(market\ value)}{RC(replacement\ cost)}$$

Tobin's Q비율이 높을수록 투자수익성이 양호하고 경영이 효율적이다. 반대로 Q비율이 낮을수록 부실기업 또는 M&A대상기업이 된다.

3) P/S비율

P/S비율은 주가를 주당매출액으로 나눈 비율로서 PSR이 높다면 매출액에 비하여 주가가 높다는 것을 의미한다. 신설 IT기업이나 인터넷 기업 등 본격적인 이익을 내지 못하여 수익성평가가 곤란한 기업의 주가평가에 많이 사용되며, 다음의 식과 같이 표현한다.

$$P_0 = \frac{S \times M \times (1-b) \times (1+g)}{k-g} \quad 매출액(S)로\ 나누면$$

$$\frac{P_0}{S} = \frac{M \times (1-b) \times (1+g)}{k-g}$$

따라서 P/S는 매출액이익률 및 성장률과는 양(+)의 관계를 가지며 자본비용과는 음(−)의 관계를 가진다. PSR의 장점에는 ① PER이나 PBR은 때때로 음수가 되어 의미가 없어질 수가 있으나, PSR은 곤경에 빠진 기업의 경우에도 구할 수 있다. ② 순이익과 장부가치는 감가상각비, 재고자산, 특별손실에 대한 회계처리방법에 따라 크게 달라질 수 있으나, 매출액은 임의로 조정하기가 어렵다. ③ PSR은 PER 만큼 변동성이 심하지 않아서 가치평가에 적용하는데 신뢰성이 높다. ④ PSR을 이용하면 가격정책의 변화와 기업전략이 미치는 영향을 쉽게 분석할 수가 있다.

4) EV/EBITDA 비율

EV/EBITDA 비율은 순수하게 영업으로 벌어들인 이익에 대한 기업가치비율을 기준으로 공모기업의 자산가치를 추정하는 방법이다. EV는 주주가치와 채권자가치를 합한 금액으로 다음과 같다.

$$EV = [\text{주주가치} + \text{채권자가치}]$$

$$EV = [\text{시가총액} + (\text{이자지급성부채} - \text{현금 및 유가증권})]$$

한편 EBITDA(Earnings before Interest, Tax, Depreciation and Amortization)는 이자 및 세금, 감가상각비 차감전 이익을 의미하며 영업이익에 감가상각비, 기타상각비(대손상각 등)를 더한 금액으로 계산한다.

공모기업의 시장가치는 유사기업의 EV/EBITDA를 산출하고 이를 공모기업의 EBITDA와 비교하여 다음과 같이 추정한다.

① 유사기업의 *EV/EBITDA* × 공모기업의 *EBITDA*를 통하여 공모기업의 EV를 추정한다.

② 공모기업의 *EV*–[부채가치(차입금–현금예금)]를 통하여 예상시가총액을 추정한다.

③ $\dfrac{\text{예상시가총액}}{\text{공모후 발행주식수}} = \text{주당가치 추정}$

EV/EBITDA 비율에 의한 가치추정은 당기순이익을 기준으로 평가하는 주가수익배수모형(PER)의 한계점을 보완하고 있다. 이 비율은 기업자본구조를 감안한 평가방식이라는 점에 유용성이 있다. 또한 추정방식이 단순하며, 분석기준이 널리 알려져 있고 회사간 비교가능성이 높아 공시정보로서의 유용이 크다. 하지만, 시가총액의 경우 분석기준시점에 따라 주가가 변동되므로 추정시점과 실제 상장·등록시의 시가변동에 대한 차이를 고려해야 한다는 단점이 있다.

4. 옵션모형

1) 옵션의 개념

옵션이란 옵션매수자가 옵션매도자에게 특정자산을 사전에 약속한 날에 사전에 약속한 가격으로 사거나 팔 수 있는 권리를 의미한다. 옵션매수자의 측면에서 볼 때 옵션이란 자신의 특정자산을 매입 또는 매도할 수 있는 권리를 의미하므로 옵션매수자는 권리를 행사할 때 유리하면 매수하거나 매도하고 불리하면 행사하지 않을 수 있다. 그러나 옵션매도자는 매수자가 옵션을 행사할 경우에 반드시 응해야 하는 의무가 있다.

기업의 가치를 평가함에 있어 현재시점에서 투자에 따르는 가치는 없으나 미래에 창출될 가치가 있는 잠재력이 있는 투자에 대하여는 DCF와 같은 전통적인 평가방법으로는 평가할 수 없다. R&D투자, 원유나 가스개발권 등과 같은 투자는 실물옵션을 포함하기 때문에 이러한 투자사업에 대한 기업가치를 평가하기 위해서는 옵션으로 평가하여야 한다.

오늘날 이러한 실물옵션의 평가대상은 R&D투자, 원유나 가스개발권뿐만 아니라 전력이나 광산 프로젝트, 생명공학 하이테크, 인터넷 비지니스까지 확대되어 가고 있다. 이러한 실물자산에 대한 가치평가를 선행하기 전에 자기자본인 주식과 타인자본인 채권뿐만 아니라 주식관련 사채인 전환사채(CB), 신주인수권, 스톡옵션 등과 같은 금융자산에 대한 가치평가를 실시해야 한다. 이러한 실물옵션에 대한 평가를 할 경우에 사업으로부터 얻을 수 있는 현금흐름이 기초자산의 가치가 되고, 투자에 따른 지출액이 옵션의 행사가격이 된다. 또한 투자에 따르는 권리를 잃어버리지 않고 투자할 수 있는 기간이 행사기간이 되고, 투자에 따르는 현금흐름의 변동성이 위험이 된다.

2) 옵션의 유형

옵션에는 성장옵션, 확장옵션, 축소옵션, 포기옵션, 스위칭옵션, 시기결정옵션등으로 구분할 수 있다.

성장옵션은 사업성을 평가한 결과 성공가능성이 높고 높은 이익을 가져다 줄 수 있는 옵션을 의미하며 벤처기업과 같은 업종이 해당이 된다.

확장옵션은 현재의 사업을 확장하거나 프로젝트의 생산, 영업규모를 확장할 수 있는 옵션을 의미한다.

축소옵션은 사업환경이 불확실하여 성장이 느려지거나 이익이 줄어들 가능성이 있는 경우 생산 또는 영업규모를 축소하는 것을 의미한다.

포기옵션이란 사업에 대한 불확실성과 변동성이 크게 나타나 사업에 부정적인 영향을 미쳐 기대했던 현금흐름이 실현되지 않을 것으로 판단하여 현재의 자산 또는 사업부분을 매각하여 사업의 가치를 높이는 옵션을 의미한다. 이러한 경우에 청산가치는 풋옵션의 행사가격을 의미하며 옵션대상의 현재가치가 행사가격보다 낮게 나타날 가능성이 있는 경우에 옵션을 행사하는 것이 된다.

스위칭옵션이란 사업환경에 따라 투자사업에 대한 영업을 중단하거나 재개할 수 있는 옵션을 의미하는데, 영업을 재개하는 비용은 콜옵션의 행사가격으로, 중단하는 옵션은 풋옵션의 행사가격으로 고려할 수 있다.

시기결정옵션이란 투자사업에 대한 시행시기를 사업환경 및 여건변화에 따라 연기 또는 앞당겨서 시행하는 옵션을 의미한다.

3) 옵션가치평가법

옵션가치평가법은 옵션가치결정모형을 이용하여 옵션과 유사한 특성을 가지고 있는 자산의 가치를 평가하는 방법으로 조건부 가치평가법이라고도 한다. 옵션가치평가법에서는 미래 사업에 대한 전망을 하는데 있어서 먼저 실물옵션의 방향으로 분석하고 기업의 특성을 실물옵션 변수로 변환한 후, 단계별 투자계획에 의하여 현금흐름할인법을 적용한다. 현금흐름할인법에서 실물옵션가치를 구성하는 변수를 추출하여 블랙-숄즈(Black & Scholes)의 옵션가격결정모형을 이용하여 기업의 가치를 평가한다. 블랙-숄즈(Black & Scholes)의 옵션가격결정모형은 유로피언 옵션의 평가모형으로서 다음과 같은 가정을 하고 있다.

① 옵션의 만기일까지 주식으로부터 배당지급은 없다.

② 무위험이자율과 주식수익률의 분산은 일정하고 안정적이다.

③ 주가변동은 연속적이며 급격한 이탈은 없다.

④ 주식수익률은 로그정규분포(lognormal disribution)를 따른다.

옵션가격결정모형의 식은 다음과 같이 나타낸다.

$$C = SoN(d1) - Xe^{-rT}N(d2)$$

$$d1 = \frac{h(\frac{S_0}{X}) + (r + \frac{1}{2}\sigma^2)T}{\sqrt[\sigma]{T}}$$

$$d2 = d1 - \sqrt[\sigma]{T}$$

단, C : 옵션의 현재가치
S_0 : 기초주식의 현재가치
X : 옵션의 행사가격
r : 연간무위험이자율
T : 만기까지의 잔여기간(1년을 1로 표시)
$N(d)$: 누적표준정규분포에서 d값보다 작을 확률
e : 자연대수의 밑수(2.718...)
σ^2 : 기초주식의 연간수익률의 분산
$1n$: 자연대수

$$N(d) = 1\text{이면 } C = S_0 - X_e^{-rT},\ N(d) = 0\text{이면 } C = 0$$

$N(d)$는 만기에 콜옵션이 내가격일 가능성을 의미한다. 따라서 콜옵션의 가치는 만기에 옵션행사로 얻게 될 이득의 현재가치를 옵션이 행사될 확률로 조정한 것이 된다. 실물옵션에 대한 가치를 평가할 경우에는 다음의 식을 이용하여 실시할 수 있다.

$$NPV(\text{전체투자안}) = NPV(\text{초기투자안}) + \text{콜옵션}$$

김 신(金 信) ▸ SK증권 대표이사 사장

- 출생 : 1963년 11월 28일
- 학력 : 서울대학교 경영학학사
  연세대학교 경제학석사
- 수상 : 2019년 컴플라이언스 대상
  2022년 제13회 한국 IB대상 이노베이션하우스 부분
- 경력 : 2011년~2012년 미래에셋증권 대표이사 부사장
  2012년~2013년 현대증권 대표이사 사장
  2014년~현재 SK증권 대표이사 사장
  2014년~2016년 거래소 비상임이사 (코스닥시장위원, 파생상품시장위원)
  2017년~2020년 한국예탁결제원 주주대표 비상임이사
  2020년~현재 금융투자협회 회원이사
  2020년~현재 한국상장회사협의회 자문위원단

제 11 장
기술적 분석

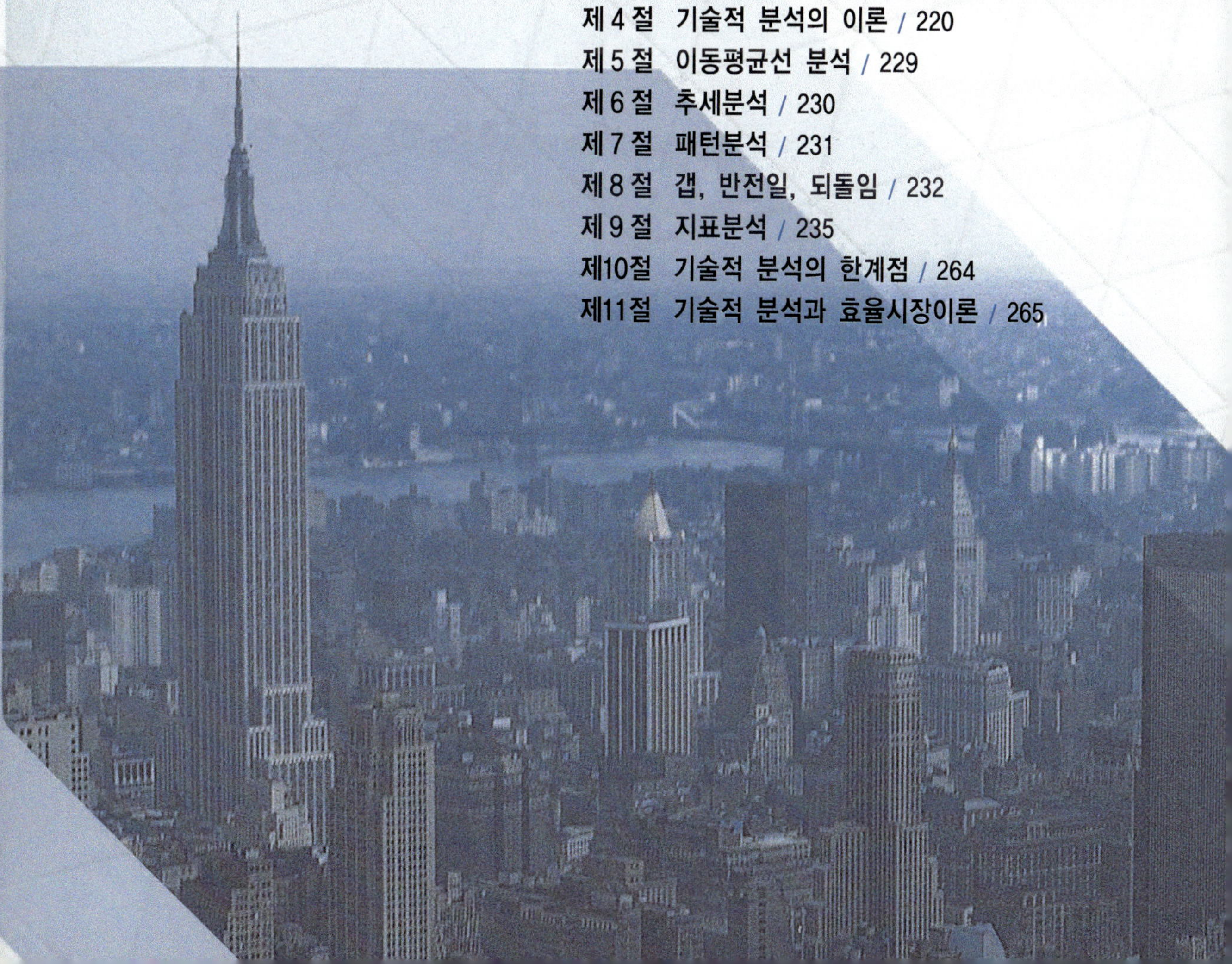

증권브로커이건 세일즈맨이건 놀라운 수익을 보장한다고 큰소리치는 사람들은 무조건 조심해야 한다. 교묘한 트레이딩 기술을 추천하는 사람도 마찬가지로 멀리해야 하는 대상이다.

(Benjamin Graham, 투자가)

제11장 기술적 분석

제1절 기술적 분석(technical analysis)의 의의

기본적 분석(fundamental analysis)은 국내외 경제동향, 산업특성 및 개별기업의 재무적 특성 등을 분석함으로써 주식의 내재가치를 추정한다. 기본적 분석은 현재의 시장가격이 주식의 내재가치보다 낮을 때에는 과소평가되었으므로 주가가 상승할 것으로 예측하는 반면에, 시장가격이 내재가치보다 높을 때에는 과대평가되었으므로 주가는 하락할 것으로 예측한다. 이와는 달리, 기술적 분석에서는 주가의 변동이 주식의 수요와 공급에 의하여 결정되는 것이지 주식의 내재가치와는 아무런 관련을 갖지 않는다는 가정하에서 출발한다. 즉, 향후의 주가도 과거의 추세와 비슷하게 움직이려는 경향이 있다고 보고, 과거의 주가변동 형태를 잘 검토해서 이를 바탕으로 미래의 주가를 예측해야 한다는 것이다. 따라서, 기술적 분석가들은 과거 주식시장에서의 시장동향, 주식거래량의 변화양상, 주가의 변화패턴 등을 시각적으로 도표화함으로써 미래의 주식가격을 분석하게 된다. 이처럼, 대부분의 기술적 분석방법은 도표(chart)를 그려서 분석하기 때문에 기술적 분석을 도표분석방법(chartist' approach)이라고도 한다. 우리가 경제신문이나 일간신문의 증권란에서 볼 수 있는 주가와 거래량 동향에 관한 도표의 대부분은 기술적 분석가들에 의해 만들어진 것들이다.

제2절 기술적 분석의 가정

기본적 분석과는 달리 경제동향, 산업의 특성, 개별기업의 재무상태 및 경영성과에 대한 분석을 하지 않고, 과거의 주가동향과 거래량 변화의 자료만으로 미래의 주가를 예측할 수 있다는 기술적 분석은 다음의 기본가정하에서만 성립될 수 있다.

① 주식시장에서 주식의 가격은 그 주식의 수요와 공급에 의해서만 결정된다.

② 증권의 수요와 공급은 경제적 요인과 비경제적 요인, 이성적 요인과 비이성적 요인 등 다양하고 복합적인 요인에 의하여 결정된다.

③ 증권시장에서 어떤 새로운 정보가 발생했을 때 이 정보의 영향은 서서히 주가에 반영되므로, 주가의 움직임은 특정한 추세를 장기간 형성하면서 변화한다.

④ 주가가 변동하는 이유는 그 주식 또는 다른 주식들의 수요와 공급의 변화 때문인데, 그 변화원인을 구체적으로 알 수는 없으나 증권시장에서 주가가 움직이는 양상을 도표로 나타내어 분석함으로써 그 변화의 추세를 파악할 수 있다.

⑤ 도표에 나타나는 여러 가지 변화의 양상은 스스로 반복하는 경향이 있다.

위의 ①과 ②의 가정은 대부분의 재무이론에서도 인정하고 있으나, 비합리적이며 비이성적 요인들은 증권의 수요와 공급에 일시적인 영향을 미칠 뿐이며 장기적으로는 합리적, 이성적 요인들에 의해 수요와 공급이 결정된다고 믿고 있다. 위에서 제시한 기술적 분석의 다섯 가지 가정 중에서, 기본적 분석과 효율시장이론과는 다른 기술적 분석의 특성을 잘 나타내 주는 가정은 ③과 ⑤의 가정이다. 주가의 움직임이 특정한 추세를 장기간 형성하면서 변화한다는 가정과 이러한 주가의 변화양상이 스스로 반복하는 경향이 있다는 가정은, 기술적 분석이 다른 주가예측방법인 기본적 분석과 효율시장이론과 차이가 나는 가장 근본적인 이유이기도 하다.

제3절 기술적 분석의 종류

1. 추세분석

추세분석은 주가가 일정기간 일정한 패턴을 보인다는 특징을 이용하여 분석하는 기법이다. 주가의 움직임을 도표화하여 주가가 상승이나 하락 또는 보합중에서 하나의 추세선을 따라서 움직이는 것을 발견하여 주식가격의 변화를 예측하여 주식의 매매시점을 판단하는 방법이다. 추세선이란 한번 형성되면 일정기간동안 지속되는 경향이 있으나, 상승과 하락 또는 보합을 반복하여 움직인다. 추세분석은 이와 같은 움직임을 통한 추세선을 발견하여 주식매매에 이용하고자 하는 동적인 분석방법이다.

2. 패턴분석

추세분석이 주가의 움직임을 동적으로 판단하여 주식매매에 이용하는 방법인데 비하여 패턴분석은 주식시장의 정적인 면을 관찰하여 주가의 전환시점을 찾아내는 데 있다. 이와 같은 패턴분석은 추세선이 변화할 경우에 나타나는 다양한 주가변동의 모형을 미리 정형화시킨 후에 실제로 주식가격의 움직임을 주가변동모형에 적용하여 미래의 주가변화를 예측하는 방법이다.

3. 장세분석

장세분석은 현재의 주식시장이 과열인지, 아니면 침체인지를 관찰하여 주식의 매매시점을 찾아내고자 하는 방법이다. 현재의 주가수준이 과다매수 상태인지, 과다매도 상태인지를 투자심리선, 삼선전환도, 주가와 거래량 상관곡선, MA-Oscillator, MSCD, RSI, Sonar, Envelope 등과 같은 다양한 지표를 이용하여 매매시점을 파악하는 방법이다.

4. 시장구조이론

시장구조이론은 오랫동안 주식시장의 움직임과 변화의 정도를 분석하여 이론적으로 해석하는 방법이다. 이러한 방법에는 엘리어트 파동이론, 엘리뇨 현상, 주초 및 주말효과, 연초 및 연말효과, 계절별 진행효과 등이 있다. 만약에 전 세계에 엘리뇨현상이 지속되면 지구상의 온도가 높아져 농수산물 생산량이 감소하여 농수산물 가격이 폭등하게 된다. 따라서 이와 관련된 종목의 주가와 선물가격이 변화하게 된다. 시장구조이론은 이러한 현상들을 사전에 예측하여 주식가격 및 선물가격의 변화량을 파악하여 주식매매에 이용하고자 하는 이론이다.

5. 심리적 분석법

심리적 분석방법은 주식시장에 참여하고 있는 투자자를 대상으로 설문조사 등을 실시하여 주식매매에 이용하는 기법이다. 만약에 투자자를 대상으로 하여 설문조사를 실시한 결과 응답자의 80~90% 이상이 주식매수를 원한다면 매도시점이라고 판단하고, 응답자의 80~90% 이상이 주식매도를 원한다면 매수시점이라고 판단하는 방법이다.

제4절 기술적 분석의 이론

기술적 분석은 전체시장이나 개별증권의 과거의 주가와 거래량 변화를 도표화하여 투자행태를 분석함으로써 미래의 주가를 예측하는 방법이다. 기술적 분석방법의 대부분이 도표(chart)를 그려서 분석하는 것이 특징이기 때문에 이 분석방법을 도표분석 방법이라고도 한다. 그리고 기술적 분석기법에 의존하여 주가를 예측하는 사람들을 도표분석가(chartist)라고 부른다. 이러한 기술적 분석방법에 속하는 주가분석 또는 주가예측 기법은 매우 다양하다.

1. 다우이론(Dow theory)

1) 다우이론에 의한 대공황 예측

다우이론은 기술적 분석 중에서 가장 오래되고 유명한 분석방법 중의 하나이다. 이것은 다우존스회사(Dow Jones Company)를 설립하고 1900년경 월 스트리트 저널(Wall Street Journal)의 편집자였던 찰스 다우(Charles Dow)에 의해 개발된 이론이다. 그가 1902년에 세상을 떠난 이후에도 월 스트리트 저널 편집진을 중심으로 많은 실무자와 학자들에 의해 발전되어 왔다. 오늘날에는 여러 형태의 다우이론이 존재하지만 여전히 기술적 분석의 기초가 되고 있다. 다우이론이 유명하게 된 것은 1930년대 대공황이 발생한 시점이다. 이후는 러시아 정부가 모라토리움을 선언한 이후로 러시아발 세계 경제공황에 대한 논의가 고조되기도 하였다.

1930년대 미국의 대공황(The Great Crash and Depression)은 1929년 9월 3일에 시작되었는데, 이 날의 다우존스산업지수(DJIA)는 381 포인트로 마감하였다. 그러다가 두 달 뒤인 1929년 10월 23일에는 306 포인트로 떨어져, 두 달간의 짧은 기간 중에 주가지수의 거의 20%가 하락하였다. 이때 시작된 하락장세(bear market)는 그 후로 거의 3년 가까이 지속되었다. 대공황이 시작된 시점에서 3년 후인 1932년 7월 8일에는 다우존스산업지수가 41 포인트 수준으로 급격히 하락하였다. 이 수준은 공황이 시작되기 전인 1929년의 최고 수준의 11%에도 미치지 못하는 수준으로 하락한 것이다. 이것이 유명한 1930년대의 미국 증권시장의 주가변동상황이었다. 그 때, 월 스트리트 저널의 편집진은 다우이론에 입각하여 증권시장의 동향에 대한 사설을 썼다. 1929년 10월 23일자 월 스트리트 저널은 역사적인 사설인 '국면의 전환'(A Turn in the Tide)을 게재하였는데, 여기서 그들은 다우이론에 기초하여 미국 증권시장의 활황국면(bull market)이 끝나고 불황(bear market)이 시작될 것이라는 것을 예언하였다. 그 후에 미국 증권시장은 월 스트리트 사설이 예언한 대로 급속히 붕괴되고 세계 경제대공황으로 이어짐으로써, 많은 사람들이 다우이론에 크게 관심을 갖게 된 것이다.

2) 다우이론에 의한 주가예측방법

다우이론에 의하면, 주가의 움직임은 ① 단기변동 (daily fluctuations), ② 중기추세 (secondary movements), ③ 장기추세 (primary trends)라는 세 가지 변동요인으로 구성된다고 주장한다.

단기변동이란 매일 매일의 주가 움직임을 의미하며, 중기추세는 몇 개월 동안 형성되는 주가의 추세를 말한다. 그리고 장기추세는 주변동이라고도 하며, 수년에 걸친 증권시장의 흐름을 말한다. 우리가 흔히 이야기하는 강세시장(bull market)이나 약세시장(bear market)은 주가의 장기추세에 기초를 두고 있다. 다우이론에서는 대체로 단기적인 주식가격의 변동은 고려하지 않는다. 즉, 다우이론은 주가의 단기변동보다는 주가의 중기추세를 분석함으로써 미래 주가의 장기추세를 예측하여 증권시장의 앞으로의 변화 방향을 예측하는 기법이다. 다음 [그림 11-1]은 다우이론을 표시한 것이다.

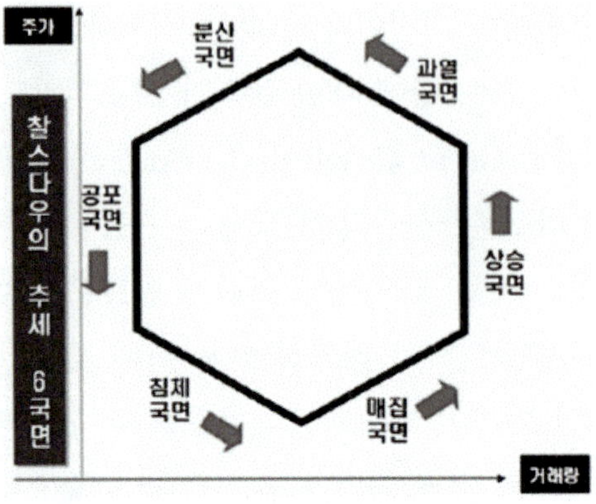

[그림 11-1] 다우이론

다우이론은 강세시장을 매집국면(제1국면), 상승국면(제2국면), 과열국면(제3면)으로 구분하고 약세시장을 분산국면(제1국면), 공포국면(제2국면), 침체국면(제3국면)으로 각각 구분하여 주식시장 전체의 흐름을 판단하여 주식매매시점을 예측하는 이론이다.

매집국면은 강세시장 초기단계로서 경제 및 금융시장 여건, 기업의 경영환경 등이 불확실한 단계이다. 이 단계에서 일반투자자들은 공포심을 느끼며 주식을 계속 매도하지만, 전문투자자들은 금융시장에 확신을 가지면서 매수를 한다.

상승국면은 금융시장환경이 개선되며, 거시경제지표가 호전된다. 기업들의 경영활동이 활발해지고 일반투자자들의 시장참여도 활발하다. 시중자금의 증시유입이 빨라지게 되고 당연히 거래 역시 매우 활발하다.

과열국면은 일반투자자들이 금융시장에 확신을 느끼며, 매수를 늘려간다. 자금에 의해 주가상승이 이뤄지는 유동장세가 전개된다.

약세추세는 분산국면 → 공황국면 → 침체국면 등 세 가지 국면으로 이어진다. 분산국면은 과열국면을 인식한 전문투자자들이 주식을 매도하나, 일반투자자들은 시장가치에 비해 주가가 매우 높은 점을 인식하여 주식매수를 지속한다. 이에 따라 강세장에서의 주가상승세가 둔화되기 시작하나, 일반투자자들의 투기세력이 남아 있어 거래는 많은 수준이다.

공황국면은 경제나 기업실적이 악화되고 주식매수 강도가 매우 약해지는 특징이 있다. 주가가 하락하는 만큼 거래량도 크게 줄어들게 된다.

침체국면은 일반투자자들의 매물로 주가가 계속 하락한다. 보수적인 투자성향이

시장 분위기를 지배하며 우량주 중심으로 한산한 거래가 지속된다. 그러나 전문투자자들은 시장에 대하여 긍정적으로 인식하기 시작하며 주식을 매수하기 시작한다. 이러한 주식시장에 따라 일반대중들과 전문투자자들은 다음의 〈표 11-1〉과 같은 투자결정을 하게 된다.

표 11-1. 투자결정과 투자행위

시장참여 투자자	강세			약세		
	매집 (제1국면)	상승 (제2국면)	과열 (제3국면)	분산 (제1국면)	공포 (제2국면)	침체 (제3국면)
일반 대중	공포심	공포심	확신	확신	확신	공포심
전문 투자자	확신	확신	공포심	공포심	공포심	확신
투자전략	-	점차매도	매도	-	점차매수	매수

3) 다우이론에 대한 비판과 보완

다우이론은 유용성에도 불구하고 몇 가지 한계점이 존재하고 있다. 다우이론은 현재 진행 중인 추세를 확인할 뿐 미래의 시장동향에 대한 예상정보를 제공해 주지는 못하며, 진행 중인 가격추세가 얼마나 지속될 것인지에 대한 정보도 제공하지 못한다는 단점이 있다. 이러한 단점을 보완하기 위해서 최근에는 오실레이터나 과매입/과매도 지표 등을 많이 사용하고 있다.

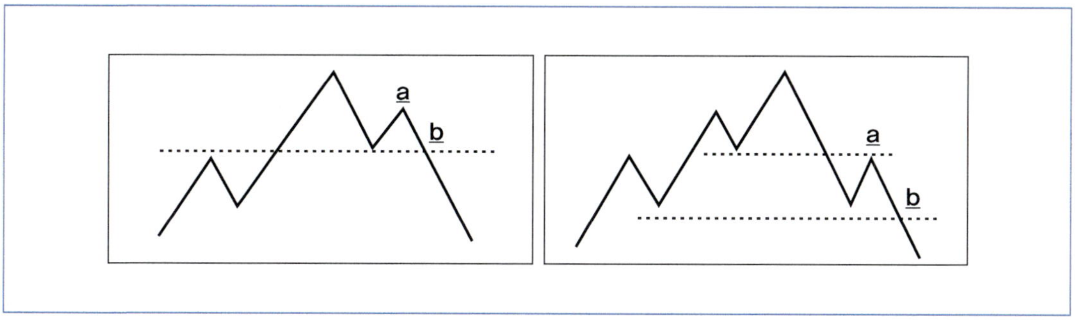

위의 그림은 기존의 강세추세의 전환과정을 보여주고 있다. a시점은 최초로 기존추세 전환의 신호를 보여주고 있으며, 이후 b 시점은 추세전환을 확정시켜주고 있다. a시점과 b시점 중 어느 점을 매도시점으로 잡는가는 개별투자가의 경험과 선호에 달려 있다고 할 수 있다.

2. 엘리어트 파동이론

엘리어트 파동이론(Elliott wave principle)은 1939년 엘리어트가 파이낸셜 월드지를 통하여 주가의 변동은 상승5파와 하락3파에 이하여 지속적으로 순환·변동한다는 논리로 발표한 이론이다. 이 이론에 의하면 주가는 보통 3년에 걸쳐 상승5파와 하락3파의 총 8개의 파동으로 구성된 하나의 사이클을 형성한다는 이론이다.

엘리어트는 다우의 두 가지 원칙을 계승 발전시켜 주가는 일직선으로 상승하지 않고 황금분할이라는 자연의 법칙에 따라 연속적으로 반복하면서 상승한다는 종합적인 파동이론을 완성하였다. 제1원칙은 하나의 상승파동은 3개의 더 작은 상승파동으로 구성된다는 것이다. 첫 번째 파동은 급락에 따른 반작용으로 생기는 반등이며, 두 번째 파동은 경기와 실적향상을 반영하는 상승이고 세 번째 파동은 미래 현금흐름을 미리 지나치게 반영하여 상승한다는 것이다. 제2원칙은 모든 상승 또는 하락파동은 이전 파동의 3/8 이상을 조정한다는 것이다.

엘리어트 파동이론은 2가지 중요한 특징이 있다. 첫째, 주가의 움직임은 파동(wave)의 형태를 띠고 이루어진다는 것이며, 둘째, 모든 주가는 궁극적으로 5개의 파동을 갖고 움직이면서 전체적으로 상승국면을 이끌어 낸다는 것이다. 여기서 (1),(3),(5)번 파동은 상승파동이며 (2),(4)번 파동은 하락파동이다.

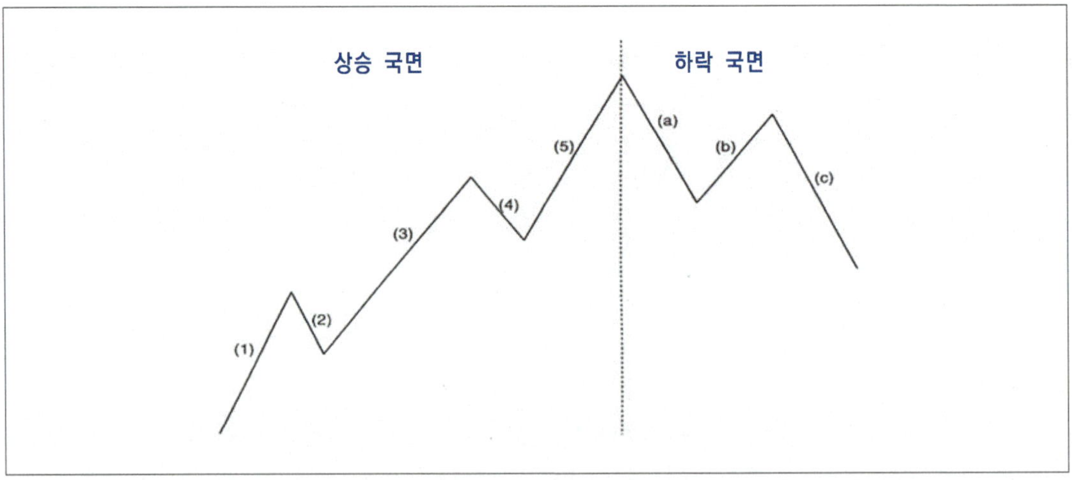

(1)파부터 (5)파까지 전체적으로 상승국면을 이루고 있을 때 (1),(3),(5)파는 각각 주식시장에 충격을 주면서 주가를 새로운 영역으로 끌어올리기 때문에 이 상승

파동을 충격파동이라 하며, (2),(4)파동은 (1)파와 (3)파에 의해 생긴 충격적인 상승움직임에 반발하는 하락 움직임이므로, 시장에 주어진 충격을 완화함으로써 이전에 이루어진 부분으로 되돌리며 조정한다는 의미에서 조정파동이라 한다.

파동의 한 사이클이 완성되기 위해서는 상승국면에 이어지는 하락국면까지 고려해야 한다. 상승국면에서의 5개의 파동에 이어지는 하락국면에서의 파동은 예외가 있기는 하지만 일반적으로 3개로 이루어진다. 이 3개의 파동은 전체적으로는 상승국면을 조정하기 때문에 질적으로 구별하기 위해 알파벳을 사용하여 (a)파동, (b)파동, (c)파동이라고 부른다.

상승국면에 있는 5개의 파동을 한 파동으로 볼 수 있고, 하락국면에 있는 3개의 파동을 또 한 파동으로 볼 수 있다. 이 경우 상승국면의 (1), (3), (5)파와 하락국면의 (a), (c)파의 충격파동은 5개의 파동으로 구성되고, 조정파동인 (2), (4), (b)파는 3개의 작은 파동으로 구성됨을 알 수 있다.

한편, 엘리어트 파동이론의 절대 불가침의 법칙에는 ① 2번 파동은 절대로 1번 파동의 출발점 이하로 내려가서는 안된다. ② 충격파동인 1, 3, 5번 파동 중, 3번 파동이 가장 짧아서는 안된다. ③ 4번 파동은 1번 파동과는 겹쳐서는 안된다는 것이다.

전체적으로는 상승국면의 주가상승이 하락국면의 주가하락보다 크기 때문에 긴 안목으로 보면 상승추세를 보인다는 것이 엘리어트 이론의 핵심이다. 따라서 하락국면에서 (c)파동이 끝나는 점은 상승국면에서 (1)파동이 시작되는 점보다 높아야 한다는 것이다.

3. 사께다 전법

사께다 전법은 일본 도꾸가와 시대의 혼마가 창출한 이론을 구체화하여 실전에 적용시킨 전통적인 주식 투자기법으로, 주가의 기본적인 패턴을 분석하는 데 필수적인 이론이다. 이 사께다 전법은 3산(三山), 3천(三川), 3공(三空), 삼병(三兵), 3법(三法)으로 구성되어 있으며, 이 중에서 3산, 3천, 및 3공은 미국에서 창출된 패턴분석 가운데 가장 신뢰도가 높은 헤드 앤 쇼울더형(Head & Shoulder), 역 헤드 앤 쇼울더형(Reverse Head & Shoulder) 및 갭(Gap) 등과 그 모형을 같이하고 있어 더욱 신뢰성이 높다.

잠시 쉬어가는 페이지

18세기, 일본 에도시대에 신출귀몰한 거래로 일본경제를 흔들었던 거상 혼마 무네히사(1717 ~ 1803)는 지금도 상인의 하늘, 거래의 신(神)이라고 불리고 있다. 그는 23세에 혼마 가문의 양자로 들어가 쌀 거래로 엄청난 부를 축척해서 혼마 가문을 에도시대 천하제일의 부자 가문으로 만들었다. 하지만 혼마가 처음부터 성공의 가도를 달린 것은 아니었다. 젊은 시절 혼마는 쌀 거래의 실패로 가진 돈을 다 날리고 절을 찾아갔다. 염불 소리라도 들으면 뭔가 달라질 것 같아서였다 그런 그에게 어느 날 주지스님이 찾아와서 깃발이 왜 펄럭이는지 묻는다.

혼마는 그 질문에 제대로 답을 하지 못하고 세속적인 답변만 늘어놓았다. "저 깃발이 흔들리는 건 자네 마음이 흔들리기 때문이네." 스님이 남긴 말은 마치 망치로 머리를 치듯이 혼마를 커다란 충격에 빠뜨렸다. 한동안 얼얼한 표정으로 자신의 두근대는 심장소리를 느끼며 앉아있던 그는 모든 것은 마음을 알아야 하는 것이란 것을 깨달았다. 혼마가 스님의 말에서 깨달은 것은 마음이 지어내는 온갖 허상과 그러한 허깨비들에 마음이 휘둘리는 자기 자신을 보는 법이었고, 자신을 통해 남을 아는 법이었다. 그는 그것을 깨닫는 자만이 장사든, 어떤 분야에서든지 최고가 될 수 있다는 큰 깨달음을 얻었다.

1) 삼산(三山)

고점에서 봉우리가 3개라고 해서 삼봉형이라고도 불리우며, 지속적인 주가상승 이후에 매수세력이 유입되지만 더 이상 상승하지 못하고 하락추세로 반전되는 패턴이다.

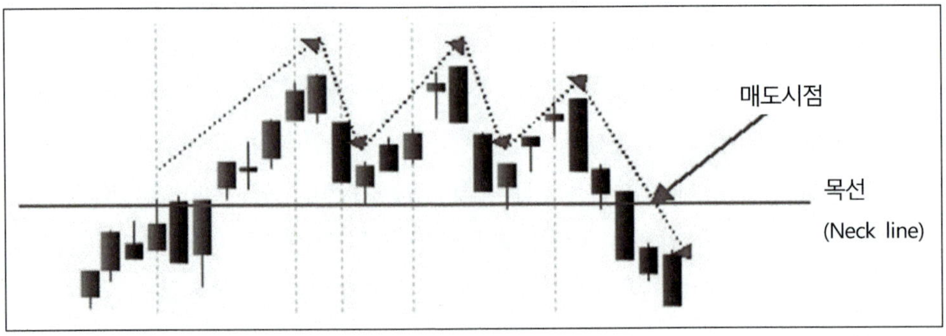

2) 삼천(三川)

삼산형의 정반대의 패턴으로 흔히 3중 바닥형으로 불린다. 거래량이 증가하며 바닥 저점을 높이는 것이 특징이며, 장기간 하락추세에서 상승추세로 전환되는 확률이 매우 높은 패턴이다.

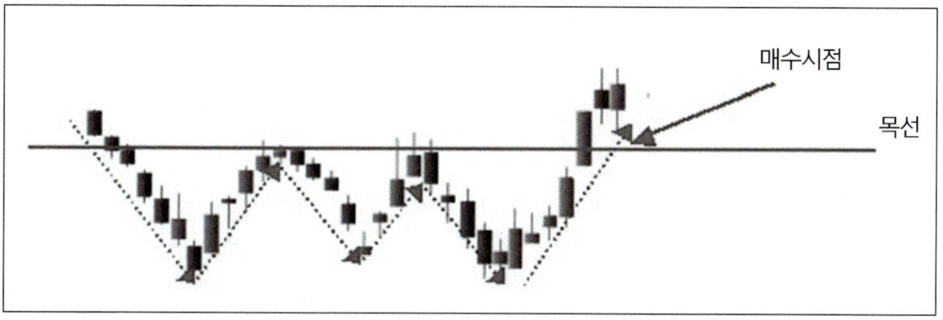

3) 삼공(三空)

삼공은 갭(Gap)을 의미하는데, 주가가 어느 날 매매거래 없이 갑자기 급등 혹은 급락함으로써 주가 매매가격의 빈 공간을 나타내는 상태를 말한다. 크게 상승갭과 하락갭으로 나눌 수 있으며, 이런 갭이 3회 이상 연속 발생하는 경우를 3공이라고 한다. 주가가 큰 폭으로 급등한 상태에서 3공이 발생하면 추세전환시점으로 해석한다.

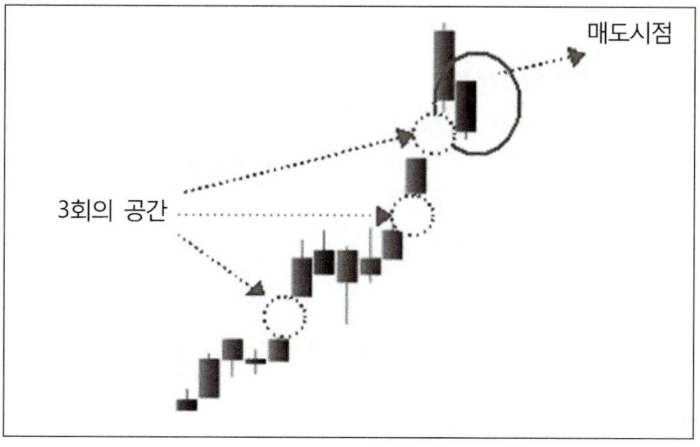

4) 삼병(三兵)

삼병형은 적삼병과 흑삼병으로 구분된다. 일반적으로 바닥권에서 적삼병은 상승신호, 상투권에서 흑삼병은 하락신호를 의미한다.

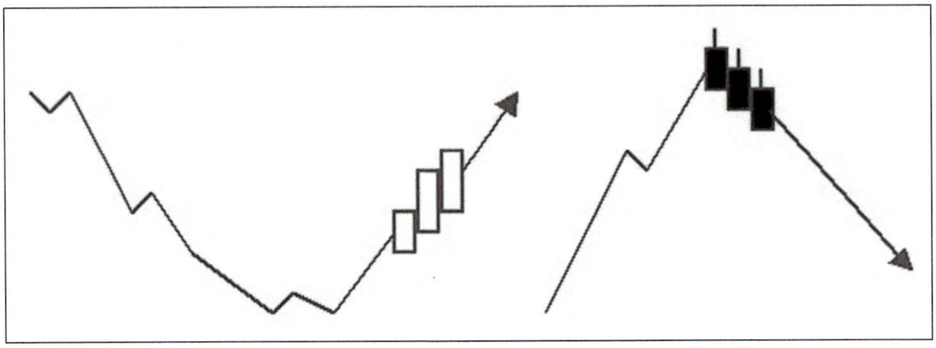

5) 삼법(三法)

삼법이란 매(賣), 매(買), 휴(休)를 말하는 것으로, 여기서는 특히 휴(休)를 강조한 것이다. 삼법형은 "쉬는 것도 곧 투자다"라는 주식에 관한 격언처럼 매수, 매도가 불확실한 상황에서 주가가 움직이는 방향을 기다리며 일정기간 휴식이 필요하다는 것을 말해준다.

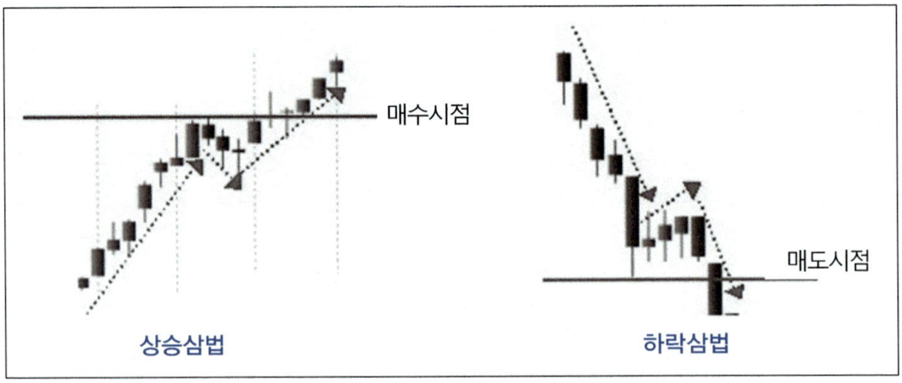

제5절 이동평균선 분석

1. 이동평균선의 개념

이동평균선 분석은 과거 일정기간동안의 주가의 평균적인 진행의 방향을 관찰하고 현재 주가의 진행방향과의 관계를 분석하여 향후 주가가 어떻게 형성될 것이지를 예측하는 방법이다. 주식의 가격은 수시로 변동할 뿐만 아니라 그 움직임의 형태도 불규칙하다. 이러한 불규칙적인 주가변동을 제거하면서 주가의 움직임을 살펴보고자 하는 것이 이동평균선을 이용한 주가예측방법이다. 이동평균선은 단기이동평균선과 중기이동평균선, 장기이동평균선으로 구분하며, 과거 일정기간 동안의 주가에서 첫 번째 날의 주가를 가장 최근의 주가로 대체시키면서 매일 매일의 주가를 단순평균하여 계산된다. 이동평균선은 표본기간에 따라 단기지표로는 5일과 20일 평균선을 사용하며, 중기이동평균선은 60일 평균선, 장기이동평균선은 120일 이동평균선을 사용한다.

단기 이동평균선은 매일 매일의 주가변동을 신속하게 파악할 수 있으나, 동시에 주가의 일시적인 변동에도 영향을 받기 쉽다. 반면에, 중・장기 이동평균선은 매일 매일의 주가변동은 파악할 수 없으나 주가의 추세를 판단하는 데는 매우 유용하다. 따라서 이동평균선을 이용하여 미래의 주가 움직임을 예측하는 데에는 한 종류의 이동평균선만을 사용하는 것보다는, 단기・중기・장기 이동평균선을 함께 이용하는 것이 효과적이다.

2. 이동평균선을 이용한 분석

이동평균선을 이용한 분석방법에는 방향성분석, 배열도분석, 지지선분석, 저항선분석, 크로스분석, 밀집도분석, 연관성분석 등이 있다. 방향성분석은 5일, 20일, 60일, 120일 이동평균선의 방향이 상승중인지 하락중인지를 확인하는 방법으로 주가의 흐름이 단기 → 중기 → 장기 이동평균선의 방향으로 이동되기 때문에 주가의 방향을 쉽게 판단할 수 있다. 배열도분석은 주가의 흐름을 정배열주가상승 →

역배열 전환주가 하락 → 역배열 주가하락 → 정배열주가상승 전환 → 정배열 주가상승 이라는 배열상태로 분석하는 방법이다. 지지선분석은 주가가 상승할 경우에는 단기·중기·장기 이동평균선을 지지선으로 상승하게 되지만, 하락할 경우에는 이동평균선을 차례로 벗어나게 된다는 방법이다. 저항선분석은 주가가 하락할 경우에는 단기·중기·장기 이동평균선이 차례로 저항선이 되어서 주가가 하락하게 되지만, 상승할 경우에는 각 이동평균선을 차례로 상행 돌파하면서 주가가 상승한다는 방법이다.

크로스분석은 단기 이동평균선이 장기 이동평균선을 아래에서 위로 상향 돌파하는 골든크로스와 단기 이동평균선이 장기 이동평균선을 위에서 아래로 하향 돌파하는 데드크로스가 있는데, 골든크로스는 매수신호로 인식하며, 데드크로스는 매도신호로 인식되고 있다. 밀집도분석은 주가가 단기·중기·장기 이동평균선 사이로 모이거나 흩어지면서 상승과 하락을 반복하는 순환과정을 발견하여 주가의 매매시점을 판단하는 방법이다. 연관성분석은 주가가 단기·중기·장기 이동평균선과 서로 밀접한 상관관계를 가지고 있어 상승초기와 하락말기에 이동평균선의 전환과정을 살펴보면서 상승초기에 매수종목을 선별하는 방법이다.

제6절 추세분석

추세분석은 주가가 어느 기간 동안 일정한 방향으로 추세를 보이며 움직이는 경향이 있다는 성질을 이용한 기법이다. 주가란 제멋대로 움직이는 것처럼 보이지만 주가의 움직임을 도표화하여 보면 어떠한 추세, 즉 상승·하락 또는 수평추세 중 어느 하나의 추세선을 따라 움직인다는 것을 알 수 있다. 그러나 추세선이란 한 번 형성되면 상당기간 지속되는 것이 일반적이기는 하지만 한 방향으로만 지속되는 것이 아니라, 상승에서 하락이나 보합으로, 하락에서 상승이나 보합으로, 보합에서 상승이나 하락으로 변화되며 새로운 추세선을 형성한다. 추세분석은 이와 같이 변화하는 주가의 움직임으로부터 추출되는 추세선을 관찰하여 주식의 매매시점을 포착하고자 하는 기법이다.

제7절 패턴분석

패턴분석은 추세선이 변화될 때에 나타나는 여러 가지의 주가변동모형을 미리 정형화해 놓고 실제로 나타나는 주가의 움직임을 거기에 맞추어 줌으로써 앞으로 주가추이를 예측하고자 하는 기법이다. 또한 기술적 분석은 주가와 거래량을 나타내는 도표를 바탕으로 간편하게 알아보기 쉽다는 장점을 갖고 있으나 다음과 같은 단점도 있다. 첫째, 시장이 과거와 같은 패턴으로 움직인다는 가정은 우발적이거나 또는 폭발적인 변화에는 전체적인 시장을 예측할 수 없다.

둘째, 모든 자료가 과거수치이며 기계적인 지표로 표시되기 때문에 잘못된 정보에 의한 일시적인 거래는 거짓된 신호로 나타날 수도 있다.

셋째, 성공적인 분석을 하기 위해서는 분석자의 재능, 경험, 직관력이 필요하다. 기술적 분석은 과거의 패턴에 따라 주가가 움직이고 있다는 전제 위에서 분석되는 것이기 때문에 우발성·예외성이 많은 주가를 예측하는 수단으로 자연히 한계성이 존재한다.

이를 뒷받침하기 위해서 기본적인 분석을 해야 한다. 패턴분석은 적절한 매매시기를 예측하기 위하여 주가변동 중에서 천장권이나 바닥권에서 일어나는 전형적인 패턴을 찾아냄으로써 주가흐름이 상승국면인지 하락국면인지의 전환시점을 포착하려는 것이다. 특히 지지선과 저항선을 확인할 필요가 있다. 저항선이란 주가상승을 억제시키는 실질적이고 잠재적인 매도세력의 형성을 일컫는데 반해, 지지선은 이의 반대개념으로 주가하락을 저지시키는 데 필요한 실제적 또는 잠재적인 매입세력이 형성되는 것을 의미한다. 따라서 지지선에서는 주식을 매입하려는 수요세력이 늘어나고 저항선에서는 주식을 매도하려는 매도세력들이 증가하여 일정기간 이와 같은 추세로 지속된다. 그러나 이런 저항선을 돌파하여 신고가를 나타내면 상승세로 전환되거나 지지선을 하향돌파하여 신저가를 갱신하면 하락추세로 전환하게 된다. 전환에 대한 패턴을 살펴보면, 가장 전형적인 모형으로 머리어깨형(head and shoulder formation)을 들 수 있는데 흔히 삼봉형이라고 불리우며, 천장형, 바닥형, 다중형으로 구분한다. 패턴분석에는 원형모형, 이중모형, 삼중모형(머리어깨), 다중모형(삼각형), 대칭형, 확대형, 깃대형 등이 있다.

제8절 갭, 반전일, 되돌임

1. 갭의 개념

폭등이나 폭락 시 나타나는 주가와 주가 사이에 빈 공간을 갭이라고 한다. 갭은 일본식 캔들 차트 분석에서 나오는 공이나 창과 유사한 개념이다. 캔들 차트 그래프 상에 갭이 나타나는 이유는 그동안 유지되어오던 매도세와 매수세 사이의 균형이 어느 한쪽으로 치우친 결과로 향후 주식시장에 예기치 못한 변화가 발생하리라는 것을 예측하게 한다. 일반적으로 갭은 주가흐름의 불연속구간으로서 갭이 발생한 가격대는 앞으로 지지선이나 저항선의 역할을 나타내기도 한다. 즉, 상승추세에서 발생한 갭은 강력한 지지선 역할을 하며, 하락추세에서 발생한 갭은 강력한 저항선 역할을 한다. 그러나 갭이 일단 채워지면 그 갭은 갭으로서 더 이상의 의미가 없어진다.

2. 갭의 종류

갭의 종류에는 보통 갭, 돌파 갭, 급진 갭, 소멸 갭, 그리고 갭으로 구성된 섬꼴 반전이 있다.

1) 보통 갭

보통 갭은 보통 횡보국면에서 자주 나타난다. 일반적으로 거래량이 매우 적은 경우에 확인할 수 없는 풍문 등에 의하여 시초가부터 큰 폭의 갭이 발생하는 경우로서 조만간 풍문이 확인되거나 정상적인 거래가 유지되면 갭은 다시 채워지는 것이 보통이다.

2) 돌파 갭

돌파 갭은 일반적으로 장기간에 걸친 조정국면이나 횡보국면을 마지막 주가가 과거 중요한 지지선이나 저항선을 돌파할 때 나타난다. 돌파 갭의 발생은 새로운 주가 움직임이나 새로운 추세의 시작을 알리는 신호가 되기도 한다. 돌파 갭은 많은 거래량을 수반하면서 나타나며 보통 갭과 달리 갭이 채워지는 경우가 거의 없다.

3) 급진 갭

급진 갭은 주가가 거의 일직선으로 급상승하거나 또는 급락하는 도중에 주로 발생한다. 급진 갭은 주가 움직임이 급속히 가열되거나 냉각되면서 이전의 추세가 더욱 가속화되고 있음을 확인시켜주는 갭으로 볼 수 있다. 급진 갭은 다우 이론의 추세추종국면이나 엘리어트파동이론의 3번 파동에서 주로 발생한다. 급진 갭은 주가의 예상 목표치의 중간지점에서 주로 발생하기 때문에 또한 급진 갭을 확인할 수만 있다면 향후 주가 움직임을 미리 알 수가 있기 때문에 급진 갭을 중간 갭 또는 측정 갭이라 부르기도 한다.

4) 소멸 갭

주가가 장기간에 걸쳐 급격한 수직 상승을 지속하는 가운데 나타난다. 주가의 상승추세가 가속화되면 시장은 완전히 과열된 강세시장으로 진입하게 된다. 이렇게 되면 모험적인 투자자들이 공매를 시도하게 되는데, 자신들의 예상이 빗나가고 주가가 계속 상승하게 되는 경우나 또는 이제까지 주식시장의 수직 상승에 불안감을 느끼던 잠재 매입세력들이 서둘러 매수에 참여한다. 이들 매입세력에 의하여 주가 상승 막바지에 한두 갭이 발생하는데, 그 후 바로 주가 상승이 멈추고 하락으로 반전되는 경우 바로 앞에서 발생한 갭을 소멸 갭이라 한다. 따라서 일단 소멸 갭이 발생하면 주가는 곧 기존의 상승 추세가 반전된다고 예상할 수 있다.

5) 섬꼴 반전

주가가 장기간 상승세를 유지하다가 하락세로 반전되면서 갭이 발생한 경우 상승추세가 마무리되면서 발생한 갭을 하향 돌파 갭이라 하는데, 그 사이에 나타난 작은 섬 모양의 주가들을 섬꼴 반전이라 한다. 섬꼴 반전은 상승 소멸 갭에 의해 발생한 갭 상승과 뒤이어 하향 돌파 갭에 이해 발생한 갭 하락이 동시에 나타나면서 형성된 모양이다. 그래프상에서 섬꼴 반전을 분석하는 중요성은 이제까지의 상승추세가 끝나고 새로운 하락추세가 시작된다는 반전신호로 인식하는데 있다.

3. 반전일

대량거래를 수반한 주가가 최고치 또는 최저치를 기록하면서 그 날 이후로 주가 흐름이 갑자기 반전하게 되는데, 추세 반전이 일어나는 바로 그 날을 반전일이라 한다. 반전일은 하락 반전일과 상승 반전일로 구분한다. 때로는 추세의 반전이 하루가 아닌 이틀에 걸쳐 이루어지는 때도 있는데, 이때는 마치 반전일이 둘로 분리된 것과 같다고 생각하면 된다. 반전일이 2일에 걸쳐 이루어지려면 첫째 날은 주가가 최고치를 기록하며 종가도 최고치 근처에서 형성되지만, 둘째 날은 주가가 더 이상 상승하지 못하고 눈에 띄게 약화되면서 2일 전의 종가보다도 현저히 낮은 수준에서 종가를 형성하게 된다. 1일 반전이나 2일 반전은 기본적인 전환패턴으로 일반적으로 대량거래가 수반되고 있으며, 상승추세의 천장에서뿐만 아니라 하락추세의 바닥에서도 종종 나타난다. 또한 주가가 바닥을 확인하고 상승추세로 돌아설 경우에는 비교적 서서히 상승하지만, 반대로 천장을 확인하고 하락추세로 돌아설 경우에는 그 움직임이 비교적 빠르다.

4. 되돌림

1) 원리

주가 움직임은 일방적인 방향으로 상승이나 하락만을 계속할 수 없고, 반드시 움직이던 추세와 반대 방향으로 되돌림 현상이 나타난다. A폭 상승한 주가가 (1/2)A폭 만큼, B폭 상승한 주가가 (1/3)B폭 만큼, C폭 상승한 주가가 (2/3)C폭 만큼 되돌림 현상이 나타난 것을 볼 수 있다. 이와 같이 지속적인 상승에 반발하여 자율반락하는 현상을 되돌림이라 한다. 또한 다른 말로 풀-백 현상이라 부르기도 한다. 주가 움직임은 일반적인 상승이나 하락만을 반복할 수 없으므로, 일단 되돌림 현상이 확인되면 그동안 상승폭(또는 하락폭)의 어느 특정비율 부근에 강력한 지지선이나 저항선이 형성될 것임을 미리 예측해 볼 수 있다. 일반적으로 중요하다고 알려진 되돌림의 비율은 25%, 33%, 50%, 66%, 75%이다. 이러한 비율은 여러 분석가들에 의하여 매우 중요한 지지선이나 저항선으로 작용하고 있다고 알려져 왔다.

2) 트리덴트 시스템

트리덴트 시스템은 시장가격이 일방적인 움직임을 나타내기보다는 되돌림 움직임이 반드시 있다는 것을 이용하는 거래기법으로 개념 자체가 독특한 것은 아니지만 실행기법은 독특하여 오늘날 외환시장의 딜러들 사이에서도 널리 사용되고 있다. 이 시스템의 기본목적은 시장가격의 추세에 따른 포지션을 만드는 것이지만 시장가격의 되돌림 움직임을 이용하여 보다 유리한 수준에서 포지션을 만드는 것이 그 특징이다. 트리덴트 시스템은 다음에 있을 시장가격의 움직임을 예상하는 것이 목표가 아니라 언제 매수거래를 하고, 언제 매도거래를 하느냐 하는 시점을 결정하는 것을 목표로 하고 있어 매수시점은 되돌림이 끝나고 나타날 것으로 예상되는 새로운 추세의 25% 지점으로 결정되며 또한 매도시점은 예상되는 새로운 추세의 75% 지점으로 결정된다. 트리덴트 시스템의 가장 큰 장점은 시장가격이 새로운 추세 움직임의 25% 수준에 이른 이후에야 매수에 나서게 되므로 되돌림 움직임이 완전히 끝난 것을 확인할 충분한 시간적인 여유가 있게 되고, 따라서 보다 안전한 거래가 가능하다는 점이다. 다음은 트리덴트 시스템의 가장 기본적인 원리이다.

① 주된 추세에는 반드시 되돌림 움직임이 있다
② 추세의 움직임과 같은 방향의 포지션을 만든다.
③ 천정과 바닥을 치려고 노력하기보다는 전체 추세 움직임의 1/2만 취한다.
④ 시장가격의 움직임이 예상과 다르면 적절한 수준에서(25%) 반대 거래를 수행한다.

제9절 지표분석

1. 스토캐스틱(Stochastics)

스토캐스틱분석이란 시장가격이 상승추세를 나타낼 때는 매일매일의 종가가격이 최근의 시장가격 변동폭 중 최고점 부근에서 형성되는 경향이 높고, 반면 시장가격이 하락추세에 있을 때에는 매일 매일의 종가가격은 최근의 시장가격 변동폭 중 최저점 부근에서 형성되는 경향이 높다라는 과거 데이터 경험치에서 비롯되는 분석 기법이다.

1) 산출방법

스토캐스틱기법은 %K선과 %D선으로 구성되는데 %K선은 시장가격의 최근 변동폭과 최근에 형성되는 종가와의 관계를 나타낸 것으로 다음과 같이 계산한다.

$$\%K = \frac{\text{금일종가} - \text{최근 } N\text{일 중 최저가}}{\text{최근 } N\text{일 중 최고가} - \text{최근 } N\text{일 중 최저가}} \times 100$$

단, 최근 N일 : $\%K$를 구하고자 하는 기간
$\%D$: $\%K$의 이동평균

%K의 값이 100인 경우는 최근의 종가가 이제까지 5일 동안 형성된 시장가격 중에서 가장 최고수준임을 의미하며, %K의 값이 0인 경우는 최근의 종가가 바로 5일 간의 가격 중에서 최저가격이 되는 것을 의미한다.

%K의 값이 70~80 이상으로 나타난 경우에는 시장가격은 상승추세로 간주하며, 20~30 이하인 경우에는 시장가격은 하락추세로 간주한다. 다음은 %D선을 구하는 방법으로서 %K선을 한 단계 완화한 것이다.

$$\%D = \%K_{t-2} + \%K_{t-1} + \frac{K_t}{3}$$

2) 이용방법

① %K선은 최근에 형성된 종가와 과거 5일 동안의 시장가격변동폭과의 관계를 나타내는 지수이며 %D선은 %K선의 3일간의 이동평균선으로 간주하여, %K선이 %D선을 아래로 돌파하는 순간을 매도 신호로, 반대로 %K선이 %D선을 상향돌파하면 매입신호로 인식한다.

② 단 위의 교차시점이 반드시 매수·매도의 신호는 아니며 %K선의 값이 70 이상을 나타내면 현재 시장가격의 추세는 상승추세인데, 특히 %K의 값이 85 이상을 나타내면 과도매입상태라고 판단하며 이 상태에서 %K선과 %D선이 교차한다면 이는 강력한 매도신호로 판단한다.

③ %K값이 30 이하를 기록하면 이는 시장가격의 추세가 하락추세로, 특히 %K의 값이 15 이하이면 과도매도상태로, 이 상태에서 %K선과 %D선이 교차하면 강력한 매입신호로 판단한다.

④ Divergence는 가장 유력한 추세반전의 신호로, %K의 값이 85 이상이거나 15 이하로 나타나고 %K선과 %D선이 서로 교차하는 상태에서 시장가격과 스토캐스틱 지표 간에 Divergence가 나타나면 더욱 확실한 추세반전 신호로 판단한다.

⑤ 스토캐스틱의 경우 시장가격의 움직임과 %D선의 관계에서, 시장가격이 계속해서 새로운 최고점을 형성하는 반면에, %D선은 기존의 최고수준을 갱신하지 못하는 것을 매도 Divergence라고 하며, 반면 시장가격은 계속해서 하락하여 새로운 최저점을 형성하는 반면에 %D선은 기존의 최저점을 갱신하지 못할 때를 매수 Divergence라고 한다.

2. 볼린저 밴드(Bollinger Band)

1) 개념

이 분석기법은 볼린저(J.Bollinger)가 개발한 분석기법으로 이동평균선에서 표준편차의 일정배수를 가감하여 상하의 밴드를 결정하며, 상승과 하락의 변동폭 내에서 상한선과 하한선을 경계로 주가가 움직이는 것을 활용한 것이다.

2) 볼린저 밴드를 이용한 투자전략

주가가 상승이나 하락이 과도국면에 진입하면 주가의 추세중심선으로 회귀하려는 주가의 본능을 가지고 있다. 볼린저 밴드는 이러한 본능을 이용하여 분석하는 방법이며 다음과 같이 3개의 선으로 구성되어 있다.

$$\text{중심선} = middle = \frac{\sum_{j=1}^{n} close_j}{n}$$

$$상한선 = middle + \left[d \times \sqrt{\frac{\sum_{j=1}^{n}(close_j - middle}{n^2}} \right]$$

$$하한선 = middle - \left[d \times \sqrt{\frac{\sum_{j=1}^{n}(close_j - middle}{n^2}} \right]$$

단, d : 상 · 하한 값의 범위를 결정해주는 표분편차(보통 2를 사용)

일반적으로 밴드의 폭이 큰 경우 주가는 계속 같은 추세로 움직임을 의미하고, 폭이 작은 경우는 추세가 약화되어 횡보함을 의미한다. 특히 볼린저 밴드의 상하의 폭이 완전히 좁아지는 경우 조만간에 상승이든 하락이든 추세전환의 신호로 볼 수 있으며, 다음과 같은 특징을 갖는다.

① 매수 : 볼린저 밴드의 하한선 근처에서 주가가 움직일 때를 과도매도상태로 보며 매수관점으로 본다.

② 매도 : 볼린저 밴드의 상한선 근처에서 주가가 움직일 때는 과도매수상태로 보며 매도관점으로 본다.

③ 볼린저 밴드 분석은 '추세분석'이므로 주가가 볼린저 밴드의 상한선을 타기 시작하면 한동안 상승을 유지하며, 반대로 하한선을 타기 시작하면 주가는 한동안 하락을 진행한다.

④ 주가가 볼린저 밴드의 상한선을 이탈하거나 볼린저밴드의 중심선을 하향 돌파할 시 강력 매도, 반대로 주가가 밴드 하한선을 상방향으로 이탈하거나 중심선을 뚫고 올라 갈 시는 강력 매수로 본다.

⑤ 볼린저 밴드가 좁아진 상태에서 조만간에 주가의 추세변화가 일어나게 되는데 볼린저 밴드의 중심선이 상한선을 만들면 상승추세전환으로 판단하며, 중심선이 하한선을 만들면 하락추세전환으로 판단한다. 보통 주가의 움직임이 볼린저 밴드의 중심선보다 먼저 움직이게 되는데, 주가가 볼린저 밴드의 상한선 · 하한선을 이탈하여 중심선으로 주가가 회귀하며 중심선을 하향 · 상향 돌파할 시 매도와 매수로 각각 대응한다.

3. CCI(Commodity Channel Index)

1) 개념

CCI기법은 당일의 평균주가와 이동평균주가와의 차이(괴리)를 기초로 산출한 가격지표로서 당일의 주가를 이동평균주가로 나눈 이격도와 개념이 유사하다. 당일의 주가를 고가, 저가, 종가(시가는 배제)로 구분하여 단순평균으로 산출하고 이 단순평균가격을 당일의 평균주가로 간주한다. 일반적으로 사용하는 홈트레이딩시스템(HTS)에서 누구나 사용 가능한 지표이다.

2) CCI를 이용한 투자전략

매수시점은 0선을 기준으로 0선 위로의 상향돌파시 강세신호이고 매도시점은 0선을 기준으로 0선 아래로 하향돌파시 약세신호이다. CCI값이 100을 넘으면 과다매수로 매도시점을 고려하여야 하며, −100 이하를 나타내면 과다매도로 매수시점을 고려해야 한다. 그러나 CCI가 100을 넘었다고 해서 반드시 과다매수로 판단하여 즉시 주가가 하락반전하고 반대로 CCI가 −100 이하로 하락하여 과다매도 구간이라고 해서 주가가 즉시 상승반전 하는 것은 아니다. 종목마다 다른 현상을 보일 수 있기 때문이다.

홈 트레이딩시스템(HTS : Home Trading System)

홈 트레이딩 시스템이란 주식을 투자하려는 개인투자자가 증권회사에 직접 방문하지 않고 집이나 사무실에서 주식거래를 할 수 있는 프로그램을 의미한다. 인터넷에 접속된 컴퓨터를 이용하여 매매는 물론 정보검색까지 할 수 있다. 홈 트레이딩 시스템의 효시는 지난 '80년대 말과 '90년대 초반 9인치 화면 모니터나 TV를 전용선에 연결시켜 단순히 주식시세 조회만 할 수 있는 기능만 제공된 '가정용 투자정보 시스템'이라고 할 수 있다. 온라인 주문이 가능하게 된 것은 인터넷 통신환경이 본격화되기 시작한 '97년 이후로 '98년~'99년 증시 활황과 더불어 온라인 주식거래 인구가 폭발적으로 늘어나자 많은 증권사들의 온라인거래 수수료율 인하와 함께 다양한 HTS프로그램을 선보게 되면서 부터이다. 이후 증권회사간 HTS의 차별화 경쟁이 촉발되었고, 초고속 통신망 보급이 확산되면서 불과 몇 년 사이 더욱 빠르고 안정화된 시스템으로 변화하였다. 갈수록 늘어가는 홈트레이더들의 요구에 맞추기 위해 계속 기능 개선을 하다 보니, 대부분의 HTS는 '기관투자자용' 수준까지 올라가고 있다는 평가를 받고 있다. 초기에는 시세를 보여주고 주문을 하는 기능밖에 없었지만, 이제는 각종 지표분석부터 매매시점까지 판단하는 상담까지 하고 있다. 특히 각 종목의 등락에 따른 매매조건을 입력해 놓으면 자동적으로 매매를 진행하는 시스템 트레이딩 기능이 중점적으로 개발되었다. 최근에는 스마트폰용 HTS인 MTS(모바일 트레이드 시스템)로 발전되었다.

4. RSI(Relative Strength Index)

1) 개념

RSI는 일정기간 동안 개별종목과 개별업종과의 주가변화율을 대비한 것과 개별업종과 종합지수의 주가변화율로 대비한 종목별 상대강도지수와 업종별 상대강도지수가 있다. 이 기법은 주가가 상승추세에 있을 때 얼마나 상승의 힘을 가지고 있는지, 반면 주가가 하락추세에 있을 때 얼마나 하락의 힘을 가지고 있는지를 나타내주는 지표이다. RSI의 기간설정을 검증한 결과, 14일 간의 움직임의 결과가 가장 효과적인 것으로 나타났다. 하지만 단기투자자인 경우는 기간설정을 10일로 설정하여 보다 단기적 대응에 유용하게 지표를 재설정해 줄 수 있다.

2) 작성방법

작성방법은 일정기간 동안 상승과 하락을 평균하여 상대강도로 나타내는 방법과 종목과 업종간의 상대적 개념으로 이들의 강도를 측정하여 사용하는 방법이 있으며 다음과 같이 계산한다.

$$RSI = \frac{\text{14일간의 상승폭 합계}}{\text{14일간 상승폭 합계} + \text{14일간 하락폭 합계}}$$

3) 특성

① RSI의 값이 100에 접근하면 할수록 더 이상 올라갈 수 없는 수준에 가까워지는 것이 되며, 반대로 0에 가까워지면 가까워질수록 더 이상 하락할 수 없는 수준까지 내려가고 있는 것이다.

② 상승폭과 하락폭을 모두 평균값으로 구하므로 시장가격이 기간 중에 일시적으로 비정상적인 움직임이 보이더라도 전체적인 분석에는 큰 영향을 미치지 못한다.

③ 최대 100에서 최소 0 사이에서 RSI값이 움직이며 100 이상 또는 (−)가 될 수 없다.

④ RSI의 값이 100에 접근하면 할수록 절대적인 상승폭이 하락폭보다 월등하게 컸음을 의미한다.

⑤ RSI의 값이 0에 접근하면 할수록 절대적인 하락폭이 상승폭보다 월등하게 컸음을 의미한다.

4) RSI의 분석방법

RSI가 75%(70~80%) 수준이면 상한선을 나타내는 경계신호로 강세장의 유지로 이선을 돌파할 때는 매도전략을 세워야한다. 반면 25%(20~30%) 수준이면 하한선을 나타내는 경계신호로 약세장이 지속되어 하향돌파할 때는 매수고려 시점으로 판단하여야 한다. 또한 RSI가 50% 수준이라면 중립으로 본다. 예를 들어 현 주가가 저점에 비해 상당히 올랐는데 RSI가 그 시점에서 63%를 나타낸다면 상한 경계선인 RSI 75% 선까지는 추가상승을 할 수 있는 여력이 있다고 해석하여 주가가 향후 12% 정도 더 상승할 여력이 있는 것으로 해석을 하면 된다. 따라서 이런 상태라면 주식을 더 보유하고 있어도 된다는 신호로 인지하면 된다. 또한 주가지수가 평행하거나 상승추세임에도 불구하고 RSI가 하향추세이면 조만간에 하락을 예고하는 신호로 받아들이며, 주가지수가 평행하거나 하향추세인데도 RSI가 상향추세이면 조만간 상승을 예고하는 신호로 받아들인다.

Divergence와 Failure Swing

■ Divergence

Divergence는 시장가격의 움직임과 RSI의 움직임이 서로 일치하지 않고, 그 방향이 서로 상반되게 나타나는 것을 말한다. 보통 RSI의 값이 30%와 70% 사이에서 결정될 때 나타난다. 그러나 시장의 움직임이 과열되어 RSI의 값이 30% 이하로 결정되거나 70% 이상에서 결정될 경우, Divergence가 나타나면 이는 아주 강력하고 중요한 추세반전의 신호로 해석한다.

■ Failure Swing

Failure Swing은 RSI가 직전에 나타났던 최고점 또는 최저점 기록을 뚫고 넘어서지 못하고 진행방향을 바꾸어 버리는 것을 의미한다. 상승국면에서 나타나는 top failure swing은 RSI의 값이 직전의 최고점을 갱신하여 계속 상승하지 못하고, 하락움직임으로 바뀌는 것을 의미한다. 반면 하락국면에서 나타나는 bottom failure swing은 RSI의 값이 직전에 나타났던 최저치를 하향돌파하지 못하고 상승움직임을 나타내는 것을 의미한다. 특히 RSI의 값이 70% 이상이거나 30% 이하일 때 failure swing이 나타나면 시장가격의 추세반전이 임박했다는 강력신호로 간주한다.

5. Envelope(Tranding Bands)

1) 개념

주가의 이동평균선과 이동평균선의 $\pm n\%$ 선을 동시에 그린 것을 이동평균선에 대한 Envelope라 한다. 이동평균선의 상한선인 $+n\%$ 선을 저항선으로 이동평균성의 하한선인 $-n\%$ 선을 지지선으로 인식하고 분석하는 지표이다.

2) 작성방법

$$MA(n) = \text{주가의 } N\text{일 이동평균선}$$

$$\text{상한선} = MA(n) + MA(n) \times a(\%)$$

$$\text{하한선} = MA(n) - MA(n) \times a(\%)$$

3) 특성

Envelope는 주가의 정상적인 변동폭을 가운데 이동평균선의 상·하한선폭 이내로 정의한다. 주가가 상한선에 근접하는 경우에는 매도신호로 인식하며, 주가가 하한선에 근접하는 경우에는 매수신호로 인식이 가능하지만, 최적의 등락폭은 주가의 변동성에 영향을 받는다. 즉 주가의 변동성이 커지면 커질수록 이동평균선의 상·하한폭도 더욱 커진다.

4) Envelope의 분석방법

Envelope를 사용하여 주식매매에 적용하는 방법은 다음과 같다.

① 주가가 가운데 이동평균선을 상향 돌파할 때를 매수시점으로, 주가가 가운데 이동평균선을 하향 이탈할 때를 매도시점으로 인식하는 매매방법이다. 즉, 한 가지 이동평균선을 이용한 매매방법과 유사하다.

② Envelope를 벗어난 후 다시 Envelope 안으로 들어오는 시점을 매매시점으로 인식하거나, 또는 지지선 부근에서 매입하고 저항선 부근에서 매도하는 방법이 있다.

6. Equivolume Chart

1) 개념

Equivolume Chart는 2차원 상자에 주가와 거래량이 결합된 지표로서 리차드 암스(Richard W. Arms, Jr.)에 의해 개발되었다. 시간의 흐름에 따라 주가와 거래량의 변동을 동시에 분석하여 미래의 주가를 예측하는데 사용한다.

2) 작성방법

특정일의 고가 · 저가 · 거래량을 하나의 상자에 나타낸다. 즉, 다음 그림과 같이 당일의 고가 · 저가는 상자 높이를, 거래량은 상자의 넓이를 나타낸다. 이때 상자의 크기는 곧 당일의 시장크기이다.

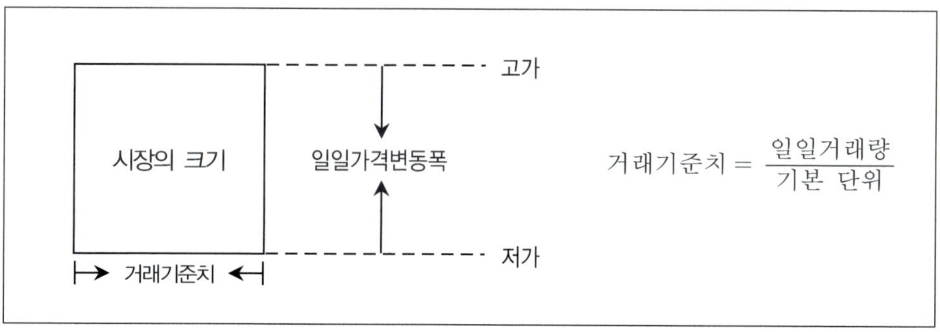

3) 특성

Equivolume Chart에는 3가지 유형이 있는데, 각각의 특성을 살펴보면 다음과 같다.

① **키다리형**(narrow day) : 주가의 움직임이 용이한 형태로 특정방향으로 움직이는데 어려움이 없으며 매수세나 매도세 어느 한 쪽 세력이 강한 날에 나타난다.

② **정사각형**(square day) : 주가의 움직임이 어려움을 나타낸다. 즉, 매도세와 매수세가 팽팽한 힘겨루기 양상을 나타냄으로써 주가가 쉽게 내리거나 오르

지 못하는 날에 나타난다.

③ **뚱보형(oversquare day)** : 과다 공급물량으로 인한 과잉공급상태를 나타낸다. 매도세가 강하여 조만간에 하락장세가 예고되어 주가가 상승국면에서 경계매물이 나타난다. 그러나 바닥권에서 이러한 형태가 나타나면 매우 강한 매입세력이 나타나 주가상승 국면을 예측할 수 있다.

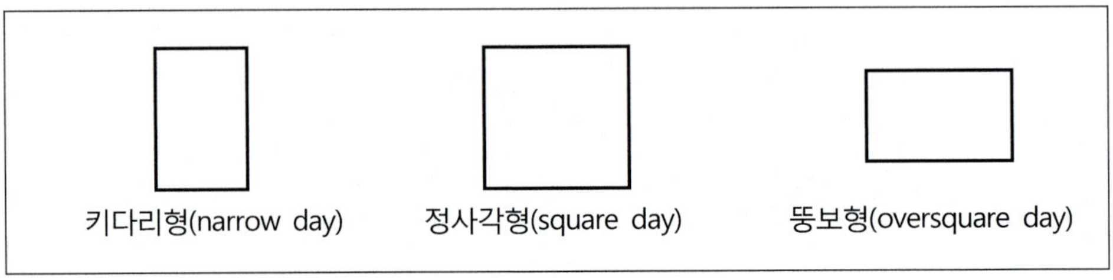

4) Equivolume Chart의 한계점

① 상승일과 하락일의 표시가 없어 단순히 시장의 크기만 나타나고, 거래량 기본 단위 선정에 따라 시장의 크기가 달라질 수 있는 경우가 많이 발생할 수 있다.

② 주가공백에 대한 이론적 설명이 부족하다.

③ 주가와 거래량에 대한 상관성을 분석하기에는 모호한 점이 있다.

④ 가로의 거래모양 간격이 기준치에 따라 다르기 때문에 정형화된 추세선을 도출하기가 어렵다.

Equivolume Chart는 장기적 추세분석 보다는 단기적 추세분석 사용에 유용하고, 주가와 거래량을 동시에 비교하기 때문에 매도보다는 매수시점 예측에 유용하게 사용할 수 있다.

7. MACD(Moving Average Convergence & Divergence)

1) 개념

MACD는 장기 · 단기 두 이동평균 사이의 관계를 보여주는 이동평균수렴 · 확산지수로서 제럴드 아펠(Gerald Appel)에 의해 개발되었다. 장기지수 이동평균과 단기지수 이동평균의 차이를 MACD라 하며, 이 MACD의 지수 이동평균을 시그널이라 부르는데, 이 두 곡선의 교차점과 주가와의 다이버전스를 이용하여 매매시점을 판단하는 지표이다.

2) 작성방법

$$MACD = \text{단기 지수 이동평균} - \text{장기 지수 이동 평균}$$

$$\text{시그널} = n\text{일 } MACD \text{ 지수 이동 평균}$$

3) MACD의 분석 방법

MACD의 원리는 장기와 단기 두 이동평균선이 서로 떨어지게 되면 언제가는 다시 가까워져 어느 시점에서 서로 교차하게 된다는 성질을 이용하여 두 개의 이동평균선이 멀어지게 되는 가장 큰 시점을 찾고자 하는 것이다.

(1) MACD와 시그널과의 교차

이 방법은 MACD를 이용하는 가장 기본적인 기법으로서 MACD가 시그널을 아래에서 위로 상향 돌파할 때를 매수시점으로, MACD가 시그널을 위에서 아래로 하향 돌파할 때를 매도시점으로 인식하고 매매하는 방법이다.

(2) MACD 오실레이터(MACD-OSC)

MACD-OSC의 값은 주가 움직임을 미리 선도하는 경향이 크므로 전일의 MACD-OSC의 움직임과 반대방향으로 움직이면 매매신호로 인식해야 한다. 또한 주가 움직임과 MACD-OSC 사이에서 다이버전스가 발견되면 추세반전이 강력히 예견될 수 있다. MACD-OSC의 값이 0선을 돌파할 때도 추세전환이 임박해다는 중요한 신호로 인식한다. 음(−)에서 0선을 상향 돌파하여 양(+)으로 변하면 상승 추세로의 전환, 즉 매수시점으로 판단하고, 반대로 양(+)에서 0선을 돌파하여 음(−)으로 변하면 하락 추세로의 전환, 즉 매도시점으로 판단한다.

8. OBV(On Balance Volume)

1) 개념

OBV선은 그랜빌(J. E. Granville)이 만든 거래량 지표로서 거래량은 주가에 선행한다는 조건하에 주가가 전날에 비하여 상승한 날의 누적거래량에서 하락한 날의 누적거래량을 차감하여 매일 누적으로 집계하여 도표로 표시한 지표이다. OBV선은 주가가 오랫동안 정체상태를 보일 경우에 주식거래량의 움직임에 의하여 향후 주가의 움직임을 예측하는데 유용한 지표이다, 이러한 OBV선은 주식시장이 매집상태 또는 분산상태에 있는지를 파악할 수 있도록 한다.

2) 작성방법

① 주가가 전일에 비해 상승한 날의 거래량은 전일의 OBV에 가산한다.
② 주가가 전일에 비하여 하락한 날의 거래량은 전일의 OBV에서 차감한다.
③ 주가가 변동이 없는 날의 거래량은 작성에서 무시한다.

표 11-2. OBV 산출 사례

일자	종합주가지수	전일대비	거래량	상승일누계	하락일누계	OBV
12.1	808.75	하락	3,189		3,189	-3,189
2	801.17	하락	3,226		6,415	-6,415
3	806.86	상승	2,836	2,836	6,415	-3,579
4	821.59	상승	2,837	5,673	6,415	-742
7	826.49	상승	5,106	10,779	6,415	4,364
8	823.17	하락	4,187	10,779	10,602	177

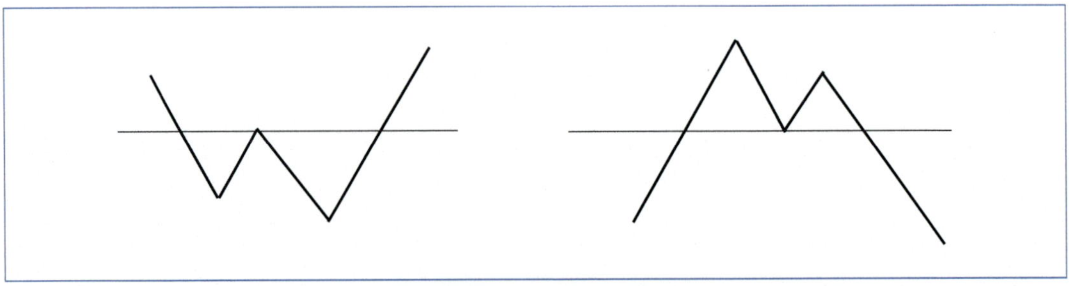

[그림 11-2] U마크와 D마크

앞의 OBV표에 의하여 산출한 U마크의 경우에는 주가의 상승성이 크며, D마크의 경우에는 주가하락의 가능성이 크다는 것을 알 수 있다.

3) OBV선의 분석방법

OBV선 분석에 대한 일반적인 법칙은 다음과 같다.

① 강세장에서는 OBV선의 고점이 이전의 고점보다 높게 형성되며 U마크로 표시하고, 약세장에는 OBV선의 저점이 이전의 저점보다 낮게 나타나며 D마크로 표시한다.

② OBV선의 상승은 매집세력의 집중을 의미하고 하락은 분산을 의미한다.

③ OBV선의 장기적 상향 추세선이 진행하는 도중에 저항선을 상향돌파하였을 경우에는 강세장을 예측할 수 있으며, 장기적 하향 추세선을 하회하면 약세장을 예측할 수 있다.

④ OBV선이 상승함에도 불구하고 주가가 하락하는 경우에는 향후 주가상승을 예상하며, OBV선이 하락함에도 불구하고 주가가 상승하는 경우에는 향후 주가하락을 예상할 수 있다.

4) OBV선의 한계점

① 주가는 일반적으로 심리적 요인 때문에 주가상승일 거래량만큼 하락일에도 동일한 비율만큼 거래량이 수반되지 않는다. 따라서 주가가 연이틀 동일한 폭의 등락을 나타내었더라도 거래량이 차이가 나기 때문에 주가하락시 OBV하락폭이 시장상황보다 떨어지므로 분석에 오류가 발생하면 매도시기를 지나칠 수 있다.

② OBV도출은 거래량을 중심으로 할 경우에는 타당성이 있으나, 자전거래가 있는 종목에는 일시적인 거래량 증가와 주가조작의 비효율적인 상태로 인하여 적용하기가 쉽지가 않다.

③ 기산일을 초강세 주식시장에서 선택하게 되면 주가가 하락할 경우에는 매매신호가 늦게 인지되어 정확한 분석을 할 수가 없다.

④ OBV는 주가 선행지표이기는 하지만, 현실적으로 OBV지표는 주가가 전환된 이후에 주가가 움직이는 이유로 인하여 매매신호가 늦게 인지되어 시세확인용으로 사용되는 경우가 대부분이다.

⑤ OBV는 오직 주식거래량 산출 기산일을 언제로 정함에 따라서 과대평가나 과소평가가 이루어지기 때문에 주가와의 비교분석 없이 독자적으로 주가의 전환을 인식하기 어렵다.

9. VR(Volume Ratio)

VR은 OBV선이 누적차수이기 때문에 시세를 판단할 때 과거의 수치와 비교하는 것이 불가능하다는 결점을 보완하기 위하여 거래량의 누적차가 아닌 비율로 분석한 지표이다. VR은 일정기간동안의 주가상승일(평균 20일)의 거래량과 주가하락일의 거래량과의 비율을 백분비로 나타낸 것이다. 따라서 VR이 200%라면 대체로 주가상승시의 거래량이 주가하락시의 거래량의 2배라는 것을 나타낸다. VR은 다음과 같이 계산한다.

$$VR = \frac{\text{주가상승일의 거래량 합계} + \text{변동이 없는 날의 거래량 합계}\ \frac{1}{2}}{\text{주가하락일의 거래량 합계} + \text{변동이 없는 날의 거래량 합계}\ \frac{1}{2}} \times 100$$

일반적으로 VR은 150%가 보통수준이며 450%를 초과하면 단기적으로 주가의 경계신호가 되고 70% 이하이면 단기 매입시점으로 판단한다. 이 지표는 시세의 천정권에서 일률적으로 적용하기 어렵지만, 바닥권을 판단하는데 신뢰도가 매우 높은 투자지표로 알려져 있다.

10. Point & Figure 차트(P&F차트)

1) 개념

P&F차트는 사소한 주가변화와 시간개념을 무시하고 의미가 있다고 판단된 중요한 변화만을 표시함으로서 미래 주가의 추세를 예측하고자 하는 기법이다.

2) 작성방법

① 한 칸의 가격폭을 결정하되 해당 주가의 가격수준을 판단하여 고주가이면 폭을 크게 하고 저주가이면 작게 기재한다.

② 주가상승할 때는 ×표로, 하락할 때는 O표로 구분하여 주가가 계속 상승할 때는 ×표만을, 계속 하락할 때는 O표만을 Y축에 기재한다.

③ 주가가 상승에서 하락으로 전환될 때에서 ×표에서 O표로 바꾸되 한 칸 아래에 기재하고 하락에서 상승으로 전환될 때에는 O표에서 ×표로 바꾸되 한 칸 위에 표시한다.

④ ③과 같이 행을 바꾸어 ×표에서 O표(또는 O표에서 ×표)로 바꾸어 표시하기 위해서는 3포인트 가격변화를 채택하였을 경우에는 3칸의 가격변화가 필요하다.

3) 특성

① P&F차트는 시계열을 무시하였지만 주가의 장기추세 파악은 가능하다.

② P&F차트는 패턴분석의 일종으로 매매신호를 암시해 준다.

③ P&F차트는 시계열이 무시되어 X축 기재 없이 좁은 지면에 장기간 기록을 할 수 있다.

④ 주가예측에서 목표치 계산이 가능하다는 장점이 있어 폭 넓게 활용할 수 있다.

표 11-3. P&F차트 작성 사례

월일	주기	점수	월일	주가	점수
9.1	6,400	×	9.9	6,700	·
9.2	6,900	×	9.10	6,500	·
9.3	7,100	×	9.11	6,300	·
9.4	6,600	·	9.12	6,900	×××
9.5	5,900	·	9.13	6,800	·
9.6	5,300	○○○○	9.15	7,400	×
9.8	6,000	·	9.16	8,100	××

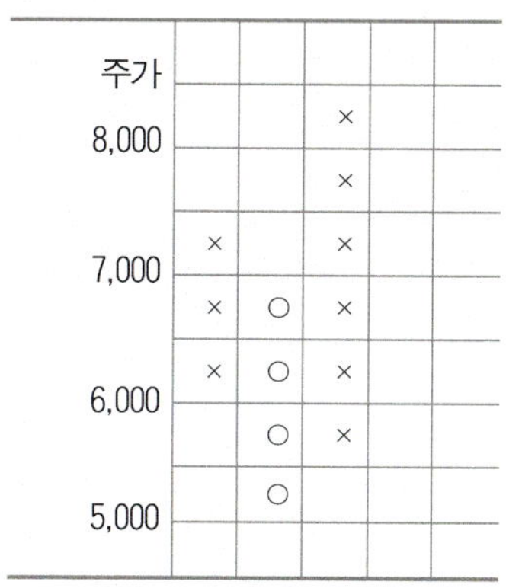

4) P&F차트의 분석방법

P&F차트의 기본목적은 적절한 매매시점을 발견하는데 있다. 적절한 매매시점을 발견하려면 P&F차트상에 나타나 있는 패턴을 분석하여야 하는데, 이 패턴을 강세패턴과 약세패턴으로 나눌 수 있다. 매수신호인 강세패턴은 강세신호형, 삼중천장형, 상승삼각형, 상승반전형으로 표현하며, 매도신호인 약세패턴은 약세신호형, 삼중바닥형, 하락삼각형, 하락반전형으로 표현할 수 있다.

5) P&F차트의 한계점

① 도표분석방법이 가지는 후행성 및 분석의 자의성이 나타날 가능성이 있다.
② Y축상의 한 칸의 범위에 연속성이 결여될 수 있다.
③ 주가가 하락한 후 상승하는 경우에는 이전의 고점을 상회하여야 매입신호가 나타나기 때문에 실제보다 매입신호가 매우 높게 나타날 가능성이 있다.
④ 매도신호가 나타난 경우에는 이미 상승했던 가격의 반 이상이 하락한 경우가 많아서 매도신호로서 가치가 적을 수 있다.

11. Rate of Change(ROC)

1) 개념

ROC는 금일주가와 n일 전 주가의 차이를 나타내는 지표이다. 이 차이는 수치 또는 퍼센트(%)로 표시할 수 있지만 일반적으로 비율로 나타낸다.

2) 작성방법

$$ROC = \frac{\text{금일 종가} - n\text{일 전 종가}}{n\text{일 전 종가}} \times 100$$

3) 분석방법

주가는 주기적으로 상승과 하락과정을 반복하면서 파상운동을 한다. ROC는 일정기간 동안 변동된 주가의 양을 측정하여 오실레이터 형태로 파상운동을 표시하는데, 주가가 상승하면 ROC가 상승하고 주가가 하락하면 ROC가 하락을 한다. 또한 ROC가 0을 중심으로 위에 있으면 상승추세로 인식하고, 0을 중심으로 아래에 있으면 하락추세로 인식한다.

12. Sonar Momentum(SONAR)

1) 개념

SONAR 모멘텀 차트는 1979년 일본 노무라 증권의 기술적 분석가인 오카모도에 의해 개발된 지표로, 주가 사이클의 전환점을 파악하기 위해 개발되었다. SONAR 모멘텀은 기울기의 변화를 통해 주가의 상승·하락의 강도를 사전에 알 수 있게 해준다. 즉, 주가가 상승하더라도 기울기가 둔화되면 향후의 주가는 하락할 가능성이 커지며, 반대로 주가가 하락하더라도 기울기가 상승하면 주가는 상승할 가능성이 높다.

2) 작성방법

지수 이동평균 산출공식

금일 지수 이동평균 = 전일 지수 이동평균 + a(금일 종가지수−전일 지수 이동평균)

단, 0 < a < 1

SONAR 산출공식

금일의 n일 SONAR = 금일 지수 이동평균 −n일 지수 이동평균

3) 분석방법

① SONAR가 0을 교차하는 순간이 매수·매도를 결정하는 시점이 된다.

② SONAR와 SONAR 이동평균이 서로 교차하는 순간을 매매시점으로 이용하는 방법이 있다.

13. N.C.O(Net Change Oscilator)

NCO(net change oscilator)는 기술적 지표중에서 단기적인 추세의 반전을 알려주는 중요지표 중에 하나이다. 현재의 시장가격과 과거의 일정시점 이전의 시장가격을 상호 비교하는 방법에 의하여 산출한다. NCO의 특성은 첫째, NCO의 움직임이 위쪽에서 나타나면 시장가격은 상승추세를 의미하고, 아래쪽으로 나타나면 시장가격은 하락추세를 의미한다. 둘째, NCO의 움직임이 0선에 접근할수록 시장가격 변동폭은 작아지며, 0선에서 멀어질수록 시장가격의 변동폭은 커진다. 셋째, NCO가 0선을 돌파할 때 시장가격의 추세는 반전한다. 한편, 시장가격의 예측방법에는 첫째, 시장가격의 움직임과 동일한 방향으로 형성되는 NCO의 추세선이 그려진 이후 NCO의 움직임이 그 자체로 추세선을 뚫고 지나간 때에는 추세반전이 거의 임박하여 경고신호로 인식한다. 둘째, NCO를 통해서 추세전환이 임박하였다는 경고신호가 인식된 직후 NCO의 곡선이 0선을 통과하는 시점을 추세전환이 일어나는 시기로 판단한다. 셋째, NCO의 움직임이 자체의 추세선을 돌파하여 움직이는 것과 동시에 시장가격의 움직임이 직전의 고점이나 저점을 돌파하였을 때에만 추세전환의 경고신호로 인식한다.

NCO는 일종의 모멘텀을 이용한 시장분석방법으로 단기추세를 확인하는데 사용되는 유용한 지표이다. NCO선이 0선 위에서 진행되면 주가는 상승추세에 있는 것으로 판단하며, NCO선이 0선 아래에서 진행되면 주가가 하락추세에 있는 것으로 판단한다. 0선이 추세의 전환점이기 때문에 일반적으로 NCO의 0선을 중요하게 인식하며, 다음과 같이 산출한다.

$$NCO = C - C_n$$

단, C는 최종일의 종가, C_n은 n일 이전의 종가

14. 이격도(Disparity)

1) 개념

주가와 이동평균선 사이가 얼마나 떨어져 있는지(괴리율)를 나타낸다. 당일의 주

가를 이동평균치로 나누어 구하며 단기 투자시점을 포착하는 기술적 지표다.

2) 작성방법

$$\text{이격도} = \frac{\text{당일 종가}}{\text{당일의 } n\text{일 이동평균 종가}} \times 100$$

3) 분석방법

이격도가 100% 이상이라는 것은 당일의 주가가 이동평균선보다 위에 있는 상태이고 반대로 100% 이하는 주가가 이동평균선 아래에 있는 상태를 뜻한다. 즉, 이격도가 100 이상이면 단기적으로는 주가가 최근 상승하였음을 뜻한다. 이격도가 일정 수준 이상이나 이하에서 변곡점이 나타나거나 기준값을 돌파하면 매수, 매도의 시점에 도달한 것으로 이해할 수 있다. 이것은 주가가 평균선에서 멀어지면 다시 평균선으로 돌아가려는 회귀성을 이용한 것이다. 주가가 이동평균선에서 떨어져 있을 때는 근접하려는 속성이, 주가와 이동평균선이 거의 일치하는 경우에는 떨어지려는 속성이 있다는 가정 아래 이격도 100을 기준으로 너무 크거나 작으면 조만간 주가가 하락 또는 상승함으로써 그 괴리를 줄일 것이라고 보는 것이다. 따라서 주가가 이동평균선 위로 크게 멀어지는 것은 이격도가 높아지는 것이므로, 이때는 주식의 매도시점이고, 반대로 아래로 크게 떨어져 이격도가 낮아지는 것은 주식매입시기가 된다고 본다. 그러나 이격도가 어느 정도 되어야 주가가 반전하는가를 나타내는 이론적 근거는 없지만 경험적으로 나온 결과를 보았을 때 다음과 같이 분석된다.

① 상승국면일 경우에 20일 이동평균인 경우 106% 이상이면 매도시점, 98% 수준이면 매수시점으로 판단하고, 60일 이동평균인 경우에는 110% 이상이면 매도시점, 98% 수준이면 매수시점으로 판단한다.

② 하강국면일 경우에 20일 이동평균인 경우 102% 이상이면 매도시점, 92% 수준이면 매수시점으로 판단하고, 60일 이동평균인 경우 104% 이상이면 매도시점, 88% 수준이면 매수시점으로 판단한다.

종합주가지수의 경우 95% 미만이면 침체로 판단하고, 110% 이상이면 과열로, 115% 이상이면 초과열 국면으로 판단하기도 한다.

15. 주가와 거래량 상관곡선(역시계곡선)

1) 개념

주가와 거래량을 각각 Y축과 X축에 나타내고 25일 이동평균선에 의한 매일매일의 교차점을 선으로 이은 것으로 시계의 반대방향으로 움직여 역시계곡선이라 하며 주가와 거래랑 상관곡선이라고도 한다. 이 곡선은 주가가 상승(하락)하면 거래량이 증가(감소)하고 거래량은 주가에 선행하여 거래량과 주가의 상관관계가 매우 크다는 사실에 그 근거를 두고 있다. [그림 11-3]은 역시계곡선을 가장 일반화한 것으로 주가와 거래량에 따라 8가지 국면으로 구분된다.

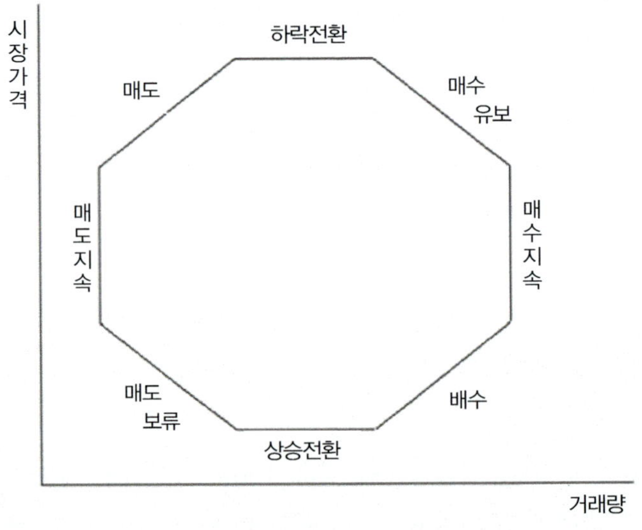

[그림 11-3] 역시계 곡선

2) 작성방법

① X축에 거래량을 Y축에 주가를 나타낸다.

② 주가와 거래량의 n일 이동평균값을 나타낸다.

③ ②에 의하여 나타난 교차점을 연결한다.

3) 역시계곡선 분석방법

① **1국면(상승 전환)** : 거래량이 늘면서 주가가 바닥수준에 머무르고 있는 때

② **2국면(매입)** : 거래량이 더욱 늘고 주가도 오름세로 전환될 때

③ **3국면(매입 계속)** : 거래량은 늘지 않고 주가가 계속 올라가고 있을 때

④ **4국면(매입 유보)** : 거래량이 줄기 시작하고 주가는 올라가는 때

⑤ **5국면(하락 경계)** : 거래량이 더욱 줄고 주가도 더 이상 올라가지 않을 때

⑥ **6국면(매도)** : 거래량이 줄고 주가도 내릴 때

⑦ **7국면(매도 계속)** : 거래량은 더 이상 줄지 않고 주가만 급락할 때

⑧ **8국면(매도 유보)** : 거래량은 증가하나 주가가 계속 하락하고 있을 때

16. 등락주선(ADL : Advance-Decline Line)

1) 개념

매일 매일의 가격상승 종목과 하락 종목수의 차를 누적한 지표를 말한다. 가격상승 종목수가 하락 종목수보다 많으면 그 차를 더하고 그 반대의 경우는 그 차를 빼서 누적한 것이다. 등락주선 그 자체의 수준은 의미가 없고 등락주선의 상향을 보는 것이 목적이다. 종합주가지수는 제한된 종목의 가격변동을 기준으로 계산되지만 등락주선은 그 뒤에 숨겨진 시장인기의 추이, 자금의 유출입상황을 알 수 있는 투자지표이다. 일반적으로 종합주가지수는 가격의 변동을 나타내고 등락주선의 변동은 등락종목수의 변동을 나타낸다. 등락비율은 이 2가지를 대비함으로써 시세가 어느 정도 강력한 것인가를 알고자 하는 것이다. 등락주선의 결점은 이것이 시세의 상승국면에서는 특히 투자대상이 집중화되는 경향이 있고 또 권리락, 배당락 등에도 수정되지 않는다는 것이다. 이런 결점의 보완으로 등락종목의 비율로써 시장을 분석하고자 하는 것이 등락비율이다. 등락비율은 천정권을 예측하는 기능보다 저가권을 발견하는 기능이 뛰어난 것으로 알려지고 있다.

등락주선의 분석기법을 보면 ① 종합주가지수가 상승하고 등락주선도 상승할 때는 앞으로 주가상승이 기대되고, ② 종합주가지수가 상승하여도 등락주선이 하락하면 앞으로의 주가는 떨어질 위험이 있다. ③ 종합주가지수가 하락하고 등락주선

도 하락할 때에는 하강시세의 계속이 예상되고, ④ 종합주가지수가 하락하더라도 등락주선이 상승하면 주가의 반발이 기대된다는 등을 들 수 있다. 또 유사한 지표로서 상승 및 하락 종목의 비율로 표시하는 등락비율이 있다.

2) 작성방법

일정기간 동안 매일의 상승종목수를 하락종목수로 나누어 백분비를 구하고 그것을 이동평균하여 도표화한다.

3) 분석방법

등락비율이 100%라면 상승종목수와 하락종목수가 같다는 의미이고 110%라면 상승종목이 10% 더 많다는 뜻이다. 등락비율의 상승은 시장인기의 확대를 뜻하고 등락비율의 하락은 시장인기의 저하를 뜻한다.

① 등락비율이 120% 이상일 때는 경계를 요하는 시점이고 시세는 그 후 반락하는 경우가 많다.

② 등락비율이 70% 이하일 때는 시세는 바닥권을 의미하고 시장은 그 후 상승으로 전환한다.

③ 등락비율의 피크는 주가의 피크보다 선행하는 경우가 많다.

등락주선은 시장의 내부세력을 측정하는 데 가장 널리 이용되는 중요한 분석수단으로 주가가 전체적으로 상승추세에 있는가 아니면 하락추세에 있는가를 판단하는 데 있어 다른 어떤 지표보다 먼저 나타나게 된다. 이는 전일의 종가에 비해 오른 종목수에서 내린 종목수를 뺀 것을 매일 누계해서 그것을 선으로 이어서 작성한 것이다.

17. 삼선전환도

1) 개념

상승에서 하락, 하락에서 상승으로의 전환시점을 보다 빨리 포착하기 위한 차트로 사용되는 것이 삼선전환도이다. 삼선전환도는 추세가 상당기간 지속되는 경우 유용하나, 시장기조가 불안정하여 추세의 진행기간이 짧아 등락이 되풀이되고 주가변동의 폭이 크다면 그 유용성은 떨어지게 된다.

2) 작성 방법

상승하던 주가가 반전하여 직전의 상승선(양선) 세 개를 돌파하여 하락할 경우에 한해 하락선(음선)으로 그리고 반대로 하락하던 주가가 반전하여 직전의 하락선 세 개를 돌파하여 상승할 경우에 한해 상승선을 그려서 이를 각각 하락(매도)과 상승(매수) 신호로 간주한다.

3) 한계점

이 기법은 주가가 상승에서 하락으로 또는 하락에서 상승으로 전환하는 시점을 포착하는데 널리 활용되는 기법이다. 이는 주가상승 이전의 하락선 3개를 전환 돌파하는 경우에 상승선을 그리고, 주가하락이 이전의 상승선 3개를 전환 돌파하는 경우에 하락선을 그려 이를 각각 상승과 하락의 신호로 본다. 상승선이 그려질 때를 상승전환 또는 양전환이라 하여 매입신호로 보고 하락선이 그려질 때를 하락전환 또는 음전환이라 하여 이를 매도신호로 본다. 삼선전환법은 이처럼 분석방법이 지극히 간단할 뿐 아니라, 투자자가 이 신호에 따라 행동하면 일시적인 주가변동에 속지 않고 쉽고 분명하게 투자결정을 할 수 있다. 그러나 실제 이용에서는 ① 증권시장의 주변환경 불안 등으로 단기간에 주가등락이 반복되는 경우는 적합하지 않고, ② 주가가 지속적으로 상한가 또는 하한가와 같이 큰 폭으로 변동하는 경우에도 부적합하며, ③ 매도전환의 신호로써 나타난 하락선이 예상외로 크게 나타날 때는 다음의 상승전환신호가 잘 나타나지 않으며, ④ 주가상승의 최종단계에서 상승선이 크게 형성될 때는 3선 전환이 쉽게 형성되지 않으므로 하락전환신호가 잘 나타나지 않는다는 한계점을 지니고 있다. 따라서 삼선전환도는 추세가 상당기간 지속되는 경우에 유용하나, 시장기조가 불안정하여 추세의 진행기간이 짧아 등락이 되풀이되고 주가변동의 폭이 크다면 그 유용성이 떨어진다.

4) 10% 플랜병용법

삼선전환도의 한계점을 보완하기 위하여 주가가 상승할 때 최고가에서 10% 이상 하락하면 하락전환이 나타나지 않아도 매도하고, 반대로 하락시 최저점에서 10% 이상 상승할 때 상승전환이 나타나지 않아도 매입하는 방법인 10% 플랜병용법을 사용하기도 한다.

18. 스윙 차트(Swing Chart)

1) 개념

스윙 차트(Swing Chart)는 등락폭 차트라고도 하며, 시장가격의 등락을 직선의 굴절로서 표시하는 방법이다. 이 원리는 시간의 흐름을 모두 무시해 버리고 오로지 시장가격이 움직이는 방향만을 중시한다는 점에서 P&F차트의(point and figure chart) 원리와 유사하나 P&F차트보다 작성하기가 간단하며 또 시장가격의 움직임을 비교적 정확하게 알아볼 수 있다는 장점을 가지고 있다. 스윙 차트를 이용한 거래전략은 추세분석법이 추구하는 거래전략과 일치하는데, 즉 시장가격의 추세를 살펴보아 추세가 강세일 때는 매입하고, 약세일 때는 매도하는 전략이다. 구체적으로 언급하자면, 시장가격이 직전에 나타났던 고점 이상으로 상승하면 매입하는 것이다. 따라서 스윙 차트를 이용하여 "달리는 시장의 저항이 가장 적을 때를 골라서 거래에 나서라"라는 이치를 실천하는 것으로 보면 된다. Swing Chart는 P&F 챠트와 비슷한 개념으로 P&F 챠트가 주가의 움직임을 ○, X로 표시하는데 반해 Swing Chart는 주가의 등락을 직선의 굴절로 표시하는 방법이다.

두 챠트 모두 시간의 개념을 무시한 가격개념의 챠트인데, 차이점은 Swing Chart가 P&F챠트의 단점인 한 칸의 움직임에 미치지 못하는 가격변화도 도표에 표시한다는 것이다. 비슷한 개념의 챠트로 Kagi Chart를 들 수 있다.

2) 작성방법

Swing Chart의 작성은 먼저 최소 반전폭을 설정한다. 즉, P&F차트의 1칸의 크기처럼 어느 정도의 주가변동이 생겼을 때 줄을 바꿀 것인가를 정한 후 주가의 움직임이 이전의 방향과 같은 추세이면 계속해서 줄을 이어 긋고 만약 이전의 방향과 다른 추세를 보이면 정해진 최소 반전폭 만큼이나 그 이상으로 움직일 때는 오른쪽으로 한 줄을 옮겨서 새로 선을 그어 나간다.

3) 분석방법

Swing Chart는 P&F Chart와 Kagi Chart에서 보듯이 최소 반전폭을 설정하여 도표를 작성하며 이 도표에서 간단하게 추세전환을 확인할 수 있다. 그리고 Swing Chart는 Kagi Chart에서와 같이 중심점(Center Point)을 중요시 한다. Kagi Chart에서는 중심점을 표시하고 있으나 Swing Chart에서는 표시하지 않는데, 이 중심점은 Swing Chart분석의 핵심으로 이 중심점을 매도세력과 매수세력이 균형된 점으로 분석한다. 즉, 가격상승시에 중심점 위쪽은 매수세력이 매도세력보다 우세한 상태이고 가격하락시 중심점 아래쪽은 매도세력이 매수세력보다 강한 상태를 의미한다. 따라서 주가가 상승할 때 이 중심점에서 아무런 저항 없이 상승할 때나 일정기간 상승후 조정시 이 중심점 아래로 주가가 하락하지 않고 재차 상승할 때 강력한 매수신호로 보고 반대로 주가하락시 중심점에서 지지 없이 하락하거나 일정기간 하락후 반등하더라도 중심점 아래에서 재차 하락시 강력한 매도신호로 이해한다.

기본적으로 Swing Chart의 매수신호는 직전의 고점을 돌파할 때이고 매도신호는 직전의 저점을 돌파할 때로 해석한다. Swing Chart도 P&F Chart, Kagi Chart와 마찬가지로 패턴분석이 가능하다.

19. 코포크지표

1) 개념

미국의 시장분석가인 코포크에 의해서 개발된 지표로서 특정한 종목주가의 전년동월 대비 등락률을 산출하고 매월 등락률을 이전의 9개월까지 소급해서 가중 계산한다. 가장 가까운 달의 영향력이 가장 크다고 생각하여 당해 월의 등락률에는 10, 1개월 전의 등락률에는 9, 9개월 전의 등락률에는 1의 가중치를 두어 산출된 수치를 합하여 10으로 나누어 지표를 산출한다.

2) 작성방법

$$\text{코포크지표} = \frac{Rt \times 10 + R(t-1) \times 9 + \cdots + R(t-8) \times 2 + R(t-9) \times 1}{10}$$

단, R: 월평균지수의 전년동월대비 증감률

3) 분석방법

코포크지표는 주가의 등급에 따라 0선을 중심으로 상승과 하락을 반복하는데 분석방법은 다음과 같다.

① 코포크지수가 0선 이하의 수준에서 상승하기 시작하면 0선을 크게 상회할 때까지 상승세가 지속되는 경우가 많으며 따라서 가장 좋은 매입 신호이다.

② 0선의 위에서 하락하고 있던 코포크지표가 0선 밑으로 하락하지 않고 다시 상승하는 경우, 주가는 중기적인 상승세를 나타내는 경우가 많으며 따라서 단기투자를 위한 매입신호로 볼 수 있다.

③ 0선의 위에서 상승하던 지표가 하락으로 반전하게 되면 0선 밑으로 하락세를 지속하는 경우가 많으며 매도신호가 된다.

④ 0선 이하의 수준에서 상승하던 지표가 0선까지 이르지 않고 다시 하락하게 되면 주가는 당분간 하락세를 나타낼 가능성이 높으며 따라서 경계 및 매도 신호가 된다. 그러나 주가가 장기간에 걸쳐 상승 또는 하락을 계속하는 경우에는 지표의 움직임이 무의미할 가능성이 있고 계산이 너무 복잡하다는 단점이 있다.

20. TI지수(Timing Indicator)

1) 개념

코포크지표의 문제점을 보완하기 위하여 일본의 니꼬 경제연구소가 개발한 지수이다. TI지수는 코포크지표의 단점인 계산의 복잡성과 후행성을 보완하기 위하여 주가의 전년동월대비 등락률(T 지수)을 계산하고, 동시에 큰 폭의 단기변동으로 인한 추세파악의 기회상실을 보완하기 위하여 등락률 12 개월 이동평균(I 지수)을 사용하여 매매시점을 찾아내게 된다.

2) 작성방법

$$T\text{지수} = \left(\frac{\text{당월의 평균지수}}{\text{전년동월의 평균지수}} - 1\right) \times 100$$

$$I\text{지수} = \frac{T_i + T_i - 1 + \cdots + T_i - 11}{12}$$

단, T_i : 당월의 평균지수
T_{i-1} : 전월의 평균지수

3) 분석방법

주가지수와 T지수 및 I지수를 그래프에 그려보면 T지수는 0 선을 중심으로 주가의 움직임에 따라 주가추이와 비슷하게 움직이고, I지수는 이보다 다소 늦게 완만한 곡선으로 움직인다. T지수가 0 선을 상회하면 매입시점으로 보고, T지수가 0 선을 상회하여 상승 중인 I지수를 하회하게 되면 매도시점으로 본다. 그러나 실제로 이 지수들은 매매시점을 정확하게 알려주기보다는 주가의 장기추세를 파악하는 데 도움이 된다.

21. 일목균형표

1) 개념

일목균형표는 일본에서 개발된 지표로 주가의 움직임을 5개의 의미 있는 선을 이용하여 주가를 예측하는 기법으로 시간개념이 포함된 지표이다. 일본의 주가차트 전문가인 이치모쿠 산징 씨가 독자 개발한 일목균형표는 서양의 엘리어트 파동 등이 과거의 가격과 트렌드를 중시하는 데 비해 일목균형표는 시간을 주체로 하고 가격은 2차적인 개념에 불과하다는 데 기초를 둔 분석모형이다. 엘리어트 파동과 이치모쿠의 일목균형표 두 가지를 연구해 본 결과에 의하면, 기술적 분석의 최대 단점인 후행성으로 비교해 볼 때 엘리어트 파동보다 일목균형표가 다소 앞선다는 것이 일반적인 의견이다. 물론 결과치를 보면 양쪽 분석이 거의 비슷하게 나오지만 분석자료가 나오는 시점과 기대치에서 약간 앞선다는 것이다.

2) 분석방법

일목균형표를 사용할 경우 분석의 순서는 그래프 형태에서 파동의 종류를 확인하고 각 파동과 현재시점의 추세를 점검하여 변곡점 날짜를 예측할 수 있으며 파동과 추세에 따라 가격폭을 계산하여 미래의 고점 또는 저점의 가격을 미리 알아볼 수 있는 전형적인 파동이론의 방식이다. 일목균형표는 계산방법이 엘리어트 파동이론처럼 단 한가지의 대원칙에 입각하여 유사하게 적용되는 것이 아니라 시기적절하게 유동적으로 적용할 것을 설명하고 있는 이론이다.

일목균형표는 지표론, 파동론, 시간론, 가격론으로 구성되어 있다. 물론 이렇게 나눈 것은 이치모쿠 산징의 출판물을 기초로 해서 이후의 사람들이 나눈 것이며 여기에 형보론과 주간론을 추가하는 사람도 있는데, 이 중 지표론이 5개의 괘선에 대한 내용이며, 정작 일목균형표의 핵심은 파동론과 시간론, 가격론의 세 가지 이론이 유기적으로 연결되며 미래를 예측하는 방법이다.

일목균형표를 트레이딩을 위한 지표의 형태로 이미 이해하고 있는 경우라면 파동이론으로서의 나머지 이론들은 이해하기가 어렵지만 과감하게 사고의 틀을 탈피하여 색다른 시각을 가지는 것이 중요하다.

일목균형표는 대략 '지표론', '시간론', '가격론', '파동론'의 네 가지 분야로 나뉘는데, 이 중 5개의 지표는 시간론과 가격론에 의해 판단되어진 변곡점의 신뢰도를 높이는 보조수단으로의 활용 또한 강조되고 있다. 일목균형표는 기준선, 전환선, 선행스팬 1, 선행스팬 2, 후행스팬의 5가지 지표로 구성되어 있다. 먼저 일목균형표 5가지 괘선이 만들어지는 작성원리는 아래와 같다.

(1) 전환선

전환선은 단기적인 평균을 말하며, 9일간의 최고점과 최저점의 중간값을 의미한다. 전환선 역시 평균의 방법 중 한 가지이기에 그 활용법은 '이동평균선'과 유사하며 또한 계산에 필요한 기준기간이 9일 이기에 단기이동평균선의 활용법과 비슷한 방법으로 해석할 수 있다.

(2) 기준선

기준선은 중기적인 평균을 말하며, 26일간의 최고점과 최저점의 중간값을 의미한다. 기준선의 활용방법 역시 이동평균선과 유사하게 살펴볼 수 있다는 것은 작성원리에서 등장하는 기본 해석방법이다. 전환선과 기준선의 관계는 손쉽게 단기이동평균과 장기이동평균의 관계로 이해할 수 있으나 그 선의 움직임을 유심히 살펴보면 수평으로 움직이는 구간이 상당히 많이 발견된다. 이것은 전환선과 기준선이 특정기간 동안의 "고점과 저점의 중간값"을 취하고 있기 때문에 고점과 저점의 값이 변하지 않으면 지표의 값도 변하지 않기 때문이다. 즉, 전환선과 기준선이 수평의 움직임이라면 현재 주가는 박스권에서 횡보중인 것으로 파악할 수 있고 지표값이 상승했다면 기간 중 고점과 저점이 돌파된 상태로서 중요한 추세신호로 활용할 수 있다는 것이다. 전환선과 기준선이 가지는 해석방법은 앞에서 설명한대로 이동평균선의 분석과 동일한 방법이 있겠고, 이번에 설명한 채널지표로서의 분석방법에도 활용할 수 있는 복합적인 성격을 가진다고 볼 수 있다.

(3) 선행스팬

선행스팬에서 스팬이란 말은 '일정한 간격'을 말하는 것이다. 기술적 분석방법에 있어서 다소 낯선 단어이긴 하지만(한자어 + 영어), 풀이해보면 "일정한 간격만큼 선행시킨 지표"라고 해석할 수 있다. 이와 정반대로 후행스팬이라는 것이 있는데 이것은 일정한 간격만큼 뒤로 후행시킨 지표를 말한다. 선행스팬은 두개의 선으로 만들어져 있다.

선행스팬 1은 기준선과 전환선의 중간값을 26일 선행하는 것을 의미한다. 기준선과 전환선의 중간값으로 만든다. 따라서 변화율은 기준선보다 빠르고 전환선보다는 느린 중간의 수준이 된다. 그러나 26일 선행시키게 됨으로 추세에 대한 민감도는 더욱 더 둔감하게 변화한다. 이 경우 민감도가 둔화되면 그만큼 신뢰도가 높아지게 된다.

선행스팬 2는 52일간의 최고점과 최저점의 중간값을 의미한다. 52일간의 가격을 기준으로 기준선, 전환선과 마찬가지로 중간값을 취하여 만든다. 이렇게 만든 후 26일간 선행시키는 이유는 역시 추세민감도를 둔화시키고 그 대신 신뢰성을 높이기 위해서이다. 대부분의 추세지표들이 추세민감도를 가급적 높이려고 노력하는데 비해 일목균형표는 추세민감도를 둔화시키는 장치를 사용한다. 이것은 이미 기준선과 전환선이 추세에 충분히 민감하게 반응하고 있기 때문에 쓸데없는 중복을 피하고 독특한 분석체계를 만들어내기 위함으로 해석할 수 있다.

(4) 구름대

구름대는 선행스팬 1과 선행스팬 2의 간격이다. 선행스팬의 작성원리에 입각하여보면 선행스팬 1이 선행스팬 2에 비해 현재의 추세에 민감하게 움직인다. 따라서 추세가 상승인 구간에서는 선행스팬 1이 선행스팬 2보다 상단에 위치하게 되고 하락추세구간에서는 반대로 선행스팬 2가 선행스팬 1보다 상단에 위치한다. 이 경우 선행스팬 1이 선행스팬 2의 위에 있을 경우를 양운(陽雲)으로 선행스팬 1이 선행스팬 2의 아래에 있는 경우를 음운(陰雲)으로 표현한다. 가장 간단한 적용방법은 바로 선행스팬 1과 2의 관계에서 추세를 판별하는 방법이다. 양운이 형성되면 상승추세를 음운이 형성되면 하락추세로 판단한다.

(5) 후행스팬

후행스팬은 현재가를 26일 후행하여 만든다. 즉, 현재의 종가를 기준으로 Line 차트를 만들어 이것을 26일 후행하여 그린다는 의미이다. 이 경우 오늘의 주가와 26일전의 주가를 비교할 수 있도록 만든 지표이다. 마치 Momentum 또는 Price ROC와 유사하게 만들어지기에 주가의 흐름을 비슷하게 해석할 수 있으며 적용하는 위치에만 차이가 있을 뿐이다.

제10절 기술적 분석의 한계점

기본적 분석은 기업의 재무요인과 기업 외적인 산업 및 경제요인이 그 기업의 본질적인 가치, 즉 내재가치를 결정한다는 가정에서 출발한다. 따라서 기본적 분석에서는 국내외 경제적 요인과 산업 및 기업 요인에 대한 정보를 예측하고, 이를 이용하여 주식의 내재가치를 추정한 다음 현재의 시장가격과 비교한다. 이를 통해 현재 주가수준의 적정성을 판단할 수 있으며, 과소·과대 평가 여부에 따라 매수·매도에 관한 의사결정을 내릴 수 있게 된다. 이러한 기본적 분석은 이론적으로는 우수한 주가예측방법이나 실제로 이것을 실무에서 활용하기가 쉽지 않다는 것이 문제점으로 지적되고 있다. 예를 들어, 내재가치를 추정할 경우에는 필요한 많은 요인들에 대한 정확한 정보를 얻기가 매우 어렵다는 것이다. 이에 반해, 과거의 주가나 거래량 변화를 도표화하여 미래의 주가를 예측하는 기술적 분석은, 그 적용방법이 기본적 분석에 비해 매우 간단하고 도표를 이용한 시각적 효과를 통해서 분석하기 때문에 이해하기 쉽다. 이러한 이유 때문에 실무에서 미래의 주가를 예측하는 데 기술적 분석기법이 아직도 많이 이용되고 있다. 그러나 현대 투자론의 관점에서 볼 때 기술적 분석은 다음과 같은 이론적 한계점을 갖고 있다

① 과거의 주가에 영향을 미치는 경제상황, 산업특성, 기업특성 및 투자자들의 심리변화 등이 미래에도 동일하게 재현된다면 기술적 분석방법에 의한 주가 예측이 이론적 타당성을 갖게 될 것이다. 그러나 이러한 주가 결정요인들이 일정한 주기를 갖고 반복해서 미래에도 동일하게 나타난다고 주장하는 것은 상당히 비현실적이며 비논리적이다.

② 동일한 주가변화 양상을 분석할 때도 어느 시점이 주가변화의 시발점인가 하는 해석이 분석자마다 달라질 수 있다는 것이다. 즉, 기술적 분석에서 주가의 추세변화에 대한 판단 자체가 매우 주관적이기 때문이다.

제11절 기술적 분석과 효율시장이론

기술적 분석에서는, 주식시장에서 수요와 공급을 변화시키는 새로운 정보가 나타나더라도 신속하게 시장에 파급되는 것이 아니라 서서히 시장에 반영되기 때문에, 주가가 새로운 시장균형상태에 도달하는 데 상당한 시간이 걸린다는 것이다. 만약 주가에 영향을 미치는 새로운 정보가 즉각적으로 주가에 반영되지 않고 서서히 반영된다면, 주가추세를 분석함으로써 미래의 주가를 예측할 수 있다는 기술적 분석의 주장은 이론적으로 타당할 것이다. 그러나 대부분의 경제학자들이나 전문투자자들은 이러한 기술적 분석가들의 주장을 믿지 않는다. 왜냐하면, 경제학자나 전문투자자들은 주식시장에 대한 이제까지의 많은 실증 연구결과를 바탕으로 주식시장이 매우 효율적이라고 믿고 있기 때문이다. 주식시장이 효율적이라면, 주식시장에서 수요과 공급을 변화시키는 새로운 정보는 주가에 즉각적으로 반영되므로 과거의 주가추세를 분석하여 미래의 주가를 예측한다는 것은 불가능하다. 현대투자론에서는 효율시장이론(EMH : efficient market hypothesis)을 학문의 기초이론으로 받아들이고 있기 때문에 학계에서는 기술적 분석 방법의 이론적 타당성을 인정하지 않고 있는 실정이다.

박현주 ▸ 미래에셋 회장

- 출생 : 1958년 10월 17일
- 학력 : 고려대학교 경영학 학사
  하버드대학교 비즈니스스쿨 최고경영자과정 수료
- 수상 : 2009년 제3회 언스트 앤 영 최우수 기업가상 마스터상
  2011년 제1회 금융투자인상 대상
  2012년 매경이코노미 선정 올해의 CEO
- 경력 : 1999년 미래에셋증권 설립
  2001년~현재 미래에셋그룹 회장

제 12 장
채권투자

남들이 탐욕스러울 때 두려워하고, 남들이 두려워할 때 탐욕스러워져라.(William Hunt Gross, 핌코의 최고투자책임자)

제12장 채권투자

제1절 채권의 의의

1. 채권의 개념

채권은 정부, 공공기관, 특수법인과 주식회사 형태를 갖춘 사적 기업(私的企業)이 일반대중 투자자들로부터 비교적 장기의 자금을 집단적, 대량적으로 조달하기 위하여 부담하는 채무를 표시하는 유가증권으로서 일종의 차용증서이다. 이는 보통의 차용증서와 달리 다음과 같은 법적인 제약과 보호를 받게 된다.

첫째, 채권을 발행할 수 있는 주체가 법률로써 정하여진다. 일반적으로 정부, 공공기관, 특수법인과 상법상의 주식회사 등이 채권을 발행할 수 있다.

둘째, 발행자격이 있더라도 정부는 국회의 동의를 받아야 하고 회사는 공모할 경우 금융위원회에 등록을 한 후 감독원에 유가증권신고서를 미리 제출하여야 한다.

셋째, 채권은 어음, 수표 등의 유가증권과는 달리 유통시장에서 자유로운 거래가 가능하다.

2. 채권의 공통점

채권은 발행주체에 따라 수행하는 역할을 달리하고 있으나 채권의 본질로서 다음과 같은 공통점을 가지고 있다.

1) 확정이자부 증권

확정이자부 증권으로서 채권은 발행시에 지급해야 할 이자와 상환금액이 확정되거나 또는 그 기준이 확정되기 때문에 투자원금에 대한 수익은 금리수준의 변동에 의한 것 이외에는 발행시에 이미 결정된 것이므로 발행자의 원리금 지급능력이 가장 중요시된다.

2) 이자지급 증권

채권은 주식과 달리 발행자는 수익의 발생여부와 관계없이 이자를 지급하여야 한다. 채권의 이자지급은 채권발행자가 부담하는 금융비용 중에서 가장 큰 비중을 차지하므로 기업의 손익과 성장에 많은 영향을 주게 된다.

3) 기한부 증권

채권은 원리금의 상환기간이 사전에 정해져 있는 기한부 증권이다. 기한부 증권이라는 채권의 특성으로 인하여 잔존기간이 투자결정 요소로서 그 중요성을 가지며 실세금리는 경제상황에 따라 변동하는 것이 상례이므로 잔존기간의 길고 짧음이 채권투자수익에 큰 영향을 준다.

3. 채권과 주식의 차이

채권과 주식은 여러 가지 측면에서 차이가 있다. 주식은 그 소유자가 주주총회 등에서 주주로서 의사결정에 참여할 수 있으나 채권소유자는 회사경영의 의사결정에 참여할 수 없다. 주식의 발행은 자본금의 증가를 수반하지만 채권은 부채의 증가를 수반한다. 또한 채권은 회사의 해산시 주식에 우선하여 원리금을 지급받을 권리가 있다.

이를 구체적으로 정리하여 보면 다음 〈표 12-1〉과 같다.

표 12-1. 채권과 주식의 비교표

구 분	채 권	주 식
발행자	정부, 지자체, 특수법인, 주식회사	주식회사
자본의 성격	타인자본	자기자본
증권소유자의 지위	채권자	주주
경영권 참가권 유무	없음	있음
소유시 권리	- 회사정리절차 등에 채권단 참여 - 확정부이자 수취 - 주식에 우선하여 재산분배권	- 의결권 - 배당금 수취 - 잔여재산분배권
증권의 존속기간	채권	발행회사와 존속을 같이하는 영구증권
원금상환	영구채권을 제외하고는 모든 기한부 증권	없음
위험	작다	크다

4. 채권의 특성

채권은 자본증권 가운데서 원금은 물론 일정한 이자를 지급받을 권리가 주어져 있는 유가증권이다. 따라서 일정한 기간후에 얼마의 이익을 얻을 수 있는가 하는 수익성과 원금과 이자를 확실하게 받을 수 있는가 하는 안정성, 중도에 자금이 필요할 때 현금화 가능여부인 유동성이 골고루 갖추어져 있는 점이 특성이다.

1) 수익성

이는 채권을 보유함으로써 얻을 수 있는 금전적인 수익의 발생 가능성을 의미하는 것으로 채권보유로부터 얻을 수 있는 수익은 이자소득과 자본이득이 있다. 이자소득은 채권을 보유함으로써 발생하는 이자로 투자한 자금에 대한 보상을 의미하며 자본소득은 채권가격 변동으로 인해 채권 매수가격보다 시장가격이 높을 때 발생하는 수익을 말한다. 채권투자는 일정한 이자가 보장되어 있을 뿐만 아니라 주식처럼 매매에 따른 자본이득도 얻을 수 있어 수익성이 높다.

2) 안정성

채권의 위험은 채무불이행 위험과 시장위험의 두 가지로 살펴볼 수 있다. 채무불이행 위험은 비체계적 위험으로써 원리금의 상환이 이루어지지 못하는 위험을 의미하나 채권은 발행주체가 정부, 지방자치단체, 특수법인 및 상법상의 주식회사이기 때문에 그 안정성이 매우 높다. 시장위험은 체계적 위험으로써 채권의 시장가격이 매입가격보다 낮아질 위험을 말하는데 이때는 채권을 만기까지 보유함으로써 위험을 회피할 수 있다.

3) 유동성

채권은 상환일까지 보유하여 확정된 이자와 원금을 받을 수도 있을 뿐만 아니라 상환일 전에 증권회사 등을 통해 언제든지 팔아 현금화할 수 있다.

유동성이란 화폐가치의 손실없이 현금으로 전환될 수 있는 정도를 말하는 것으로 일반적으로 채권은 발행자의 신용도가 높아 신속하고 원활한 채무이행이 보장될수록, 만기가 비교적 단기여서 시장 이자율이 변화하더라도 채권의 가치에 미치는 영향이 크지 않을수록 유동성은 비교적 높아진다.

채권의 속성은?

1. 채권은 발행시부터 만기까지 일정한 이자가 지급되는 유가증권이다.

채권은 국가나 특별법인, 금융기관 또는 일반 주식회사가 발행하는 일종의 채무증서로서, 발행시부터 만기까지 일정한 이자가 지급되므로, 만기까지 보유한다면 안정적인 수익을 기대할 수 있다. 즉, 채권이란 신용도가 높은 발행주체가 일정한 이자지급을 약속하고, 투자자들로부터 자금을 차입한 후, 그 반대급부로 제공하는 채무증서를 의미한다. 이러한 채권이 일반 차용증서와 다른 점은 만기전에 다른 사람에게 되팔 수 있다는 것이다. 이와 같이 채권은 만기전에 매매를 통해 투자금액을 회수할 수 있어, 일반대출보다 투자리스크가 적기 때문에 발행이나 거래가 매우 활발한 유가증권이다. 또한 매매시에는 시중금리수준에 따라 매매손실이나 매매이익이 발생할 수도 있어 다양한 투자전략을 수립할 수 있다.

2. 채권가격은 주가처럼 시시각각으로 변하기 때문에, 만기전 매매시 매매손실이나 매매이익이 발생할 수 있다.

채권가격은 시중금리 수준에 따라 시시각각으로 변하게 된다. 채권가격이 변하는 이유에는 시중금리에 영향을 주는 정부의 통화정책이나 채권시장의 수급불안 등 여러 가지가 있다. 이러한 채권가격은 시중금리와 완전히 역의 관계에 있어, 시중금리가 올라가면, 채권가격은 떨어지게 되고, 반대로 금리가 하락하면 채권가격은 올라가게 된다. 일반적으로 시중금리란 채권 등 이자부 상품을 구입할 때, 기대하는 수익률이라고 할 수 있다. 따라서 상품(채권)을 싸게 구입해야만, 기대하는 이익이 커질 수 있다. 즉, 시중금리(기대수익률)가 높으면, 채권(상품)가격은 싸져야 하는 것이다. 이와 같이 채권가격이 시중금리에 영향을 받기 때문에, 채권가격은 주가처럼 시시각각으로 변하게 되고, 가격이 변하기 때문에 매매시 매매손실이나 매매이익이 발생하게 되는 것이다. 하지만, 채권은 주식과 달리 만기가 있어, 최소한 만기까지 보유할 경우 매입한 당시의 매매수익률을 얻을 수 있다.

3. 채권은 종류가 다양하며, 발행자의 부도시 손실을 입을 수도 있다.
채권은 발행주체가 매우 다양하므로, 발행자의 채무지불능력도 천차만별이다. 따라서 채권선택시 매우 중요한 고려사항 중 하나가 발행자의 부도가능성 여부인 신용도이다. 특히 회사채에 투자할 경우에는 발행회사의 재무안정성을 고려하여야 한다. 만약 발행회사가 부도 날 경우에는 엄청난 손실을 볼 수 있기 때문에, 채권전문가가 아니라면 당연히 안정성이 높은 채권에 투자하여야 한다. 부도시에는 대우그룹이 발행한 채권처럼 원금도 거의 회수하지 못할 수도 있기 때문이다.

제2절 채권의 종류

채권의 종류를 분류하는 데는 그 내용이나 형식이 다양하기 때문에 간단히 분류하기는 어렵지만 일반적으로 발행주체, 이자지급 방법, 보증유무, 상환기간, 이자율 변동여부 등에 따라 분류한다.

1. 발행주체에 따른 분류

1) 국채

국가가 발행하는 채권으로 국고채권, 재정증권, 국민주택채권, 외국환평형기금채권 등이 해당된다.

2) 지방채

지방자치단체가 발행하는 채권으로 지역개발공채, 도시철도채권(서울시, 부산시), 상수도공채, 도로공채 등이 해당된다.

3) 특수채

특별법에 의하여 설립된 특별법인이 발행한 채권으로 토지개발채권, 전력공사채권, 도로공사채권, 인천국제공항공사채 등이 해당된다.

4) 금융채

특수채 중 발행주체가 은행인 채권으로 통화안정증권, 산업금융채권, 국민은행채권, 중소기업금융채권 등이 있다.

5) 회사채

상법상 주식회사가 발행하는 채권으로 보증사채, 무보증사채, 담보부사채, 전환사채, 신주인수권부사채, 교환사채, 옵션부사채 등이 있다.

2. 이자지급 방법에 따른 분류

1) 이표채

채권의 액면에 이표가 표시되어 있어 정해진 이자지급일에 일정이자를 지급받는 채권으로 회사채와 금융채 중 일부 채권이 해당된다.

2) 할인채

액면금액에서 상환기일까지의 이자를 공제한 금액으로 매출하는 채권으로 통화안정증권, 산업금융채권 등 금융채 중 일부 채권이 해당한다.

3) 복리채

이자가 단위기간수 만큼 복리로 재투자되어 만기에 원금과 이자가 지급되는 채권으로 국민주택채권, 지역개발공채, 금융채 중 일부 채권이 해당한다.

3. 보증유무에 따른 분류

1) 보증채

정부 또는 금융기관이 원리금 지급이행을 보증하는 채권으로 정부보증채, 일반보증채(시중 은행, 보증보험, 신용보증기금 등이 보증) 등이 있다.

2) 담보부채

채권에 담보권이 붙어 있는 채권으로 통화안정증권, 외국환평형기금채권, 재정증권, 금융채, 회사채 중 일부가 해당된다.

3) 무보증채

발행자의 신용도에 의해 발행되어 유통되는 채권으로 국민주택채권, 상수도공채, 금융채, 회사채 중 일부가 해당된다.

4. 상환기간별 분류

1) 단기채

상환기간이 1년 이하인 채권으로 통화안정증권, 재정증권 등이 있다.

2) 중기채

상환기간이 1년에서 5년 미만인 채권으로 국고채, 외국환평형기금채, 회사채 등이 있다.

3) 장기채

상환기간이 5년 이상인 채권으로 국민주택채권(5년, 20년), 도시철도채권(9년) 등이 있다. 참고로 미국의 경우 장기채라 하면 10년 또는 20년 이상의 것을 말한다.

~ LH(한국토지주택공사) 40년만기 장기채권 발행 ~

발행일자 : 2011. 3. 24.	만기일자 : 2051. 3. 24
표면금리 : 5.36%	이자지급주기 : 6개월단위
발행금액 : 1,000억원	매수기관 : 보험사

- 발행기관의 장점 : 장기적으로 소요되는 토지개발 프로젝트 수행을 위한 안정적 자금조달
- 매수기관의 장점 : 부채와 자산간 만기를 일치시켜 재무구조를 안정

5. 이자율 변동여부에 따른 분류

1) 확정금리부채권(Straight Bond)

확정이자율에 의한 일정금액을 약정기일에 지급하는 채권으로 국공채와 회사채의 대부분이 이에 해당한다.

2) 금리변동부채권(Floating Rate Bond)

정기예금금리 등 기준금리에 연동되어 지급이자율이 변동되는 조건의 채권으로 산금채, 장기채 등 일부 금융채와 일부 회사채가 이에 해당한다.

채권에 관한 상식

- 채권단가 → 액면 채권 1장마다 권면에 표시되어 있는 [1만원], [10만원], [100만원] 등의 금액을 지칭한다. 단가는 유통시장에서의 채권의 매매단가로 적용수익률로 계산한 액면 10,000원당 단가를 말한다.
- 채권의 이자율 → 표면이율 액면에 대한 1년당 이자율(연이율)을 의미한다. 할인채의 경우는 할인율로 표시한다.
- 채권의 만기기간 → 잔존기간(기 발행된 채권의 중도매매시 매매일로부터 원금 상환까지의 기간)을 말한다.
- 채권 수익률(YTM) → [이율]은 액면에 대한 이자의 비율이고 [수익률]은 투자원본에 대한 수익의 비율로서 통상 만기수익률을 의미하며 투자자가 최종 상환일까지 채권을 보유한 경우 받게 되는 1년당 전체수익을 투자원본으로 환산하였을 때의 비율을 말한다. 경과이자 발행일(매출일) 또는 직전 이자 지급일로부터 매매일까지 기간동안 표면이율에 의해 발생한 이자를 의미한다.
- 채권투자에 따른 수익의 종류
  → 표면이자수익(Coupon Income Gains)
  → 이자의 재투자수입(Interest-On-Interest)
  → 상환시의 상환차 손익
  → 중도 매각시의 매매손익(Capital Gains)

제3절 채권수익률

1. 채권수익률의 개념

채권수익률이란 예금의 이자율과 같은 개념으로 채권의 투자성과를 평가함에 있어 보편적으로 사용하는 척도이다. 이것은 채권투자에서 얻어지는 현금흐름의 현재가치와 채권의 시장가격을 일치시켜 주는 할인율로서 채권에 투자하였을 때 일정기간에 발생된 투자수익을 투자원본으로 나누어 투자기간으로 환산하는 것을 의미한다.

2. 채권수익률의 의의

(1) 채권수익률은 오직 채권의 가격을 나타내는 하나의 수단으로 볼 수 있다.

따라서 채권의 시장가격을 알면 수익률을 계산할 수 있고 수익률이 주어지면 채권가격을 알 수 있다.

(2) 채권수익률은 예금이자율과 같은 개념으로 이해할 수 있다.

따라서 채권수익률은 표면이자율, 잔존기간, 시장가격이 서로 다른 채권을 비교하는 기준으로 이용되고 있다.

3. 채권수익률의 종류

1) 표면이율

채권의 권면에 기재된 이율로 1년간 발행자가 지급하는 이자를 액면으로 나눈 단리(單利)의 개념이다.

2) 발행수익률

발행수익률이란 발행시장에서 채권이 발행되어 처음 매출될 때 매출가액으로 매입하는 경우 이 매입가격으로 산출된 채권수익률로서 매출에 응모하는 사람이 얻을 수 있는 수익률이란 뜻에서 이를 응모자 수익률이라고도 한다.

예 산업금융채권 3년 할인채의 발행수익률은?

3) 직접수익률(단순수익률, 경상수익률)

채권투자 원금에 대한 연간 표면이자 수입의 비율을 말한다.

예 회사채 3년짜리를 8,860원에 매입했다면 직접수익률은?

4) 유통수익률(만기수익률, 내부수익률, 시장수익률)

통상 채권시장에서 대표되는 수익률로서 일단 발행된 채권이 유통시장에서 계속 매매되면서 시장의 여건에 따라 형성되는 수익률이다. 이는 어떠한 자본이득이나 자본손실은 물론 이자의 재투자 수익까지도 감안하여 산출되는 채권의 예상수익율인 만기수익률이다.

예 국민채 89-12를 1990. 9. 25에 6,712(세금 48원)원에 매입하였을 때 유통수익률은 ?

5) 연평균수익률

만기가 1년 이상인 채권에서 만기까지의 총수익을 원금으로 나눈 후 단순히 해당년수로 나눈 단리수익률을 말한다. 이는 은행 등 금융기관에서 장기저축의 수익률이 높은 것처럼 광고 선전시에 하는 방식이며, 실효수익률과 다른 연단위 산출 평균수익률이다.

예 산업금융채권 복리 5년채의 연평균수익률은?

6) 실효수익률

채권의 수익을 측정하는데 있어서 재투자율을 적용하여 채권의 원금, 표면이자, 재투자 수익 등 세 가지 수익을 모두 계산한 투자수익의 증가율을 나타내 주는 지표가 실효수익률이다. 이것은 일정한 투자기간 중에 실제로 실현된 이자수입, 이자의 재투자 수입, 자본수익의 합계인 실현 총이익에 대한 매입가격의 비율이다.

7) 세전수익률과 세후수익률

세전수익률이란 일정기간 동안의 채권투자로 얻은 수익에서 보유기간 동안의 경과이자에 대한 세금을 공제하기 전의 수익률을 말하며 세후수익률이란 이자에 대한 세금을 공제한 후의 수익률을 말한다.

4. 채권수익률의 결정요인

채권은 금융시장인 유통시장에서 매일매일 가격이 변하고 있다. 가격은 여러가지 요인에 의하여 변동되는데 시중금리, 경제상황과 같은 외적 요인과 채권의 만기, 발행주체의 지급불능 위험과 같은 내적 요인인 두 가지 요인에 의해서 결정된다고 볼 수 있다. 따라서 채권에 투자하는 투자자는 채권의 내적 요인인 만기, 표면이자율, 상환조건, 과세문제를 비롯하여 채권가격에 영향을 주는 경기동향, 정부의 재정금융정책, 채권의 수요와 공급, 금융시장의 계절적 변동 등 전반적인 경제여건에 대한 기본적인 이해가 필요하다. 일반적으로 채권은 가격의 변동에 의하여 수익률이 변동되는 것으로 이해되지만 실제로는 채권수익률의 변동에 의하여 채권의 가격이 변동하는 것이다.

1) 채권 외적요인

(1) 채권의 수요와 공급

채권수익률의 가장 큰 변동은 채권의 수요와 공급이다. 즉, “채권의 수요와 공급의 변동 → 채권수익률의 변화 → 채권가격의 변화”라는 과정으로 설명된다. 결국 채권수익률의 가장 큰 변동요인은 채권의 수요와 공급이라 할 수 있는데 수익률은 공급보다는 수요에 더 큰 영향을 받는다. 다시 말해서 채권의 공급은 채권의 수요가 급증한다고 하여 공급이 급증하지 아니한다. 채권의 공급은 일정한 계획에 의하여 이루어지기 때문에 수요에 의하여 큰 영향을 받지 않는다. 반면에 채권의 수요는 채권의 가격이 탄력적이기 때문에 채권의 수요가 증가하면 채권가격은 상승하고 채권의 수요가 감소하면 채권가격은 하락한다. 채권수익률 변화의 가장 큰 요인은 금융시장의 자금사정 변동에 의하여 채권의 수요가 증가하는데에 있다. 채권의 시세가 강세라는 말은 채권의 공급이 감소하는 것이 아니라 채권의 수요가 증가하는 현상이 많으며 채권의 시세가 약세라는 말은 채권의 공급 증가보다는 채권의 수요가 감소한 경우가 일반적이다.

(2) 시중의 자금사정과 금융정책

시중의 자금사정과 수익률은 밀접한 상관관계가 있다. 시중의 자금흡수 및 공급은 금융시장에 민감하게 반영되어 콜시장, 어음할인시장 등에 영향을 주어 단기 채권수익률에 영향을 미치게 된다. 시중의 자금이 풍부한 경우 시중의 실세금리가 하락하고, 기존의 채권수익률로 채권을 매입하는 것이 유리하게 됨에 따라 채권의 수요가 증가하게 되어 채권수익률의 하락을 가져온다. 반대로 법인세, 부가세, 배당금 등과 같이 일시적으로 시중의 자금이 경색되면 시중의 금리가 상승하여 기존의 채권수익률로 채권을 매입하는 것보다 높은 금리의 금융상품에 투자하게 됨으로 채권의 수익률은 상승하게 된다.

또한 경제의 안정적인 성장을 위하여 저금리, 저물가 정책을 실시한다고 하면 장기채권의 수익률은 일시적인 자금사정의 불균형에 영향받지 않고 정부의 정책에 따라 결정된다. 이와 같이 채권수익률은 단기채권의 경우 당시의 시중 자금사정, 장기채권의 경우는 정부의 재정금융정책에 의하여 영향을 받게 되는데 금융정책 중에서도 가장 중요시되는 것이 정기예금 금리이다. 이는 채권투자에 따른 수익이 정기예금 수익률과 상대비교가 되기 때문이며 정기예금 금리와 채권수익률은 정의 상관관계를 가지고 있다.

(3) 경기동향

경기가 상승국면에 진입하면 각 기업들은 설비투자를 중심으로 자금수요가 급증한다. 이때 기업은 필요한 자금을 금융기관에서 차입하거나 회사채를 대량으로 발행하게 되며, 금융기관은 필요한 자금을 확보하기 위하여 보유하고 있는 유가증권을 매각하며 금융시장에서는 자금사정이 궁핍하여진다. 이 경우 채권의 공급은 증대되고 채권의 수요가 감소함으로써 채권수익률은 상승하게 된다. 반대로 경기가 하강국면에 진입하면 각 기업은 투자의욕이 감소하고 시설투자의 증가보다는 축소를 도모하며 금융기관에서는 대출자금의 압박에서 벗어나 자금의 여유가 발생, 자금사정은 풍부해져 채권수요가 증가하게 되므로 채권수익률은 하락하게 된다.

(4) 물가상승

물가상승과 채권수익률은 정의 상관관계가 있다. 물가상승시 명목금리는 상승하나 실질금리는 하락한다. 시장의 명목금리의 상승은 기존의 채권투자보다는 다른 실물투기를 발생시키면서 채권의 수요는 감소하게 된다. 반대로 물가의 하락시 시장의 실질금리는 상승하고, 기존의 채권수익률로 채권을 투자하는 것이 유리하여 채권의 수요가 증대하게 되므로 채권수익률은 하락하게 된다.

2) 채권 내적요인

채권수익률은 위에서 설명한 채권 외적 요인에 의해서도 결정되지만 채권의 만기와 같은 발행조건이나 발행주체가 지니는 지급불능 위험과 같은 채권의 내적 요인에 의해서도 영향을 받는다.

(1) 채권의 잔존기간

채권은 만기까지의 잔존기간에 따라 수익률이 달라진다. 다른 조건이 일정할 때 만기까지의 잔존기간이 길수록 채권가격의 변동위험은 크고 유동성이 줄어 들어서 장기채일수록 수익률이 높아진다. 즉, 채권의 잔존기간이 길수록 시장이자율에 따라 이자가 복리로 계산되는 기간이 더 많아지거나 채권수익률로 할인하는 기간이 길기 때문에 장기채일수록 채권수익률 변화에 따른 채권가격의 변동성은 크다. 결국 채권 만기의 장·단에 따라 채권수익률 변화에 따른 채권가격의 변동폭이 달라지므로 만기까지의 잔존기간에 따라 채권수익률에 차이가 생기게 된다. 이러한 채권수익률과 만기까지의 잔존기간과의 관계를 채권수익률의 만기구조(Term Structure of Bond Yield)라고 한다.

(2) 채권의 표면이자율

채권의 다른 조건이 일정할 때 채권의 표면이자율에 따라 수익률은 달라진다. 표면이자율이 상승하면 첫째로, 자본한계 생산성의 증가에 따른 높은 이자부담으로 이자율 상승을 나타내고, 둘째로, 그 이자율 상승분만큼 세금부담이 커진다. 그러므로 세후수익률은 떨어져서 표면이자율 상승 이전의 세후수익률을 보상받기 위해서는 그만큼 시장수익률이 올라가야 한다. 이와 같이 표면이자율 상승은 채권수익률 상승의 요인이 된다.

(3) 채무불이행 위험(발행자의 신용도)

채권은 원금과 표면이자수입이 약속된 확정이자부 증권이지만 위험이 전혀 없는 것은 아니다. 발행자의 재정난, 실적부진 등으로 인하여 이자뿐만 아니라 원금상환도 제대로 이행하지 못하는 경우도 발생할 수 있는데 이러한 위험을 채무불이행 위험이라고 한다.

따라서 여타 조건이 동일하다면 채무불이행 위험이 높은 채권일수록 투자자는 높은 위험 프리미엄을 요구하게 되고 이로 인하여 채권수익률은 올라간다.

(4) 유동성

채권의 유동성이란 채권을 적절한 가격으로 원하는 시점에서 매각할 수 있는 정도를 말하는데, 일반적으로 유동성이 높은 채권은 거래가 활발하기 때문에 당해 채권 보유자는 언제든지 원할 때 쉽게 현금화할 수 있는 장점을 가지고 있다.

따라서 합리적인 투자자라면 다른 조건이 같다고 할 때 유동성이 낮은 채권보다는 유동성이 높은 채권을 선호할 것이므로 유동성이 낮은 채권은 그만큼 발행하기가 어려워진다. 결국 유동성이 낮은 채권이 발행되거나 또는 유통시장에서 거래가 되기 위해서는 그 대가로 유동성 프리미엄을 제공해야 되기 때문에 낮은 유동성은 채권의 수익률을 상승시키는 요인이 된다.

(5) 채권수익률 변화와 가격변동

채권가격은 장래에 발생하는 유입자금(표면이자+원금)을 투자자가 기대하는 할인율로 할인한 현재가치의 합이다. 장래의 유입현금은 계약에 의해서 결정되기 때문에 장래가격을 변동시키는 것은 할인율, 즉 수익률의 크기에 의해 결정된다. 할인율은 일반적으로 금리수준에 의해 결정되지만 할인율의 변동이 채권가격에 미치는 효과는 다르다. 이와 같이 채권수익률의 변동으로 채권가격을 변동시키는 요인으로는 ① 만기까지의 잔존기간, ② 표면이자율(coupon rate), ③ 수익률 수준(yield level) 등이 있다.

① **잔존기간과 가격변동**

일반적으로 일정한 표면이자율에서 수익률 수준이 변하는 경우에는 잔존기간이 길수록 가격변동이 크다. 또한 일정한 수준의 채권수익률 변동에 따른 채권가격의 변화율은 만기까지의 기간에 비례하여 증가하여, 주어진 수준의 채권수익률 상승과 하락에 대한 채권가격의 하락과 상승폭이 동일하지 않음을 알 수 있다.

② **표면이자율과 가격변동**

잔존기간이 일정할 때 수익률 수준이 변화하면 표면이자율이 낮을수록 가격변동폭은 크고 반대로 표면이자율이 높을수록 가격변동폭은 적다. 그러나 복리채는 표면이자율에 관계없이 수익률 변동폭이 일정하면 가격변동률도 항상 일정한 것으로 나타났다.

③ **수익률 수준의 등락과 가격변동**

일정한 표면이자율, 일정한 잔존기간을 가진 채권의 수익률이 변동하는 경우 수익률 수준이 높을수록 가격은 더 많이 변동하고 수익률 수준이 낮을수록 가격은 적게 변동한다.

이상에서 일정한 수익률 변동이 채권의 잔존기간, 표면금리, 변화전 수익률의 상태에 따라 채권가격에 어떤 영향을 미치는가를 살펴보았다. 채권투자를 효율적으로 운용하기 위해서는 수익률 동향을 예측하여 채권구성을 적절히 조정하여야 한다. 즉, 수익률 상승이 예상될 때에는 복리채보다는 이표채를, 또 이표채 중에서도 표면이자율이 높고 잔존기간이 짧은 채권을 매입하고, 반대로 수익률 하락이 예상될 때에는 복리채 중에서도 표면이자율이 낮고 잔존기간이 긴 채권을 매입하는 것이 투자수익을 높이는 방법이라 할 수 있다.

제4절 채권시가평가

1. 채권시가평가제도의 기본개념

채권시가평가제도란 채권의 가격을 시장에서 받을 수 있는 현재가격으로 평가하는 제도로서 채권을 시장에서 인지될 수 있는 가격에 의하여 매일 평가하는 제도이다. 장부가평가는 채권의 취득가격을 기준으로 매일매일 경과이자를 가산하는 방식이므로 만기 예상수익률이 거의 확정적이고, 시가평가는 매일 변동하는 채권의 가격에 의하여 평가하는 것을 의미한다.

채권은 주식회사나 정부 및 정부투자기관 등에서 자금을 조달하고자 발행할 때 통상 정해진 원금(액면가)을 계약기간 만기에 돌려주고, 사전에 정해진 이자를 일정 기간마다 지급하도록 약정하는 채무증서로, 현재 금융투자협회와 채권평가전문회사에서 유통중인 모든 채권에 대하여 매일 시가평가를 실시하고 있다.

2. 채권시가평가제도의 도입배경

주식의 경우에는 시장에서 거래되는 가격을 기준으로 평가하므로 정확하게 평가할 수 있으나, 채권은 유통시장이 발달하지 못하여 개별채권의 시장가치를 구하기가 쉽지 않다. 또 같은 회사가 발행한 채권이라도 잔존만기·표면이자율 등에 따라 채권의 가격도 다르므로 채권의 가격은 주식보다 훨씬 다양하고 복잡하다. 따라서 2000년 7월 이전 채권은 시장가치로 평가하지 않고 채권의 만기까지의 총이자를 구한 후 잔존기간으로 나누어 하루분의 이자를 산출하고 채권의 원금에 매일매일 하루분의 이자를 더해주는 장부가격(帳簿價格)으로 평가하여 왔다. 그러나 장부가 평가는 시장금리가 상승하면 수익증권의 환매금액이 수익증권의 실제가치보다 많으며, 시장금리에 대한 불안감 때문에 중도환매가 늘어나게 되고, 투자자에게 지급하기 위하여 채권을 장부가격보다 낮은 가격으로 판매하거나 판매하지 못한 채권이 늘어날 경우 판매회사인 증권회사와 자산운용회사의 평가손 및 자금부담을 초래하게 된다. 이에 따라 금융감독원은 1998년부터 신용평가제도의 개선, 채권수익률 공시체계의 마련, 자산운용회사 신탁재산의 클린화, 부실자산의 공개, 증권투자신탁 상품체계의 개선 등의 기반을 구축하고 2000년 7월 1일부터 채권시가평가제를 전면 시행하였다.

이 제도는 고객간의 실적분배의 충실화, 채권유통시장의 선진화, 투자신탁의 부실화 방지 및 외국인 투자유치의 활성화 등을 목적으로, 금융투자협회(구 증권업협회)가 발표하는 시가평가기준 수익률을 기준으로 평가하는데, 투기등급인 BB 이하 신용등급 채권의 경우에는 채권평가위원회에서 각사별로 평가한다. 대상은 1998년 11월 16일 이후 만들어진 펀드를 포함, 2000년 7월부터 모든 공사채형 수익증권에 적용되고 있다. 한편, 선진국에서는 유가증권 관련 정보제공기관으로서 민간 채권가격평가기관들이 채권시가평가를 시행하고 있으며, 채권유통시장의 하부구조를 형성하고 있다. 또한 자본시장을 중심으로 금융시스템이 구축된 미국 등은 채권시가평가에 따라 사회의 부가 분배되고 있으며, 펀드관리자들은 시가평가에 기초하여 보상 및 책임을 받고 있다.

3. 채권시가평가 방법

채권을 시가평가하는 방법은 자본이득을 얻기 위한 자산의 가치를 매입가(장부가)가 아닌 시가에 기초하여 평가하는 회계를 말한다. 시가는 공정가액으로 합리적으로 산정 가능한 금액을 의미한다. 유가증권의 경우, 시가평가를 한 뒤 그 차액은 당기 손익으로 계상하기 때문에 시가평가를 적용하면 보유한 채권의 가격이 하락할 때마다 곧바로 손실처리를 함으로써 궁극적으로 자본이 줄어들게 되고, 이는 금융회사 대출자산을 축소시키는 요인이 되기도 한다. 채권의 평가는 금융투자협회가 매일 공시하는 채권시가평가 기준수익률에 잔존기간을 반영하고 매도실현 위험에 대한 가산금리를 감안한 조정수익률을 가격으로 환산하여 평가하는 방식과 민간평가기관(KIS, 나이스, 한국채권평가)를 통한 방식 등이 있다. 채권의 평가손익은 시가평가액에서 장부가평가액을 차감하여 구하며, 평가손익은 부외계정으로 처리한다.

제5절 발행시장과 유통시장

채권시장은 주식시장처럼 발행시장과 유통시장으로 구분하는데 발행시장을 1차 시장(Primary market)이라고 하고 유통시장을 2차 시장(Secondary market)이라고 한다. 발행시장은 자금을 조달하고자 하는 기업 또는 정부기관에서 발행한 신규채권이나 주식 등의 증권이 최초로 투자자에게 매매되는 시장이며 유통시장은 이미 발행된 증권이 투자자들 사이에서 거래되는 시장을 말한다. 흔히 채권시장이라 함은 유통시장에서도 장외시장을 의미하는데 이는 채권거래의 약 90% 이상이 장외시장에서 거래되기 때문이다.

1. 채권발행시장

채권발행시장이란 발행주체가 발행 중개기관을 통하여 채권을 발행하여 투자자에게 채권증서를 제공하고 자금을 공급받는 간헐적이고 추상적인 제1차시장(Primary Market)을 의미한다. 채권의 매각은 발행자로부터 투자자에게 직접 이루어지는 경우도 있지만, 주로 증권회사를 통하여 이루어진다. 이 의미로 발행시장은 발행자, 투자자, 증권회사의 3자에 의하여 구성되는 시장이라고 할 수 있다.

1) 발행시장 참여자

(1) 발행자

채권발행을 통하여 자금을 조달하는 주체로서 정부, 지방자치단체, 특별법에 의해 설립된 법인, 상법상 주식회사 등이 있다.

(2) 투자자

채권 발행시장에서 모집·매출되는 채권의 청약에 응하여 발행된 채권을 취득하는 자로서 자금의 대여자이다. 일반적으로 채권투자자는 전문적 지식과 대규모 자금으로 법인형태를 취하고 있는 기관투자가와 개인적 자산운용을 목적으로 채권에 투자하는 개인투자자가 있으나 우리나라에서는 연기금을 포함한 기관투자가가 대부분이다.

(3) 발행기관

채권발행에 있어 발행자와 투자자 사이에서 채권발행에 따른 제반 업무수행과 함께 발행에 따른 위험부담 및 판매기능을 담당하는 전문기관을 말한다.

① **간사회사(Managing Company)** : 간사회사는 인수단의 구성원으로서 채권발행 업무를 총괄하며 당해 채권발행의 타당성, 소화가능여부, 발행시기, 발행조건 등을 발행자와 협의하여 결정한다. 채권 발행규모가 대규모일 경우에는 간사단을 구성하여 공동으로 간사업무를 수행하는데 이 중 핵심적 역할을 담당하는 회사를 주간사 회사라고 하며 기타 간사회사를 공동간사회사라고 한다.

② **인수기관** : 간사회사와 협의하여 발행채권을 인수하는 기관으로 인수채권을 일반투자자 및 청약기관에 매도하는 도매역할을 수행한다.

③ **청약기관** : 발행된 채권을 채권 수요자인 일반투자자에게 직접 매매하는 판매회사를 말한다.

2) 회사채 발행

(1) 회사채발행의 의의

기업의 자금조달 방법에는 기업이 회계결산 후에 이익의 일부를 유보하는 내부유보 방식, 금융기관 등으로부터의 차입, 출자자로부터의 자금납입에 따른 증자 등이 있고 그 밖에 주식회사 특유의 자금조달방법으로 회사채발행이 있다. 회사채란 주식회사가 직접 또는 간접의 방식으로 일반투자자로부터 비교적 장기의 자금을 집단적이고 대량적으로 조달하기 위하여 채권발행의 형식을 통하여 부담하는 채무로서 기업의 설비투자 및 운영자금 조달 또는 기발행 사채의 상환시 가장 효과적인 자금조달 수단의 하나이다.

(2) 회사채 발행의 장단점

① **장점**

㉠ 배당에 대한 압력과 경영지배권의 위험 없이 비교적 장기자금을 일시에 조달 가능하다.

㉡ 상환기일과 이율의 확정으로 일정기간 동안 안정된 자금의 사용과 자금계획 수립이 용이하다.

㉢ 주식배당금은 세후순이익으로 처리되어 지급되지만, 회사채의 이자는 법인세 과세소득계산상 손비로 인정되어 법인세 절감효과가 있다.

㉣ 상환기일에 차환발행이 가능하므로 일시적 자금부담을 감소시킬 수 있다.

㉤ 금리변동부회사채의 경우 금리변동기간 동안 이자율 변동에 따른 위험분산이 가능하다.

㉥ 회사채이자율보다 총자본 이익률이 높은 경우 부채에 의한 이익 확대효과가 크다.

② **단점**

㉠ 일정기간 후에는 원금을 반드시 상환하여야 한다.

㉡ 채권발행회사는 회사수익이 감소하거나 없을 경우에도 사전에 정해진 이자를 지급하여야 한다.

㉢ 불경기나 투자실패 등에 의한 경우에는 손실이 확대될 수 있다.

㉣ 금리확정부 장기 회사채의 경우 이자율변동에 따른 위험분산이 어렵다.

(3) 회사채 발행형태

① **사모와 공모**

㉠ **사모(Private Placement)** : 불특정 개인이나 기관을 대상으로 하지 않고 연기금, 보험회사, 은행, 자산운용회사 등 기관투자가나 특정개인을 대상으로 개별적 접촉을 통하여 채권을 매각하는 방법이다.

㉡ **공모(Public Offering)** : 회사채 발행주체가 불특정 개인이나 기관들에게 채권을 매각하는 방법으로 채권발행에 따른 제반업무처리와 발행에 따른 위험부담 주체에 따라서 직접발행과 간접발행으로 구분한다.

② **발행방법에 따른 분류**

㉠ **직접발행** : 발행회사가 직접 회사채를 모집 또는 매출하는 방법으로 회사채발행에 따른 제반 업무처리와 위험을 발행회사가 부담하는 발행방법이다.

㉡ **간접발행**

ⓐ **위탁모집** : 위탁모집은 발행회사가 인수인에게 회사채발행에 관한 제반사항을 위탁하여 발행하는 방법인데 회사채 모집 또는 매출이 발행총액에 미달함으로써 생기는 위험을 발행회사가 부담하여야 하기 때문에 일반적인 회사채발행에는 이용되지 않는다.

ⓑ **잔액인수** : 회사채발행 업무 일체를 인수기관에 위탁함과 동시에 발행회사의 명의로 회사채를 모집 또는 매출하는 것으로 모집 또는 매출이 총액에 미달할 때에는 인수기관이 그 잔액을 인수한다는 계약에 의한 회사채발행 방법이다.

ⓒ **총액인수** : 회사채발행 업무 일체를 인수기관이 맡아서 처리함과 동시에 회사채발행 총액을 인수기관이 일괄 인수한 후 인수기관 책임하에 모집 또는 매출하는 방법으로 현재 대부분의 회사채발행은 총액인수방법을 이용하고 있다.

③ **발행가액에 의한 분류**

㉠ **액면발행** : 회사채의 발행이율이 투자자의 기대수익률과 일치하는 경우 발행가액을 액면가액으로 함으로써 액면가액 전액을 납입시키는 방법이다.

㉡ **할인발행** : 회사채의 발행이율이 투자자의 기대수익률보다 낮은 경우 발행가액을 액면가액 이하로 하여 회사채의 실질수익률과 기대수익률을 일치시키는 방법이다.

㉢ **할증발행** : 회사채의 발행이율이 투자자의 기대수익률보다 높은 경우 발행

가액을 액면가액 이상으로 하여 회사채의 실질수익률과 기대수익률을 일치시키는 방법이다.

(4) 회사채의 종류

① 보증사채

회사채의 원금상환 및 이자지급을 금융기관이 보증하는 사채로 IMF 이전까지는 우리나라 회사채발행의 대부분을 차지했으나 IMF 이후 은행의 BIS비율 준수, 보증보험회사의 부실화 등으로 보증기관이 보증을 기피함에 따라 발행이 급격히 위축되었다. 투자자 입장에서는 투자의 안정성이 보장되기 때문에 선호되고 있으나 발행자 입장에서는 보증료 지급으로 발행비용 상승요인이 되고 있다. 회사채원리금지급보증기관은 은행, 신용보증기금, 기술신용보증기금, 보증보험회사 등이 있다.

② 담보부사채

회사채의 원금상환 및 이자지급을 물적으로 보증하기 위하여 물적담보가 붙여진 회사채로 "담보부사채 신탁법"에 의하여 발행된다.

③ 무보증사채(일반사채)

회사채의 원리금상환에 대하여 금융기관 보증이나 담보공여 없이 발행회사의 신용에 의하여 발행되는 회사채를 말한다. 무보증사채는 투자자 입장에서 볼 때 보증사채나 담보부사채보다 투자의 안정성이 낮기 때문에 신용도가 우수한 회사를 중심으로 발행되고 있다. 발행조건은 자율화되어 있으며 발행시 복수의 신용평가전문기관으로부터 동 회사채에 대한 신용평가를 받아야 한다.

(5) 주식관련 사채

① 전환사채(CB : Convertible Bond)

㉠ **의의** : 전환사채란 일정한 조건에 따라 발행회사의 주식으로 전환할 수 있는 권리가 부여된 채권으로서 전환하기 전까지는 사채로서의 정해진 이자를 받을 수 있고 전환후에는 주식으로서의 이익을 얻을 수 있는 사채와 주식의 중간형태를 가진 채권이다.

㉡ **장점** : 발행회사 측면에서는 ⓐ 일반 회사채보다 낮은 금리로 발행되므로 자금조달비용을 줄일 수 있다. ⓑ 회사채와 주식의 양면성을 가지고 있어 상품성이 크다. ⓒ 주식으로의 전환시 고정부채가 자기자본이 되므로 재무구조 개선효과를 지닌다는 점을 들 수 있다. 투자자 측면에서는 회사채로서 투자가치의 안정성과 잠재적 주식으로서 시세차익에 의한 고수익을 기대할

수 있음을 장점으로 들 수 있다.

㉢ **단점** : 발행회사 측면에서는 주식전환에 의해 경영권 지배에 영향을 받을 수 있고 잦은 자본금 변동 등으로 사무처리가 번잡함을 들 수 있다. 투자자 측면에서는 보통 회사채보다 낮은 이자율이 지급되고 주가의 하락 등으로 전환권을 행사하지 못할 위험이 있다.

CB 상환청구요건 충족 … LG이노텍 콜옵션 행사

LG이노텍이 국내증시사상 청음으로 전환사채 조기상환청구권(콜옵션)을 행사한다.

과거 농심홀딩스에서 콜옵션을 붙인 전환사채를 발행한 적이 있지만 실제로 콜옵션 조건을 충족해 실제로 행사되는 것은 이번이 처음이다.

지난해 9월 17일 LG이노텍은 만기 3년, 전환가격 8만 5,800원, 만기이자율 연 0.1%의 조건으로 제32회 전환사채(LG이노텍 32CG)를 발행했다. 당시 LG이노텍은 발행일 1개월 후부터 만기일 1개월 전(2013년 10월 17일~2016년 8월 17일)까지 보통주 종가가 15거래일 연속으로 전환가격의 130%(11만1,540원)를 초과할 경우 콜옵션을 행사할 수 있다는 조건을 붙였다.

LG이노텍 제32회 전환사채

발행일	2013년 9월 17일
만기일	2016년 9월 17일
만기이자율	연 0.1%
전환가격	8만5,800원
콜옵션	4월 28일~5월 21일 15거래일 연속 전환가의 130%(11만 1,540원) 상회해 요건 충족
콜옵션 행사 시 일정	2주일간 공고 기간 걸쳐 6월 5일 조기 상환
투자자 주식 전환	2014년 5월 30일
발행 규모	3,000억원

LG이노텍 주가는 지난해 말 이후 고공행진을 지속하고 있다. 지난 1분기 영업이익은 전년 동기 대비 298.6%, 전분기 대비 118.4% 증가한 631억원을 기록하며 '어닝서프라이즈'를 달성했다. 이 때문에 LG이노텍 중가는 연초 이후 35.01% 상승했다.

상승세를 지속하던 LG이노텍은 지난달 28일 종가 11만 3,500원을 기록하며 콜옵션 행사가능 구간에 진입하기 시작했다. 이후 21일까지 15거래일 연속으로 종가가 전환가격의 130%인 11만 1,540원을 초과했다. 지난 20일 종가가 11만 2,000원까지 하락하며 일시적인 위기에 봉착했지만 21일 반등에 성공하면서 콜옵션 행사요건을 충족하게 됐다.

전체 발행규모 3,000억원 가운데 지난 9일까지 1,620억원이 주식으로 전환됐으며 잔존 물량은 1,380억원이다. LG이노텍이 콜옵션 행사를 결정한 것은 현금 및 현금성 자신이 4,570억원으로 상환에 충분한 '실탄'을 확보하고 있었기 때문인 것으로 보인다.

LG이노텍은 22일 1차 공고를 내고 29일 2차 공고를 낸 뒤 6월 9일에 조기상환에 나설 예정이다. 투자자가 주식전환권을 행사할 수 있는 기간은 오는 30일까지다. 전환사채 투자자 처지에서는 행사가능기간에 주식으로 전환하는 것이 유리하다. 현 주가기준으로 주식전환권을 행사하면 32.94%의 평가이익을 얻을 수 있지만 LG이노텍이 콜옵션을 행사한다면 연 0.1%의 이자만 받을 수 있기 때문이다. (출처 : 매일경제, 2014.5.21)

② **신주인수권부사채**(BW : Bond with Warrants)

㉠ **의의** : 신주인수권부사채란 사채권자에게 소정의 기간이 경과한 후 일정한 가격으로 발행회사의 신주를 인수할 수 있는 신주인수권이 부여된 채권을 말한다.

㉡ **장점** : 발행회사 측면에서는 ⓐ 사채발행에 의한 자금조달의 촉진, ⓑ 낮은 표면이자율을 가지므로 자금조달 비용의 절감, ⓒ 인수권 행사시 추가자금의 조달 기능, ⓓ 재무구조의 개선 효과, ⓔ 자금조달의 기동성 부여 등을 들 수 있으며 투자자 측면에서는 ⓐ 투자의 안정성과 수익성을 동시에 만족, ⓑ 주가상승에 따른 이익 획득, ⓒ 투자의 융통성 보장 등을 들 수 있다.

㉢ **단점** : 발행회사 측면에서는 신주인수권이 행사된 후에도 사채권이 존속하고, 대주주의 지분율 하락 우려가 있으며 주가변동에 따른 행사시기의 불확실에 따른 자본구조 불확실을 단점으로 들 수 있다. 투자자 측면에서는 주가가 약세시에는 이익을 실현할 수 없으며 인수권행사 후에는 낮은 이율의 사채만 존속하게 됨을 단점으로 들 수 있다.

기아자동차 발행 BW275회 ~

- 발행일자 : 2009. 3. 19.
- 만기일자 : 2012. 3. 19.
- 만기보장수익률(YTM) : 5.50%
- 발행금액 : 4,000억원(신주인수권 5,813만주) 분리형 발행
- 청약기관 : 우리투자증권, 대우증권, HMC투자증권
- 워런트행사가격 : 6,880원(2009.4.19부터 워런트 매도 가능)
- 발행목적 : 2009년 3월말 만기도래 된 회사채와 기업어음(CP)차환 발행
- 투자자의 투자목적 : 정해진 이자 수취와 주가상승의 기대

③ **교환사채**(EB : Exchangeable Bond)

교환사채란 교환사채 소지인에게 일정한 기간내에 사전에 정해진 조건으로 당해 발행회사가 보유하고 있는 유가증권으로 교환청구를 할 수 있는 권리가 부여된 채권을 말한다. 교환사채는 사채 자체가 발행회사 보유 유가증권으로 교환되는 것으로 교환시 발행사의 자산(보유 유가증권)과 부채(교환사채)가 동시에 감소하게 되는

특징이 있으며 일정기간내에 주식과 교환할 수 있고 추가적인 자금유입이 없다는 점에서 신주인수권부 사채와 다르고 자본금 증가가 수반되지 않는다는 점에서 전환사채와 다르다.

④ **이익참가부사채**(PB : Participating Bond)

이익참가부사채란 기업이익의 증가로 주주가 일정률 이상의 배당을 받을 때 사채권자도 참가할 수 있는 권리가 부여된 사채로서 이익분배부사채 또는 참가부사채라고도 하며 배당을 받지 못했을 경우 다음 연도로 권리가 넘어가는지의 여부에 따라 누적적 이익참가부사채와 비누적적 이익참가부사채로 구분된다.

누적적 이익참가부사채는 회사의 이익분배에 대한 참가권이 부여됨으로써 투자상의 매력이 높아 회사채 발행에 의한 자금조달을 촉진시킬 수 있는 장점이 있으나 이러한 이익분배에 대한 참가권은 그 만큼 주식에 대한 배당을 감소시키는 결과를 초래하여 주식발행에 의한 자본조달을 어렵게 할 수 있는 요인이 되기도 한다. 따라서 주식의 수익성을 해치지 않도록 참가권의 크기를 결정하는 것이 매우 중요한 문제가 된다.

⑤ **옵션부사채**(BO : Bond with Imbedded Option)

옵션부사채란 채권발행시 제시되는 일정조건이 성립되면 만기전이라도 발행회사는 사채권자에게 매도청구(call option)를, 사채권자는 발행회사에 상환청구(put option)를 할 수 있는 권리가 부여된 새로운 채권이다. 옵션부사채에는 수의상환채권(callable bond)와 수의상환청구채권(putable bond)가 있다. 수의상환채권(callable bond)은 채권을 발행한 회사가 만기전이라도 상환할 수 있는 권리가 가지고 있는 채권으로서 발행당시 시장금리보다 현재의 금리가 낮을 경우에 옵션을 행사하는 경향이 있다. 수의상환청구채권(putable bond)은 채권의 보유자(투자자)가 채권의 만기전이라도 상환을 청구할 수 있는 권리를 가지고 있는 채권으로서 채권매입 당시 시장금리보다 현재의 시장금리가 높을 경우에 옵션을 행사하는 경향이 있다.

3) 국공채 발행방법과 절차

(1) 발행방법

① **경쟁입찰(직접발행)** : 장기 국채 발행시 주로 이용되는데 자본시장에서 광범위하게 공개적으로 국채를 모집하는 방법이다.

② **인수발행(간접발행)** : 인수발행은 국채 발행총액을 중앙은행, 자산운용회사, 증권회사 등으로 인수단을 조직하여 공동으로 인수하는 방법을 말한다.

③ **교부발행** : 교부발행은 정부에서 국채의 발행으로 자금을 직접 조달하는 방법이 아니라 정부가 채무의 지급을 하고자 할 때 현금 대신 국채를 발행하여 채권자에게 직접 교부하는 방법이다. 그러므로 이 방법은 정부가 일방적으로 채권자에게 유가증권을 이전하여 변제하는 방법을 말한다.

(2) 발행절차

국채발행에 관한 기본적인 사항은 헌법과 예산회계법에 규정되어 있으며 그 일반적 절차는 다음과 같다.

국채를 발행하고자 하는 부처는 발행계획안을 기획재정부에 제출하고 기획재정부는 부처간의 조정을 거쳐 계획안을 확정하여 국무회의의 심의에 부친다. 국무회의의 심의가 결정되면 대통령의 재가를 얻어 국회에 제출하며, 국회는 상임위원회의 심의를 거쳐 국회본회의에 상정하여 의결한다. 국회에서 국채에 대한 발행계획이 의결되어 확정되면 기획재정부는 발행 및 상환에 관한 사무를 처리한다.

국고채 50년물 첫 발행 성공 … 낙찰금액 1.1조원, 금리는 1.535%

기획재정부는 지난 28일 실시한 국고채 50년물 최종 입찰 결과 9개 증권사와 1개 은행 등 10개사가 최종 인수단으로 선정됐다고 30일 밝혔다. 낙찰금액은 총 1조1,000억 원, 낙찰금리는 1.535%로 국고채 10년물 기준금리(1.495%)보다 4bp(0.04%포인트) 높았다. 이번 입찰의 응찰금액은 총 1조 6,700억 원, 응찰금리는 1.400~1.600%로 예비입찰보다 많은 금액과 낮은 금리로 응찰이 이뤄져 견고한 초장기 국고채 수요를 확인할 수 있었다고 기재부는 설명했다. 최종 인수단으로 선정된 금융기관은 국민은행과 대신・동부・미래에셋대우・메리츠・삼성・NH투자・현대증권과 신한금융투자 등 10개사다. 국고채 50년물의 매출(발행)은 10월 11일에 이뤄진다. 발행금액은 총 1조 1,000억 원이며, 발행금리는 이전 3영업일간의 국고채 10년물 평균금리에 최종 낙찰된 금리 스프레드(+4bp)가 가산돼 결정된다. 기재부는 최종 인수단과 주간사 선정, 인수단내 물량 배분, 발행기념 행사 등을 협의할 계획이다. 기재부는 이번 국고채 50년물의 성공적인 발행으로 정부의 안정적인 재정자금 조달 능력과 국채관리 역량이 향상될 것으로 기대된다고 밝혔다. 또 국고채 50년물 금리를 활용한 장기 재정전망, 초장기 금융자산 개발 등에 기여할 것이라고 설명했다. (출처 : 헤럴드경제, 2016. 9. 30. 기사에서 발췌)

4) 지방채 발행방법과 절차

(1) 발행방법

① **공모발행** : 공모발행이란 당해 지방과 관계가 깊은 지방은행, 증권회사 등이 인수단을 조직하여 잔액 및 총액인수의 형식으로 인수하는 방법이다.

② **매출발행** : 매출방법에 의하여 지방채를 발행하고자 할 경우에는 행정안전부 장관으로부터 지방채 발행에 관한 승인을 얻은 후 법정사항을 공고하여 매출하며, 매출기간 중 매출된 금액이 발행총액이 된다.

(2) 발행절차

지방의회의 의결을 거친 후 발행의 방법, 이자율, 상환방법 등을 결정하여 행정안전부장관의 승인을 얻어 발행한다.

5) 특수채 발행방법과 절차

(1) 발행방법

① **공모발행** : 일반 금융시장에서 불특정 투자자를 대상로 공개적으로 특수채를 모집하는 방법을 말한다.

② **인수발행** : 인수주간계약에 의하여 인수단을 구성한 후 발행총액을 인수시키는 방법으로 인수기관은 일반매출후 잔액인수의 책임을 지는 방법이다.

③ **매출발행** : 발행기관이 매출기간을 정하여 매출을 공고하고 매출기간 중에 불특정 투자자를 대상으로 매출하는 방법으로 매출기간 중 매출총액이 발행총액에 미달하는 경우 매출된 금액만으로 채권을 발행할 수 있게 하고 있다.

(2) 발행절차

특수채라 함은 특별법에 의하여 설립된 법인이 발행한 채권으로 발행 종류별로 그 발행법인의 설립을 규정하고 있는 규칙에 의거하여 발행되고 있다. 특수채는 대부분 채권전문기관인 본드웹 옥션을 통하여 입찰을 통한 매출방식으로 발행되고 있다.

특수채 입찰 사례

서울특별시(이하 당사)는 채권발행을 위한 전자입찰을 아래와 같이 실시할 예정입니다.

1. 발행예정 채권내역

종목명	서울특별시채권 2022-1호
사채의 발행금액	2,000억원 (100억~2,000억원으로 조정가능)
발행일자	2022년 2월 11일(금)
원금 상환방법	3년 만기 일시상환
이자 지급방법	6개월 이표
호가방식	스프레드 호가 (기준 ± 스프레드)
기준금리	발행일 전일 국고채 3년 금리 (민평 4사)
산정방식	기준금리 + 스프레드
입찰일시	2022년 2월 10일(목) 10:00 ~ 10:30
사채의 신용등급	없음

2. 문의처

발행관련	당사 재정담당관 (☎ 02-2133-6863)
시스템관련	이데일리 기획개발팀 (☎ 010-7266-3412)

3. 유의사항

1. 낙찰 금액은 지정한 주간사회사에서 낙찰금리로 인수.
2. 주간사회사로부터 낙찰자에게 매출되는 금리는 낙찰금리와 동일.
3. 입찰 참가 신청시 옥션 규칙 및 약관 필독 요망.

2. 채권 유통시장

1) 채권 유통시장의 의의

채권 유통시장은 상장종목 채권을 대상으로 불특정 다수의 매도, 매수주문이 집중되어 경쟁매매를 통해 거래가 이루어지는 장내시장(Exchange Market)과 주로 증권회사 창구에서 증권회사와 고객간 또는 증권회사 상호간 및 고객 상호간에 상장

채권 및 비상장채권을 포함한 전 종목이 개별적인 상대매매를 통해 이루어지는 장외시장(Over-The-Counter Market)으로 나누어진다. 일반적으로 채권시장이라 함은 장외시장에서 거래하는 시장을 의미하는데 이는 주식장외시장과 달리 채권은 거래단위가 클 뿐만 아니라 기관투자자 중심으로 매매가 이루어지기 때문이다. 이는 채권이 개인투자자가 소화하기는 어렵고 대부분 연기금과 같은 대형 투자기관과 보험사, 금융기관 등 기관투자자들 간에 상대매매 방식으로 대량매매가 이루어지기 때문이다.

2) 장내거래

채권시장에서 장내거래는 한국거래소(KRX)라는 정형화된 장소를 통하여 이루어지는 거래로서 매매대상 채권은 국내에서 발행된 국채, 지방채, 특수채 등 모든 채권 중에서도 거래소에 상장된 채권만이 거래대상이 된다.

표 12-2. 채권 장내거래 주요 내용

구 분		거래시간 및 수수료율	비 고
매매시간	호가접수	08:00~15:00	월~금(공휴일 제외)
	매매거래	09:00~15:00	
결제시한(당일결제거래)		15:30	월~금(투자자와 증권회사)
위탁수수료		0.1%~0.3%	잔존기간에 따라 지급
가격제한폭		없음	

3) 장외거래(Over-the-counter market)

채권의 거래가 증권회사 창구에서 증권회사와 고객간 또는 증권회사 상호간, 고객 상호간에 비상장 채권을 포함한 전 종목이 개별적인 상대매매를 통해 이루어지는 시장을 말한다. 채권 장내거래시에는 거래수수료를 내야하고 거래시간이 한정이 되어 있을 뿐만 아니라 채권의 거래특성으로 인하여 채권시장의 대부분은 장외거래이다. 단, 전환사채(CB)와 신주인수권부사채(BW)는 장내거래를 해야 하며 5,000만원 미만의 첨가소화채권 중 당월분과 전월분에 한하여 장내거래를 통하여 매매하도록 유도하고 있다.

표 12-3. 채권 장외거래 주요 내용

구분	주요 내용	비고
대상채권	상장채권/비상장채권	
거래장소	증권회사	
매매시간	증권회사 영업시간	
매매방법	상대매매	
결제방법	T+1	확인
가격제한폭	없음	
매매수량	제한 없음	
수수료	없음	중개매매 시는 있음
스프레드	매수가격과 매도가격 차액	
기타	소액채권 취급 의무	

소액채권은?

액면가액 또는 매매약정금액이 500만원 미만인 채권을 의미하며, 증권회사는 각 지점에 채권전담창구를 설치하고 채권 전문직원을 배치하여 소액채권의 매매업무를 취급하여야 하며 증권회사가 고객으로부터 소액채권에 대한 매매주문을 받은 때에는 반드시 이에 응해야 할 의무가 있다.

제6절 채권투자전략

1. 의의

채권투자의 일반적인 목표로는 유동성, 수익성, 안정성 확보 및 결산지표 대책으로 볼 수 있다. 이러한 목표는 동시에 달성하기는 어렵다. 안정성 및 유동성 확보에 1차적인 목표를 두는 경우에는 위험부담은 적어지는 반면 수익성은 감소되며, 수익성 극대화에 제1차적인 목표를 두는 경우에는 안전성 및 유동성이 저해됨과 동시에 위험부담이 증대되기 때문이다. 따라서 채권투자의 목표는 이러한 투자목표 상호간의 상반관계를 투자자금의 성격에 따라 조정하여 설정되어야 한다. 채권투자 운용전략은 투자목표에 따라 앞으로의 채권수익률 동향 및 장단기 수익률 구조, 만기별 가격변동 위험도 등을 분석, 예측하여 투자수익률의 극대화 및 위험의 극소화를 할 수 있도록 투자전략을 수립하는 것을 말한다.

2. 적극적 운용전략

1) 금리예측전략

금리변화가 예상될 경우에는 장단기채의 교체를 통해 채권포트폴리오의 방어적 또는 공격적 운용을 함으로써 투자수익을 최대화할 수 있다. 다만, 금리예측이 잘못된 경우 어느 정도 위험을 감수하여야 하는 단점이 있다. 수익률 하락 예상시에는 장기채를 매입하여 운용수익률을 높이고 수익률 상승 예상시에는 수익률 변동에 따른 채권가격의 변동폭이 작은 단기채를 매입하여 운용수익률을 높일 수 있다.

2) 채권교체전략

채권교체란 포트폴리오에 포함되어 있는 채권을 다른 채권으로 교체하는 것을 말한 다. 즉, 채권의 수익률, 듀레이션, 세금, 미래의 수익률예측 등을 고려하여 현재 보유 하고 있는 채권을 수익성이 높은 다른 채권으로 교체하는 것을 의미한다. 이러한 채권교체는 주로 독점적 정보를 기초로 단기적인 이득을 얻기 위하여 이루어진다.

3) 수익률곡선 타기 전략

(1) 롤링효과

수익률곡선은 일반적으로 우상향의 형태를 보인다. 따라서 금리수준이 일정하더라도 잔존기간이 짧아지면 그만큼 수익률이 하락하여 채권가격이 상승하게 되는데 이것을 롤링효과라 한다.

(2) 숄더

일반적으로 수익률곡선은 각 잔존기간별로 그 수익률 격차가 일정하지 않다. 10년 만기채가 9년 만기채로 잔존기간이 단축되는데 따른 수익률 하락폭보다 5년 만기채가 4년 만기채로 단축되는데 따른 수익률 하락폭이 더 크다. 이런 현상은 단기채로 갈수록 두드러지는데 이와 같이 단기채에서 볼 수 있는 극단적인 수익률 하락 폭을 수익률 곡선상의 숄더라고 한다.

3. 보수적 운용전략

1) 만기 보유전략

가장 단순한 형태의 소극적 전략으로 채권을 매입하여 만기 또는 중도 상환시까지 보유하는 전략이다. 장점은 미래의 금리예측의 필요가 없어 간편하다는 것이지만 채권 투자후 채권수익률 상승으로 인하여 더욱 낮은 시장가격에 채권을 매입할 수 있는 경우에는 기회손실이 생길 수도 있으나 채권투자후 수익률이 하락할 경우에는 기회손실이 발생하지 않는다.

2) 사다리형 만기 구성전략

사다리형 만기 구성전략은 포트폴리오 전체를 각 잔존기간 별로 채권보유량을 동일하게 유지하여 이자율변동시의 위험을 평준화시키는 전략이다. 장점은 다음과 같다.

① 보유채권의 만기가 도래하였을 경우 상환자금으로 장기채에 재투자하기만 하면 되므로 관리가 용이하다.
② 평균수익률이 상대적으로 높다.
③ 금리예측이 필요하지 않다.
④ 다양한 잔존기간을 가진 채권포트폴리오이므로 유동성이 필요한 경우 매각할 채권의 선택폭이 넓다.

단점으로는 투자자금을 좀 더 효율적으로 운용하기 위하여 투자시기 선택과 채권수익률 동향에 집착하게 되면 사다리형 채권투자전략의 이점을 상실하게 된다.

3) 바벨형 만기 구성전략

바벨형 만기 구성전략은 사다리형과는 달리 단기채권과 장기채권만 보유하고 중기 채권은 보유하지 않는 전략이다.

장점으로는 단기채의 높은 유동성과 장기채의 높은 수익성이 맞물려 있어 이들이 전체 포트폴리오 리스크를 금리변동예측에 따라 장단기채의 편입비율을 변화시킴으로서 높은 수익을 확보할 수 있다.

단점은 관리가 어려우며 관리비용이 높다는데 있다. 또한 정확한 금리예측을 필요로 한다.

4) 채권면역전략

채권면역이란 앞으로의 채권수익률이 어떻게 변화하더라도 채권매입 당시의 목표수익률을 거의 동일하게 실현하게 할 수 있는 투자기법이다. 이 기법은 채권 또는 채권포트폴리오의 듀레이션을 투자자의 투자기간과 일치시킴으로써 투자기간 중 금리변동에 따른 채권가격 변동위험과 표면금리수입 또는 상환에 따른 현금유입의 재투자위험을 상호 상쇄시켜 채권투자종료시 채권포트폴리오의 실현수익률을 투자당시의 목표수익률과 같게 하여 이자율변동위험으로부터 면역케 하는 투자전략이다.

빌 그로스(Bill Gross | William Hunt Gross)

▸ 세계 최대 채권펀드인 핌코의 CIO

- 출생 : 1944년 4월 13일 (미국)
- 학력 : UCLA 경영학 석사
- 경력 : 핌코 최고투자책임자

제 13 장

파생상품 투자

카드게임에서 어떤 카드가 손에 쥐어지느냐의 따라서 승패가 결정되는 것이 아니라 좋은 카드가 들어왔을 때 얼마나 베팅을 많이 해서 최대의 수익을 올리느냐, 나쁜 카드가 들어왔을 대 어느 정도 선에서 손실을 감내하느냐가 승패의 최대갈림길이다.

(Stanley Dracan Miller, 전 뒤캔 캐피탈 매니지먼트 CEO)

제13장 파생상품 투자

제1절 파생상품 발전배경

전세계 파생상품시장이 급속히 성장하면서 현재는 현물시장을 능가하기에 이르렀다. 2009년 한국거래소에서 거래된 주식의 일평균 거래대금이 약 7.9조원인데 비해 KOSPI200선물의 일평균 거래대금은 30.2조원으로서 주식거래대금의 약 4배에 달한다. 특히 장내 파생상품시장에 대한 개인투자자의 참여가 활발하여 2009년 한국거래소의 파생상품거래에서 개인이 차지하는 거래비중은 27.2%를 보이고 있다([알기쉬운 증권 파생상품시장 지표해설], 2010 한국거래소자료 p.205). 한국 파생상품시장이 최근에 비약적으로 성장하고 있는 데에는 어떤 배경이 있는지를 알아보자

1. 파생상품의 경제적 기능

주식투자를 하는 일반투자자의 입장에서 파생상품이라고 하면 왠지 위험이 클 것이라는 생각을 갖게 되는데 자본시장법에서도 주식 등 증권상품과 파생상품을 구분하는 기준으로 '원본 초과손실의 발생가능성'을 들고 있다. 파생상품은 근원이 되는 기초자산에서 파생된 것을 의미하며, 선도(Forward), 옵션(Option), 스왑(Swap)이 대표적인 상품이다. 표준화된 거래규칙 및 제도화된 거래시장의 유무에 따라 장내파생상품(Exchange Traded Derivative Product)과 장외파생상품(Over-the-counter Derivative Product)으로 구분된다. 파생상품거래의 최초의 거래유형은 선도거래이다. 선도거래는 물건과 대금이 거래시장에서 즉시 거래되는 현물시장에 비해 계약시점과 실물인수도 시점이 다르다는 점이 특징이다. 즉, 선물거래에는

만기라는 개념이 존재한다. 선도거래는 불확실한 미래가격을 미리 정해둠으로써 가격변동에 대한 리스크를 감소시키는 역할을 하게 된다. 선도거래의 대표상품은 환위험관리에 이용되는 선물환거래(Forward Exchange)이다. 거래의 사후적 이해득실이 제로섬(Zero-sum)의 관계인 점을 고려하면, 손해를 볼 당사자의 계약불이행위험이 존재한다는 점이 단점이다. 선물거래는 기본적으로 선도거래와 동일한 거래구조를 가지고 있으나 상대방의 신용위험을 제거하고, 반대매매를 통해 자유롭게 청산할 수 있다는 점에서 개선된 형태의 선도거래라 할 수 있다. 선물거래시에 신용위험을 없애는 수단으로는 증거금제도와 일일정산제도가 있다. 그 내용에 대해서는 따로 설명하기로 하자. 현물거래와 비교하여 선물거래에는 미래 현물가격에 대한 예시기능, 가격변동위험 회피기능, 시장의 효율성 증대기능이 추가되어 있다. 각각의 기능에 대한 자세한 내용은 선물시장을 설명하면서 자세히 다루도록 하자. 파생상품의 대표상품의 하나인 옵션은 미래의 일정시점에서 특정자산을 미리 정한 가격에 사거나 팔 수 있는 권리를 말한다. 미래 일정시점에 정해진 가격으로 특정자산을 거래하기로 하는 점에서 선도 및 선물과 유사한 측면이 있으나, 옵션매수자의 경우에는 권리행사가 강제되는 것이 아니라 자신에게 유리한 경우에만 행사할 수 있다는 점이 특징이다. 또한 선도나 선물의 거래대금에 비해 옵션은 매우 저렴한 프리미엄으로 옵션권리를 구입할 수 있다. 이는 그리스의 철학자 탈레스의 사례를 통해 옵션거래의 특징을 확인할 수 있다. 가난해서 주위의 업신여김을 받던 탈레스가 주위의 조롱에 대해 자신은 스스로 가난을 선택한 철학자임을 입증하기로 결심하였다고 한다. 가난으로 인해 올리브를 매점·매석할 수는 없었으나, 올리브유 추출을 위한 압착기에 대해 필요할 때 언제든지 빌릴 수 있다는 조건으로 권리를 확보하였는데 이것이 최초의 옵션거래라고 알려져 있다. ([알기 쉬운 증권·파생상품시장 지표해설], 2010 한국거래소자료 pp.215, 216). 옵션은 그 권리를 행사하는 시점에 따라 권리행사가 만기일에 제한되는 유럽형과 만기시점 이전에 아무 때나 한번 행사할 수 있는 미국형 옵션으로 구분된다. 한국거래소(KRX)는 만기일에만 옵션을 행사할 수 있는 유럽형을 채택하고 있다.

2. 거래시스템 관련 법제도의 정비

우리나라 최초의 선물거래를 시도한 곳은 조달청이라고 한다. 1970년대 초 오일쇼크를 겪으면서 원자재확보가 국정과제로 부각되던 시절인 1974년 정부는 대통령령으로 '주요물자 해외 선물거래 규정'을 공포한다. 이에 발맞추어 조달청은 미국계 투자은행인 메릴린치를 중개회사로 선정하여 8개 농산물을 대상으로 처음으로 선물거래를 개시하였다([알기 쉬운 증권·파생상품시장 지표해설], 2010 한국거래소자료 p.208). 1980년대 초반까지만 하여도 전체 선물거래의 대부분은 옥수수, 가축 등 농축산물과, 금, 은, 구리 등 금속, 원유나 천연가스 등 에너지자원을 대상으로 한 상품선물이 주축을 이루었으나 최근 금융선물의 급속한 성장으로 상대적인 비중은 많이 감소하였다. 한국거래소에서 취급하는 상품선물로는 금 선물(1999년 4월 최초상장)과 미니 금 선물, 돈육선물(2008년 7월 최초상장)이 있으며, 나머지 상품선물거래는 시카고, 뉴욕, 런던 등 외국 선물거래소를 이용하고 있다. 금융선물은 1972년 5월, 시카고상업거래소(CME) 내에 국제통화시장(IMM)이 개설되어 영국의 파운드화 등 7개국 통화를 대상으로 통화선물이 거래된 것이 시초이다. 이후 1973년 10월, 1차 오일쇼크 이후 이자율의 급격한 변동에 대비하기 위하여 금리선물을 거래하기 시작하면서 이후 금융선물의 주류를 이루게 된다. 우리나라에서 거래되는 통화선물로는 미국달러선물(1999년 4월 최초상장), 엔선물, 유로선물(이상 2006년 5월 최초상장)이 있고, 금리선물로는 국채선물(3년, 5년, 10년)이 있다. 1980년대에는 주가지수선물이 개발되었는데, 우리나라에는 1996년 5월에 KOSPI200선물이 도입된 이후, 2005년 11월에는 코스닥종목에 대한 스타지수선물이, 2008년 5월에는 개별주식선물이 신규 상장되어 거래되고 있다. 옵션거래가 제도화되기 시작한 것은 1973년 시카고옵션거래소(CBOE)의 등장 때부터이며, 같은 해에 피셔 블랙(Fischer Black)과 마이런 숄즈(Miron Scholes)에 의해 옵션에 대한 최초의 가격결정모형이론이 발표되었다.('The Pricing of Options and Corporate Liabilities', Journal of Political Economy, 1973년).

우리나라에서는 1997년 7월, KOSPI200지수를 기초자산으로 하는 유럽형 옵션이 거래되기 시작하였고, 이는 현재 한국 장내파생상품 중 가장 많은 거래량을 보이는 종목으로 성장하였다. 1999년 4월에 금융선물과 상품선물거래를 통합 관리하는 선물거래소가 개설되면서 미국달러옵션이 거래되기 시작하였고, 2002년 개별주식옵션이 상장되어 거래되고 있다. 현재 개별주식옵션 거래종목은 33종목이다. 거래가 부진했던 CD선물과 3년 국채옵션은 2007년 12월에 상장 폐지되었다. 2005년 1월에는 선물거래소, 증권거래소, 코스닥시장을 통합하여 한국증권거래소(KRX)가 설립되었으며 2009년 2월 '한국거래소'로 상호가 변경되었다. 한국거래소의 역할에 대해서는 시대에 따라 약간의 위상변화가 보이는데, 종래 '설립법정주의'로 운영되던 것을 2013년 5월, 자본시장법을 개정하여 '설립허가주의'로 변경하였고, 대체거래소(ATS : Alternative Trading System) 개념에 해당하는 '다자간매매계약체결회사제도'를 새로이 도입하였다.

코스피 · 코스닥 시장의 가격제한폭이 종가 대비 ±30%로 확대됨에 따라 한국거래소는 과도한 가격급변이 발생하지 않도록 하기 위하여 파생상품시장에서도 주식 및 주가지수 기초 파생상품의 가격제한폭을 단계적으로 확대하는 등 시장 안정화 장치를 개선할 예정이라고 한다. (금융위원회, 2014.11.26 '주식시장 발전방안' 및 한국거래소 자료 참조)

1) 가격제한폭 확대 추진

개별주식상품	주식시장의 가격제한폭과 동일하게 최대 ±30%로 설정
주가지수상품	최대 ±20%로 설정

3단계로 구간을 나누어 시황이 일정요건에 해당하는 경우 단계적으로 가격제한폭을 확대해 나가도록 하는 방안이 검토되고 있다. : 예를 들어, 코스피200 선물의 경우 ±8%(1단계), ±15%(2단계), ±20%(3단계)

2) 변동성 완화장치 도입

변동성 완화장치(VI)란 순간적으로 개별종목 체결가격이 일정범위를 벗어날 경우 단일가 매매를 적용하여 일시적인 주가급변 등을 완화하는 가격안정화 장치이다. 서킷브레이커 제도가 지수 자체의 급변동으로 인해 모든 종목의 매매거래를 중단시키는 데 반해, 변동성 완화장치는 단일가 매매로 전환함으로써 개별 종목의 변동성을 완화는 특징을 갖고 있다. VI는 일종의 종목별 서킷브레이커 제도라 할 수 있다. 한국거래소는 2014년 9월 1일자로 주식, DR, 수익증권, ETF에 대해 '예상체결가격 - 직전체결가격'의 괴리가 2~3% 이상일 경우, 2분간 단일가 매매로 전환하는 내용의 변동성 완화장치를 도입하였다(정리매매, 단기과열, 코스닥 관리종목은 제외되며, 채권, ELW, 신주인수권증권 · 증서에는 적용되지 않는다.). 변동성완화장치를 발동함에 있어, 하루 중 발동횟수의 제한은 없다. 한국거래소는 금융위원회의 '주식시장 발전방안' 발표(2014.11.26)에 발맞추어 기 운영 중이던 동적 변동성 완화장치(2014. 9월 도입) 외에 정적 변동성 완화장치를 신설하였다(2015년 6월 도입).

동적 변동성완화장치는 특정호가에 의한 단기간의 가격급변을 완화하기 위한 것으로 직전 체결가격을 기준으로 연속적으로 가격범위(Dynamic Price Range)를 설정하는 것인 반면, 정적 변동성완화장치는 특정 단일호가 또는 여러 호가로 인한 누적적이고 보다 장기적인 가격변동을 완화하기 위한 장치로 직전 단일가격을 기준으로 가격범위(Static Price Range)를 보다 넓게 설정하는 것이 특징이다(한국거래소 보도자료, 2015.4.29, '증권 · 파생상품시장 가격제한폭 확대 및 시장안정화장치 정비 등'). 또한 현물과 선물시장의 연계 관리 차원에서 주식 관련 파생상품의 최종거래일 종가 결정시에는 동적 변동성완화장치 발동요건을 강화하여 주식시장 종가(=파생상품 최종결제가격)의 가격급변을 완화하도록 했다. 변동성완화장치가 정비되면, 이와 기능적으로 중복되는 거래정지제도 등 종래의 단기과열완화장치는 단계적으로 폐지될 전망이다.

[참고] 변동성완화장치(VI)

동적 변동성 완화장치	'예상체결가격 - 직전체결가격'의 괴리가 2~3% 이상일 경우, 2분간 단일가매매로 전환(단, 최종거래일 : 주식 관련 파생상품의 경우 1% 이상 괴리시 발동)
정적 변동성 완화장치	'예상체결가격 - 직전체결가격'의 괴리가 10% 이상일 경우, 2분간 단일가매매로 전환하고, 단일가 매매가격을 기준으로 ±10% 변동폭 재설정

3. 리스크 관리기법과 투자자보호제도의 발전

최근 발생한 대형금융사고들의 특징은 유독 파생금융기법의 맹신에서 발생한 것이 많다는 점이다. 예를 들어, 세계적인 금융천재들이 최신 금융이론으로 무장하고도 회사를 파산에 이르게 한 LTCM 사례, 투자권유상품의 적정성이 논란되고 있는 KIKO통화옵션 사례와 P&G의 5/30스왑사례, 영업부서와 준법감시부서의 분리가 이루어지지 않아 발생한 베어링스의 파산사례 등 대부분의 금융사고에 있어 파생금융기법이 관여되지 않은 것을 찾기는 거의 불가능하다. 금융분야 특히 파생상품에 있어 추가손실발생 가능성이라는 본질적 특성과 레버리지기법 때문에 한번의 금융사고가 미치는 여파는 회복불가능에 이를 수 있다는 것은 앞서의 사례들을 통해 충분히 경험한 바이다. 금융투자에 있어 리스크(Risk)란 과연 무엇인가? 금융분야에 있어 리스크라는 것은 실제로 발생한 사건이 예상과 다를 가능성을 의미한다. 리스크의 개념에는 위험과 함께 기회의 의미를 동시에 내포한다. 금융투자는 투자리스크를 부담하는 대가로 '수익률'이라는 이익을 얻는 것이기 때문에 위험과 수익률은 서로 상반관계임과 동시에 동반관계이기도 하다. 리스크관리와 관련하여 다루어져야 할 핵심주제로 리스크의 측정과 적절한 내부통제시스템의 구축을 들 수 있다. 먼저, 리스크측정과 관련하여 VaR 개념을 보자. VaR는 Value at Risk의 약칭으로 정상적인 시장에서 주어진 신뢰수준으로 목표기간 동안에 발생할 수 있는 최대손실금액을 의미한다. 예컨대, 신뢰수준 95%에서 10일간의 VaR가 1억 원이라면, 이는 10일간에 발생할 수 있는 손실이 1억 원보다 작을 확률이 95%라는 뜻이며, 이를 달리 표현하면, 10일 동안에 발생할 수 있는 손실이 1억 원보다 클 확률이 5%라는 의미이다. 국제결제은행의 바젤위원회는 10일 기준, 99% 신뢰수준에서 VaR를 측정하도록 권고하고 있다. 표준편차와 비교하여 VaR는 어떻게 다른가? 표준편차는 정규분포를 전제로 하며, 하향손실과 상향손실이 대칭을 이루는 구조이다. 그러나 VaR는 분포의 하향손실에 초점을 두는 개념으로 일정확률 이하로 손실이 발생할 가능성을 계산한 개념이다. 즉, 주어진 신뢰수준에서의 최대손실을 의미하는 개념이므로 자본관리에 용이하다는 장점이 있다.

표 13-1. 표준편차와 VaR 간의 개념 비교

구분	내용
표준편차	• 정규분포를 전제 • 하향손실과 상향이익이 대칭구조
VaR	• 정규분포 가정 않고, 해당 퍼센타일(Percentile)로부터 계산 • 옵션 같은 비선형자산은 대칭관계 불성립 → VaR는 분포의 하향손실에 초점 (낮은확률로 발생 가능한 손실) • 주어진 신뢰수준에서의 최대손실 → 자본관리에 용이

참고

1일 기준 VaR를 알고 있을 때 10일 기준 VaR를 계산하는 방법은? T기간의 VaR는 1일 기준 VaR에 $\sqrt{T}$를 곱한 값이다. 목표기간이 길어지거나, 신뢰수준을 높이면 VaR는 커진다.

$$VaR(T일) = VaR(1일) \times \sqrt{T}$$

신뢰구간이 서로 다르고, 기간도 다른 두 개의 VaR 간의 비교방법은? 주어진 VaR 값에서 주어진 VaR 값에 해당하는 상수 값으로 나누고, 아울러 주어진 VaR 값에 해당하는 기간의 값을 한번 더 나눈 후에 목표값의 상수 값을 곱하고 아울러 목표기간의 $\sqrt{T}$값을 곱하여 계산한다. 신뢰구간별 해당 상수 값은

95% 신뢰구간은 1.65이고, 99% 신뢰구간의 경우 2.33이다.

[c_1신뢰구간에서 T_1동안 계산한 VaR_1를 c_2신뢰구간에서 T_2동안 계산한 VaR_2로 전환하는 공식]

(c_1,c_2에 해당하는 상수가 α_1과 α_2일 때)

$$VaR_2 = a_2/a_1 \times \sqrt{T_2} / \sqrt{T_1} \times VaR_1$$

VaR의 경우 VaR보다 더 큰 손실이 발생할 확률정보는 제공하지만 얼마나 더 큰 손실이 발생할 것인지에 대한 정보를 제공하지 않는다. 예컨대, 95% 신뢰수준에서 1일 VaR 값이 1천만 원이면, 1천만 원보다 더 큰 손실이 발생할 확률은 5%이나 그 손실이 얼마인지는 알 수 없다. 따라서 이러한 극한적인 상황에 대비하기 위하여 별도의 위기상황분석(Stress Test)이 요구된다. 포트폴리오를 구성할 경우에는 분산효과로 인해 개별자산의 VaR 값의 합에 비해 VaR가 감소한다. 개별자산의 VaR값을 알고 있을 때 포트폴리오의 VaR 값을 계산하는 공식은 다음과 같다.

$$\mathrm{VaR_p} = \sqrt{(\mathrm{VaR}_A^2 + \mathrm{VaR}_B^2 + 2 \times \text{상관계수} \times \mathrm{VaR_A} \cdot \mathrm{VaR_B})}$$

상관계수의 값에 따라 분산효과는 달리 나타나는데 상관계수가 1일 경우 분산효과는 0이다. 따라서 포트폴리오의 VaR(VaRp)는 개별자산 VaR의 단순합이 된다. 상관계수가 0일 경우는 포트폴리오의 VaR는 $\sqrt{(\mathrm{VaR}_A^2 + \mathrm{VaR}_B^2)}$이 되며, 상관계수가 −1일 경우는 분산효과가 극대화된다.

표 13-2. A자산과 B자산의 포트폴리오 자산간 상관관계별 분산효과

상관계수 = 1	두 자산간 완전 정(+)의 상관관계 = 분산효과 0 VaRp = $VaR_A + VaR_B$(개별자산 VaR의 단순합)
상관계수 = 0	VaRp = $\sqrt{(\mathrm{VaR}_A^2 + \mathrm{VaR}_B^2)}$
상관계수 = -1	두 자산간에 완전 부(-)의 관계 = 분산효과 극대화 리스크가 상쇄되어 포트폴리오의 리스크는 매우 작아진다 (리스크의 크기가 같으면, VaRp = 0도 가능)

자본시장법은 금융투자업자에게 투자자 보호를 위하여 준법감시인제도를 운영함은 물론 금융투자업자의 임직원이 직무를 수행함에 있어 준수해야 할 적절한 기준과 절차를 마련하도록 의무화하고 있으며(법 제28조), 금융위원회는 법령을 위반한

사실이 있는 경우에는 내부통제기준의 변경을 권고할 수 있다(동법 시행령). 한편 금융투자업자의 자율적 규제기관인 금융투자협회는 '표준내부통제기준'을 작성, 금융투자업자에게 사용하도록 권고할 수 있다. 파생상품, 파생상품펀드에 대해서는 투자자 등급별 차등화된 투자권유준칙을 마련하고 있는데 그 내용은 다음과 같다.

표 13-3. 파생상품 등의 투자자 등급별 투자권유준칙

구 분	장외파생상품	기타 파생상품(개인투자자만 해당)
1등급	제한 없음	제한 없음
2등급	이자율스왑, 통화스왑 옵션매수, 선도거래	원금손실률이 20% 이내인 파생결합증권 원금손실률이 20% 이내인 파생상품 집합투자증권
3등급	이자율스왑, 옵션매수	원금보장형 파생결합증권 원금보장형 파생상품 집합투자증권

표 13-4. 투자자 등급 분류

구 분	개인투자자	법인투자자(개인사업자포함)
1등급	기타 개인	기타 법인(2등급 중 위험관리능력이 우수하다고 판단되는 법인)
2등급	만65세 미만이고 투자경험이 1년 미만인 투자자 만 65세 이상이고 투자경험이 1년 이상 3년 미만	투자경험이 3년 미만인 비상장법인, 투자경험이 1년 미만인 상장법인
3등급	만65세 이상이고 투자경험이 1년 미만인 투자자	-

한국거래소는 파생상품시장 업무규정 시행세칙 개정(2014. 12. 29일 시행)을 통해 전문투자자와 일반개인투자자의 파생상품시장 진입 조건을 차등화하여 일반개인투자자에게는 사전교육 및 모의거래를 이수하는 등 실질적인 투자능력을 갖춘 후 거래가 가능하도록 하였다. 또한 기본예탁금을 상향 조정하여 일반개인투자자의 시장진입장벽을 높였다.

1) 사전교육 및 모의거래

일반개인투자자(전문투자자를 제외한 일반투자자 중 법인, 단체 및 외국인을 제외한 자. 자본시장법 상 전문투자자는 투자경험 1년 이상, 금융자산 50억 원 이상인 개인을 포함한다.)는 한국거래소가 제공하는 모의거래를 50시간 참여하고, 금융투자협회에서 개설하는 사전교육을 30시간 이수하여야 파생상품시장에서 거래가 가능하다. 다만, 제도 시행 이전에 계좌를 개설한 일반개인투자자 중 시행일 기준 최근 2년 이내에 회원사별로 산출한 미결제약정의 보유일수가 20거래일 이상인 경우 사전교육 및 모의거래를 면제한다.

2) 기본예탁금

단순선물거래의 기본예탁금은 3천만 원이며, 옵션 및 변동성지수선물 거래 시에는 5천만 원의 기본예탁금을 적용하며, 향후 결제불이행 가능성 등에 따라 차별 적용이 가능하게 하였다(옵션 및 변동성지수선물 거래는 계좌개설 후 1년 경과 후부터 가능). 다만, 제도 시행 이전에 계좌를 개설한 일반개인투자자 중 시행일 기준으로 계좌 별 미결제 약정 보유일수가 20거래일 이상인 계좌에 대해 현행 기본예탁금을 적용한다.

제2절 선물시장

1. 선물거래의 개요

1) 경제적 의의

선물거래의 경제적 기능으로 가격예시기능, 가격변동위험 회피기능, 효율성 증대기능이 있다. 먼저, 가격예시기능이란 무엇인지 보기로 하자. 한 달 후에 만기가 돌아오는 원유 선물가격의 예를 보자. 원유 선물가격에는 한 달 후의 원유가격에 대한 정보를 담고 있다. 만약 한 달 후 만기가 돌아오는 원유 선물가격이 오를 것으로 예상된다면, 일반적으로 현물가격도 상승하리라는 것을 예상할 수 있다. 따라서 선물거래에는 경제주체들의 미래 현물자산가격에 대한 예측이 반영되어 있다. 이를 선물거래의 미래 현물가격에 대한 예시기능이라 한다. 선물거래의 가격예시기능으로 인해 가격의 급등락을 방지할 수 있고, 수요자와 공급자간의 수급조절이 이루어진다. 다음으로 가격변동위험 회피기능을 보자. 파생상품시장은 미래의 자산가격의 불확실성을 전제로 하여 서로 예상이 다른 투자자 사이에 위험이 거래되는 시장이다. 여기서 우리는 위험회피거래를 하는 투자자를 헤저(Hedger), 위험선호거래를 하는 투자자를 투기자(Speculator)라고 한다. 파생상품시장의 특성에 비추어 볼 때, 선물거래는 가격의 변동성이 존재하고, 그 변동폭이 큰 종목일수록 활발하게 이루어진다. 변동성이 클수록 경제주체들의 미래에 대한 예상의 차이가 존재하며, 예상의 차이는 위험을 회피하려는 수요와 이를 토대로 수익을 올리려는 투기적 수요를 창출하기 때문이다. 이러한 시장리스크 전가기능은 선물시장의 대표적 기능 중 하나이다. 또한 선물거래는 현물시장의 유동성을 향상시키는 기능을 갖고 있다. 현물시장과 선물시장간에 거래가격의 불균형이 존재하게 되면 고평가된 쪽을 매도하고 저평가된 쪽을 매수함으로써 차익거래를 통해 이익을 실현하는 것이 가능하게 된다. 이러한 차익거래기회를 이용하려는 움직임으로 인해 결국 두 시장간의 불균형은 해소되는데 이를 선물거래의 시장 효율성 증대기능이라 한다.

2) 선도거래와의 비교

선도거래와 선물거래의 공통점은 만기시점의 기초자산가격에 대한 현재시점의 투자라 할 수 있다. 선물거래는 선도거래의 단점인 상대방의 계약불이행위험을 없애고, 반대매매를 통해 중간청산이 가능하도록 하였다는 점에서 개선된 형태의 선도거래이다. 상대방의 계약불이행위험을 다른 말로는 신용위험이라고도 하는데 신용위험을 없애기 위한 수단으로는 증거금제도와 일일정산제도가 있다. 증거금제도는 충분한 자금을 보유한 자만이 선물포지션을 보유할 수 있게 하는 제도이다. 증거금에는 개시증거금, 유지증거금, 추가증거금이 있다. 개시증거금은 거래를 개시하기 위한 자격을 확보하기 위해 납부해야 하는 현금, 대용증권, 외화 등을 말한다. 선물포지션을 보유한 자가 일일정산을 통해 일정수준 이하로 증거금계좌의 잔액이 하락하게 되면 다시 개시증거금 수준으로 증거금을 확충할 것을 요구받게 되는데 이를 마진 콜(margin call) 또는 추가증거금을 요구받았다고 한다. 이때 일정증거금 기준이 되는 것이 유지증거금이다. 한국거래소는 유지증거금 수준을 개시증거금의 2/3 수준으로 요구하고 있다. 일일정산제도는 결제불이행을 막기 위해 매거래일마다 당일 발생한 손익을 정산하는 것을 말한다.

2. 선물의 거래구조

1) 시장참여자

선물시장을 구성하는 주요 참여자들로는 이론적으로는 선물거래소, 투자자, 선물중개회사, 결제소가 있으나 실제로는 선물거래소와 거래소의 회원사인 금융투자업자 그리고 투자자로 대별할 수 있다. 국내에 개설된 선물거래소로는 한국거래소(KRX) 내의 파생상품시장이 있다. 거래소 회원은 결제기능의 수행여부에 따라 결제회원과 비결제회원으로 나누는데, 전자는 결제기관을 통하여 결제업무를 수행할 수 있는 회원을 말한다. 거래소의 회원 모두가 자동적으로 결제회원이 되는 것이 아니며, 일정한 자격조건을 갖춘 자가 가입신청과 엄격한 심사절차를 거쳐야만 결제회원의 자격을 얻게 된다. 결제회원은 자신의 결제업무를 처리하거나 비결제회원의 결제업무를 대행해주고 수수료를 받으며, 결제기관에 결제이행보증을 위해 매매증거금을 예탁해야 한다. 투자자는 거래소의 회원을 통해서만 시장에 참여할 수 있다.

2) 청산과 미결제약정수량

(1) 현금결제와 현물인수도 결제

선물거래자는 거래후 만기일 전에 언제든지 최초거래와 반대거래를 통해 거래를 청산할 수 있다. 선물을 매입했던 투자자는 선물을 매도함으로써 거래를 청산할 수 있고, 선물을 매도했던 투자자는 선물을 매입하는 반대거래를 통해 청산할 수 있다. 만기일까지 반대매매를 통해 청산하지 않은 거래자는 만기일에 당초 약속한 거래를 이행하면 된다. 만기일에 거래를 이행하는 방법에는 현물인수도와 현금결제가 있다. 현금결제는 현물의 인도 없이 만기일의 현물가격과 선물가격의 차액을 정산하고 거래를 청산하는 방법이다. 현물이 존재하지 않는 주가지수선물의 경우나 보관의 어려움으로 현물인도가 사실상 불가능한 경우가 이에 해당한다. 한국거래소 상품 중 주식 관련 선물, 금리선물, 통화옵션(미국달러), 돈육선물, 금선물은 현금결제로 청산이 이루어지며, 통화선물(미국달러, 엔, 유로, 위안)은 현물인수도가 이루어지는 상품이다.

(2) 주문수량 및 미결제약정수량의 제한

① **현행 거래소 규정상의 주문수량의 제한**(2021년말 기준)

표 13-5. 거래소 규정상 주문수량

대부분의 선물	1,000계약(유동성관리종목 100계약)
주식선물, 통화선물	5,000계약(유동성관리종목 500계약)
스프레드 거래	주식선물 5,000계약, 통화선물 10,000계약

② 미결제약정의 제한

각국의 선물거래소는 시세조종 등 불공정행위의 사전예방, 과당투기방지 및 결제불이행방지를 위하여 미결제약정을 일정범위내로 제한하고 있는데, 현행 한국거래소 규정상의 미결제약정의 제한은 다음과 같다.

표 13-6. 거래소 규정상의 미결제약정의 제한

(2022. 1. 3. 현재 기준)

KOSPI 200, 미니코스피, 코스닥150	KOSPI 200 선물・옵션, 미니코스피 선물・옵션, 코스닥 150 선물・옵션 : 20,000계약(개인투자자는 10,000계약)
개별주식선물・옵션	각 기초자산별로 상품주식수의 0.5%이내에서 거래승수를 고려하여 거래소가 웹사이트를 통해 공표
섹터지수선물	각 기초자산별로 10,000계약 (개인투자자는 5,000계약)
코스피 200 변동성선물	20,000계약 (개인투자자는 10,000계약)
해외지수선물	50,000계약 (개인투자자는 25,000계약)
돈육선물, 금선물	3.000계약

3) 일일정산과 증거금제도

(1) 일일정산

일일정산이란 선물거래자의 결제불이행을 막기 위해 매 거래일마다 당일 발생한 손익을 정산하는 것을 말한다.

① 정산가격의 결정은 다음의 순서로 산출된다.

㉠ 당일 가장 나중 성립 약정가격(선물스프레드거래 성립에 의한 의제약정가격 및 협의대량거래의 약정가격 제외)

㉡ 당일 가장 나중에 성립된 의제약정가격

㉢ 기세가 있는 경우 기세(돈육선물 제외)

㉣ 전일 정산가격(배당락 있는 경우 조정가격)

㉤ 선물이론가격(최종거래일 도래종목, 돈육선물 제외) : 전일 정산가격과 이론가격 차이가 '전일 정산가격 × 거래증거금의 50%' 보다 큰 경우에 적용(통화선

물은 0.3 원 이상 차이 날 때 적용)

② 매 거래일마다 각 종목에 대하여 정산가격으로 산정한 당일차금 및 갱신차금을 결제회원과 거래소간에 수수한다. 당일차금은 당일 체결된 매수·매도 수량에 대하여 해당 거래체결가격과 당일 정산가격을 비교하여 산출한 손익을 말하며, 갱신차금은 전일의 미결제약정에 대하여 전일의 정산가격과 당일의 정산가격을 비교하여 산출한 손익이다. 정산차금(당일차금 + 갱신차금)은 다음과 같다.

표 13-7. 정산차금

당일차금	• 당일 매수거래 = 당일 매수수량 x (당일 정산가격 - 당일체결가격) x 거래승수 • 당일 매도거래 = 당일 매도수량 x (당일 체결가격 - 당일정산가격) x 거래승수
갱신차금	• 매수미결제약정 = 전일 매수미결제약정수량 x (당일정산가격 - 전일정산가격) x 거래승수 • 매도미결제약정 = 전일 매도미결제약정수량 x (전일정산가격 - 당일정산가격) x 거래승수

③ 참고로, 현행 거래소규정상의 거래승수는 다음과 같다(2022. 1. 3. 현재 기준)

- KOSPI200선물·옵션 : 50만, 주식선물·옵션 : 10, KOSPI200섹터지수선물 : 5만, 스타지수선물 : 1만
- KOSPI 200 변동성지수선물 : 50만
- 국채선물 : 100만(3년, 5년, 10년)
- 통화선물(미국달러, 엔, 유로, 위안)·옵션(미국달러) : 1만
- 금선물, 돈육선물 : 1,000

(2) 증거금제도

일일정산을 원활하게 하고 거래의 이행을 보증하기 위하여 선물거래자는 증거금을 거래하는 금융투자회사에 납부하여야 한다. 증거금은 현금, 대용증권 또는 외화로 납부할 수 있다.[1] 현행 거래소규정에 따르면, 고객은 거래소의 증권사인 금융투

1) 한국거래소는 2013년 3월 18일부터 파생상품시장의 증거금예탁수단을 외화증권(미국국채)으로 확대하였다. 시장의 요구를 반영하고, 자본시장의 청산결제인프라를 글로벌 스탠다드에 맞게 개선하고자, 대상 외국국채를 점진적으로 확대하고, 관련 인프라를 정비할 예정이라고 한다.(한국거래소 보도자료, 『외화증권증거금예탁제도』, 2013.3.15). 주식선물의 경우, 종래에는 전체 주식선물에 대해 18%의 위탁증거금률을 적용하였으나 위험관리의 정밀성 제고와 시장참여자 비용부담 완화를 이유로 하여 증거금률을 기초자산별 변동성에 따라 차등 적용하도록 결제제도를 변경하였다.(한국거래소, 2014. 9. 15일 시행)

자회사에 기본예탁금과 위탁증거금을 납부한 후 파생상품의 주문을 할 수 있으며, 투자자의 주문을 받은 회원은 거래소에 거래증거금을 납부하여야 한다.

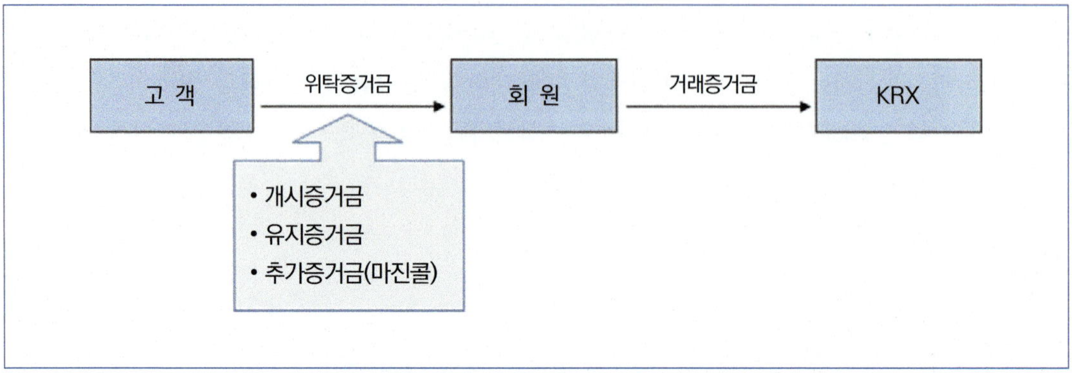

[그림 13-1] 증거금 제도

기본예탁금은 위험투자상품인 파생상품에 투자하려는 일반투자자에 대한 진입규제 장치로서 회원은 파생상품계좌 별로 1,500만원 이상을 고객에 따라 차등 징수할 수 있다. 위탁증거금은 원칙적으로 사전에 징수하는 것으로 위탁자의 신용상태, 투자목적, 시장상황을 감안, 증거금률, 계약당 증거금액, 부과방식을 차등할 수 있으며, 신규 위탁증거금의 1/3 이상은 현금으로 납부하여야 한다. 다만 결제이행능력이 뛰어난 금융기관 등 적격기관투자자에게는 증거금의 사전위탁을 면제할 수 있다. 현행 거래소 규정에 의한 위탁증거금률은 다음과 같다(2022. 1. 3 현재 기준)

• KOSPI200선물, KOSPI200옵션, 미니KOSPI200선물, 미니KOSPI200옵션 : 8.7%
• 코스닥150선물, 코스닥150옵션 : 10.5%
• 변동성지수선물(51.0%), 유로스톡스50선물(8.7%), KRX300선물(8.4%)
• 주식선물 : 기초자산별 변동성에 따라 차등 적용
• 미국달러선물(3.45%), 엔선물(4.73%), 유로선물(3.75%), 위안선물(2.93%)
• 3년국채선물(0.89%), 5년국채선물(1.52%), 10년국채선물(2.39%)
• 금선물(6.0%), 돈육선물(21%)

거래소는 '파생상품시장 증거금률 가이드라인'에 의거, 매분기 정기적으로 증거금의 적정성을 점검하고, 시장급변 등의 경우에는 그 때마다 수시로 증거금률의 적정성을 점검하여 필요시 증거금률을 조정하고 있다.

한국거래소는 기초자산 가격 변동범위 확대에 앞서 파생시장의 선제적 위험관리를 위해 파생상품시장 업무규정과 시행세칙 개정(2015. 5. 26)을 통해 '장중 추가위탁증거금 제도'를 도입하였다. 이에 따라 회원사는 정규거래시간 중 기초자산이 일정수준 이상 변동하는 경우(시행세칙 151조의2 : KOSPI200이 전일 종가 대비 유지위탁증거금률의 80%이상 변동하는 경우) 예탁총액이 장중 유지위탁증거금액보다 적은 위탁자에 대하여 위탁증거금을 추가로 징수할 수 있게 되었다. 추가예탁의 이행 전까지 회원사는 수탁을 거부하되, 증거금(위험)을 감소시키는 반대매매는 허용된다.

참고로, 현행 한국거래소의 대용증권의 대용가격산정 기준은 다음과 같다.

$$대용가격 = 대용증권의\ 기준시세 \times 사정비율$$

표 13-8. 한국거래소의 대용가격의 산정기준(유가증권시장)

<table>
<tr><th>대상증권</th><th>기준시세</th><th colspan="2">사정비율</th><th>산출주기</th></tr>
<tr><td rowspan="3">상장주권, DR</td><td rowspan="3">당일 기준가격</td><td>KOSPI200지수 구성종목중 일평균 거래대금이 상위 50%에 해당되는 종목</td><td>80%</td><td rowspan="8">일별</td></tr>
<tr><td>일평균거래대금 하위 5%에 해당되는 종목</td><td>60%</td></tr>
<tr><td>그 밖의 종목</td><td>70%</td></tr>
<tr><td rowspan="5">ETF</td><td rowspan="5">당일 기준가격</td><td>국채/지방채/특수채/금융채/CD로 구성된 ETF</td><td>95%</td></tr>
<tr><td>일반 사채권/CP(주식관련 사채권 제외)가 포함된 ETF</td><td>85%</td></tr>
<tr><td>주식관련 사채권 및 주가연계증권이 포함된 ETF</td><td>80%</td></tr>
<tr><td>KOSPI200지수, KOSPI50지수 KRX100지수를 각각 기초 지수로 하는 ETF</td><td>80%</td></tr>
<tr><td>그 밖의 ETF</td><td>70%</td></tr>
<tr><td rowspan="3">상장채무증권</td><td rowspan="3">직전 5매매일 종가평균</td><td>국채 · 지방채 등</td><td>95%</td><td rowspan="3">주별</td></tr>
<tr><td>기타 사채</td><td>85%</td></tr>
<tr><td>주식관련 사채</td><td>80%</td></tr>
<tr><td rowspan="2">수익증권, 비상장 뮤추얼펀드</td><td rowspan="2">직전 7일간 NAV 평균</td><td>채권형 이외</td><td>70%</td><td rowspan="2">월별</td></tr>
<tr><td>채권형</td><td>80%</td></tr>
</table>

자료 : 한국거래소 홈페이지

4) 가격제한폭과 거래중단제도

(1) 가격제한폭

선물거래에 참여하는 투자자는 거래의 이행을 보증하기 위하여 일정률의 증거금을 납부하여야 하지만 증거금비율은 레버리지 가능한 수준이며, 이 또한 대용증권으로 납부 가능하기 때문에 선물시장의 거래비용은 투자자에게 큰 부담이 되지 않을 수 있다. 이로 인해 선물거래는 현물거래에 비해 투기적 성격이 강하며, 현물시장에 비해 급격한 가격변동이 발생할 가능성이 크다는 점이 흔히 지적되고 있다. ([현대투자론], 2012, 다산출판사, p.532) 이에 따라 각국의 선물시장에서는 선물가격의 급격한 변동에 따른 혼란을 방지하기 위해 다양한 가격제한폭제도를 운용하고 있다. 미국의 경우 주식시장에는 가격제한폭이 없으며, 선물시장에는 가격제한폭이 있다. 예컨대, 시카고상업거래소(CME)의 경우 동적 상·하한가제도를 두어 직전 체결가격의 ±0.32%에서 거래가 이루어진다.

표 13-9. 거래소 규정에 따른 가격제한폭과 위탁증거금률 비교 (2022. 1. 3 현재 기준)

구분	가격제한비율	위탁증거금율
주식관련선물	상·하한가 도달 시 5분 경과 후 1단계(KOSPI200 주가지수선물·코스닥150선물 8%, 변동성지수선물 30%, 주식선물 10%), 2단계(KOSPI200주가지수선물·코스닥150선물 15%, 변동성지수선물 45%, 주식선물 20%), 3단계(KOSPI200주가지수선물·코스닥150선물 20%, 변동성지수선물 60%, 주식선물 30%)로 순차적 확대	KOSPI200주가지수(8.7%), 코스닥150선물 (8.75%), 주식선물(기초자산별 변동성에 따라 차등적용)
금리선물	3년국채선물 1.5%, 5년국채선물 : 1.8%, 10년국채선물 : 2.7%	3년국채선물(0.885%), 5년국채선물(1.515%), 10년국채선물(2.385%)
통화선물	미국달러선물, 위안선물 : 4.5%, 엔선물, 유로선물 : 5.25%	미국달러선물(3.45%), 엔선물(4.73%), 유로선물(3.75%). 위안선물(2.93%)
상품선물	금선물 : 10%, 돈육선물 : 21%	금선물(6.0%), 돈육선물(21%)

한국거래소는 2015년 6월 주식시장의 가격제한폭을 종래의 기준가격 대비 ±15%에서 ± 30%로 확대하면서 시행세칙을 개정(2015.5.19)하여 주식파생상품에 대해서도 주식시장에 연동하여 단계별 가격제한폭 제도를 도입하였다.

표 13-10. 주식파생상품의 단계적 가격제한폭 도입

상 품		현 행	개선(순차적 적용*)		
			1단계	2단계	3단계
지수 상품	코스피200·스타지수·섹터지수선물	±10%	±8%	±15%	±20%
	코스피200옵션	±15%			
	변동성지수선물	±30%	±30%	±45%	±60%
주식 상품	주식선물	±15%	±10%	±20%	±30%
	주식옵션	±18%			

* 상·하한가 도달 시 5분 경과 후 가격제한폭을 다음 단계로 순차적 확대.

(2) 거래중단제도

각국의 선물거래소는 선물가격과 현물가격이 일정비율 이상 급변하는 경우 일정시간 동안 시장의 매매거래를 중단하는 필요적 거래중단제도(Circuit Breakers)와 프로그램매매호가의 효력정지제도(Side Car)를 운영하여 시장의 안정을 꾀하고 있다. 우리나라 한국거래소의 주요 거래중단제도는 다음과 같다.

① 필요적 거래중단(Circuit Breakers)

서킷 브레이커는 1987년 10월 다우존스 산업지수가 하루 동안 22% 급락했던 블랙먼데이(Black Monday) 당시, 주식시장 붕괴를 막기 위해 뉴욕증권거래소에서 처음 도입한 제도이다. 우리나라에는 1998년 12월 주식 가격제한폭이 12%에서 15%로 늘어나는 과정에서 투자자 보호 목적으로 유가증권시장에 도입되었고, 코스닥 시장에는 2001년 9.11 테러가 발생한 해인 2001년에 그 필요성이 인정되어 그해 10월에 도입되었다. 국내 시장에서 서킷 브레이커는 전 거래일 종가보다 10% 이상 지수가 하락해 1분 이상 지속되면 주식거래를 20분 동안 중단케하는 방식으로 운영되었는데, 2015년 6월에 유가증권시장 및 코스닥시장의 주권, DR, ETF, ETN, 수익증권의 가격제한폭이 기준가격 대비 ±15%에서 ±30%로 확대되면서 발동비율을 현행보다 낮추고, 단계적으로 발동되도록 개선되었다.(한국거래소, 2015.5월. '가격제한폭 확대시행 관련 설명자료'참조)

표 13-11. 필요적 거래중단(Circuit Breakers)

• **종래**

구분	내용
KOSPI200 선물 · 옵션	• 유가증권시장 : KOSPI지수 10% 이상 하락, 1분간 지속시 20분간 중단 • 선물시장 : 전일 거래량 최다종목의 약정가격이 1분 이상 기준가격 대비 5% 이상 높(낮)고, 이론가격 대비 3% 이상 높(낮)은 경우 5분간 중단
스타지수선물	• 코스닥시장 : 지수가 10% 이상 하락, 1분간 지속시 20분간 중단 • 전일 선물시장 : 전일거래량 최다종목의 약정가격이 1분 이상 기준가격 보다 6% 이상 높(낮)고, 이론가격보다 3% 이상 높(낮)은 경우 5분간 중단

주 1) 1일 1회만 중단되며, 당일 14:50분 이후에는 중단되지 않는다.
주 2) 단일가 거래로 재개

- **서킷브레이커 개선내용**

시장충격 발생시 주가급변을 보다 효과적으로 차단하기 위해 CB의 발동비율을 현행보다 낮추고, 단계적으로 발동

단계	발동 요건	조치 사항
1	▸KOSPI(KOSDAQ)지수 전일대비 **8% 이상** 하락 (1분간 지속)	▸전체장 **20분간 중단**(**취소호가**만 가능) ▸**10분간 단일가**매매로 재개
2	▸KOSPI(KOSDAQ)지수 전일대비 **15% 이상** 하락 ▸**1단계** CB발동시점 대비 **1% 이상** 추가하락 (동시충족 필요, 1분간 지속)	▸전체장 **20분간 중단**(**취소호가**만 가능) ▸**10분간 단일가**매매로 재개
3	▸KOSPI(KOSDAQ)지수 전일대비 **20% 이상** 하락 ▸**2단계** CB발동시점 대비 **1% 이상** 추가하락 (동시충족 필요, 1분간 지속)	▸**당일 장종료** 조치 (취소호가를 포함한 **모든 호가제출 불가**) ▸장종료 후 시간외매매등 **모든 매매거래 불가**

주) 개장 5분후~14:50분 동안에 발동되며, 각 단계별로 발동은 1일 1회에 한함. 단, 3단계는 장료시까지 발동이 가능하다.

② 프로그램매매호가의 효력정지(Side car)

표 13-12. 프로그램매매호가의 효력정지(Side car)

구분	내용
유가증권시장	KOSPI200선물 직전일 거래량 최다종목의 약정가격이 전일 종가 대비 5% 이상 변동, 1분간 이상 지속시 프로그램 호가의 효력을 5분간 정지
코스닥시장	스타지수선물 직전일 거래량 최다종목의 약정가격이 전일 종가 대비 6% 이상 변동, 1분간 이상 지속시 프로그램 호가의 효력을 5분간 정지

주 1) 1일 1회에 한함, 발동 후 5분 경과 시 자동해제
주 2) 당일 14 : 50분 이후에는 중단되지 않는다.

3. 선물의 균형가격 결정

1) 선물가격과 현물가격의 차이 요인

현물을 매수하여 선물만기일까지 보유하는 경우와 선물을 매수하는 경우 양자의 가격차이를 발생케 하는 요인은 어떤 것이 있을까? 이는 선물가격결정이론과 연결되는 문제인데, 보유비용모형에 따르면 선물가격은 현물가격에다 순보유비용(Cost of carry)을 더한 값이다.

$$선물가격(F) = 현물가격 + 순보유비용(CC)$$

순보유비용에는 현물을 매수하여 선물만기일까지 보유하기 위하여 소요되는 자금 차입에 따른 이자비용이 포함되며, 현물보관에 따른 창고비용, 보험료 등 보관비용을 더하고, 현물을 보유하는 기간 동안 현물에서 발생하는 현금수입과 현물보유에 따른 보유편익(y, 연간 편의수익률)을 차감한 값이다. 주식 현물의 경우 현금수입은 배당금(d) 상당액, 채권선물의 경우 채권의 이표, 통화선물의 경우 외국통화의 이자수입이 될 것이다.

순보유비용 = 이자비용(r) + 보관비용(c) - 현금수입(d) - 보유편익(y)

일반적으로 순보유비용은 양(+)의 값을 가진다고 볼 수 있으나 금융선물은 경우에 따라서 음(−)의 값을 가질 수도 있기 때문에 선물이론가격이 현물가격보다 낮게 결정되기도 한다. 순보유비용이 음(−)의 값을 가지는 예로, 채권선물의 경우 단기 이자비용이 장기이표비용보다 적은 경우를 들 수 있다.

2) 선물의 균형가격 결정

선물의 균형가격 또는 이론가격 개념은 차익거래를 이해하기 위해 필요한 개념이다. 선물의 대표상품인 주식 관련 선물의 경우를 보자. 앞서 설명한 보유비용모형에 따르면, 선물가격(F)은 현물가격(S)에 순보유비용(Cost of carry)을 합한 값이며, 제반 거래비용(매매수수료 등)이 없고, 차입과 대출금리가 동일한 완전시장을 전제로 할 경우 주식 관련 선물의 순보유비용은 다음과 같다.

순보유비용 = 이자비용(r) - 배당금(d)

(1) 개별주식선물의 균형가격

t 시점의 주가(St)와 무위험이자율(r), 배당수익률(d), t 시점에서 만기일 T까지의 잔존일수(T - t)가 주어질 경우 개별주식 선물의 이론가격(Ft_1^*)은 다음과 같이 결정된다.

$$Ft_1^* = St \times [1 + (r - d) \times (T - t)/365]$$

배당수익률이 아니라 1주당 현금배당금의 만기가치(D)가 주어질 경우의 개별주식선물의 이론가격(Ft_2^*)은 다음과 같다.

$$Ft_2^* = St \times [1 + r \times (T - t)/365] - D$$

예제

개별주식 선물의 이론가격 결정식을 예제로 설명해보자. A주식의 현물가격은 5만원, 무위험이자율이 6%, 배당수익률이 4%, 잔존일수가 6개월 남은 경우 A주식선물의 이론가격은 어떻게 되는가?

$$Ft_1^* = St \times [1+(r-d)\times(T-t)/365]$$

A주식의 이론선물가격 = A주식의 현물가격 5만원×[1+(이자율 6%−배당수익률 4%) × 잔존일수 6/12] = 5만원 × (1+2%× 0.5) = 50,500원

(2) 주가지수선물의 균형가격

주가지수선물의 대표상품인 KOSPI200선물의 경우를 보자. 현물은 KOSPI200이다. 금리(r)는 금융투자협회가 산출하는 만기 91일인 양도성예금증서(CD)의 연수익률을 기준으로 한다. 한국거래소가 산출하는 현금배당액총액을 기준으로 배당락 잔존기간을 고려하여 산출한 선물배당액지수(D), 그리고 만기일까지의 잔존기간(T-t)이 주어질 경우 주가지수선물의 균형가격은 다음과 같다.

$$Ft^* = St \times [1 + r \times (T-t)/365] - D$$

D = (현금배당금총액/기준시가총액)×[1+이자율×(배당락잔존기간의 일수/365)]×100

3) 선물균형가격의 활용

(1) 정상 백워데이션(Normal Backwardation)

상품선물의 경우에 현물 포지션 보유자는 해당 상품가격의 하락위험을 헤지하기 위하여 선물매도포지션을 취하여야 한다. 선물을 매도하기 위해서는 투기자들이 매입에 참여하여야 하는데 선물매입자의 기대이익을 보상해 주기 위해서는 선물가격은 기대현물가격 이하가 되어야 한다. 선물가격이 미래의 기대현물가격보다 낮게 형성되었다가 만기일에 접근하면서 양자가 접근하게 되는 경우를 백워데이션(Backwardation)이라 하며, 이러한 시장상황을 역조시장이라 부른다.

(2) 콘탱고(Contango)

콘탱고 상황은 선물가격이 미래의 기대현물가격보다 높게 형성된 경우이다. 이는 앞서의 정상 백워데이션과는 반대의 경우가 된다. 콘탱고는 선물가격이 계속 하락하여 만기가 되면 현물가격에 수렴하게 된다.

(3) 무차익거래조건과 현물보유전략

선물의 균형가격과 선물시세의 괴리가 발생하는 경우 현물과 선물 중 상대적으로 고평가된 것을 팔고 저평가된 것을 매입함으로써 이익을 향유할 수 있다. 선물균형가격보다 선물시세가 높게 형성된 경우 상대적으로 고평가된 선물을 매도하고 저평가된 현물을 매수하게 되는데 이를 현물보유전략(Cash and Carry) 또는 매수차익거래라고 한다. 반대로, 선물균형가격보다 선물시세가 낮게 형성된 경우에는 선물을 매수하고, 현물을 매도하는 전략을 사용하게 되는데 현물보유전략과 반대의 경우라 하여 역현물보유전략(reverse Cash and Carry) 또는 매도차익거래라 한다. 즉, 차익거래에 붙는 매수 또는 매도의 명칭은 현물의 매수나 매도를 따라 붙여지는 이름이다.

표 13-13. 매수차익거래와 매도차익거래

괴리 상황	전략 운용	내용
선물균형가격 < 선물시세	현물매수 & 선물매도	매수차익거래(Cash and Carry)
선물균형가격 > 선물시세	현물매도 & 선물매수	매도차익거래(reverse Cash and Carry)

주) 매수차익거래 = 현물보유전략, 매도차익거래 = 역현물보유전략

4. 선물을 이용한 투자전략 I

1) 헤지거래

선물거래의 최초 거래유형은 미래의 가격변동 위험으로부터 벗어나려고 하는 헤저들의 움직임에서 출발하였다. 즉, 현재 또는 장래 보유할 현물포지션의 가격변화 가능성에 대비하여 선물을 매도 또는 매수함으로써 위험을 회피하는 거래이다. 헤지거래의 상대방까지 고려한다면, 헤지거래는 선물의 위험전가기능을 이용한 투자전략이라 할 수 있다.

(1) 매도헤지와 매수헤지

이와 관련된 개념 중에 매도헤지와 매수헤지가 있는데, 매도헤지는 기초자산의 가격하락위험을 헤지하기 위해 선물시장에서 매도포지션을 취하는 것으로 주로 수출기업에 이용된다. 매수헤지는 기초자산의 가격상승위험을 헤지하기 위해 선물시장에서 매수포지션을 취하는 것으로 수입기업에 주로 이용된다.

(2) 제로 베이시스 헤지와 랜덤 베이시스 헤지

선물포지션의 청산시점과 관련하여 제로 베이시스 헤지(Zero Basis Hedge)와 랜덤 베이시스 헤지(Random Basis Hedge)의 개념이 있다. 먼저, 베이시스 개념을 보자. 베이시스(Basis)는 임의의 거래일에 있어 현물가격과 선물가격의 차이를 의미하는 개념이다.

$$\text{베이시스} = \text{선물가격} - \text{현물가격}$$

제로 베이시스 헤지는 보유현물과 선물포지션을 만기시점에 가서 청산하는 것으로 선물의 만기시점에서의 베이시스는 0(zero)이다. 랜덤 베이시스 헤지는 선물 만기시점 이전의 임의의 시점에서 선물포지션을 청산하는 것으로 선물포지션을 청산하는 임의의 시점에서는 베이시스를 예측할 수 없다. 따라서 랜덤 베이시스 헤지의 경우에는 베이시스 리스크가 발생한다.

(3) 헤지비율과 적정선물포지션

현물포지션의 가격변동위험을 회피하기 위해 선물로 헤지할 때 헤지에 필요한 적정 선물포지션을 산정하는 비율이 헤지비율이다. 헤지비율이 1보다 큰 경우는 현물포지션의 가격이 선물가격보다 변동성이 큰 경우이고, 헤지비율이 1보다 작은 경우는 현물포지션의 가격이 선물가격에 비해 변동성이 작다는 의미이다. 헤지비율을 계산하는 방법으로는 주식포트폴리오의 베타값을 이용하는 방법과 최소분산 헤지비율(Minimum Variance Hedge Ratio)을 사용하는 방법이 있다.

사례 • 적정선물포지션 계산방법

(예제) 시가 100억 원인 주식 포트폴리오를 가진 투자자가 주가 하락을 염려하여 포지션을 청산하는 대신 KOSPI200주가지수 선물을 이용하여 헤지하는 경우를 보자. 이해의 편의상 KOSPI200선물의 가격은 100포인트라고 할 때, 현물포지션의 가격하락위험을 헤지하기 위해 주가지수 선물 매도포지션을 몇 계약을 취할 것인가?(현물포지션의 헤지비율 = 1.5)

(계산식)

1단계 : 현물포지션의 크기와 선물포지션의 액면가간의 단순비율을 구한다.
주가지수선물 한 계약의 액면가 = 100point × 50만원(거래승수) = 5천만 원이다.

단순비율로 산정한 계약수 = 100억 원/5천만 원 = 200계약

2단계 : 계산된 계약수에 헤지비율을 곱한다
주어진 현물포지션의 헤지비율 = 1.5이므로,
적정 선물포지션 = 헤지비율 × 계약수 = 1.5 × 200계약

(답) 시가 100억 원의 주식 포트폴리오의 주가하락 위험을 헤지하기 위해 KOSPI200주가지수 선물을 이용하는 경우 주어진 헤지비율이 1.5라고 하면 필요한 선물 매도포지션은 300계약이다.

한국거래소는 2015년 7월부터 코스피200선물 · 옵션과 기초자산은 동일하나 계약당 거래금액이 1/5로 축소된 미니코스피200선물 · 옵션을 신규상장하였는데, 이는 코스피200선물 · 옵션을 처음 도입한 1996년에 비해 코스피200선물 1계약당 거래단위가 약 2.5배 상승하여 파생상품 본연의 기능인 헤지거래 및 차익거래가 어렵다는 판단에 따른 것이다. 미니상품의 도입에 따라 정밀한 차익 · 해지거래가 가능해질 전망이다. 미니상품은 코스피200선물 · 옵션과 동일하게 9시부터 15시 15분(최종거래일 14시 50분)까지 거래가 이루어진다. 미니상품은 CME 및 Eurex와 연계된 야간 글로벌거래에는 상장되지 않기 때문에 이 경우 코스피200선물 · 옵션만 가능하다.(한국거래소 보도자료, 2015. 7.14 '미니코스피200 선물 · 옵션 상장' 참조)

2) 투기거래

선물거래는 미래의 가격변동위험을 회피하기 위해 이용되기도 하지만, 선물거래

를 통해 미래의 가격변동으로부터 이익을 얻고자 하는 경우에도 활용된다. 선물가격이 현재보다 상승할 것이라고 예상하는 투자자는 저가매수 후 고가매도 전략(Buy low and Sell high)을 사용하게 된다. 즉, 매수포지션을 취한 후 예상대로 선물가격이 상승하면 매도포지션을 실행한다. 반대로, 선물가격이 현재보다 하락할 것으로 예상하는 투자자는 고가매도 후 저가매수 전략(Sell high and Buy low)을 사용하게 된다.

표 13-14. 투기거래의 전략

구 분	전 략	내 용
선물가격이 현재보다 상승할 것으로 예상하는 투자자	저가매수 후 고가매도전략 (Buy low and sell high)	매수포지션을 취한 후 예상대로 선물가격이 상승하면 매도포지션을 실행
선물가격이 현재보다 하락할 것으로 예상하는 투자자	고가매도 후 저가매수전략 (Sell high and Buy low)	신규매도포지션 후, 예상대로 선물가격이 하락하면 매수포지션 취하여 청산

이와 관련하여 주의할 점이 있다. 현물자산 매입의 경우에는 매수포지션을 취한 후 가격이 오를 때까지 무한정 기다리는 것이 가능하지만, 선물의 경우에는 만기라는 것이 존재하기 때문에 만기 이전에 가격이 오르지 않으면 이익을 실현할 수 없다는 점이다. 이와 관련하여 대표적인 투자실패사례로 거론되는 것이 베어링스 은행을 파산에 이르게 한 1995년의 니케이225주가지수선물 투기거래사례이다.

5. 선물을 이용한 투자전략 II

1) 스프레드 거래

(1) 스프레드 거래란?

스프레드 거래란 가격이 비슷하게 움직이는 두 개의 선물계약을 대상으로 두 선물 간의 가격변동폭의 차이를 이용하여 이익을 취하려는 투자전략이다. 이에는 서로 다른 결제월 종목간의 가격차이를 이용하는 시간 스프레드와 서로 다른 두 개의 선물간의 가격차이를 이용하는 상품간 스프레드가 있다. 스프레드 거래의 손익은 두 선물의 상대가격의 변화에 따라 결정된다.

(2) 스프레드 거래의 특징

스프레드 거래의 첫 번째 특징은 개별종목의 가격변동폭보다 스프레드 포지션 구성종목간의 가격변동폭의 차이가 중요하다는 점이다. 예컨대, 대상자산인 KOSPI 200의 경우를 보면, 현물가격의 움직임에 따라 스프레드 포지션인 선물 3월물 매수포지션과 6월물 매도포지션 각각의 선물가격이 일정한 비율로 변동한다고 보장할 수 없다는 점이다. 경우에 따라서는 당해 선물가격이 각각 거꾸로 움직일 수도 있다. 즉, 상승을 예상했던 3월물이 하락하고, 하락을 예상했던 6월물이 상승할 수도 있다. 스프레드 거래의 또 다른 특징으로는 선물 스프레드 거래는 위험도 작고 이익도 작다는 점이다. 현물가격변동에 따른 선물가격의 변동이 서로 차감되기 때문에 하나의 종목만을 거래하는 경우에 비하여 투자위험이 낮으며 또한 손실이 적은 만큼 이익도 작다. 따라서 선물 스프레드 거래는 위험회피 거래를 선호하는 헤저(Hedger)들이 많이 이용하는 투자전략이다.

(3) 선물 스프레드 거래의 기능

선물 스프레드 거래의 도입으로 인해 시장에 미치는 효과는 어떤 것이 있을까? ① 먼저, 포지션 이월의 원활화를 들 수 있다. 만기에 포지션 이월(roll-over)을 하려면 원월물이 원활히 수급되어야 하는데 스프레드 거래를 통해 원월물의 일시적인 수급불균형을 해소할 수 있으므로 포지션 이월이 원활하게 되는 효과가 있다. ② 다음으로, 포지션 거래자의 시장참여 촉진을 들 수 있다. 포지션 이월의 원활화는 헤지거래와 차익거래와 같이 포지션을 장기 보유하려는 포지션 거래자의 시장참여를 촉진한다. ③ 스프레드 거래는 또한 결제월 종목간의 적정가 형성을 촉진하여 선물가격의 안정화에도 기여한다. ④ 한국거래소(KRX)는 KOSPI200지수선물과 스타지수선물에 결제월물 스프레드 거래를 도입하면서 최근월물과 차근월물에 대해 각각의 매매를 통한 포지션을 구성하는 게 아니라 스프레드를 별도의 매매대상으로 설정하여 새로운 투자수단을 제공하고 있다. 이를 종목방식의 스프레드 거래라고 한다. 이에 대해서는 별도의 항을 정하여 따로 설명하기로 하자.

(4) 스프레드 거래의 종류

스프레드 거래는 기초자산이 동일한 선물계약 중에서 결제월이 상이한 두 개의 선물계약을 동시에 매매하는 결제월간 스프레드와 기초자산이 상이한 두 개의 선물계약을 동시에 매매하여 스프레드의 변동으로부터 이익을 취하는 상품간 스프레드로 나뉜다.

① **결제월간 스프레드**(Calendar Spread, Intra-commodity Spread)

결제월간 스프레드는 향후 스프레드의 변화를 예측하여 거래대상이 동일한 선물 중에서 하나를 매수하고 하나를 매도하는데 선물가격의 시세변동이 예상되어도 투자위험을 최소화하고자 하는 투자자들이 한정된 위험만을 감수하고 스프레드 정도의 시세차익을 얻고자 할 때 이용된다. 주식 관련 선물의 경우 일반적으로 보유비용이 양(+)의 값을 가지므로 원월물 가격이 근월물 가격보다 높게 형성된다. 이러한 가정을 전제로 향후 스프레드의 확대를 예상하는 투자자는 근월물을 매도하고 원월물을 매수하는 전략을 구사하게 되는데 이를 스프레드 매수라 한다. 반대로 향후 스프레드 축소를 예상하는 투자자는 근월물을 매수하고 원월물을 매도하는 전략을 구사하게 되는데 이를 스프레드 매도라 한다. 즉, 스프레드 매수와 스프레드 매도는 원월물의 매수, 매도와 같은 방향으로 명칭이 정해진다.

표 13-15. 스프레드 매수와 스프레드 매도

스프레드 매수	• 향후 스프레드의 확대를 예상하는 투자자 • 투자운용전략 : 근월물 매도 + 원월물 매수
스프레드 매도	• 향후 스프레드의 축소를 예상하는 투자자 • 투자운용전략 : 근월물 매수 + 원월물 매도

여기서 투자에 따른 선물 스프레드 거래의 손익을 짚어보자. 스프레드 매수 포지션을 갖는 경우 거래성립 이후에 매수시보다 스프레드가 확대되면 이익이 발생하나, 예상과 반대로 스프레드가 작아지면 손실이 발생하게 된다. 스프레드 매도 포지션을 보유한 경우에는 거래성립 이후에 매도시보다 스프레드가 작아지면 이익이 발생하나, 예상과 반대로 스프레드가 확대되면 손실이 발생할 수도 있다.

② **상품간 스프레드**

상품간 스프레드는 기초자산이 서로 다름에도 불구하고 서로 밀접하게 연관되어 움직이는 두 선물계약을 대상으로 하는 거래이다. 그 예로서 개별주식선물과 주가지수선물, 미국 단기 재무부채권(T-bill)금리선물과 유로달러금리선물의 경우를 들 수 있다. 실무에서는 후자를 'TED 스프레드'라 칭한다.[2] 상품간 스프레드는 각각의 선물계약에 미치는 다양한 변수로 인해 결제월간 스프레드에 비해 변동폭이 훨

2) 유로달러선물로의 쏠림현상과 이에 따른 T-Bill 선물 상장폐지로 TED 스프레드는 소멸하였다.

씬 크다는 점이 특징이다. 개별주식선물과 주가지수선물을 이용한 상품간 스프레드의 예를 보자. 다음은 한 주당 130만원에 거래되는 삼성전자 주식선물과 KOSPI200선물의 상품간 스프레드 거래의 예시이다.

표 13-16. 상품간 스프레드 사례

구분	상품 및 매매	가격 및 수량	손 익
초기	삼성전자 선물 매수	130만원 × 10계약	0
	KOSPI200 선물 매도	100.00pt × 1계약	0
청산	삼성전자 선물 매도	132만원 × 10계약	2만원×10계약×10배＝200만원
	KOSPI200 선물 매도	103.00pt × 1계약	- 3.00pt×1계약 × 50만원 ＝ - 150만원

③ 한국거래소(KRX)의 종목방식 스프레드 거래

한국거래소는 KOSPI200지수선물과 스타지수선물에 결제월물 스프레드 거래를 도입하면서 최근월물과 차근월물에 대해 각각의 매매를 통한 포지션을 구성하는 게 아니라 스프레드를 별도의 매매대상으로 설정하도록 하여 새로운 투자수단을 창출하였다. 예컨대, 3월물 매수와 6월물 매도로 구성되는 포지션을 원하는 투자자는 3월물과 6월물을 각각 따로 매수와 매도하여 포지션을 구성하는 게 아니라, 투자자가 원하는 스프레드 종목과 스프레드에 포함된 종목간의 가격차이를 호가하며, 스프레드 종목별 호가간의 경합에 의하여 매매하는 방식을 채택하고 있다. 이를 종목방식 스프레드 매매라 한다. 종목방식 스프레드 거래의 특징은 스프레드를 별도의 매매대상으로 독립시켰다는 점이다. 선물거래의 역사가 길지 않은 우리나라 거래소의 특성상 근월물에 비해 차근월물의 유동성이 풍부하지 않은 편인데 그럼에도 불구하고 종목방식 스프레드의 채택을 통해 차근월물과 최근월물간의 스프레드 거래가 가능하게 되었다. 또한 최근월물의 헤지포지션을 차근월물로 이월하기 위해 차근월물의 유동성 확보를 기다리지 않고도 스프레드 매도(차근월물 매도 + 최근월물 매수에 해당)가 가능하게 되었다. KRX의 스프레드 매매 실제를 보자. 선물스프레드의 가격표시는 원월종목의 가격에서 최근월 종목의 가격을 차감한 수치로 표시한다. 원월종목이 최근월종목보다 가격이 높은 경우는 양수(+), 원월종목이 최근월종목보다 가격이 낮은 경우는 음수(−)로 표시한다. KRX 스프레드 매매의 거래대상물 종목 수는 다음 〈표 13－17〉과 같다.

표 13-17. KRX 선물 스프레드의 종목과 포지션

KRX 선물 스프레드의 종목	포지션 구성
제1 스프레드	최근월물 ~ 차근월물
제2 스프레드	최근월물 ~ 차차근월물
제3 스프레드	최근원물 ~ 최원월물

KRX 스프레드 매매의 호가에는 제한이 따르는 데 그 내용은 다음과 같다.

호가최고한도 가격 = 원월물의 상한가 – 최근월물의 하한가
호가최저한도 가격 = 원월물의 하한가 – 최근월물의 상한가

2) 차익거래

선물의 균형가격과 선물시세의 괴리가 발생할 경우 현물과 선물 중에서 상대적으로 고평가된 것을 팔고 저평가된 것을 매수함으로써 이익을 향유하는 투자전략이 차익거래이다. 차익거래에는 현물을 매수하고 선물을 매도하는 매수차익거래와 현물을 매도하고 선물을 매수하는 매도차익거래가 있다. 외환시장의 예를 들어보자. 선물환시세가 선물환 균형가격에 비해 고평가되었다고 판단하는 외환투자자는 선물환을 매도하고 현물환을 매수하는 전략을 취하게 되는데 이를 현물보유전략(Cash and Carry) 또는 매수차익거래라 한다. 반대의 경우로 선물환시세가 선물환 균형가격에 비해 저평가되었다고 판단하는 외환투자자는 외환시장에서 선물환을 매입하고 현물환을 매도하는 전략을 취하게 된다. 이를 역현물보유전략(reverse Cash and Carry) 또는 매도차익거래라 한다. 다시 주식시장으로 가보자. 차익거래 목적으로 인덱스 포트폴리오를 구성하는 경우에 실무상 주의해야 할 점을 하나 지적하자. 지수흐름을 좇아가기 위해 추적포트폴리오를 구성하게 되는데 이때 추적오차(Tracking Error)가 발생한다. 예컨대, KOSPI200지수가 10% 상승했는데 20종목으로 구성된 추적 포트폴리오는 7% 상승했다고 하면, 이때의 추적오차는 수치상으로는 3%에 불과하다. 그러나 지수상승이 추적 포트폴리오에서 제외된 종목에서 주로 상승한 경우 차익거래는 실패했다고 보아야 할 것이다.

6. 금리선도계약(Forward Rate Agreement : FRA)

금리선도계약(FRA)이란 미래에 필요한 자금에 대해 조달금리를 미리 고정시켜 놓는 계약이다. FRA 매수자는 자금조달자가 되며, FRA 매도자는 자금운용자가 된다. 이와 관련하여 실무상 사용되는 용어들에 대해 예를 들어 설명해 보자. '3 × 6 FRA'는 3개월 후에 발표되는 3개월(90일) 금리에 대한 FRA를 뜻한다. '3 × 9 FRA'는 3개월 후에 발표되는 6개월 금리에 대한 FRA이다. 금리선도계약은 만기에 당사자간의 현금인수도 없이, 약정금리와 실현금리간의 차액만 결제하는 차액결제방식으로 진행된다. 예컨대, 약정금리가 5.5%이고, 실현금리가 6.5%인 경우, 자금조달자인 FRA 매수자는 시장에서 6.5%로 자금을 조달하는 한편, 차액 1%에 해당하는 결제금액을 수취하게 된다.

7. 변동성지수선물과 섹터지수선물(2014.11.17일 시장 개설)

1) 변동성지수선물

(1) 변동성지수선물 주요제도

변동성이란 통계학적으로 '평균에서 멀어지는 정도'를 측정한 것으로 분산과 표준편차로 계산하는데 투자와 관련하여서는 기초자산의 수익률의 변화 정도를 측정하는 척도를 말한다. 변동성이 큰 경우 수익의 분포 범위가 넓어 불확실성이 크다는 것을 의미한다. 변동성 지수란 미래 일정기간(향후 30일간) 동안 주가지수의 변동성에 대한 시장의 기대치를 옵션가격에 내재되어 있는 내재변동성을 이용하여 측정한 지수이다. 대표적인 변동성지수로는 미국의 VIX, 유럽의 VISTOXX, 일본의 VNKY가 있고, 우리나라에도 2009년 4월부터 코스피200 옵션에 내재되어 있는 코스피200의 지수변동성에 대한 시장의 기대치를 지수화하여 V-KOSPI 200지수(V-KOSPI200)를 발표하고 있다.

변동성지수선물은 코스피200변동성지수(V-KOSPI200)를 기초자산으로 하는 선물로서 주식시장의 변동성 자체를 직접 거래하는 상품이다. 주식상품에는 주가지수선물, 주가지수옵션, 주식선물, 주식옵션 등이 있는데, 한국거래소는 변동성지수선물을 주가지수선물에 분류하지 않고 별도로 구분하고 있다. 주가지수선물에는 KOSPI200선물, 스타지수선물, 섹터지수선물이 포함된다. 변동성지수선물의 거래승수는 50만이며, 1계약의 금액 즉, 거래단위는 코스피200변동성지수선물가격×50만(거래승수)이다. 예컨대, 변동성지수 선물 가격이 10p인 경우 약정금액은 500만원(=10p×50만)이다. 변동성지수가 KOSPI200옵션의 내재변동성을 이용하여 산출하는 만큼 변동성지수선물의 결제월은 최근 연속 6개월이며, 상장결제월은 6개월 이내의 6개 결제월이다. 최종거래일은 결제월이 속하는 월의 다음 월의 두 번째 목요일부터 30일(Calendar Day) 전일에 해당하는 날이다. 최종거래일이 이렇듯 다소 복잡한 이유는 변동성지수가 30일간의 옵션변동성으로부터 산출되는 것이므로 이에 대응한 것이다. 변동성지수선물의 최종거래일은 해외(미국, 일본, 유럽, 홍콩 등)에서도 동일한 체계를 따르고 있다. 최종결제일은 최종거래일의 다음 거래일이며, 결제방법은 현금결제에 의한다. 일반거래일의 거래시간은 09:00~15:15이며,(코스피200선물과 동일) 최종거래일의 거래시간은 코스피200옵션시장의 단일가 거래가 시작되는 15:05에 변동성지수선물의 거래를 종료한다. 다른 지수상품의 최종거래일 도래 종목의 거래시간이 14:50분인 것과 다른 이유는 옵션의 거래시간이 15:05분부터 15:15분까지 단일가 매매가 진행되기 때문이다. 가격제한폭은 종래 기준가격 대비 상하 ±30%(그 값이 5p보다 작은 경우 5p로 함)이었으나, 규정 및 시행세칙 개정(2015.5.19)으로 단계적 가격제한폭 제도가 도입됨에 따라 기준가격 대비 ±30%(1단계), ±45%(2단계), ±60% 범위에서 상・하한가 도달 시 5분 경과 후 다음 단계로 순차적으로 확대된다. KOSPI200옵션시장의 거래중단인 경우 변동성지수선물거래도 일시 중단되는 필요적 거래중단제도가 도입되어 있다.

(2) 변동성지수선물의 활용

주가지수와 변동성지수는 음의 상관관계에 있는 것으로 알려져 있다. 즉, 주가지수가 하락할 때 변동성지수는 상승한다. 변동성이 증가하는 경우 투자자는 변동성의 변화에 따른 옵션변동가격위험에 노출된다.

코스피200지수의 움직임이 크지 않을 것으로 예상한 투자자는 콜・풋옵션 매도 포지션 구축을 통해 수익을 창출할 수 있으나 예상치 못한 변동성 증가 시에는 변동성 위험(Vega risk, 베가는 변동성이 1% 변동할 때 옵션가격이 얼마나 변하는지를 나타내는 지표로, 옵션매수자는 양의 베가를 갖는 반면, 옵션매수자는 음의 베가를 가짐)

에 노출된다. 변동성지수선물 도입 이전에는 이러한 위험을 헤지하기 위해서 코스피200옵션을 이용한 간접헤지나 거래비용이 큰 장외 분산스왑(OTC Variance Swap)을 이용하였으나 변동성지수선물의 도입으로 이를 이용하여 옵션 매도에 따른 베가 위험액 만큼의 헤지포지션을 구성할 수 있게 되었다.

2) 섹터지수선물

(1) 섹터지수선물 주요제도

섹터지수는 기존의 업종별 시황지수와 달리 상장주식을 특정 분류방식(GICS, ICB, 한국표준산업분류 등)에 따라 분류하여 산출하는 지수로서, ELS, ETF, DLS 등 금융투자상품의 벤치마크로 이용하기 위하여 개발된 상품지수이다. (한국거래소 파생상품시장본부, 2014. 10. 6, '변동성지수선물 및 섹터지수선물 주요제도 및 활용사례' 참조)

[참고] GICS, ICB 분류

GICS(Global Industry Classification Standard)	S&P와 MSCI가 개발한 분류방식
ICB(Industry Classification Benchmark)	FTSE가 개발한 분류방식
한국표준산업분류	1963년 통계청이 제정한 산업분류기준

KOSPI200섹터지수는 KOSPI200 구성종목을 10개 섹터 별로 분류한 지수로, 2008년 1월 2일을 1,000p로 하여 ETF상장을 목적으로 2011년 4월에 개발되었다. 기존 섹터지수는 한국표준산업분류에 따른 것으로 글로벌 기준과 상이하여 섹터지수선물 주 이용자인 기관투자자와 외국인투자자의 투자수요 유인에 장애로 작용할 소지가 있었는데, 한국거래소는 2014년 11월 17일 KOSPI200 구성종목을 글로벌표준산업분류(GICS)에 따라 구성하여 산출하는 KOSPI200계열 섹터지수 중에서 선물상장에 적합하도록 개편된 4개 섹터지수(에너지/화학, 정보기술, 금융, 경기소비재)를 대상으로 섹터지수선물을 우선적으로 상장하였다. 이는 2014년 6월 금융위원회가 발표한 '파생상품시장 발전방안'에 따른 후속조치 이행의 일환이기도 하다. 이후 한국거래소는 6개(건설, 중공업, 헬스케어, 철강/소재, 생활소비재, 산업재) 섹터를 추가적으로 상장하였다.

상장된 섹터지수선물의 기초자산은 KOSPI200 계열 섹터지수(에너지/화학, 정보기술, 금융, 경기소비재, 건설, 중공업, 헬스케어, 철강/소재, 생활소비재, 산업재)이며,

거래승수는 5만, 1계약금액은 KOSPI200섹터지수선물가격×5만(거래승수)이다. 결제월은 분기월(3, 9월) 2개, 반기월(6월) 2개, 연월(12월) 3개이며 상장결제월은 3년 이내의 7개 결제월이다. 최종거래일은 각 결제월의 두 번째 목요일이며, 최종결제일은 최종거래일의 다음 거래일이다. 결제방법은 현금결제에 의하며, 가격제한폭은 종래 기준가격 대비 상하 ±10%이었으나 규정 및 시행세칙 개정(2015.5.19)으로 단계적 가격제한폭 제도가 도입됨에 따라 기준가격 대비 ±8%(1단계), ±15%(2단계), ±20% 범위에서 상·하한가 도달 시 5분 경과 후 다음 단계로 순차적으로 확대된다. 선물가격/현물가격 급변 시 선물거래가 일시 중단되는 필요적 거래중단제도가 도입되어 있다.

(2) 섹터지수선물의 활용

섹터지수선물을 활용한 투자전략으로는 섹터순환전략(Rotation Strategy)와 섹터 롱-숏(Long-Short)전략이 대표적이다. 섹터순환전략이란 두 개의 다른 섹터 간 독립적, 상대적 결과추이를 활용하여 수익을 추구하는 방법으로 예컨대, KOSPI200에너지화학 섹터선물지수를 10계약 보유중인 투자자가 향후 3개월 성과가 부진할 것으로 예측되는 해당 선물을 매도하고 향후 3개월의 성과가 좋을 것으로 예상되는 KOSPI200정보기술 섹터지수선물을 매수하기로 결정하는 것을 들 수 있다. 섹터 롱-숏 전략은 한 개의 섹터를 매수하는 동시에 또 다른 섹터를 매도하여 수익을 추구하는 방법이다. 예를 들어, 투자자는 향후 3개월간 성과가 긍정적으로 예상되는 KOSPI200정보기술 섹터지수선물을 투자자금 전액을 투입하여 100% 매수포지션을 취할 수(포트폴리오 A)도 있으나 롱-숏 전략을 구사할 경우에 향후 3개월 성과가 좋을 것으로 예측되는 KOSPI200정보기술 섹터지수선물에 50% 투자자금으로 매수포지션을 취하면서, 동시에 향후 3개월 성과가 부진할 것으로 예측되는 KOSPI200금융 섹터지수선물에 대해 나머지 투자자금으로 매도포지션을 취할 수 있다(포트폴리오 B). 물론 하나의 섹터에 집중 투자하는 포트폴리오 A가 롱-숏 전략을 구사하는 포트폴리오 B에 비해 절대수익률 측면에서는 우수하다고 할 수 있으나 위험까지 포함하는 샤프지수(위험대비 수익률)로 평가할 경우 포트폴리오 B가 더 우수하다 할 수 있다. 롱-숏 전략을 구사할 경우에 일반적으로 산업분석 및 전망을 통해 저평가되었거나 성장가능성이 높은 섹터를 매수하고 동시에 상대적으로 고평가 되었거나 성장가능성이 낮은 섹터를 매도한다.

제3절 옵션시장

1. 옵션의 기초

1) 옵션이란

옵션이란 기초자산을 만기에 미리 정한 가격으로 매수 또는 매도할 수 있는 권리이다. 옵션의 종류에는 기본적으로 콜옵션과 풋옵션이 있으며 기초자산, 만기, 행사가격의 개념을 이해하는 것이 중요하다. 우리나라 거래소규정상 옵션에도 선물과 마찬가지로 증거금제도를 두고 있으나 일일정산제도는 채택하지 않았다.

(1) 콜옵션

콜옵션은 미리 정한 행사가격으로 만기 또는 그 이전에 기초자산을 살 수 있는 권리이다. 예를 들어 A주식에 대해 발행된 콜옵션의 행사가격이 35,000원이라고 하면, 콜옵션 매입자는 시세와 비교하여 차익이 발생하면 해당 콜옵션을 행사하여 수익을 얻게 된다. 옵션 행사시점에서 시세가 행사가격인 35,000원 이하이면 옵션 매입자는 옵션 행사를 포기하면 된다. 행사시점에서의 기초자산가격을 S_T, 행사가격을 K라고 하면 콜옵션의 수익은 다음과 같다.

$$\text{콜옵션 매입자의 수익} = \begin{cases} S_T - K, & S_T \geq K\text{일 경우} \\ 0, & S_T < K\text{일 경우} \end{cases}$$

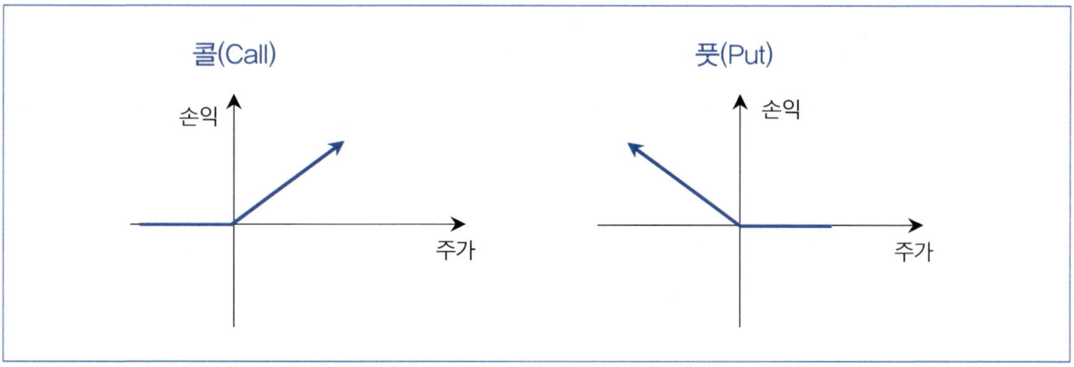

[그림 13-2] 콜옵션과 풋옵션의 손익구조 비교

콜옵션 매입자의 수익구조는 시세가 행사가격 미만에서 형성될 때는 0이고, 행사가격 이상에서는 기초자산가격이 증가한 만큼 증가하는 구조를 가진다. 물론 이는 설명을 간명하게 하려는 편의상의 수치이고 실제로는 콜옵션 매입 당시 지불한 콜옵션가격(프리미엄)을 비용으로 고려하여야 할 것이다. 콜옵션 매입자의 수익과 발행자의 수익은 제로-섬의 관계에 있다.

(2) 풋옵션

풋옵션은 미리 정한 행사가격으로 만기 또는 그 이전에 기초자산을 팔 수 있는 권리이다. 행사가격이 35,000원인 A 주식의 풋옵션을 가정해보자. 만기일에 A주식의 가격이 32,000원이라고 하면, 풋옵션 투자자는 A주식에 대한 해당 풋옵션을 행사하면 3,000원의 수익을 올릴 수 있다. 행사시점에서 풋옵션 매입자의 수익은 다음과 같다.

$$\text{풋옵션 매입자의 수익} = \begin{cases} K-S_T, & S_T \leq K\text{일 경우} \\ 0, & S_T > K\text{일 경우} \end{cases}$$

S_T : 행사시점의 기초자산가격
K : 행사가격

A주식의 가격이 행사시점에서 행사가격인 35,000원 이상이면 옵션 매입자는 권리를 행사하지 않을 것이다. 풋옵션의 경우에도 옵션매입가격을 비용으로 고려하여야 할 것이다. 시세가 행사가격 이상인 경우 옵션의 가치는 0이지만 옵션 매입 당시 지불한 옵션매입가격(프리미엄)만큼 손실이 발생한다.

(3) 내가격, 외가격, 등가격옵션

옵션 중에서 권리를 행사하면 이익이 실현되는 상태의 옵션을 내가격옵션(ITM, In-The-Money)이라고 한다. 반면, 권리를 행사하더라도 이익을 얻지 못하는 상태에 있는 옵션, 즉 행사가치는 없고 시간가치만 갖는 옵션을 외가격옵션(OTM, Out-The-Money)이라고 한다. 행사가격이 현물가격과 동일하여 행사하거나 포기하거나 어느 경우든 특별한 의미를 발생시키지 않는 상태를 등가격옵션(ATM, At-The-Money)이라고 한다. 주가지수옵션의 경우 실제로 지수와 행사가격이 일치하는 경우는 드물기 때문에 양자가 비슷한 수준에 도달한 경우에 등가격주변옵션(NTM, Near-The-Money)이라고 한다.

옵션의 역사

구약성경에 야곱이 라반의 두 딸 중 동생 라헬과 결혼하기 위해 라반의 농장에서 7년간 일하겠다는 조건을 수락했다는 내용이 나오는데 이것이 옵션거래에 관한 최초의 기록이다. 한편 고대 그리스의 철학자 탈레스에게서 옵션의 기원을 찾는 사람들도 있다. 탈레스는 파종기에 미리 일정한 돈을 주고 수확기에 사용할 올리브 압착기를 빌리는 권리를 확보하였는데 올리브가 대풍년이되어 압착기를 필요로 하는 사람이 늘어남에 따라 막대한 수익을 거두었다고 한다. 옵션거래가 대중화된 것은 17세기 네덜란드 때부터이다. 튤립에 대한 투기가 성행하면서 작황에 따라 가격변동이 심한 튤립을 기초자산으로 하는 옵션이 등장했다. 딜러들은 튤립의 가격상승에 대비하기 위해 필요한 양의 콜옵션을 매입하였고, 튤립 재배자들은 안정적인 튤립 판매를 위해 일정한 가격의 풋옵션을 매입하였다. 그러나 가격이 폭락하면서 풋옵션 발행자들이 계약을 이행하지 못하게 되자 시장이 혼란에 빠지기도 했다. 이로 인해 네덜란드 경제는 공황에 빠지기도 하였는데 이것이 옵션에 대한 나쁜 인상을 남긴 대표적인 사례가 되었다.

옵션이 시장의 형태를 갖추고 활발히 거래되기 시작한 것은 1973년 미국 시카고상품거래소(CBOT)가 주식옵션을 거래하면서부터이다. CBOT는 1973년 시카고옵션거래소(CBOE)라는 독립회사를 설립하여 우량주식 16개로 이루어진 주식 콜옵션을 상장하였는데 불과 3년만인 1976년에는 주식옵션거래량이 뉴욕증권거래소 주식거래량의 60.4%에 이르렀다고 한다. 이어 1977년에는 주식 풋옵션이 상장되었다. CBOE 설립 10년 뒤인 1982년 10월에는 미국 장기국채(T-Bond), 중기국채(T-Note)를 기초자산으로 하는 금리옵션이 상장되었으며 같은 해 12월에는 필라델피아 증권거래소(PHLX)에서 영국 파운드화에 대한 옵션거래가 시작되어 통화옵션거래의 시대를 열게 된다.

우리나라는 1997년 7월 당시의 한국증권거래소에서 KOSPI200을 기초자산으로 하는 주가지수옵션거래가 시작되었고, 이후 증가세를 보이던 옵션시장은 2001년 이후 급격한 성장을 이루게 된다. 2001년 1월에는 개별주식 종목에 대한 주식옵션시장이 개설되어 본격적인 옵션시장이 열리게 된다.([알기쉬운 증권 파생상품시장 지표해설] 2010, 한국거래소 자료 p.262 이하 참조)

2. 주요 옵션

1) 주식 관련 옵션

(1) KOSPI200지수옵션

우리나라의 KOSPI200옵션은 세계에서 가장 거래가 활발한 옵션상품이다. 1997년 7월 개설 이후 한국 장내 파생상품 중 가장 많은 거래량을 기록하고 있다. KOSPI200주가지수를 기초자산으로 하여 만기일에만 행사할 수 있는 유럽형 옵션 형태이며 거래승수는 종래 계약당 10만이던 것을 2012년 3월, 50만으로 상향하였다. 현재 KOSPI200옵션의 거래승수는 주가지수선물과 동일하게 되었다. 상장결제월은 비분기월 4개 및 분기월 7개(3, 9월 각 1개, 6월 2개, 12월 3개)이며, 최종거래일은 각 결제월의 두 번째 목요일이며, 결제방법은 현금결제이다. 가격제한폭은 종래 기초자산 기준가격 대비 상하 15%에 해당하는 옵션이론가격이었으나 규정 및 시행세칙 개정(2015.5.19)으로 단계적 가격제한폭 제도가 도입됨에 따라 기초자산 기준가격 대비 ±8%(1단계), ±15%(2단계), ±20%에 해당하는 옵션이론가격 범위에서 상·하한가 도달 시 5분 경과 후 다음 단계로 순차적으로 확대된다. 선물가격과 현물가격이 급변할 경우 선물거래가 일시 중단되는 필요적 거래중단제도(Circuit Breakers)를 운용하고 있다.

(2) 개별주식옵션

한국거래소는 삼성전자, KB금융지주, SK이노베이션, 현대차 총 20개 기업의 주식을 대상으로 개별주식옵션의 거래를 허용하고 있다. 개별주식옵션 또한 최종거래일에만 권리행사가 가능한 유럽형 옵션이다. 개별주식옵션의 거래승수는 1계약당 10주이며, 결제월은 매월 이루어진다. 상장결제월은 3년 이내의 9개 결제월이며, 현금결제방식으로 결제가 이루어진다. 개별주식옵션의 가격제한폭은 종래 기초자산 기준가격 대비 상하 18%에 해당하는 옵션이론가격이었으나 규정 및 시행세칙 개정(2015.5.19)으로 단계적 가격제한폭 제도가 도입됨에 따라 기초자산 기준가격 대비 ±10%(1단계), ±20%(2단계), ±30%에 해당하는 옵션이론가격 범위에서 상·하한가 도달 시 5분 경과 후 다음 단계로 순차적으로 확대된다. 현물가격이 급변할 경우 주식옵션거래가 일시 중단되는 필요적 거래중단제도(Circuit Breakers)를 운용하고 있다.

(3) ELW(주식워런트증권)

ELW는 Equity-linked Warrant의 약자로 주식워런트증권이라고 한다. ELW는 옵션과 그 특성이 동일한 금융상품이다. 그러나 옵션과 달리 파생상품으로 분류되지 않고 증권으로 분류되어 증거금제도와 같은 옵션거래에 따르는 복잡한 절차가 없다. ELW시장은 2005년 12월 처음 개설된 이래 2009년 9월 이후에는 일평균 거래대금이 1조원을 넘을 정도로 가파른 성장세를 보이고 있다. ELW의 발행인은 장외파생상품 영업인가를 받은 금융투자업자가 된다. 1회 발행총액은 10억원 이상으로 하고 있다. ELW의 거래소 상장주체는 개별금융기관이 된다. 이는 주식옵션의 상장주체가 거래소가 되는 것과 대비된다. 한국거래소 홈페이지(www.krx.co.kr)에 가보면 다양한 ELW 발행사례를 볼 수 있는데 기초자산이 개별주식인 경우와 KOSPI200인 경우가 있다. 권리의 종류에 따라 콜 ELW와 풋 ELW가 있다. 강세장을 예상할 때 콜 ELW를 매수하면 만기에 기초자산을 행사가격으로 발행자로부터 인수하거나 또는 그 차액(= 만기평가가격 - 행사가격)을 수령할 수 있다. 콜 ELW는 기초자산가격이 상승함에 따라 이익이 발생하는 구조이다. 약세장을 예상할 때는 풋 ELW를 매수하면 만기에 기초자산을 행사가격으로 인도하거나 그 차액(행사가격- 만기평가가격)을 수령할 수 있다. 풋 ELW는 기초자산가격이 하락함에 따라 이익이 발생한다.([알기쉬운 증권 파생상품 지표 해설] 2010, 한국거래소 자료 p.335 참조)

표 13-18. ELW 발행사례

신한3321삼성전자콜
= 신한금융투자가 2013년에 321번째 발행한 기초자산이 삼성전자인 콜워런트 (=매수권리)
삼성3268KOSPI200콜
= 삼성증권이 2013년에 268번째 발행한 기초자산이 KOSPI200인 콜워런트

다음 〈표 13-19〉는 ELW와 관련하여 실무에서 자주 사용되는 용어들이다. ELW의 상환금액은 주식 ELW의 경우 ELW당 상환금액은 만기평가가격에서 행사가격을 차감한 금액에 전환비율을 곱하여 계산한다. 만기평가가격은 최종거래일을

표 13-19. ELW관련 용어

전환비율 (Conversion Ratio)	전환비율은 하나의 ELW로 사거나 팔 수 있는 주식수를 말한다. • ELW의 가격변화 = 델타 × 주식가격 변화 × 전환비율
기어링비율 (Gearing Ratio)	기어링비율은 기초자산에 직접 투자하는 것이 기초자산을 바탕으로 한 ELW에 투자할 경우보다 몇 배의 비용을 수반하는 지를 보는 개념이다. • 기어링비율=주식가격/(ELW가격/전환비율)=(주식가격×전환비율)/ ELW 가격 만약, 기어링비율이 50이라면, 해당주식을 사는데 드는 비용의 1/50로 ELW에 투자함으로써 해당 주식을 사는 것과 같은 효과를 얻는다는 의미이다.
레버리지 (Effective Gearing)	레버리지는 유효 기어링비율이라고도 하며, 주식가격변화율에 대한 ELW의 가격변화율이다. • 레버리지 = 기어링 × 델타 만약 레버리지 = 5라면, 주식가격이 1% 오를 때, ELW 가격은 5% 오른다는 의미이다.
패리티 (parity)	패리티는 현재 시점에서 권리를 행사할 경우 투자자가 얻게 되는 이익 또는 손실을 말한다. • 콜패리티(%) = (주식가격/행사가격) × 100 따라서 패리티가 100보다 커야 내재가치가 존재한다.

포함한 직전 5거래일의 산술평균가격이다. 주가지수 ELW의 경우 만기평가지수에서 행사지수를 차감한 것에서 전환비율을 곱하여 산출한다.

한국거래소는 2014년 11월, ELW와 관련하여 발행조건 표준화 등 제도개선을 단행하였는데 그 내용은 다음과 같다.

① 상품 표준화

주식ELW 발행 시 종전에 자율에 맡겼던 최종거래일, 기초자산 별 행사가격, 전환비율을 표준화하였다. 즉, 최종거래일은 매월 옵션만기일로, 행사가격은 패리티 2%p 간격으로, 전환가격은 기초자산별로 1개로 설정하게 함으로써 동일 기초자산 ELW 간 비교가능성을 제고하였다.

[참고] 주식ELW 발행조건

구분	종전	변경 후(2014.11.3)
최종거래일	자율	매월 옵션만기일
행사가격	자율	패리티 2%p 간격(최대 11개)
전환비율	자율	기초자산 별 1개

② 거래부진 종목 상장폐지

직전 1개월 누적 거래량이 상장증권수의 1% 미만이고, LP(유동성 공급자, 발행사)가 상장증권 보유전략을 보유하고 있는 경우 상장폐지 된다.

③ 패리티 상향조정

종전에 '85% 이상 120% 이내'이던 패리티 발행조건을 '90% 이상'으로 상향조정하였다. 패리티 상향조정과 전환비율 통일로 인해 앞으로는 근외가격 이상의 ELW만 발행되므로 발행가 제한요건을 폐지하였다. 종전에는 발행가가 주식형 200원 이상, 지수형 500원 이상이었는데, 발행가 하한조건의 폐지로 인해 향후 발행가가 실거래가와 유사하게 책정됨으로써 가격간 괴리가 감소될 것으로 예상된다.

[참고] 패리티 상향 조정

구분	종전	변경 후(2014.11.3)
패리티	85% 이상 120% 이내	90% 이상
발행가	주식형 200원 이상, 지수형 500원 이상	제한 없음

콜 ELW 패리티 : 기초자사가격 / 행사가격,

풋 ELW 패리티 : 행사가격 / 기초자산가격

2) 장외금리옵션

과거에는 3년국채선물을 기초자산으로 하는 국채선물옵션상품이 있었으나 거래 부진을 이유로 2007년12월에 상장 폐지되었다. 현재 한국거래소에서 거래되는 국내 금리옵션은 존재하지 않는다. 한편 장외시장에서 거래되는 장외금리옵션에는 금리캡, 금리플로어와 금리칼라가 있다.

금리캡은 금리지급의 상한을 미리 약정하는 금리옵션이다. 자금차입자가 금리폭등에 대비하기 위해 프리미엄을 지불하고 금리캡을 매수한다. 금리캡 매수자는 금리가 일정수준을 넘어서면 캡만큼 결제하면 되고, 일정수준을 넘어서지 않으면 실현된 금리대로 결제하면 된다. 금리플로어는 금리지급시점에 금리가 일정수준 이하로 하락하는 경우에도 계약된 금리하한만큼 결제받는 금리옵션이다. 금리폭락에 대비하여 자금대여자가 플로어를 매수하면 프리미엄 지급사고에 대한 보험을 미리

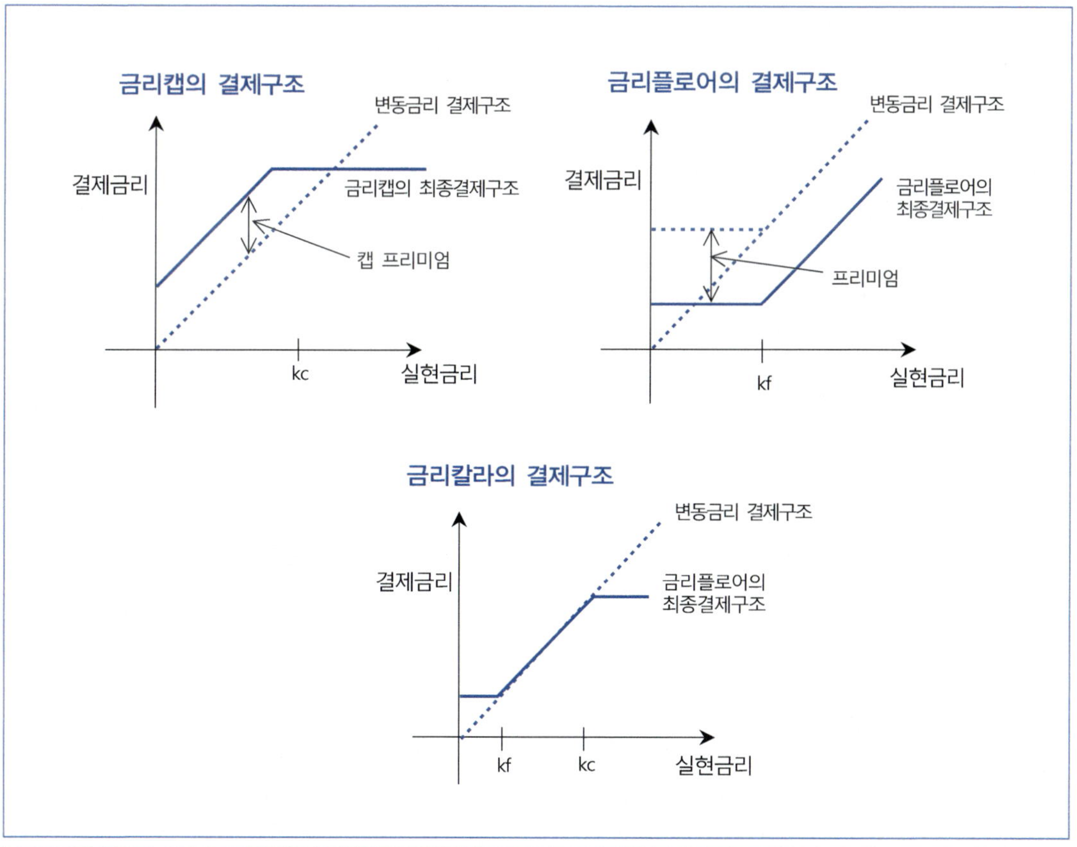

[그림 13-3] 금리캡, 금리플로어, 금리칼라

들어놓은 결과가 된다. 금리칼라는 금리캡과 금리플로어를 합성한 옵션구조이다. 금리폭등에 대해서는 자금차입자가, 금리폭락에 대해서는 자금대여자가 프리미엄을 내고 상호 헤지하는 구조이다. 실무상 금리폭등에 대비하고자 하나 보험료를 내기 부담스러운 경우에 은행과 협의하여 제로-코스트 옵션으로 상호보험을 들어주는 금리옵션 형태이다.

3) 파생결합증권과 특이옵션

(1) 파생결합증권(DLS) 개요

파생결합증권은 채권에 옵션을 결합시킨 복합상품이다. 파생결합증권은 기본적으로 증권상품이며, 원금회복 구조를 가지고 있다는 점이 특징이다. 파생결합증권의 대표적인 경우로는 채권매수에 풋옵션 매도 포지션이 결합된 리버스 컨버터블(reverse Convertible)이 있다. 리버스 컨버터블은 전환사채(Convertible Bond)와 반대의 수익구조를 가진 데서 붙여진 이름이다.

(2) 특이옵션(Exotic options)

파생결합증권을 합성하는 옵션에는 기초자산가격이 만기 이전에 한번이라도 베리어가격을 건드리면 옵션이 무효화 또는 유효화되는 베리어옵션(barrier option), 만기일까지의 기초자산가격 중 옵션 매입자에게 가장 유리한 가격을 행사가격으로 결정하는 룩백옵션(look-back option), 미리 정해둔 일정한 가격수준(= 래더)를 정해두고 기간 중 어디까지 도달했는지에 따라 행사가격이 달라지는 래더옵션(ladder option) 등이 있다.

래더옵션과 룩백옵션의 비교 사례

(예제1) 래더 콜옵션의 가격대가 105, 110, 115, 120의 네 가지로 정해져 있다고 하자. 해당기간 동안 기초자산가격이 최저치는 90, 최고치는 140이고 종가는 109였다면 래더 콜옵션과 래더 풋옵션의 수익은 각각 얼마인가?

래더 콜옵션과 래더풋옵션의 수익구조를 정함에 있어 주어진 래더 중에서 행사가격이 결정된다는 점이 중요하다.
래더 콜옵션의 수익 = Max(0, 109 − 105) = 4
래더 풋옵션의 수익 = Max(0, 120 − 109) = 11

(예제2) 주어진 예가 룩백옵션이었다면 콜옵션과 풋옵션의 수익은 각각 얼마인가?
룩백옵션의 경우 실제 경로의 기초자산가격변동을 반영한다.
룩백 콜옵션의 수익 = Max(0, 109 - 90) = 19
룩백 풋옵션의 수익 = Max(0, 140 - 109) = 31

클리켓옵션은 일정한 시점이 되면 그 시점에 행사가격을 재설정한다. 래칫옵션이라고도 하는 이 옵션은 원래 프랑스의 CAC40지수를 대상으로 개발된 것으로 예컨대, 행사가격이 100이었는데 첫 번째 조정시점에서 가격이 110으로 상승하면 행사가격은 110으로 재조정되며, 행사가격 재조정시점의 수익 10은 이미 실현된 것으로 보아 만기에 지급이 보장된다. 이어서 다음 번 재확정일에 기초자산가격이 95로 하락하면 행사가격은 95로 재조정되지만 기초자산가격이 떨어졌기 때문에 수익은 발생하지 않는다. 그 다음 조정일에 기초자산 가격이 103으로 상승하면 수익 8이 발생하며, 기 지급 확정된 10에 추가하여 지급이 보장되는 구조이다.

(3) 상장지수증권(ETN)

ETN(Exchange Traded Note)은 증권회사가 자기신용으로 발행하고, 투자기간 동안의 지수수익률의 변동에 의해 결정되는 ETN의 실질가치를 투자자에게 만기에 지급해야 하는 계약상 의무를 가진 파생결합증권으로, 저금리, 저성장 환경 하에서 투자자에게 다양한 중위험·중수익 투자기회를 제공하고자 도입되었다(2014.11. 17일 ETN시장 개설). 기초자산에 연계되는 집합투자증권인 ETF (Exchange Traded Fund, 상장지수펀드)와 유사한 수익구조를 갖고 있다. 투자자 입장에서 보면 ETN은 주식, 채권 등에 스스로 투자하는 직접투자 방식이 아니라, 펀드나 ETF와 같은 '원금 비보장형 간접투자' 방식의 상품이다.(한국거래소, 'ETN 자산관리의 새로운 시작' 리플렛 참조)

ETN의 투자수익 = 투자기간 동안의 기초지수 수익 - 수수료(제비용 포함)

ETF는 자산운용사가 자산운용을 통하여 지수수익률을 추적하는 만기가 없는 펀드라는 점에서 ETN과 차이가 있다. 한편, ELW 및 ELS와 비교하면, 법적 성격이 파생결합증권이라는 점에서는 3자가 동일하나 각기 다른 상품구조를 갖고 있다는 점이 다르다. 즉, ETN은 장내 상품에 투자하며, 경제적 실질이 인덱스 상품인데 비해, ELW는 장내 상품 중 옵션상품이며, ELS는 장외상품에 투자하며, 발행시

약정한 조건에 따라 확정 수익률을 지급하는 '조건부 확정수익상품'이다.

[참고] ETN과 ETF 비교

ETF(Exchange Traded Fund)	ETN(Exchange Traded Note)
• 자산운용사가 • '자산운용'을 통하여 • 지수수익률을 추적하는 • 만기가 없는 집합투자증권(펀드) ※ 신탁재산으로 보관(신용위험 없음) ※ 자산운용 제한 있음	• 증권회사가 • 자기신용으로 • 지수수익률을 보장하는 • 만기가 있는 파생결합증권 ※ 발행자의 신용위험 있음 ※ 자산운용 제한 없음(운용재량)

자료 : 한국거래소 유가증권시장본부, 2014. 8. '상장지수증권시장 설명자료' 참조.

ETN은 증권사 신용상품이므로 투자자 보호가 필요한데, 이를 위해 진입요건으로 자기자본 1조 원 이상의 재무건전성이 우수한 증권사로 발행자를 제한하고 있다. 다만 보증인이 있는 경우는 자기자본 1조 원 이하인 증권사도 발행이 가능하다. 미국(2006년 최초 도입)과 유럽 주요국가 및 일본 등의 사례에 비추어 보면, ETN 상품으로는 국내주식 전략지수(초과수익, 위험관리), 고배당지수, 우량 바스켓 지수, 에너지 인프라 등 해외지수 상품 등이 우선적으로 도입될 것으로 전망된다. (한국거래소 자료)

ETN투자와 관련하여서는 발행사의 신용위험이 존재하며, 기초자산의 가격변동 위험에 노출되는 원금 비보장 상품으로 추적지수 하락에 따른 손실이 발생할 수 있다는 점, 시장의 수요가 높은 종목의 추가상장이 신속하고 원활하게 이루어지지 않을 경우 가격 왜곡이 발생할 수 있어 유동성 위험이 있다는 점, 잦은 단기 거래를 할 경우 위탁수수료가 증가하여 투자수익이 감소할 수 있다는 점 등을 유의하여야 한다. 수익구조가 ETF와 유사하므로 소득세법은 ETF와 동일한 과세체계를 부여하고 있다.(소득세법 시행령 제26조의 3 ③)

[참고] ETN의 과세체계

구분	매도시	현금 분배시
국내 주식형 ETN	비과세 ※ 환매 대신 장내매도하여야 비과세 혜택	배당소득세(15.4%)
기타 ETN	배당소득세(15.4%)	배당소득세(15.4%)

자료 : 한국거래소, 'ETN 자산관리의 새로운 시작' 리플렛 참조.

3. 옵션을 이용한 투자전략 I (헤지거래)

풋과 콜을 결합한 옵션전략 중에 가장 잘 알려진 것으로는 헤지거래 유형에 해당하는 방어적 풋과 커버드 콜이 있다.

1) 방어적 풋(Protective Put)

투자자산 배분에 있어 대표적인 위험자산인 주식에만 투자할 경우에는 상황에 따라 투자금 전부를 상실할 우려가 있다. 방어적 풋 매수전략은 포트폴리오 보험의 기본유형으로서 주식 포트폴리오를 보유한 투자자가 향후 기초자산가격의 하락위험이 있는 경우 풋옵션 매수를 통하여 이러한 위험을 회피하려 할 때 사용된다. 방어적 풋 매입을 통해 주가가 어떻게 움직이든 간에 포트폴리오의 가치를 풋옵션 행사가격만큼 보장받게 된다. 한편, 주가상승시에는 주식 포트폴리오의 가치상승에 따른 이익을 향유하게 되나 주식 포트폴리오만을 단독으로 보유한 경우에 비해 풋옵션 매수비용으로 지불한 프리미엄만큼 이익이 감소하게 된다. 풋옵션을 이용한 포트폴리오보험전략을 구사하기 위해서는 해당 포트폴리오에 적합한 옵션이 시장에 존재하여야 하는데 적시에 해당 포트폴리오에 적합한 옵션이 존재하지 않을 수도 있다는 것이 단점이다. 또한 주가지수 풋옵션의 가격은 보험료로는 비싼 편이다. 경우에 따라서는 주식 포트폴리오를 보유한 상태에서 옵션 매입 대신 주가지수 선물을 이용한 Dynamic Hedging이 더 효율적일 수도 있다. Dynamic Hedging은 주가하락시에 헤지비율을 증가시키고, 주가상승시에는 헤지비율을 감소시킴으로써 콜옵션의 손익구조를 복제하는 방법이다.

2) 커버드 콜(Covered Call Writing)

기초주식 1주를 매입함과 동시에 그 주식에 대해 콜옵션을 발행하는 것을 커버드 콜이라 한다. 기초주식을 보유하지 않고 콜옵션을 발행하면 그 옵션은 uncovered call 또는 naked call이 된다. 커버드 콜 발행은 주식 포트폴리오를 보유하고 있는 투자자가 향후 시장가격이 횡보하거나 또는 약간 하락할 가능성이 있는 경우에 구사할 수 있는 전략이다. 시장가격의 움직임이 예상한 대로 움직일 경우 옵션 프리미엄만큼의 수익을 확보할 수 있게 된다. 커버드 콜 매도전략은 주식 포트폴리오와 콜옵션 매도포지션의 결합이기 때문에 풋—콜 패리티에 의해 풋옵션매도 포지션과 동일한 결과가 된다. 풋—콜 패리티에 대해서는 다음에 자세히 설명하기로 하자. 주가상승시에는 콜옵션 매도의 손실로 주가상승의 수익이 상쇄되며, 주가하락시에는 콜옵션의 매도 프리미엄만큼 손익분기점이 조정되지만 주가하락으로 인한 손실을 막을 수는 없다.

4. 옵션을 이용한 투자전략 II (방향성매매와 변동성매매)

옵션의 거래유형으로 강세전략, 약세전략, 스프레드거래, 스트래들, 스트랭글, 버터플라이, 스트립과 스트랩이 있다. 강세전략과 약세전략, 그리고 스프레드거래는 방향성 매매유형이며, 스트래들과 스트랭글, 버터플라이는 변동성 매매에 해당하는 거래유형이다. 방향성매매이면서 동시에 변동성매매의 특성을 갖는 거래유형으로 비율스프레드, 스트립과 스트랩이 있다.

1) 방향성 매매전략

(1) 방향성 매매의 의의 및 특징

방향성 매매란 가격전망에 근거하여 옵션을 매수 또는 매도하는 것이다. 예를 들어, 가격이 상승할 것으로 예상하는 투자자가 콜옵션을 매수하거나 가격하락을 예상하는 투자자가 풋옵션을 매수하는 경우를 들 수 있다. 옵션을 이용한 방향성 매매가 선물의 투기거래와 다른 점은 옵션의 경우 행사가격과 비교하여 유리하면 옵션을 행사하지만 불리한 경우에는 옵션행사를 포기할 수 있다는 점이다.

(2) 강세전략과 약세전략 사례

콜옵션 매수, 풋옵션 매도, 콜(풋) 강세 스프레드는 가격상승을 예상할 때 사용하는 강세전략 유형이며, 풋옵션 매수, 콜옵션 매도, 콜(풋) 약세 스프레드는 가격하락을 예상할 때 사용하는 약세전략 유형이다.

표 13-20. 강세전략과 약세전략

강세전략 유형	약세전략 유형
• 콜옵션 매수 • 풋옵션 매도 • 콜(풋) 강세 스프레드	• 풋옵션 매수 • 콜옵션 매도 • 콜(풋) 약세 스프레드

(3) 콜옵션 매수와 풋옵션 매도

콜옵션 매수는 대표적인 강세전략유형으로 주가(기초자산가격)가 상승하고 가격변동성 또한 증가할 것으로 예상되는 상황에서 주가와 가격변동성의 상승에 따른 수익을 기대할 때 구사하는 거래유형이다. 콜옵션 매수자의 손익구조는 주가상승시에는 주가와 행사가격(프리미엄 만큼의 비용 차감)의 차이만큼 수익을 얻고, 주가하락시에는 지불한 옵션가격(프리미엄)만큼의 손실이 발생하는 구조이다. 풋옵션 매도는 주식가격(기초자산가격)의 하락가능성이 낮고 가격변동성은 증가하지 않을 것으로 예상되는 상황에서 옵션의 내재가치나 시간가치의 하락으로 인한 옵션 프리미엄 수준의 이익을 추구하는 유형이다. 풋옵션 매도의 손익은 주식가격이 행사가격 이상이면 옵션 프리미엄 만큼의 이익이 발생하지만 주식가격 하락의 경우에 그에 비례하여 프리미엄 이익을 차감하다가 손익분기점(= 행사가격 - 프리미엄) 이하에서는 손실이 발생하는 구조이다.

(4) 풋옵션 매수와 콜옵션 매도

풋옵션 매수는 대표적인 약세전략유형이다. 주가가 하락하고, 가격변동성 또한 증가할 것으로 예상되는 상황에서 주가하락과 가격변동성의 상승에 따른 수익을 기대할 때 구사하는 거래유형이다. 근월물과 원월물 중 어느 것을 풋옵션 매수의 대상 기초자산으로 할 것인가는 시장상황이 단기에 큰 폭으로 하락할 것인지 아니면 장기간에 걸쳐 서서히 하락할 것인지에 따라 다른데 단기 큰 폭 하락이 예상되는 경우는 근월물 외가격(OTM)풋옵션을 매수하는 것이 유리하고, 장기간에 걸쳐 서서히 하락할 것이 예상되면 원월물 등가격(ATM) 풋옵션을 매수하는 것이 유리하다. 풋옵션 매수자의 손익구조는 만기의 주식가격이 행사가격 이하일 때 옵션행사에 따른 이익이 발생하고 행사가격 이상일 경우에는 옵션행사를 포기할 것이므로 프리미엄만큼의 손실이 발생한다. 다만 행사가격 이하의 경우에도 옵션매입가격인 프리미엄 비용을 상쇄하는 일정구간(손익분기점)까지는 전체 손익은 손실구간이 된다. 콜옵션 매도는 주식가격의 상승 가능성이 낮고, 가격변동성은 하락할 것으로 예상되는 상황에서 옵션의 내재가치나 시간가치 하락으로 인한 프리미엄 이익을 추구할 때 사용되는 거래유형이다. 콜옵션 매도자의 손익구조는 주식가격이 행사가격 이하일 경우에는 수취한 프리미엄만큼 이익이 발생하나 행사가격 이상의 구간에서는 일정구간까지 프리미엄 이익을 차감하다가 일정구간(손익분기점)을 넘어서면 손실이 발생하게 된다. 기초자산을 보유한 상태에서의 콜옵션 매도는 기초자산가격 상승과 서로 상쇄되지만 기초자산을 보유하지 않은(naked call) 경우에는 회복할 수 없는 손실이 발생할 수도 있다.

(5) 옵션 스프레드 거래

① 옵션 스프레드의 개념과 특징

옵션 스프레드는 만기, 행사가격 등이 서로 다른 둘 이상의 같은 종류의 옵션(예컨대, 콜옵션과 콜옵션, 풋옵션과 풋옵션)에 대해 각각 매수와 매도 포지션을 취하는 경우이다. 행사가격이 동일하고 만기만 다른 콜옵션(또는 풋옵션)을 이용하여 매수와 매도를 조합하는 경우를 시간 스프레드 또는 수평 스프레드라 하고, 만기는 같고 행사가격이 상이한 옵션을 이용하는 것을 수직 스프레드라 한다. 시간 스프레드의 경우에는 기초자산의 가격이 안정적일 것으로 예상되는 통상의 경우에는 시간경과에 따른 근월물의 시간가치 감소가 원월물보다 크다는 점을 고려하여 잔존만기가 짧은 근월물을 매도하고 잔존만기가 긴 원월물을 매수하는 형태의 포지션을 구성하나, 기초자산의 가격변동성이 클 것이 예상되는 경우에는 반대로 근월물을 매수하고 원월물 또는 장기월물을 매도하는 포지션을 구사한다. 전자를 '시간 스프레드 매수'라 하고, 후자를 '시간 스프레드 매도'라고 표현하기도 한다. 만기가 동일하고 행사가격이 다른 수직 스프레드의 경우 이와 구별하여야 할 개념으로 스트래들(Straddle)과 스트랭글(Strangle)이 있다. 스트래들은 만기와 행사가격이 같은 두 개의 서로 다른 옵션(콜옵션과 풋옵션)을 동시에 매수 또는 매도하는 거래유형이다. 스트랭글은 스트래들의 기본구조와 유사하나 행사가격이 다른 콜옵션과 풋옵션의 구입을 통해 옵션비용을 절감하고자 할 때 사용된다. 스프레드 거래는 방향성 매매유형이나 스트래들과 스트랭글은 변동성 매매유형이라는 점도 차이점이다. 옵션 스프레드(수직 스프레드의 경우)는 이익과 손실이 한정되는 구조를 갖고 있어 강세장이나 약세장이 예상되지만 확신이 안 설 때 사용되는 보수적 투자전략 유형이다.

표 13-21. 옵션 스프레드와 스트래들 및 스트랭글의 비교

옵션 스프레드	만기, 행사가격 등이 서로 다른 둘 이상의 같은 종류의 옵션(콜옵션과 콜옵션, 풋옵션과 풋옵션)에 대해 각각 매수 + 매도포지션
스트래들(Straddle)	동일한 만기 + '동일한 행사가격'을 가진 두 개의 옵션(콜옵션과 풋옵션)을 동시에 매수 또는 매도
스트랭글(Strangle)	스트래들의 기본적 구조 + '행사가격이 다른' 두 개의 옵션(콜옵션과 풋옵션)을 동시에 매수 또는 매도

② 강세 스프레드와 약세 스프레드

강세 스프레드는 특정구간에서 기초자산가격이 상승한 만큼 수익이 발생하고, 기타 구간, 즉 그래프의 상부와 하부에서는 일정한 수익이 발생하는 손익구조를 갖는다. 강세 스프레드가 되기 위해서는 행사가격이 낮은 콜옵션(또는 풋옵션)을 매수하고 행사가격이 높은 콜옵션(또는 풋옵션)을 매도하는 형태로 합성 포지션을 구성하면 된다. 약세 스프레드는 특정구간에서 주가가 하락한 만큼의 수익이 발생하고 기타 구간, 즉 그래프의 상부와 하부는 일정수익이 발생하는 손익구조를 갖는데, 약세 스프레드를 만들기 위해서는 행사가격이 낮은 콜옵션(또는 풋옵션)을 매도하고, 행사가격이 높은 콜옵션(또는 풋옵션)을 매수하여 합성 포지션을 구성한다.

③ 스프레드 거래 유형별 프리미엄 수취여부

콜옵션을 이용하여 강세 스프레드를 구성하는 강세 콜 스프레드는 대표적인 수직 스프레드 유형으로 기초자산가격의 강세가 예상되나 확신이 안 설 때 사용되며, 행사가격이 낮은 내가격(ITM) 콜옵션을 매수하고 행사가격이 높은 등가격(ATM) 콜옵션을 매도하여 구성하는데 초기에 프리미엄 순지출이 발생한다. 풋옵션을 이용하여 강세 스프레드를 구성하는 강세 풋 스프레드는 행사가격이 낮은 외가격(OTM) 풋옵션을 매수하고, 행사가격이 높은 등가격(ATM) 풋옵션을 매도하여 구성하는데 초기에 프리미엄 순수입이 발생한다. 강세 콜 스프레드와 강세 풋 스프레드의 합성 그래프 형태는 동일하게 된다. 콜옵션을 이용하여 약세 스프레드를 구성하는 약세 콜 스프레드는 기초자산가격의 하락이 예상되나 확신이 안 설 때 사용되며, 행사가격이 낮은 내가격(ITM) 또는 등가격(ATM) 콜옵션을 매도하고 행사가격이 높은 외가격(OTM) 콜옵션을 매수하여 구성하는데 초기에 프리미엄 순수입이 발생한다. 한편, 풋옵션을 이용하여 약세 스프레드를 구성하는 약세 풋 스프레드는 행사가격이 낮은 외가격(OTM) 풋옵션을 매도하고 행사가격이 높은 내가격(ITM)

풋옵션을 매수하여 구성하는데, 초기에 프리미엄 순지출이 발생한다. 약세 콜 스프레드와 약세 풋 스프레드의 합성그래프의 형태는 동일하다. 이상의 스프레드 거래 유형별 프리미엄 수취여부를 정리하면 다음 〈표 13-22〉와 같다.

표 13-22. 스프레드 거래 유형별 프리미엄 수취여부

강세 콜 스프레드	프리미엄 차액 지불 (ITM 콜옵션 매수 + ATM 콜옵션 매도)
강세 풋 스프레드	프리미엄 차액 수취 (OTM 풋옵션 매수 + ATM 풋옵션 매도)
약세 콜 스프레드	프리미엄 차액 수취 (ITM 또는 ATM 콜옵션 매도 + OTM 콜옵션 매수)
약세 풋 스프레드	프리미엄 차액 지불 (OTM 풋옵션 매도 + ITM 풋옵션 매수)

주) 변동성 매매전략 : 스트래들과 스트랭글, 버터플라이

2) 변동성 매매의 의의 및 특징

변동성 매매란 기초자산의 가격변동성이 커질 것인지 작아질 것인지 그 예상을 전제로 한 투자전략이다. 변동성이 커질 것으로 예상하는 투자자는 가격변동성 증가에 따른 이익을 누리기 위해 스트래들 매수, 스트랭글 매수 및 버터플라이 매도를 수행하고, 반대로, 변동성이 작아질 것으로 예상하는 투자자는 스트래들 매도, 스트랭글 매도 및 버터플라이 매수를 수행한다. 변동성 매매는 기본적으로 구성 포지션의 방향위험을 제거한 후 변동성의 변화에 따라 수익을 추구한다. 통상 방향위험의 제거를 델타중립 포지션을 취한다고 말한다. 변동성 매매의 델타포지션은 중립이지만, 감마와 세타 등 여러 포지션 민감도는 상이하게 움직이는데, 시간가치를 의미하는 세타와 가격변동성을 의미하는 감마는 서로 역의 관계를 가지는 민감도 지표이므로 어떤 투자자든 가격변동과 시간가치를 동시에 유리하게 움직이는 포지션을 보유할 수는 없다.

(1) 변동성 강세전략

변동성이 커질 것으로 예상할 때 사용되는 변동성 강세전략유형으로는 스트래들 매수, 스트랭글 매수, 버터플라이 매도가 있다는 것은 이미 살펴보았다. 각각의 경우 세부 운용전략과 특징 및 손익구조를 요약하면 다음과 같다.

표 13-23. 스트래들 매수

구분	내용
기본 전략	• 주식가격이 단기간에 큰 폭으로 움직일 것으로 예상될 때 적합
세부 운용전략	• 동일 만기와 동일 행사가격의 콜옵션과 풋옵션을 동일 수량만큼 매수
특징	• 델타 중립, long gamma, long vega, short theta 포지션 • 콜옵션과 풋옵션을 동시에 매수하므로 시간가치 소멸효과에 의해 포지션의 가치가 급속히 하락하기 때문에 즉시 포지션을 청산하는 것이 이익
손익구조	• 주식가격의 변동이 클 때 이익 • 최대 손실 : 지불한 프리미엄 총액 • 프리미엄 수취여부 : 프리미엄 총액(C+P) 지불

표 13-24. 스트랭글 매수

구분	내용
기본 전략	• 스트래들 매수와 유사, 주식가격의 변동성이 확대될 가능성이 높을 때
세부 운용전략	• 낮은 행사가격의 풋옵션과 높은 행사가격의 콜옵션을 동일 수량만큼 매수
특징	• 외가격(OTM)의 콜옵션과 풋옵션을 동시에 매수하므로 비교적 델타 중립에 가까우며, long gamma, long vega, short theta 포지션 • 시간가치 소멸에 따른 최대손실액이 스트래들보다 작아서 포지션 장기간 보유 가능
손익구조	• 외가격(OTM)옵션들을 매수하기 때문에 등가격(ATM)옵션들을 매수하는 스트래들 매수보다 초기에 지불하는 옵션 프리미엄은 적다

표 13-25. 버터플라이 매도

구분	내용
기본 전략	• 주식가격의 변동성이 증가할 가능성이 높을 때 사용 • 기본형태는 스트래들 매수와 유사하나, 스트래들과 비교하여 볼 때 손실과 이익을 제한시키는 보수적 투자전략
세부 운용전략	• 낮은 행사가격의 콜옵션 1계약 매도 + 중간 행사가격의 콜옵션 2계약 매수 + 높은 행사가격의 콜옵션 1계약 매도(조건 : 옵션만기 동일, 행사가격 간격 일정)
손익구조	• 가격변동성 증가하면 이익 발생하나 제한적 • 이익과 함께 최대손실액도 제한됨 • 옵션 프리미엄 : $C_1>C_2>C_3$일 때, 프리미엄 차액 : $(C_1+C_3)-2C_2$

주) 콘도르 : 스트랭글의 넓은 손익분기점을 차용하여 버터플라이의 수익과 손실에 대한 제한적 노출을 포지션에 구현하는 거래형태이다. 버터플라이가 스트래들을 기본형태로 하고 있는 점과 비교된다.

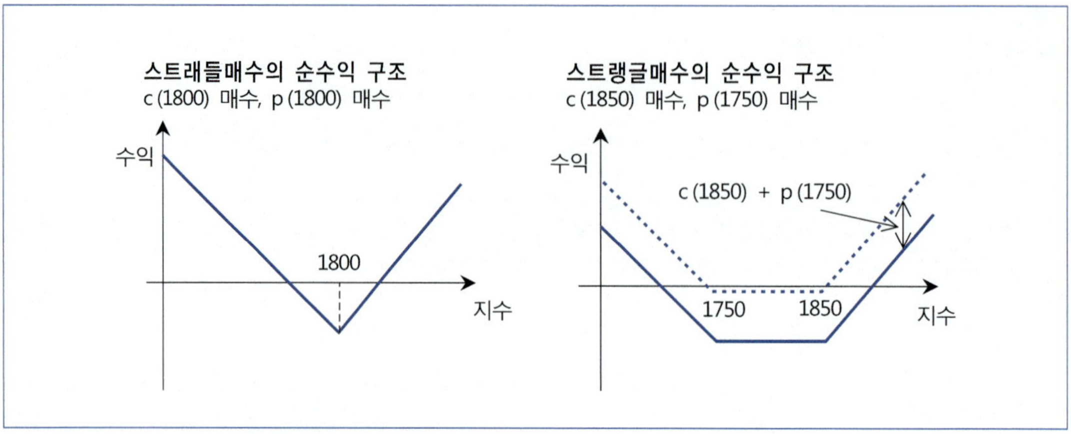

[그림 13-4] 스트래들매수와 스트랭글매수의 순수익 구조

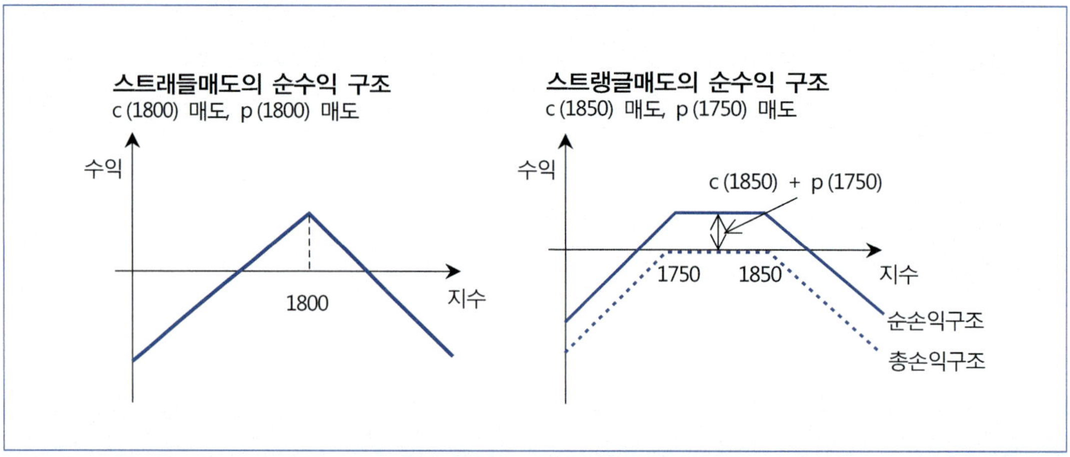

[그림 13-5] 스트래들매도와 스트랭글매도의 순수익 구조

(2) 변동성 약세전략

변동성이 작아질 것으로 예상할 때 사용되는 변동성 약세전략유형으로는 스트래들 매도, 스트랭글 매도, 버터플라이 매수가 있다. 각각의 경우 세부 운용전략과 특징 및 손익구조를 요약하면 다음과 같다.

표 13-26. 유형별 변동성 약세전략

스트래들 매도	• 변동성이 감소하여 당분간 주가가 현재수준에서 횡보할 것으로 예상할 때 • 동일만기와 동일 행사가격의 콜옵션과 풋옵션을 동시에 매도 • 델타중립, short gamma, short vega, long theta포지션 • 시간가치 소멸효과를 극대화하기 위해 근월물 옵션매도가 적합 • 손익분기점 구간을 벗어나면 손실이 무한정 확대 가능성 있음 • 프리미엄 수취 여부 : 프리미엄 총액(C+P) 수취
스트랭글 매도	• 주식가격의 변동성이 감소할 것으로 예상 • 낮은 행사가격의 풋옵션과 높은 행사가격의 콜옵션을 동일 수량만큼 매도 (옵션의 시간가치 소멸효과 극대화를 위해 근월물 옵션 매도가 유리하다) • 비교적 델타 중립에 가까우며, short gamma, short vega, long theta포지션 • 외가격(OTM)옵션들을 매도하기 때문에 등가격(ATM)옵션들을 매도하는 스트래들 매도보다 초기에 수취하는 옵션 프리미엄은 적다
버터플라이 매수	• 주식가격의 변동성이 감소할 가능성이 높을 때 사용된다 • 기본구조는 스트래들 매도와 유사하나, 스트래들과 비교하여 손실과 이익을 제한시키는 보수적 투자전략이다 • 세부운용전략 : 낮은 행사가격의 콜옵션 1계약 매수 + 중간 행사가격의 콜옵션 2계약 매도 + 높은 행사가격의 콜옵션 1계약 매수(옵션만기 동일, 행사가격 간격 일정) • 가격변동성 감소하면 이익 발생하나 제한적이다 • 이익과 함께 최대손실액도 제한된다 • 옵션 프리미엄 : $C_1 > C_2 > C_3$일 때, 프리미엄 차액 : $2C_2 - (C_1 + C_3)$

(3) 방향성 매매와 변동성 매매의 결합

① 비율 스프레드(Ratio Vertical Spread)와 백 스프레드(Back Spread)

기본 스프레드는 합성되는 두 개의 옵션 비율(계약 수)을 1:1로 구성하는 것인데 비율스프레드(또는 레이쇼 버티컬 스프레드)나 백 스프레드는 두 옵션의 계약 수 비율이 1:1이 아닌 경우이다. 행사가격이 낮은 콜옵션(또는 풋옵션)과 행사가격이 높은 콜옵션(또는 풋옵션)을 합성하면서 매수옵션에 비해 수배의 매도옵션으로 구성되는 비율스프레드는 가격변동성이 있지만 주가의 흐름을 어느 정도 확신할 수 있는 시기에 옵션 프리미엄비용을 제로(0)로 하기 위해 사용된다. 비율스프레드는 횡보시에 이익이 되는 수익구조를 갖는다. 다음은 콜옵션을 이용한 비율스프레드와 풋옵션을 이용한 비율스프레드의 수익구조이다.

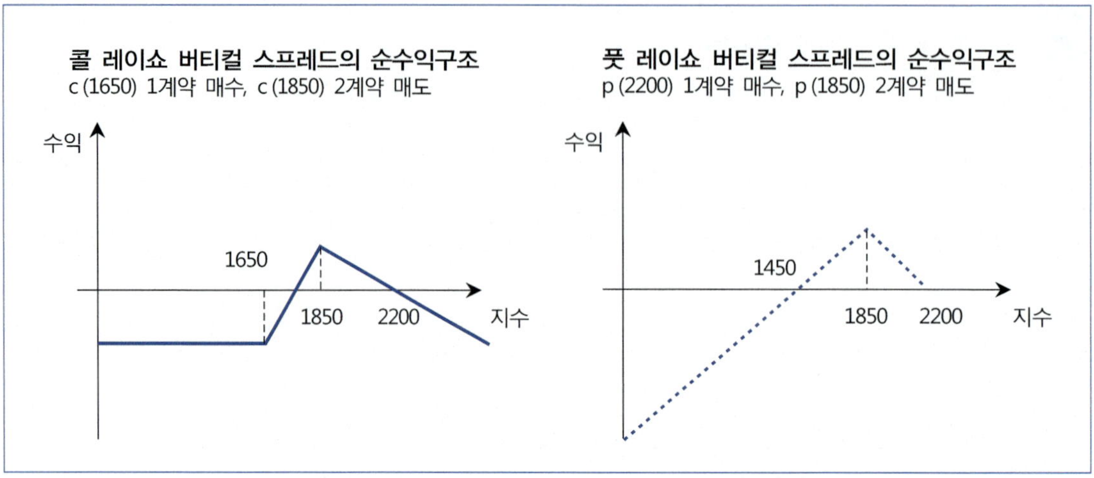

[그림 13-6] 콜 레이쇼 버디컬 스프레드와 풋 레이쇼 버디컬 스프레드 순수익 구조

반면, 백 스프레드는 비율스프레드와 정반대로 매수와 매도를 바꿔서 포지션을 취하는 경우로서 매수 계약수가 매도 계약수보다 많다. 이 전략은 횡보시에 손실이 발생한다. 다음은 콜옵션을 이용한 백 스프레드와 풋옵션을 이용한 백 스프레드의 수익구조이다.

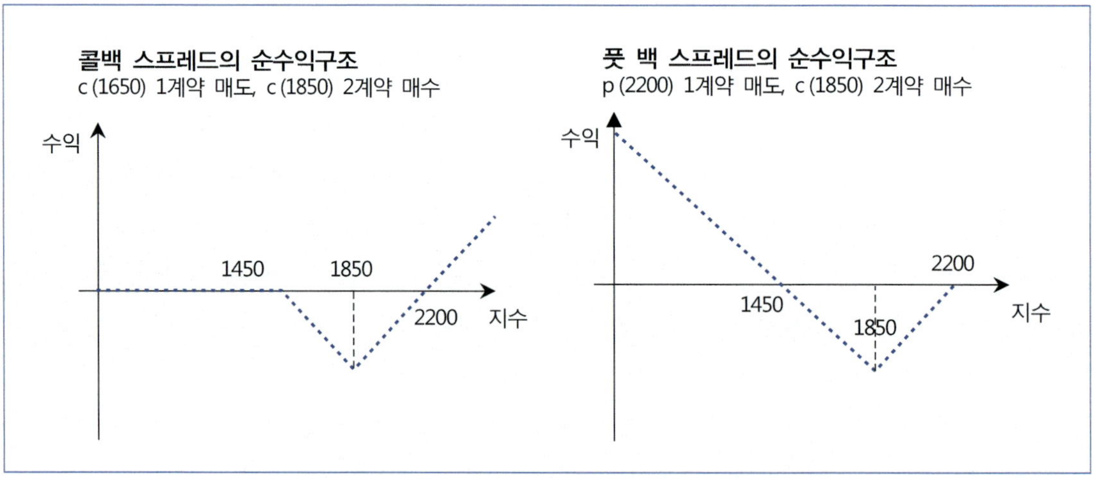

[그림 13-7] 콜 백 스프레드와 풋 백 스프레드 순수익 구조

② **스트립(Strip)과 스트랩(Strap)**

스트립과 스트랩은 스트래들 매수와 유사한 구조를 갖고 있다. 주식가격의 변동성의 확대를 예상하는 경우 주식가격의 하락가능성에 더 큰 비중을 두면 스트립을,

반대로 주식가격의 상승가능성에 더 큰 비중을 두면 스트랩 전략을 채택한다. 스트립과 스트랩의 세부운용전략 및 특징을 요약하면 다음과 같다.

표 13-27. 스트립과 스트랩의 세부운용전략

스트립(Strip)	• 주식가격의 변동성 확대를 예상, 주식가격의 [하락가능성]에 더 큰 비중을 두는 거래전략 • 세부운용전략 : 동일 행사가격의 [2개의 풋옵션]과 1개의 콜옵션 매수
스트랩(Strap)	• 주식가격의 변동성 확대를 예상, 주식가격의 [상승가능성]에 더 큰 비중을 두는 거래전략 • 세부운용전략 : 동일 행사가격의 1개의 풋옵션과 [2개의 콜옵션] 매수

스트래들의 수익구조와 비교하면, 스트립의 경우 풋옵션 쪽을 반영한 부분의 기울기가, 스트랩의 경우 콜옵션 쪽의 기울기가 더 가팔라진다.

5. 옵션을 이용한 투자전략(차익거래)

1) 풋-콜 패리티

(1) 풋-콜 패리티 공식의 도출

풋-콜 패리티는 같은 기초자산을 가진, 만기와 행사가격이 같은 콜옵션과 풋옵션의 가격 사이에 일정한 관계식이 성립함을 의미한다. 주식(S)과 풋옵션(p) 매입을 통해 구성되는 방어적 풋과 동일한 비용이 발생하도록 무위험채권인 국채투자와 콜옵션(c) 매입으로 구성되는 포트폴리오를 구성해보자. 국채투자와 콜옵션 매입을 통해 방어적 풋과 동일한 미래현금흐름을 만들어낼 수 있다면 양자 간에 차익거래기회가 존재하지 않을 것이다. 이를 관계식으로 표현하면 다음과 같다.

주식 매수 + 풋옵션 매입 = 국채투자 + 콜옵션 매입

현재시점(t)에서 기초자산의 가격을 St, 만기일 T, 행사가격이 K인 콜옵션과 풋옵션의 가격을 c와 p라고 하면, 다음과 같은 풋-콜 패리티가 성립한다. 여기서 사용된 콜옵션과 풋옵션은 모두 만기에만 행사 가능한 유럽형 옵션이다.

$$c + Ke^{-r(T-t)} = p + St$$

이를 옵션끼리, 기초자산끼리 모아보면, 다음과 같다.

$$c - p = St - Ke^{-r(T-t)}$$

여기서 주어진 등가식을 이용해서, 유럽형 콜옵션의 가치를 알고 있다면, 유럽형 풋옵션의 가치를 산출해낼 수 있다

$$p = c - St + Ke^{-r(T-t)}$$

(2) 주식배당금을 고려할 경우

주식옵션의 경우 배당금 지급으로 배당락이 발생하면 주가가 하락한다. 이를 고려하면, 콜옵션의 가치는 배당금이 음(−)의 효과를 초래한다는 것을 알 수 있다. 풋옵션의 경우 배당금 지급으로 인한 주가하락은 옵션가치에 양(+)의 효과를 초래한다. 이를 반영하여 풋—콜 패리티를 다시 정리하면, 다음과 같다.

$$c + Ke^{-r(T-t)} = p + St - D$$

풋—콜—선물 패리티(계산의 편의상 주식 배당금은 고려하지 않는다)는 동일한 선물을 기초자산으로 하여 행사가격이 같은 유럽형 콜옵션과 풋옵션이 거래될 때 콜옵션가격, 풋옵션가격, 선물가격 간에 다음과 같은 관계식이 성립한다. Ft는 t시점의 선물가격, 나머지는 앞서 풋—콜패리티에서 사용한 개념과 같다.

$$c - p = (Ft - K)e^{-r(T-t)}$$

즉, (유럽형) 콜옵션가격과 풋옵션가격의 차이는 선물가격과 행사가격을 비교한 값의 현재가치와 같다.

(3) 합성포지션의 구성

① 합성 기초자산 매수

앞 페이지에서 우리는 동일 만기, 동일 행사가격의 콜옵션과 풋옵션간에는 일정한 등가관계가 성립함을 보았다. 이를 풋—콜 패리티라 하는데, 동일 만기와 동일 행사가격의 콜옵션과 풋옵션을 합성하면(즉, 콜옵션 매입과 풋옵션 매도) 마치 기초자산(S)을 행사가격(K)에 매입한 것과 동일한 효과(즉, St - K)가 발행하게 된다. 옵션 구입비용을 고려한 경우 합성 기초자산 매수가격은 다음과 같다(연속복리의 이자비용을 고려).

$$\text{합성 기초자산 매수가격} = \text{행사가격} + \text{포지션 구성 시 순지출금액}$$
$$= K + e^{rT} \cdot (C - P)$$

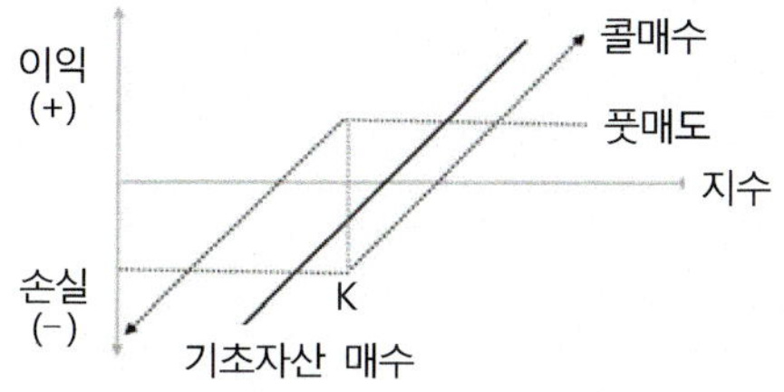

[그림 13-8] 합성기초자산 매수

② 합성 기초자산 매도

콜옵션 매도와 풋옵션 매입으로 구성되는 합성기초자산 매도의 경우, 그 매도가격은 다음과 같다.

$$\text{합성 기초자산 매도가격} = K - e^{rT} \cdot (C - P)$$

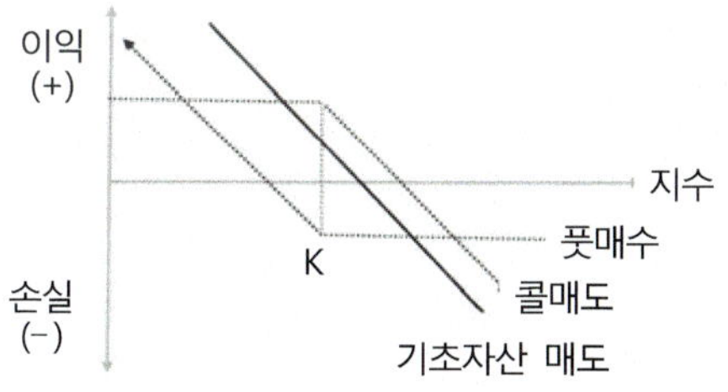

[그림 13-9] 합성기초자산 매도

여기서 하나 기억할 것은, 콜옵션과 풋옵션을 결합한 합성 기초자산의 매수 또는 매도는 구성옵션 중 콜옵션과 같은 방향이라는 점이다.

③ 합성 옵션

앞서 두 경우는 옵션과 옵션을 결합하여 합성기초자산을 구성한 경우인데 마찬가지로 기초자산과 어느 한 옵션을 결합하여 다른 옵션 포지션을 합성할 수도 있다. 합성 옵션을 구하는 식은 다음과 같다.

표 13-28. 합성 옵션 구성방법

합성 콜 매수(Synthetic long Call)	= 풋 매수 + 기초자산 매수
합성 콜 매도(Synthetic Short Call)	= 풋 매도 + 기초자산 매도
합성 풋 매수(Synthetic long Put)	= 콜 매수 + 기초자산 매도
합성 풋 매도(Synthetic Short Put)	= 콜 매도 + 기초자산 매수

여기서 주목해 볼 것은 합성 콜 매수는 방어적 풋(Protective Put)과 구성이 같고, 합성 풋 매도는 커버드 콜(Covered Call Writing)과 구성이 같다는 점이다.

2) 차익거래 유형

옵션가격이 균형가격, 즉 풋-콜 패리티를 벗어났을 때에는 무위험이익을 얻을 수 있게 되는데 이를 차익거래라 한다. 옵션을 이용한 차익거래 유형으로는 콜옵션이 풋옵션에 비해 상대적으로 고평가되었을 때 이용하는 컨버전(Conversion)과 반대로 풋옵션이 콜옵션에 비해 상대적으로 고평가된 경우에 사용하는 리버설(Reversal or Reverse Conversion)이 대표적인 거래유형이다. 또한 합성포지션과 합성포지션간의 차익거래유형으로 박스(Box)가 있다. 각각의 경우를 보자.

(1) 컨버전(Conversion)

컨버전은 기초자산을 보유한 상태에서, 콜옵션이 풋옵션에 비해 상대적으로 고평가된 경우의 차익거래유형이다. 즉, 상대적으로 고평가된 콜옵션을 매도하고, 저평가된 풋옵션을 매수한다. 이를 기초자산 합성 공식에 대입하면 다음과 같다.

콜옵션 매도 + 풋옵션 매수 = 합성기초자산 매도

즉, 컨버전은 기초자산 매수와 합성기초자산 매도 포지션을 통해 무위험 차익거래의 이익을 향유하는 투자전략이다. 따라서 컨버전의 수익은 기초자산의 가격수준과 상관없이 일정하게 되는데 그림을 통해 확인하면 다음과 같다.

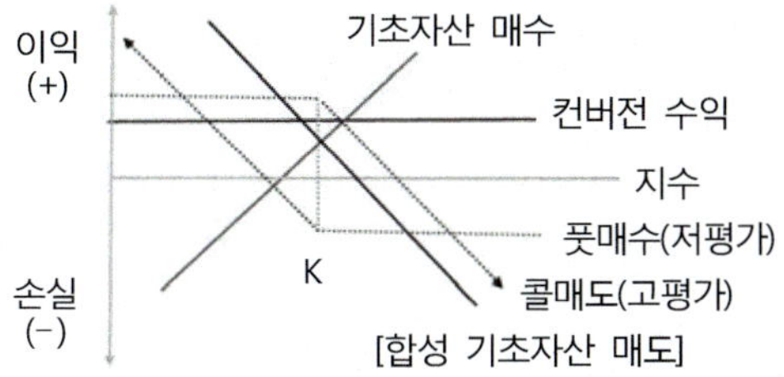

[그림 13-10] 컨버전(Conversion)

(2) 리버설(Reversal or Reverse Conversion)

리버설은 컨버전과 정반대의 상황에서 수행하는 차익거래전략이다. 즉, 기초자산 매도 포지션을 보유한 상황에서 풋옵션이 풋–콜 패리티에 비추어볼 때 상대적으로 고평가된 경우에 고평가된 풋옵션을 매도하고, 저평가된 콜옵션을 매수한다.

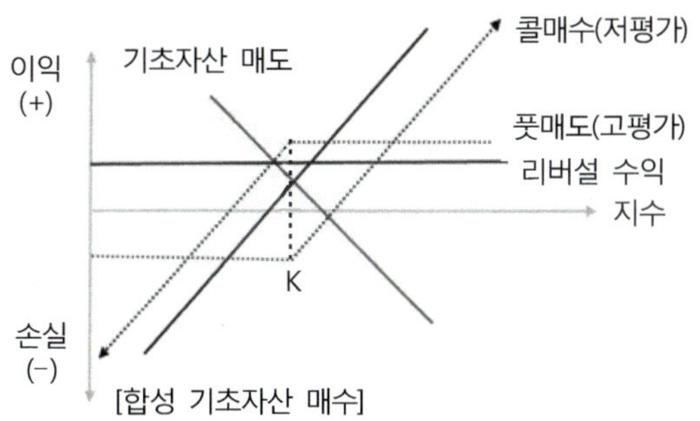

[그림 13-11] 리버설(Reversal or Reverse Conversion)

우리는 앞서 페이지에서 풋옵션 매도와 콜옵션 매수를 통해 합성 기초자산 매수 포지션을 만들어 낼 수 있다고 배웠다. 즉, 리버설은 기초자산 매도와 합성 기초자산 매수 포지션을 통해 무위험 차익거래의 이익을 추구하는 전략이다. 이때 리버설의 수익은 기초자산가격 수준과 상관없이 일정함을 그림을 통해 확인할 수 있다.

(3) 박스(Box)거래

박스는 합성 포지션과 합성포지션간의 차익거래유형이다. 박스는 컨버전과 리버설을 합성하여 만드는데 포지션 설정시 옵션 프리미엄을 수취하도록 구성한 경우를 크레딧박스(Credit Box), 그 반대의 경우를 데빗박스(Debit Box)라 한다. 크레딧박스는 합성매수 포지션의 행사가격이 합성매도 포지션의 행사가격보다 높다. 크레딧박스는 포지션 개설시에 현금이 필요없다는 장점이 있으나 만기시 순손실이 발생할 가능성이 높다. 포지션 설정시 옵션 프리미엄을 수취한다고 하여 영어권에서는 Selling a Box, 즉 '박스 매도'라고도 한다. 데빗박스는 합성매수포지션의 행사가격이 합성매도포지션의 행사가격보다 낮으며, 포지션 개설시에는 옵션 프리미엄 차액만큼의 순손실이 발생하나 만기시에는 순이익이 발생하는 구조이다. 포지션 개설 당시에 옵션 프리미엄을 지불하므로 '박스 매수'라고도 한다.

6. 옵션의 가격결정모형

1) 블랙-숄즈모형

최초의 옵션가격결정모형인 블랙-숄즈모형은 1973년 피셔 블랙과 마이런 숄즈가 물리학의 열확산속도 계산공식을 응용하여 옵션가격 산정방법을 제시한 것으로 기본적으로 "주가는 연속적으로 변화하는 무작위성(random walk)을 따르며, 주가수익률은 정규분포를 따른다"는 가정을 전제로 한다. 거래비용은 없으며, 공매도에 대한 제한이 없고, 주식의 배당과 차익거래기회도 존재하지 않는다고 가정하였다. 이자율은 만기까지 고정된 상수이고, 투자자는 무위험이자율로 차입과 대출이 가능하다고 가정하였다. 블랙-숄즈모형은 지나치게 엄격한 가정을 설정하였기 때문에 비현실적이라는 지적을 받고 있지만 가장 널리 활용되고 있는 옵션가격결정모형이다. 블랙-숄즈모형의 장점은 계산하기가 비교적 쉽고, 논리적이며 일관성 있는 가격결정이 가능하다는 점이다

2) 이항분포모형

한국거래소(KRX)의 KOSPI200주가지수옵션 및 개별주식옵션의 이론가격 산출방식인 이항분포모형은 첫째, 옵션가격은 주식가격의 상승 또는 하락확률과는 독립적으로 결정된다는 점, 둘째, 옵션가격은 투자자의 리스크에 대한 태도와 독립적으로 결정된다는 점을 전제로 하고 있다. 주식가격상승시의 배수를 u, 하락시의 주식

가격하락 배수를 d라고 할 때, 투자자들이 리스크 중립적이라면, 주식에 투자할 경우 무위험수익률(r)만을 요구할 것이며, 따라서 만기시 주식가격은 q의 확률로 u · S의 값을 갖거나 또는 1−q의 확률로 d · S의 값을 갖게 된다는 것이다.

$$r \cdot S = q \times u \cdot S + (1-q) \times d \cdot S$$

여기서 q에 대해 다시 정리하면, 리스크 중립적 확률만큼에 해당하는 주식가격 상승 확률(q)을 산출할 수 있게 되는데 다음과 같다.

$$q = (r - d) / (u - d)$$

즉, 이항분포모형에 따르면, 리스크 중립 환경에서의 콜옵션 가격은 콜옵션의 미래기대성과의 현재가치로 보는 입장이다. 이항분포모형에 따른 콜옵션의 가치를 구하는 공식은 다음과 같다.

콜옵션의 가치 $= [\, q \times Cu + (1-q) \times Cd \,] / (1+r)$

Cu : 주가상승시의 콜옵션 가격

Cd : 주가하락시의 콜옵션 가격

제4절 스왑시장

1. 금리스왑(이자율스왑)

1) 금리스왑의 기초

금리스왑이란 두 개의 서로 다른 현금흐름을 일정기간 서로 교환하기로 하는 거래이다. 시장에서는 대개 고정금리만을 기준으로 포지션을 묘사하는데 고정채를 발행하고, 변동금리를 수취하는 경우를 고정금리 지급자(pay-fixed)라 하고, 변동채를 발행하고 고정금리를 수취하는 경우를 고정금리수취자(receive-fixed)라 부른다. 스왑시장에서 변동채를 발행하고 고정금리를 수취하려는 자는 그 전에 고정금리부시장에서 자금을 차입한 자이다.

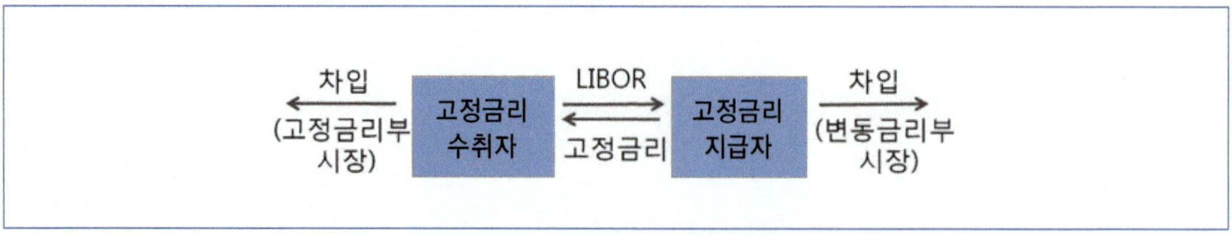

[그림 13-12] 금리스왑의 흐름도

(1) 금리스왑의 거래유형

금리스왑거래의 유형으로는 첫째, 고정금리시장과 변동금리시장에서 각각 비교우위를 가진 자간에 이루어지는 차익거래 목적의 금리스왑, 둘째, 고정금리와 변동금리 간의 차익거래 기회는 없으나 자금구조의 전환을 목적으로 이루어지는 헤지목적의 금리스왑 그리고, 마지막으로 변동금리와 변동금리간의 수준차이에 따른 포지션을 취하기 위한 베이시스 스왑이 있다. 각각의 경우를 사례를 통해 알아보자.

(2) 금리스왑을 이용한 차익거래

A기업과 B기업이 고정금리부 시장과 변동금리부 시장에서 신용도의 차이가 있어 A기업이 고정금리부 시장에서, B기업이 변동금리부 시장에서 동일한 금액의 자금을 조달한 후 Libor 금리와 고정금리 6.5%를 교환하는 스왑을 하는 경우를 보자.

구분	변동금리부 자금조달	고정금리부 자금조달	비교우위
A 기업	LIBOR	6%	A(고정금리부 시장)
B 기업	LIBOR+1%	8%	B(변동금리부 시장)

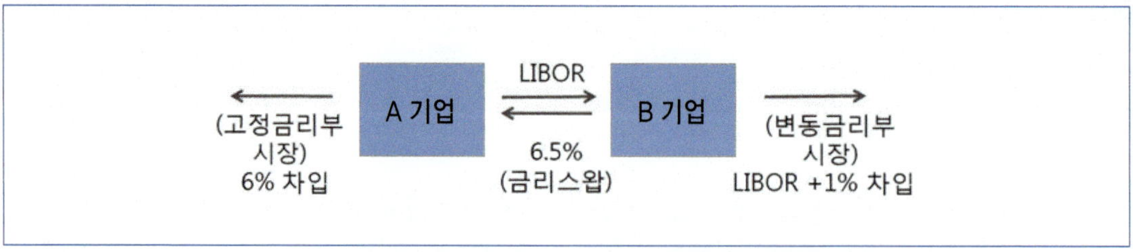

[그림 13-13] 금리스왑을 이용한 차익거래 흐름도

A기업은 상대적으로 비교우위에 있는 고정금리부시장에서 6%로 자금을 조달하고, B기업은 비교우위가 있는 변동금리부시장에서 Libor + 1%로 자금을 조달한 후 서로 자금을 교환하였다면 경제적 효과는 얼마인가? A기업은 Libor – 0.5%에 자금

을 조달한 결과가 되고 B기업 또한 7.5%에 자금을 조달한 결과가 되어 결국 스왑 않을 때보다 각각 0.5%의 금리상의 이득이 발생하는 셈이다.

2) 헤지 목적의 금리스왑

이번에는 고정금리부 시장과 변동금리부 시장에서의 자금조달시 양 시장에서의 신용도의 차이가 없는 경우를 보자. A기업은 금융기관으로부터 연 5.5%의 고정금리로 차입을 하고 있는 상태인데 향후 금리가 하향추세를 보일 것으로 예상하고 있다. 이 경우 고정금리 대출을 상환하고 변동금리 대출로 갈아탈 수도 있으나 이렇게 되면 조기상환에 따른 수수료와 신규대출에 따른 각종 행정비용이 발생하는 문제가 있다. 이때 A기업이 채택할 수 있는 대안으로는 자금수요구조가 다른 B기업과 연 5.5% 전후의 고정금리를 받고 Libor를 지불하는 스왑계약을 체결하는 것을 생각해볼 수 있다.

구분	A 회사	B 회사	신용도 차이
변동금리부 시장	LIBOR	LIBOR+3%	3%
고정금리부 시장	5.5%	8.5%	3%

이와 같이 고정금리부 시장과 변동금리부 시장에서 자금을 조달하는 두 기업 사이에 차익거래 기회가 존재하지 않더라도 자금구조의 전환효과를 누리기 위해 사용하는 방법이 헤지 목적의 금리스왑이다.

3) 베이시스 스왑

대부분의 스왑계약에서는 금리지표가 고정금리와 변동금리지표의 교환이라는 형태를 취하나, 베이시스 스왑은 변동금리와 변동금리간의 수준차이에 따른 포지션을 취하기 위한 스프레드 형태의 거래이다. 예컨대, A은행이 국제금융시장에서 Libor 금리로 자금을 조달하여 우대금리(Prime) + 가산금리로 자금을 운용하는 경우 조달금리와 운용금리간에 격차가 확대되거나 축소되는 베이시스 위험이 존재하게 된다. 이 경우 A은행은 스왑은행인 B은행과 Libor를 받고 우대금리를 지불하는 스왑계약을 체결하면 두 금리지표의 격차가 변동하는 데 따른 위험을 회피할 수 있다. 이와 같은 유형의 스왑계약을 베이시스 스왑이라 한다.

2. 통화스왑

통화스왑은 서로 다른 통화(currency)에 대해 발생하는 미래의 현금흐름을 교환하는 계약이다. 통화스왑의 현금흐름은 통화스왑 계약이 체결되면 자금의 최초교환이 이루어지고, 운용과 이자가 지급되며, 마지막으로 원금의 재교환을 통한 원상복귀의 과정을 거치게 된다. 물론 통화스왑의 형태에 따라서는 최초의 원금교환이 없는 상태에서 이자만 서로 지급해주고 만기에 가서야 비로소 원금을 교환하는 경우도 있다. 원금교환이 있는 경우를 예를 들어 설명해보자. 1단계로 최초의 자금교환이 이루어지는 단계이다. A는 엔화자금을 유리한 조건으로 조달할 수 있고, B는 달러자금을 유리한 조건으로 조달할 수 있다고 하자. 이 경우 A는 엔화자금을 B는 달러자금을 각각 유리한 조건으로 차입한 후 서로 교환할 경우 각각 자기가 직접 조달하는 경우보다 훨씬 유리한 조건으로 자금을 조달할 수 있다. 2단계는 이자 서로 내주기 단계이다. 일정기간 운용하면서 자신이 운용하는 자금에 대해서 상대방이 대신 이자를 지불한다. 마지막으로 원금의 재교환 단계이다. 만기가 되면 각자 운용하던 자금을 회수하여 상대방에게 반환함으로써 통화스왑계약이 종료된다. 통화스왑의 가격고시 방법에는 변동금리와 교환되는 고정금리의 절대금리를 고시하는 방법과 두 통화의 변동금리의 베이시스 형식으로 고시하는 방법이 있다.

3. 신용부도스왑(CDS)과 신용연계증권(CLN)

1) 신용부도스왑(Credit Default Swap, CDS)

신용부도스왑은 특정기업의 채권을 보유한 투자자(A)가 차주(B)의 신용을 염려하여 일정한 프리미엄을 지급하고 제3자(C)로부터 발행채권에 대한 원금보장을 받는 거래이다. 여기서 A는 '보장매입자'가 되며, 발행채권에 대한 원금을 보장한 제3자 C가 '보장매도자'가 된다. 신용부도스왑(CDS)의 특징은 준거자산의 신용위험을 분리하여 보장매도자에게 이전하고 보장매도자는 그 대가로 프리미엄과 손실보전금액을 교환한다는 데 있다. 신용부도스왑에는 중요성조항(Materiality Clause)이 있다. 신용부도스왑에 있어서는 어떠한 사건을 신용위험사건(또는 채무불이행사건)으로 보느냐가 핵심이며, 본의 아닌 실수로 신용사건이 촉발되는 것을 방지하기 위하여 관련 증권의 가격이 일정수준 이상으로 변화할 것을 요구한다.

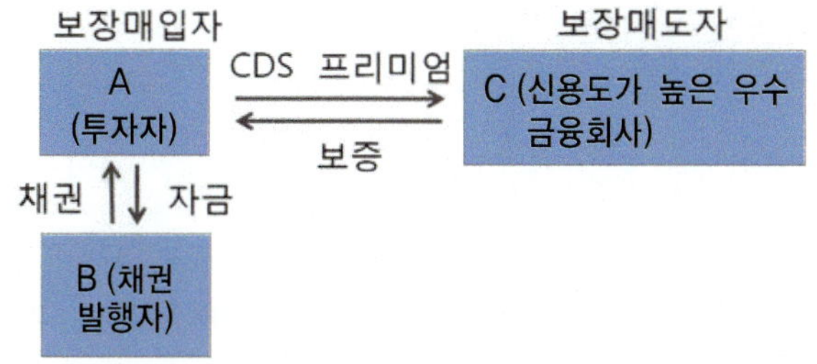

[그림 13-14] 신용부도스왑의 지급구조

프리미엄(보장료)의 결정요인에는 거래의 만기, 채무불이행(Default) 가능성, 거래상대방의 신용등급, 준거자산의 신용과 거래상대방신용간의 상관관계, 준거자산의 회수율(recovery rate)이 있다. ① 만기가 길어질수록 보장매도자는 높은 위험을 부담하여야 하므로 만기가 길수록 프리미엄가격이 상승한다. ② 채무불이행 가능성이 높을수록 프리미엄이 높아진다. ③ 신용등급이 높은 보장매도자와 계약을 맺을 경우에는 보다 높은 프리미엄을 지불해야 한다. ④ 준거자산 신용과 거래상대방 신용 간의 상관관계가 낮을수록 프리미엄은 높아진다. 양자간에 상관관계가 높으면 준거자산이 채무불이행에 처했을 때 거래상대방도 채무불이행에 처할 가능성이 높아지기 때문이다. ⑤ 준거자산의 회수율이 높아 회수가치가 높을수록 프리미엄이 작아진다. 부실채권 관리능력이 뛰어난 보장매도자는 보다 저렴한 프리미엄하에서도 CDS를 체결할 유인이 존재하기 때문이다.

2) 신용연계증권(CLN)

신용연계증권(Credit Linked Notes, CLN)은 CDS와 거의 비슷한 구조이나, CDS계약이 프리미엄만 오가는 데 비해 CLN에서는 원금이 최초에 지불된다는 것이 차이점이다. CLN은 원금이 교환되기 때문에 그 현금담보적 역할로 인해 보장매도자가 우수한 신용도를 가진 기관일 필요가 없다. 최근에는 CLN의 기초자산을 선정함에 있어서 여러 개의 기업을 선정한 후 이 중 하나라도 파산하면 책임을 지는 구조로 만들어서 보다 높은 프리미엄을 받을 수 있도록 하는 이른 바 'First to Default' 구조의 CLN상품도 출시되고 있다.

4. 총수익스왑(TRS)

채권의 시장가치는 금리가 변하거나 또는 해당 기업의 신용도가 변할 때 변하게 되는데 총수익스왑(Total Return Swap : TRS)은 이유를 불문하고 가격의 변화를 전제로 한 수익률을 미리 정한 고정수익과 교환하는 것이다. TRS는 준거자산의 가치변화가 생길 때 그 준거자산 전체를 넘기고 고정수익을 받는 거래이다.

총수익스왑(TRS)계약을 체결하면 TRS 지급자는 준거자산을 매각하지 않고도 그 자산을 사실상 매각한 것과 동일한 효과를 거둘 수 있는 상품이므로 준거자산을 매각하기 곤란한 입장에 있는 은행에게 적합한 상품이다. TRS 수취자의 입장에서도 기준채권을 매입하거나 자금을 조달하지 않고도 마치 자금을 조달하여 기준채권을 매입한 것과 동일한 효과를 거둘 수 있기 때문에 미국이나 유럽의 경우 최근 보험사나 펀드매니저들이 대출채권시장에 투자하기 위하여 TRS를 많이 이용하고 있다.

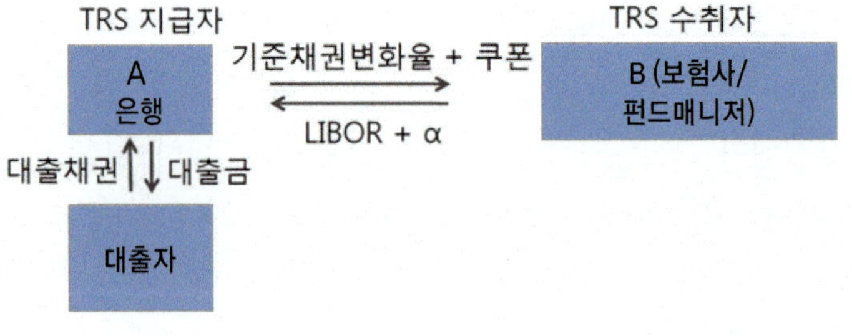

[그림 13-15] 총수익스왑의 지급구조

제 14 장
투자성과 평가

도박에서는 도박자체를 사랑하거나 도박을 통해 얻는 스릴 때문에 도박행위가 이루어진다. 그러나 스릴은 그 자체로 행위의 보상이 되지만 투자에서는 투자 대비 수익률이나 최소한 투자 대비 기대수익률이 보상이 되기 때문이다.

(프래케시 디아리아 노스 텍사스 대학 금융학교수)

제14장 투자성과 평가

제1절 투자수익률의 산출

1. 단일기간투자수익률

포트폴리오에 대한 성과평가를 하는데 있어 우선 실시하는 것이 운용기간 동안의 투자수익률을 산출하는 절차이다. 투자수익률을 산출하는데 있어서 운용기간 동안에 현금흐름이 기초와 기말에 각각 한번만 있는 경우에는 계산이 쉽고 간단하다.

$$HPR = \frac{(기말가치 - 기초가치)}{기초가치}$$

$$Annualized\,HPR = (1 + HPR)^{\frac{1}{n}} - 1$$

n : number of years

예제

100만원을 투자하여 4개월후에 110만원이 되었다면 HPR과 Annualizes는?

$$HPR = \frac{(110 - 100)}{100} = 0.1(10\%)$$

$$Annualized\ HPR = (1 + 0.1)^3 - 1 = 0.33(33\%)$$

단일기간투자수익률은 총투자수입을 기초투자액으로 나누어 산출한다. 채권투자의 경우에는 정해진 기간동안 정해진 이자율에 의한 이자수입과 채권매매에 대한 매매손익이 총투자수입이 되며, 주식투자의 경우에는 배당수입과 주식매매에 따른 매매손익이 총투자수입이 된다. 일반적으로 기간수익률(Holding Periods Return)과 기간에 따른 연환산수익률은 다음과 같이 단일기간수익률로 계산한다.

$$\text{단일기간수익률} = \frac{\text{총투자수입}}{\text{기초투자액}} = \frac{\text{이자 또는 배당} + \text{매매손익}}{\text{기초투자액}}$$

2. 다기간투자수익률

기관투자가자나 일반투자자들이 일반적으로 단일기간수익률(1.1~12.31)을 산출하지만, 최근 들어 중장기 투자수익률을 산출하기 위하여 내부수익률(IRR)이나 산술평균수익률(AAR), 기하평균수익률(GAR)을 산출하기도 한다. 이는 단일기간수익률뿐만 아니라 중장기기간수익률을 산출하여 수익률이 지속적으로 나타나는지를 알아보는데 있다. 중장기기간에 대한 투자수익률을 산출하는데 있어서 투자기간 동안의 현금유출입에 대한 현금흐름이 일정하지 않아 단일기간투자수익률에 비하여 계산이 복잡하다.

1) 산술평균수익률(Arithmetic Average Return)과 기하평균수익률(Geomtric Average Return)

일정기간 동안의 투자수익률은 HPR으로 측정을 한다. 그러나 펀드의 수익률을 평가하기 위해서는 연속적인 몇기간의 HPR로부터 그 기간 동안의 누적수익률 또는 평균수익률을 사용한다. 이러한 경우에 목적에 따라 산술평균수익률이나 기하평균수익률을 사용한다.

$$AAR = \sum_{i=1}^{n} \frac{HPR_i}{N}$$

$$GAR = \prod_{t=1}^{n} (1 + HPR_i)^{\frac{1}{N}} - 1$$

예제

A펀드 매니저가 100만원을 투자하여 1년차에 HPR수익률이 50%, 2년차 HPR수익률이 -30%일 경우에 산술평균수익률과 기하평균수익률은?

* 이 펀드의 자산은 1년후 150만원이 되고 2년후에는 105만이 됨

$$AAR = \frac{[(0.5 + (-0.3)]}{2} = 0.1(10\%)$$

$$GAR = [(1+0.5)(1-0.3)]^{\frac{1}{2}} - 1 = 0.0247(2.47\%)$$

* 일반적으로 HPR은 분산(변동성)을 갖기 때문에 산술평균수익률은 기하평균수익률 보다 항상 크게 나타난다. 따라서 변동성이 클수록 수익률의 차이는 더욱 크게 나타나기 때문에 일정기간 동안의 수익률은 기하평균수익률을 사용한다.

2) 내부수익률(Internal Rate of Return)

화폐의 시간가치를 고려한 수익률로서 채권의 수익률로 이용되는 만기수익률(yield to maturity : YTM), 유통수익률 등이 대표적인 내부수익률이다. 만기수익률은 채권에서 발생하는 현금흐름의 현재가치와 채권의 시장가격을 일치시켜 주는 수익률로서 채권의 가격과 채권에 내재된 미래현금흐름의 현재가치를 일치시켜 주는 수익률이다. 자본이득(capital gain)이나 자본손실(capital loss)은 물론 이자를 재투자하여 얻어지는 재투자수익, 즉 이자의 이자까지도 감안하여 산출하는 채권의 예상수익률이며, 시장여건에 따라 형성되는 수익률로 매매시점에 따라 변화되는 평균개념 수익률이다. 또한 사업타당성을 검토하기 위한 자본투자수익률로 사용하기도 한다.

$$NPV = \sum_{t=1}^{n} \frac{C_t}{(1+IRR)} - C_O = 0 \quad \text{(NPV는 순현재가치)}$$

예제

A주식회사가 현재 1,000만원의 투자자금이 소요되는 새로운 투자안을 고려하고 있고, 새로운 투자로 인하여 기대되는 현금흐름은 다음과 같다.

연도말	0	1	2	3	4
현금흐름	-1,000	300	200	300	400

$$\frac{300}{(1+IRR)^1}+\frac{200}{(1+IRR)^2}+\frac{300}{(1+IRR)^3}+\frac{400}{(1+IRR)^4}-1{,}000=0$$

시행착오법에 의한 IRR = 0.072(7.2%)

3) 금액가중수익률(Dallar weighted Return)과 시간가중수익률(Time weighted Return)

초기에 일정한 금액을 투자한 후 중간에 현금유출입이 없는 경우에는 그 기간 동안의 수익률을 HPR로 쉽게 계산이 가능하다. 그러나 투자기간 중 빈번한 현금 유출입이 있는 수익증권이나 개방형 뮤추얼펀드 등의 수익률을 측정하는 것은 쉽지 않다. 이러한 경우에 수익률을 측정하는 방법에는 금액가중수익률(내부수익률과 동일 개념)과 시간가중수익률이 있다. 금액가중수익률은 현금유입의 시기에 따라 수익률을 측정하는 방법으로서 수익률 측정기간 중에 증가하는 것을 연율로 계산하는데, 펀드매니저의 성과를 측정하기는 적절하지 않다. 왜냐하면 현금유입의 시기에 따라서 수익률이 달라지기 때문이다. 시간가중수익률은 현금유입의 시기에 관계없이 HPR의 기하평균수익률을 구하는 것으로서 몇 년간에 걸친 성과를 측정하는데 적절한 방법이다.

예제

A펀드의 2006년부터 2010년까지의 annualized HPR과 각 투자년도의 초기투자금액이 다음과 같을 경우에 금액가중수익률과 시간가중수익률은?

투자년도	투자유입금액	기초투자금액	기말투자잔고	HPR
2006	5,000	5,000	4,750	-5.00%
2007	10,000	14,750	12,508	-15.20%
2008	15,000	27,508	28,360.7	3.10%
2009	20,000	48,360.7	63,231.68	30.75%
2010	25,000	88,231.68	103,804.56	17.65%

(1) 금액가중수익률 : 5년 동안 75,000원이 유입되어 2010년말에 103,804.56이 됨

$$5{,}000=\frac{10{,}000}{(1+R)}-\frac{15{,}000}{(1+R)}-\frac{20{,}000}{(1+R)}-\frac{25{,}000}{(1+R)}-\frac{103{,}804.56}{(1+R)}$$

$R=0.1425(14.25\%)$

금액가중수익률 : 현금유입의 시기가 반대인 경우

$$25{,}000 = \frac{20{,}000}{(1+R)} - \frac{15{,}000}{(1+R)} - \frac{10{,}000}{(1+R)} - \frac{5{,}000}{(1+R)} - \frac{103{,}804.56}{(1+R)}$$

$R = 0.0912(9.12\%)$

(2) 시간가중수익률

$$[(1-0.05)(1-0.152)(1+0.031)(1+0.3075)(1+0.1765)]^{\frac{1}{5}} - 1 = 0.0502(5.02\%)$$

4) 기타수익률

(1) 연평균수익률(annual percentage rate : APR)

만기시점에 미래가치를 투자원금인 현재가격으로 나누어 이를 연단위 단리수익률로 산출한 것을 의미하며, 총투자수익률을 연단위로 산술평균한 수익률이다. 연평균수익률은 단리수익률이기 때문에 이자의 이자를 반영하지 못한다는 이론적 단점을 가지고 있다

(2) 실효수익률(effective annual rate : EAR)

현재가치와 만기미래가치의 관계를 이론적 연단위 복리(할인)기준에 따라 산출한 수익률이다.

예제

8%의 연율로 3개월 마다 이자를 지급하는 경우에 연평균수익률과 실효수익률은?

(1) 연평균수익률(APR) : 8%

(2) 실효수익률(EAR) = $(1+\frac{0.08}{4})^4 - 1 = 0.0824(8.24\%)$

제2절 투자평가 지수

1. 베타계수(beta coefficient)

베타계수는 개별주식의 수익률이 시장수익률의 변동에 대하여 얼마나 민감하게 반응하는가를 나타내는 지수이다. 또한 유가증권 시장전체의 수익률변화에 대한 포트폴리오의 민감도를 나타내는 지수인 베타(β)계수는 주식시장 전체가 일정비율만큼 변화할 때 특정 포트폴리오의 수익률이 그에 대비하여 얼마만큼 변동하였는지를 나타낸다. 일반적으로 연기금을 포함한 대다수 기관투자자들은 주식시장 전체를 나타내는 시장지수 KOSPI200을 사용한다. 코스닥종목을 주로 투자하는 포트폴리오 역시 주식시장 대표지수인 KOSPI200에 대한 베타 값을 사용하기도 한다. 베타계수는 아래 식과 같이 계산하며, 다음과 같이 해석한다.

$$\beta_M = \frac{\sigma_M \rho_{MM}}{\sigma_M} = 1 \qquad (14-1)$$

$\beta = 1$: 포트폴리오 수익률이 시장수익률과 동일한 민감도를 가짐
$\beta > 1$: 포트폴리오 수익률이 시장수익률보다 민감하게 움직임(위험이 큼)
$\beta < 1$: 포트폴리오 수익률이 시장수익률보다 둔감하게 움직임(안정적인 펀드)

포트폴리오 베타는 시장변동과 관련하여 포트폴리오의 가격변동을 상대적으로 나타내주는 지수로서 시장수익률 변동에 대한 포트폴리오 수익률 변동의 비율을 표시하여 체계적 위험을 결정하는 요소가 된다. 포트폴리오 베타계수가 큰 포트폴리오일수록 시장수익률변동, 즉 경기자체의 경기변동에 대해 보다 민감하게 반응함을 의미한다.

우리나라 자산운용사와 투자자문회사에서 운용되고 있고 주식형 펀드들은 주식편입비중을 90% 이상 유지하는 경우가 거의 없기 때문에, 베타가 1보다 큰 펀드를 찾기가 매우 어렵다. 만일 펀드운용기간 동안에 주식편입비율이 항상 펀드자산의 70% 수준을 유지하면서 베타가 1을 넘었다면 이 펀드는 주가의 변동성, 즉 상승과 하락이 급격한 종목에 많이 투자한 것으로 판단할 수 있다. 이 같은 경우는 코스닥펀드에서 자주 나타나는데, 이는 코스닥 종목의 주가변동폭이 코스피 종목보다 크게 나타나기 때문이다. 또한 주식형 펀드 중에서 코스닥 펀드가 아니면서 베타계수

가 1보다 큰 펀드도 있는데, 이는 일반적인 주식형 펀드인 경우에도 코스피 종목 중 시장에 대한 민감도가 높은(베타가 1보다 큰) 종목이 존재할 뿐만 아니라 이 펀드에 일부 코스닥 종목을 투자하기 때문이다. 주식형펀드 중에서 베타계수가 1에 가까운 펀드는 대체로 코스피지수를 추종하는 인덱스펀드 또는 인덱스+알파펀드이다. 이 펀드들은 기본적으로 주가지수와 동일하게 움직여 코스피지수와 유사한 수익률을 나타내거나 다소 초과하는 수익을 달성하기 위한 주식운용 전략을 사용한다. 따라서 이러한 주식형펀드를 운용하는 펀드 매니저들은 펀드의 베타계수를 1 혹은 1과 근접한 수준에서 유지하는 전략을 구사한다.

시장포트리오의 베타계수를 1을 기준으로 하여 베타계수가 1보다 큰 포트폴리오를 공격적 주식형 펀드라 하며, 베타계수가 1보다 작은 포트트폴리오를 방어적 주식형 펀드라 한다. 베타계수를 기업의 특성에 따라 나타낼 수도 있는데, 일반적으로 타인자본에 대한 의존가 높은 기업일수록, 경기변동에 민감한 기업일수록, 고정비가 큰 자본집약적 기업일수록 베타계수가 높게 나타나는 경향이 있다.

2. 결정계수(Coefficient of Determination ; R^2, R-square)

종속변수의 분산 중 독립변수(또는 설명변수)에 의해 설명되는 분산의 비율을 의미하는 통계적인 용어로, 0에서 1까지의 값을 갖는다.(백분율로 표시할 수도 있다)

결정계수가 1이라는 것은 독립변수(ex : 시장수익률)가 종속변수(ex : 펀드 수익률)의 움직임을 완전하게 설명한다는 것을 의미한다. 결정계수는 단일요인 모형인 시장모형(market model)을 이용하여 개별주식이나 펀드의 수익률을 주가지수에 대해 회귀분석하는 경우 기울기를 나타내는 베타 값의 정확성을 표시하는 보조지표로 이용될 수 있다. 회귀식의 기울기(베타)가 1이고 결정계수가 0.3이라면 주가지수가 개별주식이나 펀드의 수익률을 30% 정도 설명하는 것으로 볼 수 있다. 즉, 베타계수에 대한 신뢰도가 약 30% 정도 되는 것으로 이해할 수도 있다. 가장 간단하면서 많이 사용하는 시장모형에서는 설명변수가 시장수익률밖에 없으므로, 이 모형에서의 결정계수는 포트폴리오가 가지는 전체 분산(위험) 중 시장수익률이 설명하는 비중을 의미한다. 따라서 시장모형에서의 결정계수는 포트폴리오의 위험 중 시장위험과 관련된 정도를 나타낸다.

포트폴리오 총위험(분산) = 시장위험(분산) + 포트폴리오 고유위험(분산)

시장모형에서의 결정계수는 다음과 같이 나타낼 수 있다.

$$R\frac{M^2}{F} = \frac{(\sum_{j=1}^{n} R\frac{j}{F} R\frac{j}{M} - nR_F R_M)^2}{(\sum_{j=1}^{n} R\frac{j^2}{F} - nR\frac{j}{F})(\sum_{j=1}^{n} R\frac{j}{M^2} - nR^{2_M})}$$

한편 $(1-R^2)$는 종속변수의 분산 중 시장모형에 의해 설명되지 않는 비율을 의미하는데, 전체 위험에서 고유위험이 차지하는 비중을 나타낸다.

3. 샤프지수(Sharpe Ratio)

샤프(W.F. Sharpe)에 의하여 제시된 투자위험을 고려한 성과평가지수로서 포트폴리오 운용성과를 측정하는 대표적인 지수이다. 샤프지수는 펀드가 부담한 위험 한 단위에 대한 초과수익(excess return ; 실현수익률에서 무위험 수익률을 차감한 수익률)의 정도를 나타내는 비율이다. 즉, 표준편차로 측정한 위험을 1만큼 더 부담함으로써 초과수익을 어느 정도 더 얻었는가를 나타낸다. 따라서 어느 펀드의 샤프지수가 다른 펀드에 비해 높다는 것은, 펀드가 부담한 위험 1단위에 대해 더 많은 초과수익을 얻었다는 것을 의미하므로 이 비율의 크기를 이용하여 성공적인 펀드를 구별할 수 있다. 다만 샤프지수는 무위험 초과수익률이 음의 값을 가질 때는 결과 값을 해석할 수 없다는 단점이 있다. 샤프지수는 자본시장선에서 제시하고 있는 기울기를 이용하여 포트폴리오 운용성과를 평가하는 방법으로서 기울기가 클수록 투자성과가 좋다는 것을 의미한다. 샤프지수는 다음의 식으로 계산한다.

$$R_p = R_f + \frac{(R_m - R_f)}{\sigma_m} \cdot \sigma_p$$

단, R_p : 포트폴리오 p의 실현수익률
R_m : 시장포트폴리오의 실현수익률
R_f : 무위험이자율의 평균
σ_p : 포트폴리오 p수익률의 표준편차

4. 트레이너지수(Treynor Ratio)

트레이너(J.Treynor)에 의하여 제시된 투자위험을 고려한 성과평가지수로서 샤프지수와 함께 포트폴리오 운용성과를 측정하는 대표적인 지수이다. 트레이너지수는 포트폴리오의 초과수익률을 포트폴리오의 베타로 나눈 값으로 증권시장선의 기울기이므로 기울기가 높을수록 포트폴리오의 투자성과가 좋다는 것을 의미한다. 샤프지수가 초과수익에 기여하는 펀드의 위험으로 총위험인 표준편차(σ)를 사용한 반면, 트레이너(Treynor)는 분산투자로 비체계적 위험을 제거할 수 있는 경우 비체계적 위험은 투자수익에 기여할 수 없으며, 체계적 위험만이 초과수익에 기여한다는 관점에서 펀드의 위험으로 체계적 위험인 베타(β)를 사용하였다. 트레이너지수는 다음 식으로 계산한다.

$$\alpha_p = R_p - [R_f + (R_m - R_f)\beta_p]$$

단, R_p : 포트폴리오 p 의 실현수익률
R_m : 시장포트폴리오의 실현수익률
R_f : 무위험이자율의 평균
β_p : 포트폴리오 p의 베타계수

샤프지수와 트레이너지수는 모두 위험이 수익에 기여한 정도를 측정하기 위한 것으로, 분산투자를 고려하지 않고 펀드의 전체 위험을 사용한 것이 샤프지수이며, 분산투자를 전제로 체계적 위험만을 고려한 것이 트레이너지수이다. 대체로 샤프지수가 큰 펀드는 트레이너지수도 크지만, 이러한 관계가 항상 성립하지는 않는다. 다만 인덱스 펀드처럼 완전히 분산투자가 이루어져 펀드의 위험이 시장위험만으로 구성되는 경우에는 샤프지수와 트레이너지수는 거의 같은 값을 나타낸다.

5. 젠센의 알파지수(Jensen's alpha)

젠센(M.Jensen)에 의하여 제시된 투자위험을 고려한 성과평가지수로서 포트폴리오의 실제수익률이 시장균형을 가정한 경우의 수익률보다 얼마나 높은지를 나타내는 지표이다. 포트폴리오 수익률에서 균형하에서의 기대수익률을 차감한 값을 의미한다. 따라서 α값이 클수록 투자성과가 좋다는 것을 의미한다. 포트폴리오의 알파는 다음의 식으로 구한다.

$$\alpha_p = R_p - [R_f + (R_m - R_f)\beta_p]$$

단, α_p : 젠센의 알파지수
R_p : 포트폴리오 p의 실현수익률
R_m : 시장포트폴리오의 실현수익률
R_f : 무위험이자율의 평균
β_p : 포트폴리오 p의 베타계수

위 식을 보면 알파란 특정펀드의 실제수익률이 시장균형을 가정한 경우의 위험(=베타)하에서 요구되는 기대수익률을 얼마나 초과했는가를 구하는 것이라는 것을 알 수 있다. 이 초과수익에는 펀드매니저의 능력(종목선정, 자산배분, 매매타이밍 능력)이 종합적으로 포함되어 있다.

제로인에서는 시장수익률로 KOSPI200 지수를, 무위험수익률로는 CD 91일물을 사용하여 이 값을 계산한다.

6. 정보비율(Appraisal ratio)

정보비율은 젠센의 알파를 회귀식 잔차의 표준편차로 나누어서 계산한 비율이다. 즉, 포트폴리오의 초과수익률을 비체계적 위험으로 나눈 값으로 정보비율이 높게 나타났다면, 분산가능한 비체계적 위험을 감수한 대가로 초과수익률을 높게 나타냈다는 것을 의미한다. 이 지수는 높은 수익률을 얻기 위하여 초과수익률이 높을 것으로 추정되는 소수의 종목에 집중적으로 투자할 경우에 투자성과를 높이는 긍정적인 측면이 있다.

$$AR = \frac{\alpha_p}{\sigma(\epsilon_p)}$$

$\sigma(\epsilon_p)$: 회귀식 잔차의 표준편차

7. MM의 위험조정성과

MM의 위험조정성과(RAP : Risk Adjusted Performance)는 Franco Modigliani & Leah Modigliani가 1997년 제시한 성과측정방법으로, 표준편차로 측정한 펀드의 총위험이 시장과 동일하였다면 어느 정도의 수익을 낼 수 있었는가를 나타내는

지표이다. 이 성과지표는 샤프지수에 시장의 표준편차를 곱한 후 무위험수익률을 더하여 계산한다. 따라서 MM의 위험조정성과를 이용하여 펀드의 순위를 매기면 이 순위는 샤프지수를 이용한 순위와 동일해진다. 샤프지수가 상대적 순위로서만 의미가 있고 값 자체의 의미를 해석하기 어려운 반면, MM의 위험조정성과는 수익률(%)로 표시되므로 실현수익률과 비교하기 쉽고 MM의 위험조정성과에서 벤치마크 수익률을 빼면 “위험조정 초과수익률”을 계산해 낼 수 있다.

8. 효용함수에 의한 확실성 등가(CE : Certainty Equivalence)

MM의 지표, 샤프지수, 트레이너지수, 젠센 알파지수 등은 위험을 감안한 수익률을 측정할 수 있다는 장점에도 불구하고 펀드의 초과수익률이 음의 값을 가지는 경우에는 해석할 수 없다는 단점이 있다. 즉, 동일한 조건하에서 포트폴리오 수익률이 높을수록 그리고 위험은 낮을수록 좋은 성과를 나타내는 것으로 나타나야 하는데, 이들 지표들은 초과수익률이 음(−)의 값을 가지는 경우에는 오히려 반대로 나타난다. 이러한 문제점을 해결할 수 있는 평가지표로 수익률과 위험의 관계를 나타내는 효용함수를 이용한 효용값(확실성 등가, 위험이 전혀 없는 수익률)을 사용할 수 있다. 투자자의 일반적인 특성인 위험회피형을 만족시키면서 가장 간단하게 사용할 수 있는 효용함수는 기대수익과 위험의 선형함수로 표현할 수 있다. 위험회피계수로는 벤치마크에 대한 기대수익률과 벤치마크의 위험수준에서 효용값을 최대화하는 λ를 사용한다. 이러한 위험회피계수를 사회적 위험회피계수(societal risk aversion factor)라 한다.

사례

펀드평가사인 ㈜케이지제로인은 주식투자에 따른 무위험 초과수익률(연율)의 기대값을 12%, 주식시장의 위험(연율)을 40%로 가정하였으며, 채권투자에 따른 무위험 초과수익률(연율)은 0.45%, 채권시장의 위험(연율)을 1.5%로 가정하였다.

☞ 이 경우 100% 주식에 투자하는 펀드의 위험회피계수는 0.375를 가지며, 100%채권에 투자하는 펀드의 위험회피계수는 10이 된다. 주식과 채권에 투자하는 혼합형 펀드는 제로인의 벤치마크에서 사용하는 주식편입비율을 제외한 나머지를 채권에 투자되는 것으로 가정하여 벤치마크의 무위험 초과 기대수익률과 위험을 계산하고, 해당 펀드의 위험회피계수로 사용한다.

9. 표준편차(SD : Standard Deviation)

일정기간 동안의 포트폴리오 수익률이 동일기간의 평균수익률과 대비하여 변동한 범위를 산출하기 위한 통계량 값으로써, 포트폴리오의 위험정도를 나타내는 척도로 사용된다. 표준편차 값이 클수록 변동성이 심하므로 위험이 크고, 값이 작을수록 위험이 작다고 할 수 있다. 재무관리나 증권투자론 등에서는 개별주식의 위험을 다음과 같이 주식수익률의 확률분포로 측정을 한다.

$$\sigma_i = \sqrt{\sum_{s=1}^{n} [R_{is} - E(R_i)]^2 \cdot P_S}$$

10. 듀레이션(Duration)

듀레이션(Duration)이란 1938년 맥콜리(F.R. Macaulay)에 의하여 제시된 개념으로서 채권투자의 총수입(이자수입 및 원금)의 현재가치와 그 현금흐름의 유입시기를 고려한 투자원금의 가중평균회수기간을 의미한다. 채권가격을 결정하는 기본요소는 이자율인데 일반적으로 채권가격은 이자율과 역의 관계를 갖는다. 따라서 금융시장 변화에 따라 이자율이 변화하게 되면 채권의 가격도 변화하게 된다. 채권이자율이 변할 때 채권가격이 변하는 비율을 나타내는 지표로 듀레이션이 사용된다. 개별채권의 듀레이션은 다음 식으로 계산된다.

$$Duration = \sum(\text{기간}) \cdot \frac{\text{기간별 현금흐름의 현재가치}}{\text{채권가격}}$$

$$= 1 \times \frac{C_1/(1+r)}{P} + 2 \times \frac{C_2/(1+r)^2}{P} + \cdots + n \times \frac{(C_n + P_n)/(1+r)^n}{P}$$

$$= \sum_{T=1}^{n} (t) \cdot \frac{C_t/(1+r)^t}{P}$$

단, t : 이자나 원금의 현금흐름이 있는 시점
n : 만기
C_t : t시점에서의 현금흐름
r : 채권이자율(수익률)
P : 채권가격(현재가치)

일반적으로 채권가격 변화는 수정 듀레이션(Modified Duration ; MD)을 사용하여 계산하며, 제로인에서 펀드평가와 관련하여 사용하는 듀레이션은 바로 이 수정 듀레이션을 의미한다.

제 15 장

연기금의 자산운용 사례 (국민연금을 중심으로)

바람이 불지 않을 때 바람개비를 돌리는 방법은 앞으로 달려가는 방법밖에 없다.(박현주 미래에셋그룹 회장)

제15장 연기금의 자산운용 사례

제1절 국민연금의 비전 · 전략체계

연기금의 자산운용 사례는 현재 우리나라에서 기금운용규모가 가장 큰 국민연금을 중심으로 기술하였다.1)

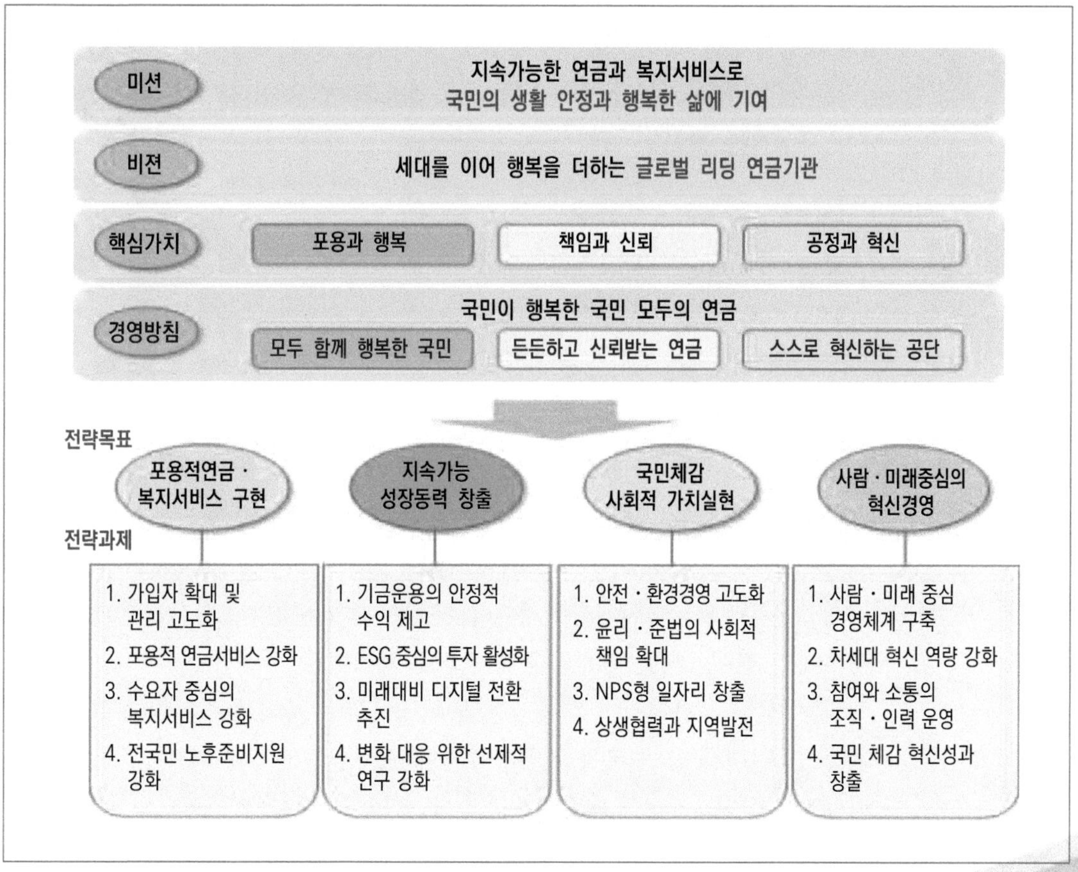

[그림 15-1] 국민연금의 비전 · 전략체계

1) 국민연금 홈페이지 및 행정안전부 공시자료를 참조하여 기술하였다.

제2절 기금운용 추진전략

1. 중점 추진전략

① 연금의 장기 자산–부채 듀레이션을 활용한 운용수익률 제고에 노력
② 투자자산의 다변화로 장기·저금리 추세에 대응
③ 해외투자의 기반 확립
④ 국내 주식시장의 높은 변동성에 대처하기 위해 주식자금 배분시기의 최적화에 노력하며, 외부 전문운용사의 운용능력을 적극적으로 활용
⑤ 제반 운용규정을 정비, 개선하여 운용절차의 투명성 제고
⑥ 위탁투자의 경우 과도한 비용지출을 통제하고, 필요시 외부전문기관을 활용하여 사후관리 강화

2. 주요 운용전략

1) 자산배분과 포트폴리오 관리

① 전체 기금의 운용수익률이 최소한 소비자 물가상승률을 상회하여 최대화될 수 있도록 연도별 기금운용의 자산배분금액에서 투자비중을 조정·관리
② 위험자산(주식, 대체투자)의 경우는 시장여건이 유리하다면 배분금액의 완전 집행 또는 +15% 범위에서의 추가집행을 추진하는 반면, 시장여건이 불리할 경우에는 집행금액을 배분금액 미만으로 축소
③ 채권의 경우 시장여건이 허용하는 범위내에서 듀레이션 장기화에 노력하고 기간별, 발행자별, 신용등급별로 투자한도를 설정하여 관리
④ 시장상황에 따라 각 투자자산별 특성에 부합하도록 포트폴리오를 구성한 후 신중하고 지속적인 관리를 수행

2) 위험관리

① 자산군별로 위험예산을 배정하고 주어진 위험한도를 초과하지 않도록 관리

② 자산군별 투자금액 및 비율, 예산 대비 투자진척률, 위험 등에 대하여 분석하여 이를 반기별로 기금운용위원회에 보고
③ 주식투자는 손절매 중심의 개별종목에 대한 위험관리에서 벤치마크 괴리율 중심의 포트폴리오 위험관리 체제로 전환
④ 채권투자는 기간별, 발행자별, 신용등급별 통제시스템을 구축하여 신용위험 관리를 강화
⑤ 벤처투자는 투자금액과 운용사, 투자업체수의 증가에 대응하여 사후관리와 성과 평가업무를 외부 전문기관에 위탁

3) 운용역량 강화

① 기금운용 체계의 효율화 및 선진화를 위해 국내외 전문기관과 교류 확대
② 운용의 전문성 강화

제3절 기금운용조직과 의사결정 체계

1. 기금운용조직

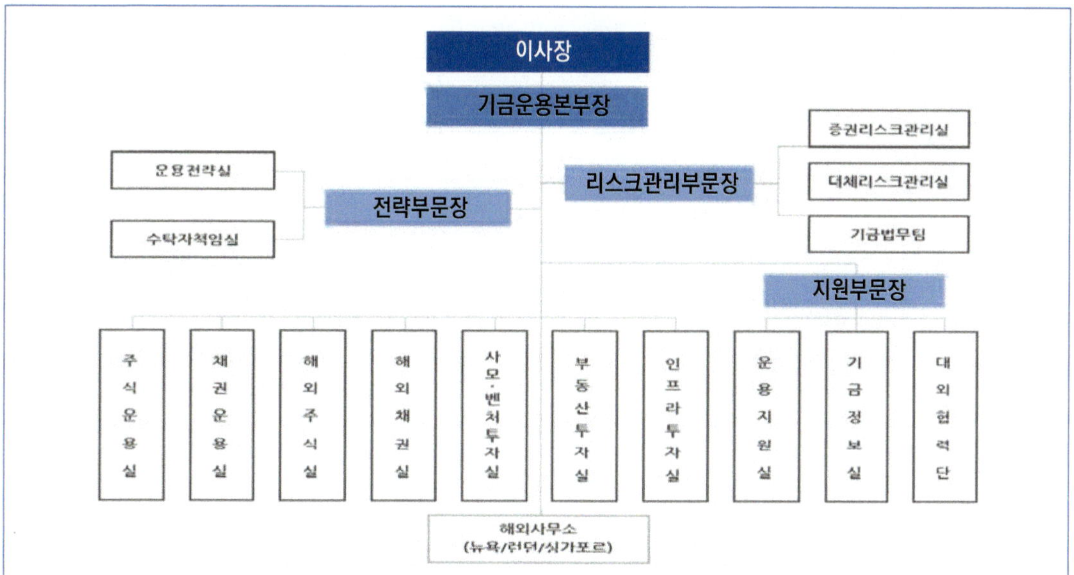

[그림 15-2] 국민연금 기금운용 조직도

2. 의사결정 체계

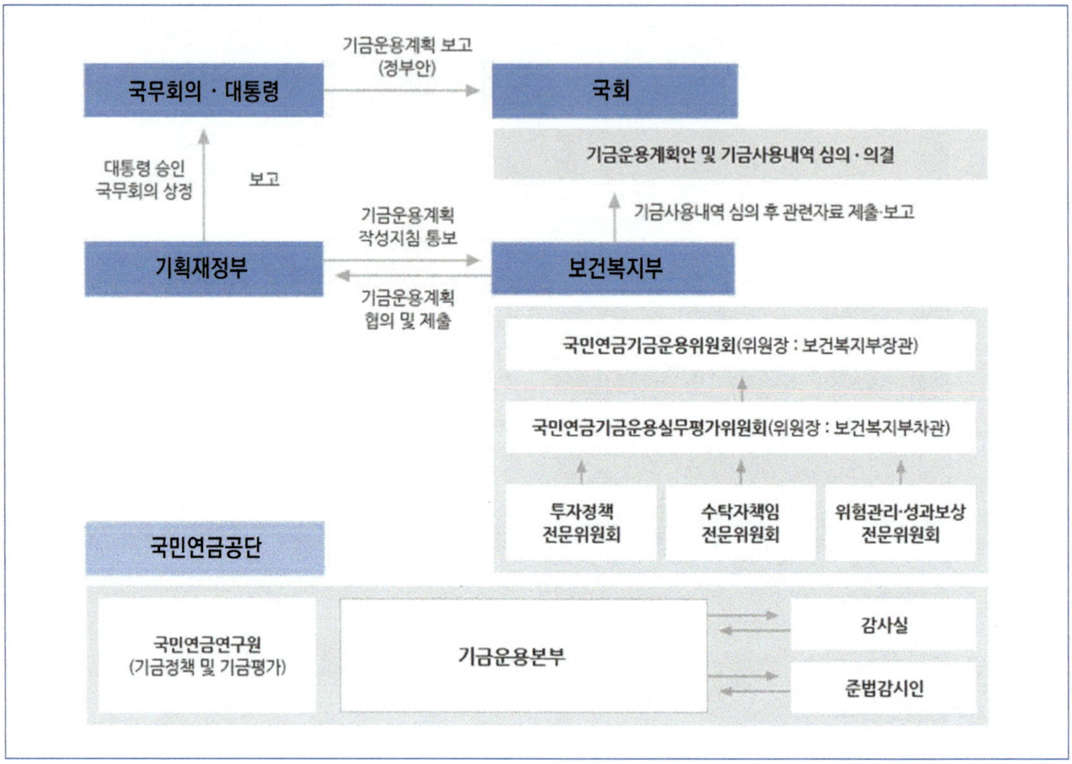

[그림 15-3] 국민연금의 기금운용 의사결정도

3. 운용감시 체계

외부에 의한 감시	내부에 의한 감시
기금운용위원회 → 관리 · 감독 국회 → 국정감사 감사원 → 정기/수시 감사 기획재정부 기금운용평가단 → 기금운용평가	준법감시인 → 내부감시 리스크관리위원회 → 위험관리 감사실 → 반기별 감사 연구원/외부기관 → 성과평가

제4절 자금운용 원칙과 기준

1. 중장기 운용방향

1) 기본목표

기금의 실질가치 유지를 위한 연금재정의 장기 안정성 확보

향후 연금급여를 위한 책임준비금인 기금의 실질가치를 안정적으로 증식시키면서 국민경제적 측면도 고려하는 [중장기 국민연금 기금운용 Master Plan]을 수립·운영

2) 중장기 기금운용방향

- **국민경제적 측면을 고려한 공공 및 복지부문 투자 지속**
  ① 기금운용위원회가 정하는 일정수준내에서 공공사업 투자 지속
  ② 공공 및 복지부문 투자에 따른 사회적 효용증가와 기금의 기회비용을 비교한 결과를 토대로 기금의 공공 및 복지부문 자산배분의 비중(ceiling)을 제시
- **공공부문 운용은 국고채 금리 및 공공자금관리기금 예탁이자율 등을 감안하여 탄력적 운용**
- **연금급여의 성격인 Long Duration을 활용한 장기투자 지향**
- **투자대상 다변화**
  ① SOC 민자사업에 적극 참여
  ② 부동산, 벤처 및 기업구조조정조합에 출자, 해외투자 등으로 투자대상의 다변화를 지속 추진
- **금융시장과 기업성장 등 국가경제발전에 기여**
  ① 우량기업의 채권 및 주식 투자를 확대하여 기업자금의 원활한 조달 및 금융시장의 심화·발전에 기여
  ② 우수 자산운용사 등에 대한 위탁운용 확대

■ **기금운용의 투명성 강화**

① 기금운용의 감시 및 평가기능 강화

② 기금운용 현황 및 운용성과 공시

2. 자금운용 원칙

국민연금의 기금은 수익성, 안정성, 공공성, 유동성, 운용독립성을 원칙으로 운용하고 있다.

원칙	내용
수익성	국민연금기금은 가입자의 보험료 부담, 특히 미래세대 부담을 억제하고 기금의 실질가치를 유지하도록 기금의 장기적 안전성을 해치지 않는 범위 내에서 가능한 높은 수익을 추구하여야 한다.
안정성	국민연금기금은 투자하는 자산의 전체 수익률 변동성과 손실위험이 허용되는 범위 안에 있도록 안정적으로 운용하여야 한다.
공공성	국민연금은 전 국민을 대상으로 하는 제도이고, 적립규모가 국가경제에서 차지하는 비중이 크므로 국가경제 및 금융시장에 미치는 파급효과를 감안하여 운용하여야 한다.
유동성	국민연금기금은 연금급여의 지급이 원활하도록 유동성을 고려하여 운용하여야 하며, 특히 투자한 자산의 처분 시 금융시장 충격이 최소화되는 방안을 사전에 강구하여야 한다.
지속가능성	국민연금기금은 투자자산의 지속 가능성 제고를 위하여 환경, 사회, 지배구조 등의 요소를 고려하여 신의를 지켜 성실하게 운영하여야 한다.
운용독립성	국민연금기금은 상기원칙에 따라 운용하여야 하며, 다른 목적을 위하여 이러한 원칙이 훼손되지 않도록 관리·운용하여야 한다.

1) 안정성

기금은 가입자들의 미래 연금급여 지급을 위한 책임준비금이기 때문에 기금운용의 안정성이 보장되어야 한다. 안정성과 수익성은 서로 상충관계에 있어 과도한 수익성 추구는 상응하는 위험을 수반하게 된다. 따라서 기금은 투자하는 자산의 전체 수익률, 변동성과 손실위험이 허용된 범위 안에 있도록 안정적으로 운용하여야 한다.

2) 수익성

기금운용의 목적은 연금재정의 장기 안정과 미래 원활한 연금급여 지급을 위해 운용수익을 최대로 증대시키는데 있다. 이는 허용위험 범위내에서 운용수익 최대화를 통해 안정적인 기금증식과 가입자의 보험료 부담 완화에 기여해야 함을 의미한다. 따라서 미래세대의 부담 완화를 위하여 가능한 한 많은 수익을 추구하여야 한다.

3) 공공성

국민연금기금은 전국민을 대상으로 하는 제도이고, 적립규모가 국가경제에서 차지하는 비중이 크기 때문에 국가경제 및 국내 금융시장에 미치는 파급효과를 감안하여 운용하여야 한다. 거대기금으로서 국가경제 발전과 국내 금융시장의 안정에 기여하면서 기금 본연의 목적을 달성할 수 있도록 운용하여야 한다.

4) 유동성

미래 연금급여 지급시점이 도래하면 급여지급을 위해 불가피하게 보유 자산을 지속적으로 처분하여야 한다. 대규모 자산매각은 보유자산의 원활한 현금화를 어렵게 할 뿐 아니라 해당 자산가격의 급락 등 시장충격을 초래할 수 있다. 그러므로 향후 안정적인 연금지급을 위해서는 처분시의 유동성 확보방안을 사전에 고려해야 한다.

5) 지속가능성

국민연금기금은 투자자산의 지속가능성을 유지하기 위하여 환경, 사회, 지배구조 등의 요소를 고려하여 신의를 가지고 성실하게 운용하여야 한다.

6) 운용독립성

기금운용에는 다양한 이해관계자들(근로자, 사용자, 자영업자, 정부 등)이 참여하고 있어 개별적인 이해관계 또는 목적으로 기금을 활용하려는 유혹에 노출되어 있다. 다양한 이해관계로부터 기금본연의 목적과 원칙을 지켜나가는 것이 중장기적으로 관련 모든 이해관계자들의 이익을 충족시키는 최선의 방법이다.

3. 자금운용 기준

① 투자대상 자산군별로 기대수익률과 예상위험을 산정한 후에 허용위험한도를 설정하고, 그 한도내에서 최적 포트폴리오를 선정

② 기금운용위원회 위원장은 기금조성실적이 계획을 초과하였을 경우, 초과된 부분을 조정・운용

③ 기금운용의 수익성과 안정성 제고를 위하여 투자대상의 다변화를 지속적으로 실시

④ 투자상품별 세부 기준수익률 및 투자비중은 연간자금운용계획에 구체적으로 설정

⑤ 목표수익률

㉠ 기금은 장기 운용수익률이 '실질경제성장률 + 소비자물가상승률 + 조정치'를 달성하도록 노력

㉡ 조정치는 목표수익률이 위험한도를 만족시키도록 하기 위한 것으로, 조정치의 수준은 기금운용위원회가 결정

⑥ 위험한도

㉠ 5년 동안의 누적운용수익률이 같은 기간의 누적 소비자물가상승률 이하로 떨어질 가능성을 10% 이하로 통제함

㉡ 또한 '5년후 최저 적립금비율', '연간손실확률' 등을 고려함.

4. 법규 및 지침

법규 및 지침	내 용
국민연금법 및 시행령	국민연금법 제103조 및 국민연금법 시행령 제77조 내지 제79조
국민연금기금운용지침	기금운용 투자정책서로 매년 기금운용위원회가 마련
국민연금기금 수탁자 책임 활동에 관한 지침	기금의 수탁자 책임 활동에 관한 기준, 방법 및 절차 등 세부기준 제시
국민연금기금운용계획	매년 6월 기금운용위원회가 승인하는 사항으로 예산안에 반영되어 국회의 최종 승인을 득한
국민연금기금운용규정	투자정책서를 바탕으로 기금운용에 관한 세부 절차 등을 규율하는 공단규정으로서 보건복지부장관의 승인을 거쳐 시행
국민연금기금운용규정 시행규칙	규정에 근거하여 관련 이행 절차 등을 규율하는 내부 규범

제5절 자금운용 계획수립 절차

표 15-1. 국민연금 자금운용계획 수립 절차도

구 분	주요 내용	주관	시기
기금운용작성지침	기획재정부장관이 보건복지부장관에게 통보	기획재정부	매년 3월말
기금운용지침작성	부문별 투자비율 및 공공사업에 대한 기금배분의 우선순위 결정	보건복지부	매년 4월말
기금운용계획 심의 · 의결	기금조성금액 및 각 부문별 투자금액, 지출금액 결정	기금운용 위원회	매년 5월말
기금운용방안 협의 · 조정	정부 세입 세출예산에 준하여 수입계획 및 지출 계획 확정	기획재정부	매년 8월말
기금운용계획 확정		국회	국회 회기
년/월 자금운용계획	연간/월간 투자기준 및 금융권별, 상품별 투자규모 결정	공단	년월말
일일자금 운용	매일 조성된 자금을 월자금 운용계획에 의거 집행	공단	일일
결산보고	보건복지부에 월간/분기별 기금운용실적 보고 연간 결산내역을 기획재정부, 감사원, 국회보고 및 공시	공단, 보건복지부	월말 (분기) 년간

제6절 자산배분전략

국민연금의 경우 중기 자산배분계획은 기금규모 증가에 대비하여, 기금의 수익성 · 안정성을 제고하고 효율적 운용을 위해 마련하는 5년 단위의 중기전략으로, 국민연금기금운용위원회를 개최하여 매년 향후 5년간의 대내외 경제전망, 자산별 수익률 및 위험 등에 대한 분석을 토대로 중기 자산배분계획을 수립한 후에 그 계획을 토대로 연간 자산배분계획을 수립한다.

1. 중장기 기금운용 방향

국민이 신뢰하는 기금운용	
투자다변화를 위한 안정적 수익 증대	• 해외 · 대체투자 비중 확대 • 해외투자 전략 다변화 • 국내주식 계량분석 환경구축 및 프로세스 개선 • 국내 채권 섹터 운용전략 체계화
책임투자 및 운용 투명성 강화	• 책임투자 활성화를 위한 기반 마련 • 스튜어드십 코드 도입에 따른 단계적 주주권 이행 확대 • 국민 친화적 기금 알리기 강화 • 기금운용 투명성 지속적 강화
선제적 위험관리 강화	• 팩터 모델 기반 리스크 분석 체계 도입 • 위험한도 설정 및 배분체계 확립 • 대체투자 사전위험분석 및 포트폴리오 위험관리 강화 • 성과요인분석 체계화 및 정교화
기금운용 인프라 확충	• 우수인력 확보 · 유지를 위한 인사시스템 개선 • 공정하고 객관적인 성과중심 평가체계 강화 • 사용자 중심 기금운용 전산인프라 강화 • 자금결제 정확성 및 효율성 향상

[그림 15-4] 국민연금의 중장기 기금운용 방향

2. 중기자산배분 계획 및 연간자산배분 계획

국민연금기금이 수립한 2021년 연간기금운용계획과 중기 자산배분 계획은 다음 [그림 15-5]와 같다. 국민연금은 기금규모 증가에 대비 수익성 · 안정성을 제고하기 위하여 실물경제, 금융시장 등에 대한 중기전망을 고려하여, 5년 후의 목표수익률과 위험한도를 설정하고 이를 달성하기 위한 자산군별 목표비중을 결정하고 있다. 또한 자산군별 기대수익률과 위험, 자산군간 상관관계, 정책조건을 기반으로 하여 주어진 위험한도 내에서 최적 자산배분안을 도출하고 있다.

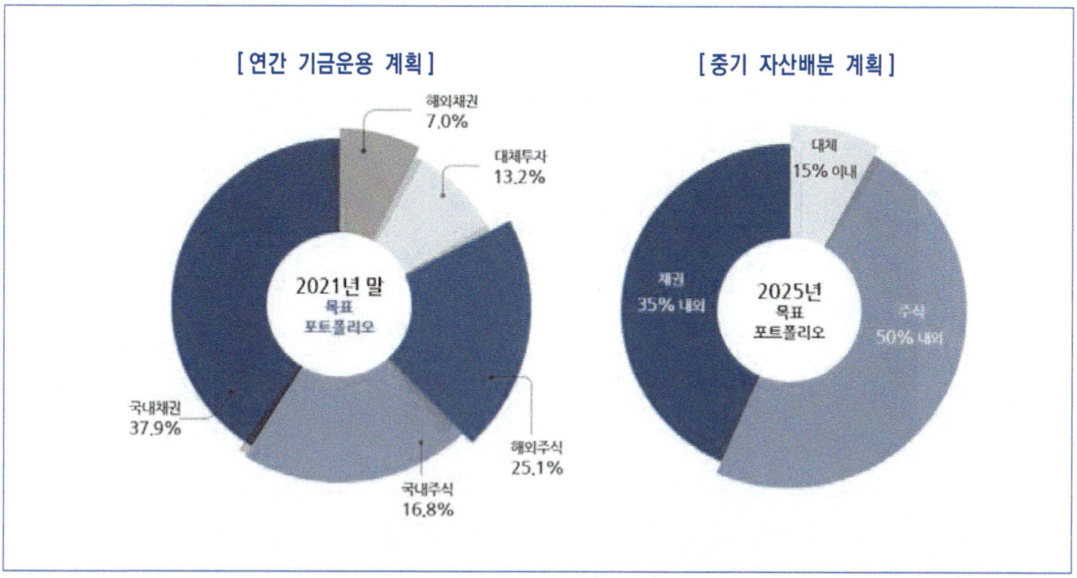

[그림 15-5] 국민연금의 자산배분 계획

한편, 국민연금의 2022년도 기금운용계획을 〈표 15-2〉에 나타내었다.

표 15-2. 국민연금 2022년도 기금운용계획

(단위 : 억원, %)

구 분		2021년 실적		2022년 계획	
		금액	비율	금액	비율
주식	국내	▲9,253	▲0.89	4,100	0.41
	해외	212,985	20.52	280,400	28.34
	소계	203,732	19.63	284,500	28.75
채권	국내	387,850	37.38	385,441	38.96
	해외	163,842	15.79	143,871	14.54
	소계	551,692	53.17	529,312	53.50
대체투자	사모투자	114,274	11.01	71,229	7.20
	부동산	90,756	8.75	63,174	6.39
	인프라	73,118	7.05	38,472	3.88
	헤지펀드	4,091	0.39	2,725	0.28
	소계	282,239	27.20	175,600	17.75
합계		**1,037,663**	**100.00**	**989,412**	**100.11**

제7절 기금운용과 관련한 위원회

1. 기금운용위원회

1) 운영 개요

- **설치 및 운용근거** : 국민연금법 제103조 및 국민연금법 시행령 제77조 내지 제79조
- **주요기능** : 기금운용의 최고의사결정기구로서 기금운용지침(투자정책서), 연도별 운용계획, 운용결과 평가 등 기금운용에 관한 중요 사항을 심의 · 의결
- **구성** : 보건복지부 장관(위원장), 관련 정부부처 차관(당연직 위원), 공단 이사장, 위원장이 위촉하는 자로서 사용자를 대표하는 위원, 근로자를 대표하는 위원, 지역가입자를 대표하는 위원, 관계전문가

2) 위원 세부

구분	내용
위원장	• 보건복지부 장관
당연직 위원(5인)	• 기획재정부 차관, 농림축산식품부 차관, 산업통상자원부 차관, 고용노동부 차관 • 국민연금공단 이사장
위촉위원(14인) 사용자 · 근로자 · 지역가입자대표, 관계전문가	• 한국경영자총협회, 중소기업중앙회, 전국경제인연합회 추천 각 1인 • 한국노동조합총연맹, 민주노동조합총연맹, 전국공공노동조합연맹 추천 각 1인 • 농어업인 단체인 농협중앙회, 수협중앙회 추천 각 1인 한국공인회계사회 등 자영자 관련 단체 2곳 추천 각 1인 한국소비자단체협의회, 바른사회시민회의 추천 각 1인 • 보건사회연구원장, 한국개발연구원장

2. 기금운용실무평가위원회

표 15-3. 기금운용실무평가위원회

구 분	내 용
성 격	기금운용위원회의 회의 안건을 사전 심의하고 기금운용 성과 평가를 비롯한 기금운용 전반에 대한 모니터링을 통해 기금운용위원회의 전문성을 보강하는 역할수행을 담당하는 기구
심의 · 의결사항	기금운용자산의 구성 및 회계처리에 관한 사항 기금운용성과 측정에 관한 사항 기금관리 · 운용 개선에 관한 사항 기타 실무평가위원회의 위원장이 필요하다고 인정하는 사항
구 성	〈 당연직위원(6인) 〉 보건복지부차관(위원장), 기획재정부, 농림축산식품부, 산업통상자원부, 고용노동부, 보건복지부 소속의 2급 또는 3급 국가공무원 위촉위원
	〈 위촉위원(14인) 〉 〈사용자대표(3인)〉 한국경영자총협회, 중소기업중앙회, 전경련 추천 각 1인 〈근로자대표(3인)〉 한국노총, 민주노총, 한국노총 산하 연맹 추천 각 1인 〈지역가입자대표(6인)〉 농업협동조합중앙회, 수산업협동조합중앙회, 한국공인회계사회, 한국외식업중앙회, 한국소비자단체협의회, 바른사회시민회 추천 각 1인 〈관계전문가(2인)〉 한국보건사회연구원, 국민연금 연구원장
추천위원요건	변호사 또는 공인회계사의 자격이 있는 자 사회복지학 · 경제학 또는 경영학 등을 전공하고 고등교육법에 의한 대학에서 조교수 이상의 직에 3년 이상 재직중인 자 사회복지학 · 경제학 또는 경영학 박사학위 소지자로서 연구기관 또는 공공기관에서 3년이상 재직한 경력이 있는 자

3. 리스크관리위원회

표 15-4. 리스크관리위원회

구 분	내 용
설 치	이사장 직속
구 성	위원장 : 이사장 위 원 : 내 부(기금운용본부장), 외 부(관계전문가 5인)
심의사항	① 위험관리의 기본방침 수립 ② 총허용 위험한도 및 자산별 허용위험한도의 설정 및 변경 ③ 손실 한도 등 각종 한도의 설정 및 변경 ④ 주식, 채권 등 전통적 투자자산이 아닌 새로운 상품에 대한 위험관리사항 ⑤ 예외적 투자(규정에서 정하지 아니한 방법으로 하는 투자) 등
회의개최	정기 : 매분기 임시 : 이사장이 필요하다고 인정하는 경우, 위원 3인 이상의 요구가 있는 경우

4. 투자위원회

표 15-5. 투자위원회

구 분	내 용
설 치	기금운용본부
구 성	위원장 : 본부장 위 원 : 운용지원실장, 증권운용실장, 리스크관리실장, 운용전략실장, 대체투자실장, 해외투자실장 및 본부장이 지명하는 3인 이내의 기금운용본부내 팀장
심의사항	① 월간 자금수지계획 및 운용전략 수립에 관한 사항 ② 자산배분에 관한 사항 ③ 목표수익률 설정에 관한 사항 ④ 상품별 투자한도 및 투자제한 ⑤ 투자손실 한도 설정에 관한 사항 ⑥ 거래기관 선정 및 관리에 관한 사항 ⑦ 직간접 및 위탁투자 비율에 관한 사항
회의개최	정기 : 주간, 월간, 연간 임시 : 필요시 수시

제8절 기금운용평가

국민연금은 매년 내·외부 평가기관이 평가를 수행하고, 그 결과를 성과평가보상전문위원회가 검토한 뒤, 실무평가위원회 심의후 기금운용위원회에서 의결하고 있다. 주요 절차는 다음과 같다.

> 정성평가 질의·응답 등 실사(3월) → 전문위원회 워크숍(4월) → 성과평가 최종보고 및 성과급 지급률(안) 심의(5월) → 기금위 의결(6월)

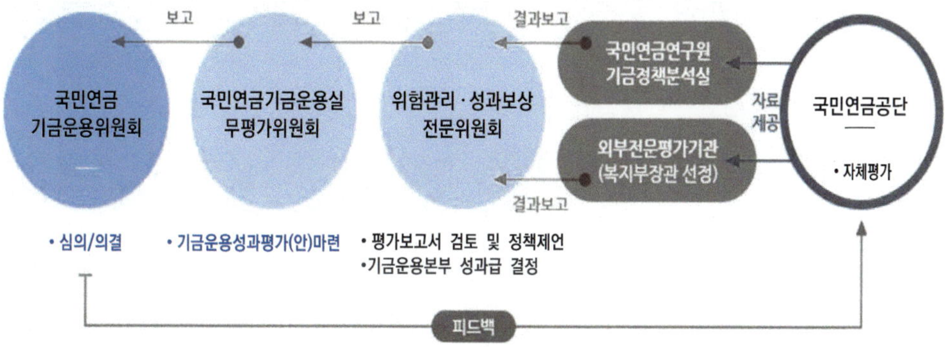

국민연금공단은 매년 기금운용본부로부터 독립된 내·외부 평가기관을 활용하여 기금운용성과평가를 실시합니다.

- 내부평가기관: 국민연금연구원
- 외부평가기관: 보건복지부장관이 선정한 전문평가기관

내·외부 평가기관의 평가결과는 위험관리·성과보상 전문위원회에서 검토한 후 실무평가위원회의 심의를 거쳐 기금운용위원회에서 의결합니다.

[그림 15-6] 국민연금 기금운용평가 흐름도

찾아보기

ㅇ

ㅈ

ㅊ

저자약력

김주일(金周一)

[학력 및 경력]

고려대학교 경영대학원 졸업(경영학 석사), 공주대학교 교육대학원 졸업(교육학 석사)
경기대학교 대학원 졸업(경영학 박사)
사립학교교직원연금공단 자산운용팀장, 별정우체국연합회 자산운용위원회 위원
코리아CS평가원(주) 및 인피니티투자자문(주) 재무이사
㈜유피케미칼 사외이사 및 ㈜강원랜드 사외이사, 인하대학교 경영학과 겸임교수
협성대학교 경영학과 및 회계세무학과 외래교수, 남서울대학교 국제유통학과 외래교수
국민유공자 국무총리 표창(2008년), 고양시장 표창(2017년), 경기도지사 표창(2018년, 2020년)
우수학술상(사단법인 한국기업경영학회, 2016년)
고양시(사회적경제육성위원회 및 아동복지기금운용심의위원회 위원, 서대문구(규제개혁위원회 및 결산검사 위원), 강원도 강원연구원 경영평가위원회 위원

현)경기대학교 경영학과 교수, 서울지방노동위원회 공익위원, 한국소방산업기술원 자금운용위원회 위원, 한국환경공단 환경시설 민자사업 평가위원회 위원, 한국지역난방공사 인권경영위원회 위원, 대한경영학회 부회장, 한국금융공학회 상임이사, 한국상업교육학회 상임이사, 한국산업경제학회 상임이사, 한국전문경영인학회 이사

[주요 사회활동]

- 선린인터넷고등학교 펀드투자상담사 및 증권투자상담사 자격증 취득과정(2012년~2014년)
- 한국연구재단 학술지 및 학술지원사업 논문 평가위원(2012년~)
- 정보통신산업진흥원 연구개발사업 평가위원(2013년~)
- 중소기업기술정보진흥원 기술사업 평가위원(2013년~)
- 한국산업기술평가관리원 기업평가 위원(2014년~)
- 국토교통과학기술진흥원 연구개발 사업의 평가위원 및 자문위원(2015년~)
- 경기도 기술개발사업 평가위원(2020년~)

[저서 및 주요 논문]

- 김교수의 펀드투자 스쿨(공저, 탑북스, 2013년)
- 경영분석(탑북스, 2018년), 금융기관론(공저, 탑북스, 2020년)
- 증권투자상담사 최종핵심정리문제집(뉴스토마토 토마스패스&로즈뱅커스, 2014년)
- 펀드투자상담사 최종핵심정리문제집(뉴스토마토 토마스패스&로즈뱅커스, 2014년)
- 기관투자가의 헤지펀드 수익률 비교와 시장지수간의 정보이전 메커니즘에 관한 연구(박사학위 논문)
- 개별주식 현/선물시장간의 선도/지연효과(2011)
- VEC헤지모형을 이용한 개별 주식시장의 위험관리(2011)
- 국내기관투자가의 헤지펀드 수익률의 지속성에 관한 연구(2011)
- 신용카드에 의한 현금서비스 및 카드론과 단기금리와의 상호연관성에 관한 연구(2011)
- KOSPI200지수 선물시장의 스타지수 현물에 대한 교차헤지(cross hedge) 성과 분석(2011)
- 국내 헤지펀드와 해외 헤지펀드수익률, KOSPI수익률, 국고채수익률간의 정보이전 효과(2011)
- 국내광역시 주택시장의 매매가격과 전세가격의 정보이전 메커니즘에 관한 연구(2012)
- 가계신용증가율과 단기금리와의 상호연관성에 관한 연구(2012)
- 가계신용증가율과 장기금리와의 선도/지연 효과(2012)
- 수원시 아파트전세시장은 아파트 매매시장을 선도하는가?(2012)
- 쌀지수를 이용한 생산자물가와 소비자물가와의 상호연관성에 관한 연구(2013)
- 서울아파트 전세시장은 전국아파트 전세시장을 선도하가?(2013)
- 거시경제지표가 가계대출에 미치는 영향에 관한 연구(2013)
- 주택가격은 리츠펀드 가격을 선도하는가?(2014)
- 우리나라 주가와 거시경제변수들 간의 상호연관성에 관한 연구(2014)
- 금융위기이후 KOSPI200 현물과 선물지수 간의 상호연관성에 관한 연구(2014)
- 임금만족의 선행요인이 직무모티베이션과 이직의도에 미치는 영향에 관한 연구(2014)
- 통신서비스 업종 개별주식 현물과 선물 간 선도-지연 효과(2015)
- 국내 시장지수와 REITs간 상호연관성에 관한 연구(2015)
- KOSPI200지수와 해외지수와의 선도/지연 효과(2015)

- 국민총처분가능소득이 총저축에 미치는가에 대한 연구(2015)
- 경기선행지수, 경기동행지수와 경기후행지수간의 상호연관성에 관한 연구(2015)
- 강원도 부동산시장은 전국 부동산시장에 의하여 영향을 받고 있는가?(2015)
- 서비스업생산지수와 서비스업 도소매지수와의 상호연관성에 관한 연구(2016)
- KORIBOR의 변화는 가계신용대출에 영향을 미치는가?(2016)
- COFIX금리의 변화는 예금은행 수신에 영향을 미치는가?(2016)
- 서비스산업에서 전경련 BSI지수는 주식시장을 예측할 수 있는가?(2016)
- 강원도 주택매매가격과 전세가격의 상호연관성에 관한 연구(2016)
- 한국에서 기대인플레이션이 소비자물가에 미치는 영향에 관한 연구(2016)
- 삼성카드주가와 KOSPI지수 및 삼성전자 주가와의 상호연관성에 관한 연구(2017)
- 원/달러환율이 수출물가와 수입물가에 미치는 영향에 관한 연구(2017)
- 신용위험과 대출이자율과의 관계(2017)
- 2018년 평창 동계올림픽 성공적 개최를 위한 제언(2017)
- 지속가능 경영기업의 주가와 KOSPI지수와의 상호연관성에 관한 연구(2017)
- COFIX금리와 가계신용대출과의 관계에 관한 연구(2018)
- 예금은행 가중평균대출금리가 예금취급기관의 지역별 가계대출에 미치는 영향에 관한 연구(2018)
- 한국의 글로벌 기업과 KOSPI지수와의 상호연관성에 관한 연구(2018)
- 상호저축은행의 가계대출액과 대출금리와의 연관성에 관한 연구(2019)
- 비은행금융기관들의 가중평균대출금리가 비은행금융기관들의 여신과 수신에 미치는 영향에 관한 연구(2019)
- 경제성장은 신용카드 사용을 증대시키는가?(2020)
- 한국의 사회공헌기업과 주가지수와의 상호연관성에 관한 연구(2020)
- 금융지주회사 주가와 KOSPI지수와의 연관성에 관한 연구(2020)
- 코로나19이후 주가지수와 금 및 펀드와의 투자 연관성에 관한 연구(2020)
- M2의 신용과 부채 및 자본간의 Granger Causality 연구(2021)
- BSI는 기업경기를 예측할 수 있는가?: BSI와 주가지수와의 상호연관성을 중심으로(2021)
- 야구특성화고등학교 설립필요성에 대한 한국인들의 인식에 관한 연구(2021)
- 코로나19전후 주가지수와 환율과의 상호연관성에 관한 연구(2021)
- COVID-19전후 신용카드발급과 신용카드 이용실적과의 연관성에 관한 연구(2021)

김교수의

증권투자 스쿨 [제2판]

저자와의 협의하에 인지생략

2017년 8월 30일 1판 1쇄 발행
2022년 8월 10일 2판 1쇄 발행

저 자 김 주 일
발행인 김 광 식
조 판 아 람 기 획

07285
발행처 서울특별시 영등포구 선유로3길 10, 617호
도서출판 **탑 북 스**
등 록 2009.12.21 제 2016-000101 호
전 화 02)365-2223 팩스 02)365-2224

정가 29,000 원
ISBN 979-11-90247-61-0-93320